A History of Australian Film

オーストラリア映画史

映し出された社会・文化・文学

Keiji Sawada
佐和田敬司

増補改訂版

オセアニア出版社

オーストラリア映画史

映し出された社会・文化・文学

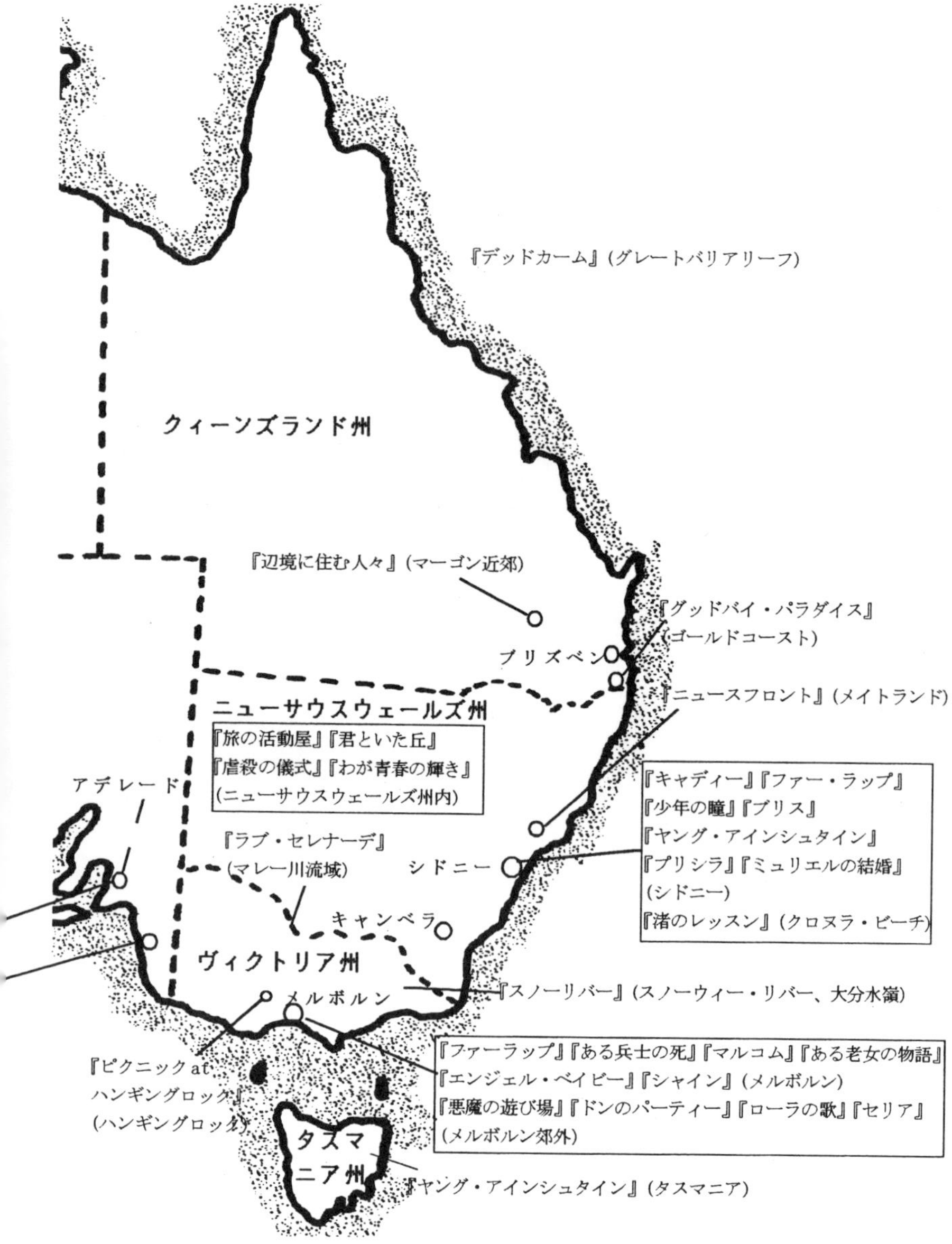

『デッドカーム』(グレートバリアリーフ)
クィーンズランド州
『辺境に住む人々』(マーゴン近郊)
『グッドバイ・パラダイス』
(ゴールドコースト)
ブリズベン
『ニュースフロント』(メイトランド)
ニューサウスウェールズ州
『旅の活動屋』『君といた丘』
『虐殺の儀式』『わが青春の輝き』
(ニューサウスウェールズ州内)
アデレード
『キャディー』『ファー・ラップ』
『少年の瞳』『ブリス』
『ヤング・アインシュタイン』
『プリシラ』『ミュリエルの結婚』
(シドニー)
『渚のレッスン』(クロヌラ・ビーチ)
『ラブ・セレナーデ』
(マレー川流域)
シドニー
キャンベラ
ヴィクトリア州
『スノーリバー』(スノーウィー・リバー、大分水嶺)
メルボルン
『ピクニック at
ハンギングロック』
(ハンギングロック)
『ファーラップ』『ある兵士の死』『マルコム』『ある老女の物語』
『エンジェル・ベイビー』『シャイン』(メルボルン)
『悪魔の遊び場』『ドンのパーティー』『ローラの歌』『セリア』
(メルボルン郊外)
タスマニア州
『ヤング・アインシュタイン』(タスマニア)

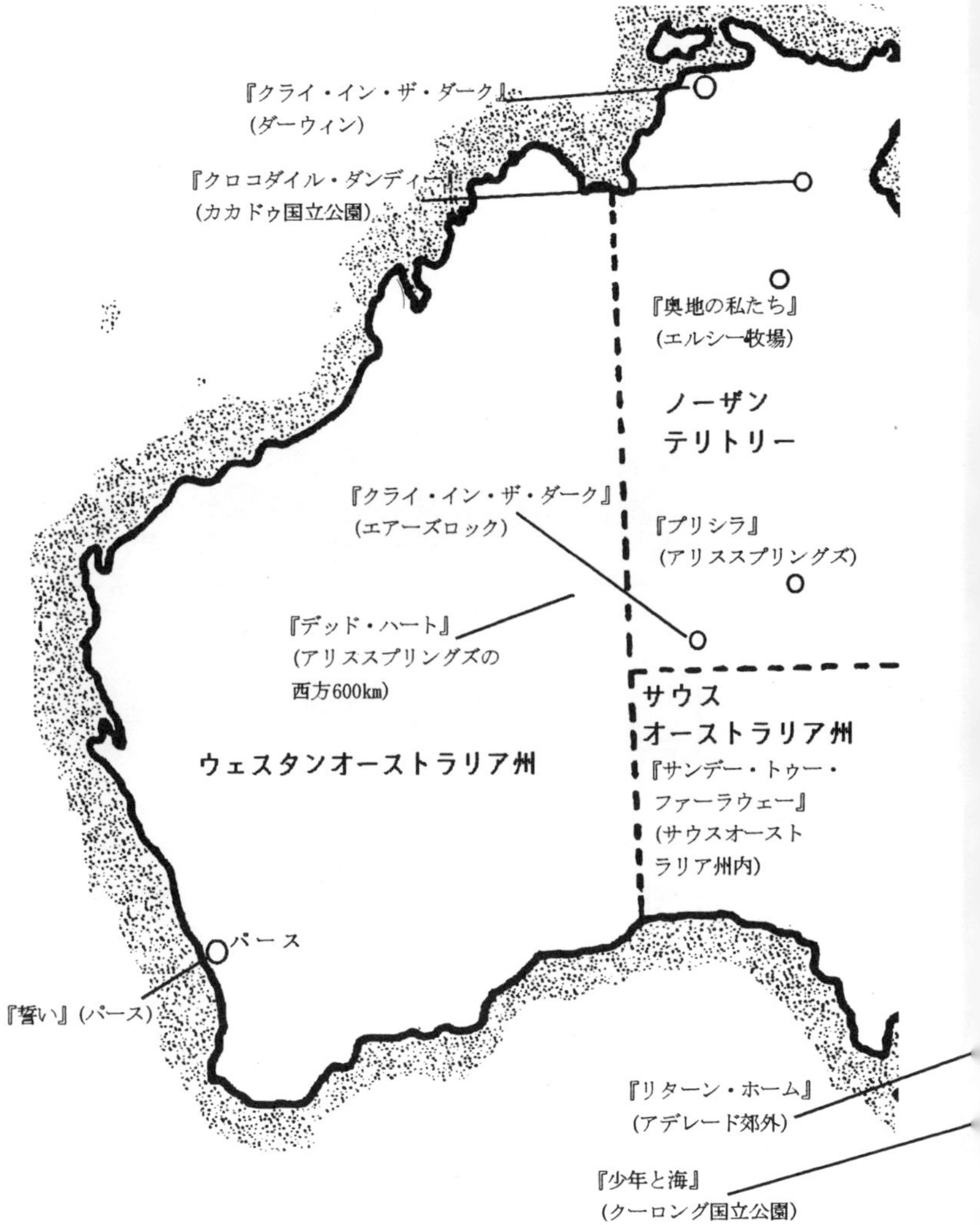
『クライ・イン・ザ・ダーク』
(ダーウィン)
『クロコダイル・ダンディー』
(カカドゥ国立公園)
『奥地の私たち』
(エルシー牧場)
ノーザン
テリトリー
『クライ・イン・ザ・ダーク』
(エアーズロック)
『プリシラ』
(アリススプリングズ)
『デッド・ハート』
(アリススプリングズの
西方600km)
サウス
オーストラリア州
ウェスタンオーストラリア州
『サンデー・トゥー・
ファーラウェー』
(サウスオースト
ラリア州内)
パース
『誓い』(パース)
『リターン・ホーム』
(アデレード郊外)
『少年と海』
(クーロング国立公園)

メルボルン全体地図

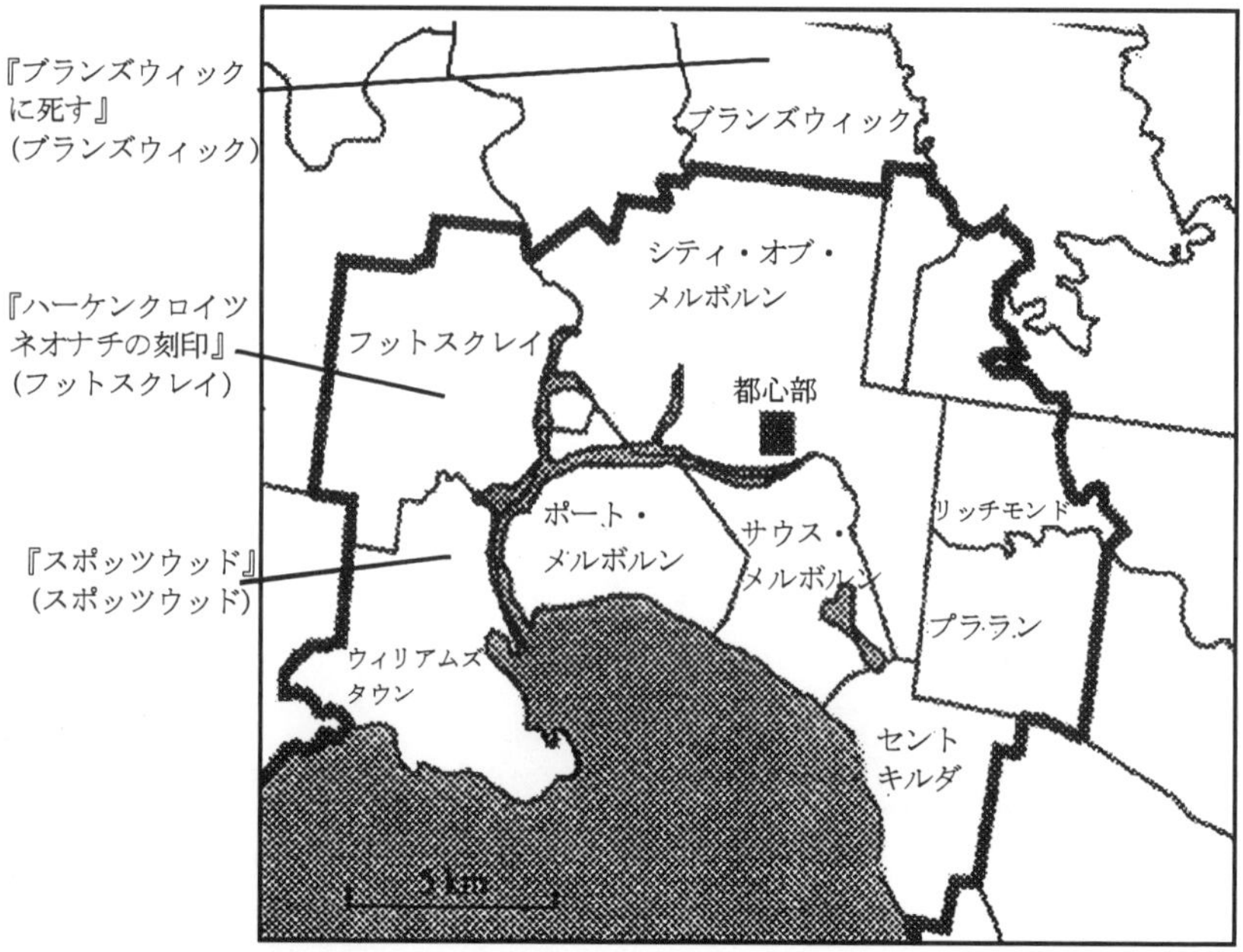

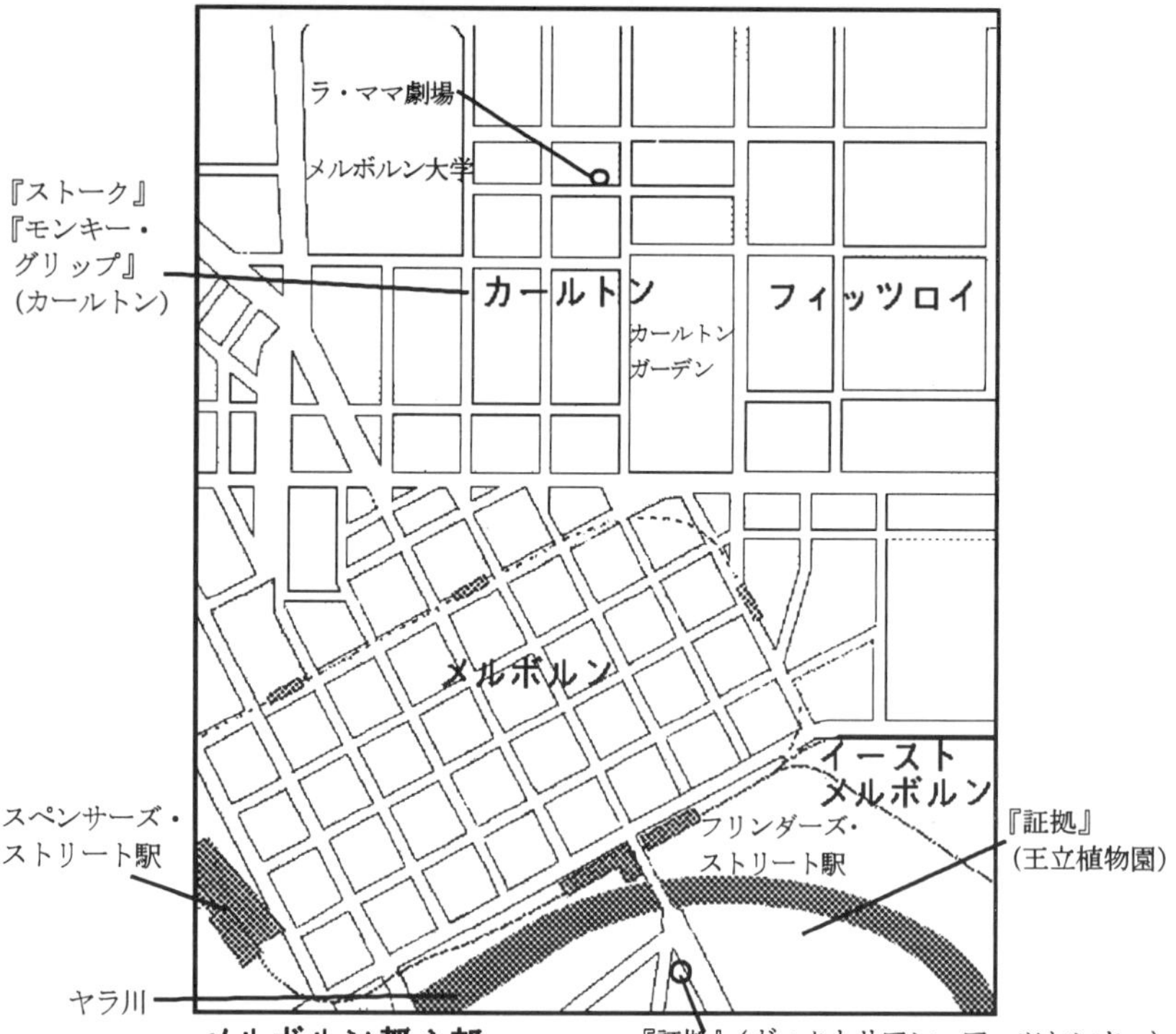

メルボルン都心部

シドニー地図

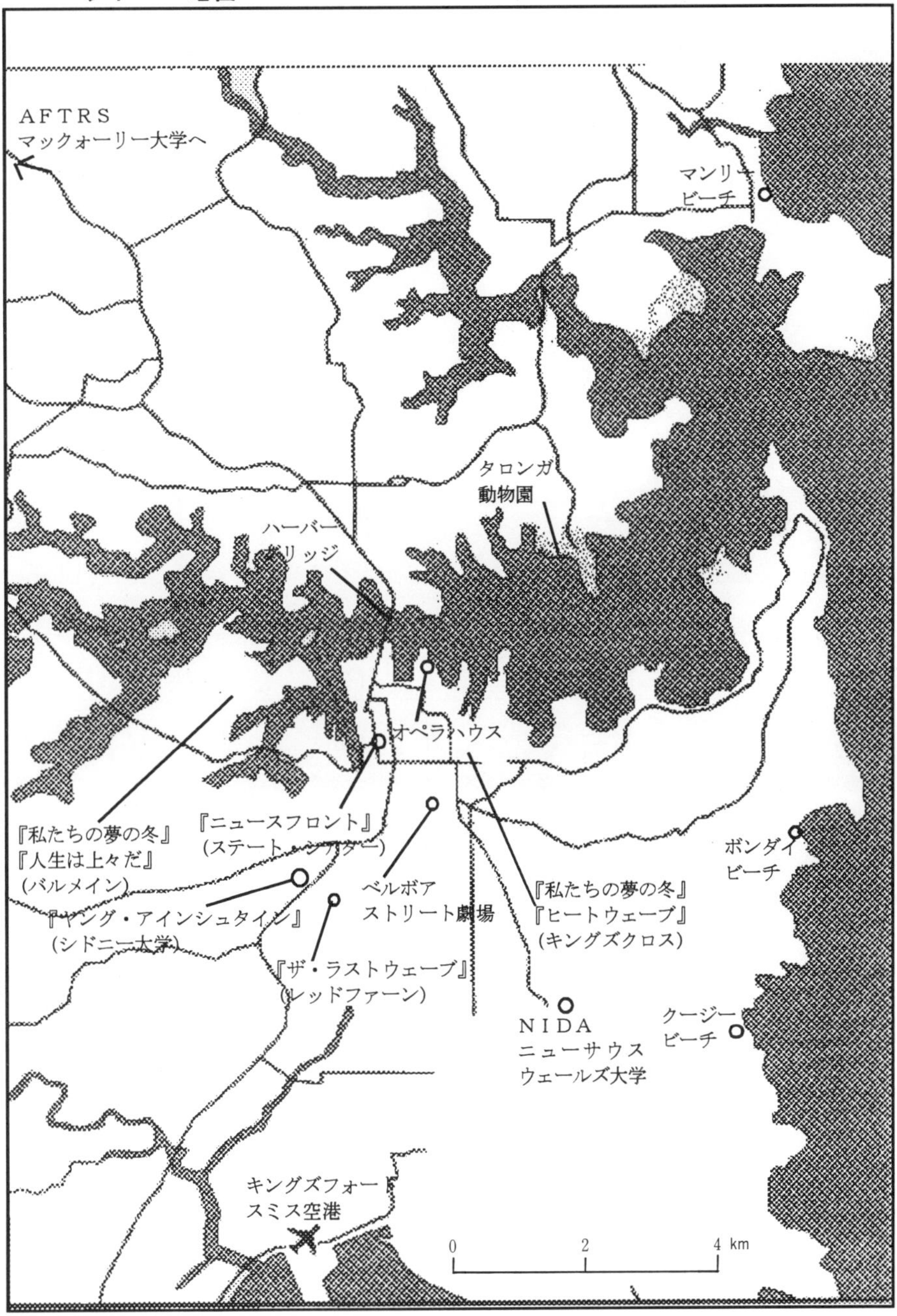
AFTRS
マックォーリー大学へ
マンリー
ビーチ
タロンガ
動物園
ハーバー
ブリッジ
オペラハウス
『私たちの夢の冬』
『人生は上々だ』
(バルメイン)
『ニュースフロント』
(ステート・シアター)
『ヤング・アインシュタイン』
(シドニー大学)
ベルボア
ストリート劇場
『ザ・ラストウェーブ』
(レッドファーン)
『私たちの夢の冬』
『ヒートウェーブ』
(キングズクロス)
ボンダイ
ビーチ
NIDA
ニューサウス
ウェールズ大学
クージー
ビーチ
キングズフォード
スミス空港
0
2
4 km

オーストラリア映画史　目次

写真提供

『ケリー・ギャング物語』(National Film and Sound Archive)
『俺たちの農場で』(National Film and Sound Archive)
『四万の騎兵』(H. C. McIntyre Trust and Susanne Calsson)
『ジェダ』(H. C. McIntyre Trust and Susanne Calsson)
『ストーク』(Roadshow Film Distributers)
『バリー・マッケンジーの冒険』(Phillip Adams)
『ピクニック at ハンギングロック』(川喜多記念映画文化財団)
『サンデー・トゥー・ファーラウェー』(South Australian Film Corporation)
『キャディー』(Anthony Buckley Films)
『悪魔の遊び場』(Fred Schepisi)
『ドンのパーティー』(Phillip Adams)
『少年と海』(川喜多記念映画文化財団)
『ローラの歌』(Phillip Adams)
『ザ・ラストウェーブ』(J. McElroy Holdings)
『旅の活動屋』(Limelight Productions)
『虐殺の儀式』(Fred Schepisi)
『ニュースフロント　時代を撮り続けた男たち』(Palm Beach Pictures)
『マッドマックス』(ワーナー・ホーム・ビデオ、川喜多記念映画文化財団)
『わが青春の輝き』(New South Wales Film and Television Office)
『オッド・アングリー・ショット』(Samson Productions)
『英雄モラント』(South Australian Film Corporation)
『誓い』(川喜多記念映画文化財団)
『ハイスクール・グラフィティ　渚のレッスン』(Limelight Productions)
『私たちの夢の冬』(Alfred Road Films)
『ヒートウェーブ』(Hilary Linstead & Associates)
『モンキー・グリップ』(Pavilion Films)
『奥地の私たち』(Phillip Adams)
『危険な年』(川喜多記念映画文化財団)
『グッドバイ・パラダイス　失われた楽園』(New South Wales Film and Television Office)
『花の男』(Illumination Films)
『少年の瞳』(Pepper Distribution)
『愛をゆずった女』(Limelight Productions)
『ブリス』(New South Wales Film and Television Office)
『クロコダイル・ダンディー』(川喜多記念映画文化財団)
『犠牲　ある兵士の死』(Open Eye)

『マルコム』（Cascade Films）
『君といた丘』（川喜多記念映画文化財団）
『ニコール・キッドマンの　恋愛天国』（ワーナー・ホーム・ビデオ）
『クライ・イン・ザ・ダーク』（Fred Schepisi）
『ヤング・アインシュタイン』（川喜多記念映画文化財団）
『セリア』（川喜多記念映画文化財団）
『デッド・カーム』（ワーナー・ホーム・ビデオ）
『アンボンで何が裁かれたか』（川喜多記念映画文化財団）
『リターン・ホーム』（Piccolo Films）
『ブランズウィックに死す』（Firstlook Pictures）
『証拠』（Roadshow Film Distributers）
『ある老女の物語』（岩波ホール）
『ハーケンクロイツ　ネオナチの刻印』（マクザム，Roadshow Film Distributers）
『スポッツウッド』（Meridian Films）
『ダンシング・ヒーロー』（日本ヘラルド映画株式会社）
『ピアノ・レッスン』（ＣＩＣ・ビクタービデオ株式会社）
『プリシラ』（日本コロムビア株式会社）
『ミリュエルの結婚』（株式会社ビームエンターテインメント）
『人生は上々だ』（カルチャーパブリッシャーズ）
『ハーモニー』（松竹富士株式会社）

『エンジェル・ベイビー』（オンリーハーツ）
『ベイブ』（ＣＩＣ・ビクタービデオ株式会社）
『ラブ・セレナーデ』（セテラ）
『シャイン　輝き』（ＫＵＺＵＩ）
『デッド・ハート』（Roadshow Film Distributers）

第一部　オーストラリア映画の歩み

――サイレント映画から今日まで

長い停滞の時を経て一九七〇年代に国のバックアップによって息を吹き返し、その後きわめて短期間のうちに世界に認められる存在として急成長した感のあるオーストラリア映画は、ほんの浅い歴史しか持っていないと誤解されがちである。だがオーストラリアにおける映画の伝統は、人類の歴史に映画という媒体が登場したまさにその黎明期から始まっている。ヨーロッパ映画やアメリカ映画と互角の誇り高い歴史を持っているどころか、サイレント映画時代の一時期には、アメリカをも凌ぐ巨大な産業を形成していたという華々しい過去もある。しかもそれは、植民地から脱したばかりの若い国が旧宗主国の映画産業の下請けのような形で映画を量産していたというわけではなく、オーストラリア文学やオーストラリア史を題材に取ったこの国独自の物語が、過去一〇〇年の間にあまた生産され、受容されてきたのである。もしオーストラリア映画の歴史に目を閉ざせば、世界における映画創成期の歴史の重要な一部分は塗りつぶされることになり、また英語圏の一つの若い国が並み居る大国の狭間で必死に創り上げてきた価値ある文化を無視することにもなってしまう。日本をはじめ多くの国々の映画史研究の場で、今日まで見落とされ続けてきたこの国の映画産業興亡の歴史を、今ここで掘り起こしてみたいと思う。

Ⅰ　草創期から一九二〇年代まで

オーストラリア映画の誕生

オーストラリアで、初めて映画と呼びうるものが人々の前に姿を現したのは、パリでリュミエール兄弟がシネマトグラフによる上映を行うちょうど一年前、一八九四年一一月三〇日のことだと言われている。演劇興業主で、一九〇〇年代後半には映画製作にも手を染めオーストラリア映画の輪郭を形作ることになるチャールズ・マクマホン(一八五三―一九一七)が、シドニー都心部のピットストリートにエジソン・エレクトリック・パーラーと銘打った場所を運営しており、彼はエジソンが発明したキネトスコープという機械を用いて、三五ミリ、五〇フィートのフィルムを公開した。エジソンの会社が製作したそのフィルムの中身は、女性のダンス、鍛冶屋が馬に蹄鉄を付けようとしている場面、闘鶏などの映像だったという。エジソンのキネスコープは、スクリーンに映像を映し出すリュミエールのシネマトグラフと違って、一人一人が機械の中を覗き込んで動画を鑑賞するというものだ。キネスコープは五台しか置かれておらず当然効率は悪いはずだが、公開後最初の五週間で、少なくとも二万二千人の人々が、一シリングの木戸銭を支払ってこの新しい発明品を見に訪れたという。キネスコープは一八九五年三月にはメルボルンへ渡り、さらにアデレードなどオーストラリア各地を巡回し、オーストラリア人たちの好奇心をくすぐった。

一八九六年になると、オーストラリアでは一気に映画をめぐる動きが活発化する。八月、アメリカ人の手品師カール・ハーツが、イギリスから持ってきた何本かの短いフィルムを、メルボルンのオペラハウスの出し物の一部として上映した。その出し物は「ロンドンに大センセーションを巻き起こした、シネマトグラフ」と銘打たれたが、実は上映に用いられた機械はリュミエール兄弟のシネマトグラフとは別物で、前年ロンドンで作られた「キネマトグラフ」なる機械であった。どちらにしてもハーツの興業は、オーストラリアで初めて、劇場において映画がスクリーンに映し出された瞬間であったことに間違いはない。その翌月、フランスのリュミエール兄弟がシドニーに派遣したマリウス・セスティアという人物が、写真家ウォルター・バーネットと共に、シドニーのピットストリート二三七番地に、本物のリュミエール兄弟のシネマトグラフを設置し、映画の上映を専門に行う場所を開場した。これがオーストラリアに誕生した初めての「映画館」である。セスティアとバーネットは、シドニー湾の周辺の光景を、カメラ・プリンター・プロジェクターの三役をこなすシネマトグラフで撮影し、自分たちの映画館でそれらのフィルムを上映した。これら各六フィートほどの何本かの短いフィルムこそ、オーストラリアで最初に作られた映画ということになる。その中の一本には、『マンリーで、フェリー「ブライトン号」から降り立つ乗客たち』などというタイトルが付けられていたことが、今日知られている。

一方、セスティアとバーネットに先を越されたカール・ハーツは直ちに、オーストラリアの最も重要なイベントの一つである競馬、メルボルンカップを撮影してフィルムにすると公に告知する。だが、ハーツは本物のシネマトグラフを所有しておらず、したがってカメラがない。結局シネマトグラフを入手できずに計画は挫折し、それを出し抜くように、ウォルター・バーネットがメルボルンカップを撮影。一八九六年一一月五日に、シドニー湾の光景を撮ったフィルムと共にメルボルンのプリンセス劇場で上映した。『メルボルンカップ』はその月の内に、シドニーのクライテリオン劇場でも上映された。翌年、『メルボルンカップ』の映画はニュージーランドでも上映され、海外に輸出された最初のオーストラリア映画となった。セスティアとバーネットが撮ったフィルムは、パリのリュミエール本社にも送り届けられたため、この最初期のフィルムがパリで大切に保管されており、一九五〇年代に「発見」されて以来、現存する最古のオーストラリア映画となっている。

物語の要素を持った最初のオーストラリア映画が産み出されるのに最も重要な役割を果たしたのは、オーストラリアに布教の手を広げつつあった救世軍だった。メルボルンに本拠をおいたオーストラリアの救世軍は、一八九二年にライムライト部門を設立し、一八九七年はじめにはリュミエールのシネマトグラフを購入、メルボルンのバークストリートに映画製作用のスタジオまで建設した（このスタジオは今も残り、現存する世界最古の映画スタジオとなっている）。そのライムライト部門創設と同時に責任者となったのがジョセフ・ペリー（一八六二―一九四三）である。ペリーは救世軍の創設者ウィリアム・ブースの息子、ハーバート・ブースとコンビを組み、一八九八年までに、救世軍の活動についてのいくつかのドキュメンタリー短編（一つにまとめられて『我らの社会的な勝利』と命名）を製作、上映した。この作品もニュージーランドへ持ち込まれ、当地で好評をもって迎えられた。また一九〇一年にはオーストラリア連邦政府発足の記念式典のドキュメンタリーも製作、このフィルムも現在まで残り、オーストラリア国家誕生の瞬間を生々しく伝えている。

　一九〇〇年六月から八月にかけてペリーとブースが撮影し、同年九月一三日に上映された『十字架の戦士』は、オーストラリアで製作された最初の劇場用長編映画であると同時に、世界で最も古い劇場用長編映画の一つだとも言われている。この映画はその他にも、世界初の宗教映画、世界初のプロパガンダ映画などと言われることもある。作品は動画に二〇〇枚のスライドを併用し、賛美歌とオラトリオの斉唱を付けて上映された。内容は、殉教と救世の物語を伝える救世軍のプロパガンダ目的の映画であり、救世軍ではこれを「講義」Lectureと呼んでいた。作品はメルボルンのタウンホールで、四〇〇〇人の観客を集めて公開された。その後『十字架の戦士』は新たな改良を加えながら、ニュージーランドまで巡回した。だが、一九〇二年にハーバート・ブースが救世軍を辞めてアメリカへ渡ったのと同時に、『十字架の戦士』のフィルムもオーストラリアから持ち去られる。一説にはフィルムはロンドンの救世軍本部に保管され、第二次世界大戦のドイツ軍のロンドン空襲で消失したと言われ、今日わずかに数枚のスライドが残るのみである。

　こうして最初の長編映画をオーストラリアに誕生させたペリー率いる救世軍ライムライト部門は、一九〇八年にメルボルンに新しいスタジオを建設することを決定、一九〇九年にはペリーの監修の下に新たに二本の作品の製作を開始する。だが同年計画は頓挫、翌年の一九一〇年には救世軍ライムライト部門は解散の憂き目にあう。すでに映画は娯楽としての地位を確立しており、布教の媒体としては相応しくないという救世軍の判断によるものだった。ペリーは失意の内に救世軍を辞め、その後商業映画に携わり、一九一八年からは蘭領東インドの映画配給に関わったという。

『ケリー・ギャング物語』

一九〇六年一二月二六、オーストラリア映画史上記念すべき作品がメルボルン、アテニーアム劇場で公開された。『ケリー・ギャング物語』である。一時間以上の長さ（四千フィート）があったこの作品は、当時世界で最も長い映画であり、もちろん物語の要素がある長編映画としても、世界最古の部類に入ることは間違いがない。この映画を製作したのは、今日、演劇興行師としてオーストラリア演劇史に大きな足跡を残したことで知られるテイト兄弟である。チャールズ（一八八六―一九三三）、ジョン（一八七一―一九五五）、ネヴィン（一八七六―一九六一）、ＥＪ（一八七八―一九四七）、フランク（一八八三―一九六五）の五人の兄弟は、ヴィクトリア州のショービジネスの家庭に生まれた。兄弟は、一九〇三年にチャールズを社長に、テイト・コンサート事務所という、コンサートの企画運営のための会社を設立する。翌年にはメルボルンのタウンホールで、彼らの運営によるコンサートの合間に、映画上映のプログラムを挿入し始めた。さらに兄弟は、救世軍の『十字架の戦士』と、アメリカのエドウィン・ポーターによって一九〇三年に作られた『大列車強盗』がオーストラリアで大きな成功を収めたのに触発されて、物語のある映画を製作する決意を固める。その「物語」として選ばれたのが、オーストラリアのフォークヒーローであるブッシュレンジャー（山賊）、ネッド・ケリーだった。親族らと共に「ケリー・ギャング」なる一味を形成し、鉄板を加

『ケリー・ギャング物語』警官隊と撃ち合うネッド・ケリー

工した独特のヘルメットと防具に身を包んで、警察と激しい抗争を繰り広げたケリーは、一八八〇年に逮捕される二年前から、すでにオーストラリアの劇場で芝居の題材となり、その後も演劇の中の主人公としてその人気は衰えなかった。テイト兄弟がネッド・ケリーの映画を作ろうと考えた二〇世紀初頭にも、アーノルド・デナムの一八九九年の作『ケリー・ギャング、あるいはオーストラリアの装甲騎士ネッド・ケリーの生涯』という芝居が全豪で上演され人気を集めており、恐らくこの芝居がテイト兄弟の映画『ケリー・ギャング物語』の下敷きになっているものと思われる。映画は、メルボルン近郊のハイデルバーグで撮影された。監督は長兄のチャールズ・テイト、撮影は元薬屋で写真などの技術に精通していたというミラード・ジョンソンとウィリアム・ギブソンがつとめた。ネッド・ケリー役は、今日では名前が残っていないあるカナダ人の軽業師が演じ、その他にはジョン・テイトやチャールズ・テイトの妻エリザベスも出演した。また、作品が一九一〇年にリバイバルされるときには、救世軍ライムライト部門で活躍したジョセフ・ペリーの息子たちである、オリー・ペリー、レグ・ペリー兄弟が、新たなショットを付け加えている。オリジナルの段階で、製作費は千ポンドほどだった。メルボルンで作品が公開された時には、弾丸の音や雨風の音などのサウンドエフェクトが、実演によって付け加えられた。メルボルンでの初上映直後、『ケリー・ギャング物語』はシドニー、アデレードでも同時上映され、続く一九〇七年三月から作品は五つのグループによって、全豪を巡回した。また一九〇七年九月までにニュージーランドでも上映され、ついには「かつて作られた中で最も長い映画」という触れ込みでイギリスとアイルランドにも上陸した。このような華々しい成功の一方で、作品は当局から不当な迫害を受けていた。ネッド・ケリーが絞首刑になってからすでに三〇年近く経とうというのに、ケリーの活躍の舞台となったヴィクトリア州の州政府は、映画に触発された人々が政府に対して叛乱を起こすのではないかという不安を抱き、一九一二年四月、ヴィクトリア州全土での『ケリー・ギャング物語』上映禁止を通達したという。『ケリー・ギャング物語』は少なくとも一〇本のプリントが作られたが、そのすべては第二次世界大戦までに散逸した。今日では、いくつかのシーンの短い断片と、興業に使われたポスターなどが残るのみである。

一九〇〇年代後半に製作された長編映画

『十字架の戦士』、『ケリー・ギャング物語』以後、一九〇〇年代の間にオーストラリアではいくつかの長編映画が製作された。この時期のオーストラリア映画は、一九世紀オーストラリアの植民地冒険小説、それを脚色した演劇、そして有名な史実を素材にしている。この時期に取り上げられたこれらの物語は、これらは皆、国民的な人気を永久に保持する物語として、その後も繰り返し映画化されることになるという特徴がある。

『ユリーカ砦』（一九〇七）はオーストラリア映画史上三番目の長編映画である。オーストラリア・シネマトグラフ社を設立したコーネル兄弟が監督・撮影し、メルボルンの実業家たちから集めた一五〇〇ポンドで製作された。作品は植民地時代のオーストラリアで最も有名な史実を基に作られている。ゴールドラッシュの時代である一八五四年、ヴィクトリア州の金鉱の町バララットで金鉱夫たちが高い採掘税に不満を募らせて、ついに独自の国旗を打ち振るいユリーカ砦を築いて蜂起、イギリス軍や警官隊と戦闘を繰り広げた。やがてそれは鎮圧されたが、イギリスの植民地支配に対する最初の抵抗として、オーストラリアにおける国家意識の芽生えを語る上で最も重要な出来事の一つとなり、今日に至るまで様々な文学作品や舞台が作られた。映画でも、このコーネル兄弟の作品を皮切りに、アルフレッド・ロルフの監督による『愛国の叛乱』（一九一五）、イーリング・スタジオ製作、ハリー・ワット監督による『ユリーカ砦』（一九四九）、ハンス・ポメレインズ監督の『砦』（一九七一）など、度々この史実を基にした作品が製作されている。

　コーネル兄弟の『ユリーカ砦』に続く史上四番目の長編が、チャールズ・マクマホン製作の『武装強盗団』（一九〇七）である。原作はオーストラリアの人気作家ロルフ・ボルダーウッド（一八二六―一九一五）が一八八八年に出版した同名の植民地冒険小説で、内容は、悪名高きブッシュレンジャー、キャプテン・スターライトの誘いで山賊稼業に手を染めてしまった若きマーストン兄弟の冒険物語である。原作小説出版後、この物語は数年後に早くも一九世紀オーストラリアを代表する劇作家・俳優のアルフレッド・ダンピア（一八四八?―一九〇八）によって舞台化され、国民的な人気を獲得、ダンピアの主要なレパートリーとなっていた。演劇興業主でもあるチャールズ・マクマホンが『武装強盗団』のこの人気に着目し、自らの脚本・プロデュースによって映画版を完成させた。五千フィートの長さで上演時間は一時間以上、製作費は千ポンドであったという記録が残っているが、フィルムは現在残っていない。一九〇八年五月にアデレードのタウンホールで初公開、続いてテイト兄弟がメルボルンで公開し圧倒的な人気を呼び、シドニーでの公開では観客が殺到して切符売り場が崩壊しかかったと伝えられている。『武装強盗団』はその後、一九二〇年にケネス・ブラントン監督により最初のリメイク版のサイレント映画が製作される。その後、レイモンド・ロングフォード監督、エフティ社、シネサウンド社などが再度のリメイクに意欲を見せるが実現せず、結局『武装強盗団』は一九五七年にイギリス映画として、ジャック・リー監督、ピーター・フィンチ主演によって製作された。一九八四年には『キャディー』などで知られるドナルド・クロンビー監督が、サム・ニールを主演に三度目のリメイクを作っている。

『命あるかぎり』（一九〇八）はオーストラリア映画史上五番目の長編映画ということになる。一九世紀オーストラリア文学で最も著名な作品と言われる、マーカス・クラーク（一八四六―八一）が一八七四年に出版した小説が原作である。物語はオーストラリア版レ・ミゼラブルともいうべきもので、イギリスで殺人者として逮捕された無実の主人公ドーズが、最凶悪犯の流刑島であるオーストラリアのタスマニア島ポートアーサー、そしてノーフォーク島に送られこの世の地獄を見る。ドーズは何とか脱走に成功し、やはり夫からの暴虐を逃れて来た元恋人のシルビアと船の上で再会する。だが嵐に飲まれてドーズとシルビアは溺れ、あの世で二人は永遠に結ばれることになる。『命あるかぎり』も『武装強盗団』と同じく、アルフレッド・ダンピアが一八八〇年代に舞台化して人気の芝居であったのをチャールズ・マクマホンが目を付け、映画化した。『武装強盗団』の七倍に当たる七千ポンドの巨費を投じ、タスマニアのポートアーサーで大がかりなロケが行われた。物語のハイライトシーンを集めたものらしくフィルムは二千フィートで上映時間は三〇分に満たないものであり、フィルム自体は今日失われている。この作品も全豪で興行的に大成功を収めた。その後『命あるかぎり』は一九二七年に、最高の製作費を投じたオーストラリアのサイレント映画として、アメリカ人監督ノーマン・ドーンによってリメイク版が製作された。一九八三年にはコリン・フリールズを主演にしてテレビシリーズにもなっている。

映画産業の成立

T・J・ウェスト（一八五五―一九一六）はイギリスを本拠にする映画興行主で、一九〇六年にカナダ、ニュージーランド、オーストラリアで映画の移動巡業を行った。一九〇九年にメルボルンに五千席の客席を擁する、当時世界最大の劇場を建設。またシドニーでは二つの劇場で同じ作品を同時上映するという興業方法を確立、オーストラリアで製作された短編映画をスクリーンにかけた。一九一〇年までに全豪に一四の常設映画館を経営し、毎晩二万人の客を集めたという。

　映画興行の世界でウェストのライバルとしてしのぎを削ったのがカズンズ・スペンサー（?―一九三〇）だ。彼はイギリス生まれ。一九〇五年に、シドニーのライシアム・ホールで映画興業を開始、一九〇八年にライシアム・ホールを常設映画館に改造。それを皮切りに、オーストラリア全土に映画館チェーンを拡大させていった。またスペンサーは、一九一〇年には、『オーストラリアの名うてのブッシュレンジャー、ジョン・ヴェインの人生と冒険』という作品を自らプロデュースし、映画プロデューサーとしても頭角を現した。一九一一年九月にはシドニーに、屋根がガラス張りの大規模な映画スタジオを建てた。彼の製作会社スペンサーズ・ピクチャーズは、アルフレッド・ロルフを監督に迎え、『ブッシュの王、キャプテン・ミッドナイト』（一九一一）、『キャプテン・スターライト、あるいは街道の紳士』（一九一一）を製作させた。またレイモンド・ロングフォードには『不運な結婚式』（一九一一）など、六作品を監督させ、オーストラリア映画黄金時代の核心部分を担うことになった。

ウェスト、スペンサーに続いて業界に参入したのが、アメリカ人J・D・ウィリアムズである。ウィリアムズは、一九〇九年にシドニーにザ・コロニアルという劇場を開いたが、それは週二回プログラムを入れ替えながら午前一一時から夜の一一時まで映画を連続して上映するという、今日の映画の上映形態に近いオーストラリアで初めての映画館だった。一九一二年にグレーター・J・D・ウィリアムズ・アミューズメント・カンパニー社を設立、メルボルンとシドニーにそれぞれ豪華な大劇場を建設した。一九一二年半ばにはニュース映画製作会社ウィリアムズ・ウィークリーを創設した。

一九一〇年代前半、オーストラリア全土の映画館はほとんどがウェスト、スペンサー、ウィリアムズの三社の経営下に置かれていた。だがその他にも、小規模ながら映画興行に参入してくる者もあった。例えば『ケリー・ギャング物語』の監督を務めたミラード・ジョンソンとウィリアム・ギブソンのコンビは、テイト兄弟と組んで、一九一一年五月にアマルガメイテッド・ピクチャーズという製作・配給・興業会社を設立し、翌年メルボルンに豪華な劇場マジェスティック・シアターを開設した。

一九一〇年代の黄金時代

オーストラリア映画は一九一〇年から一二年にかけての期間、「黄金時代」と呼ばれる時期を迎える。実に、この三年の間だけで約九〇本の劇映画が、しかもその殆どが一〇〇〇M以上の長編として製作されたのであり、当然この数量は当時世界最大級のものであった。

その大量の作品群を生産した製作会社は、代表的な映画興業主が所有する会社、例えばカズンズ・スペンサーのスペンサーズ・ピクチャーズ、T・J・ウェストのウェスツ・ピクチャーズ、ミラード・ジョンソン、ウィリアム・ギブソン、テイト兄弟のアマルガメイテッド・ピクチャーズなどがあり、他にもオーストラリアン・フォトプレイ・カンパニー、オーストラリアン・ライフ・バイオグラフ、リンカーン＝カス・フィルムズなどがしのぎを削った。

この時期に最も活躍した監督たちは、まずレイモンド・ロングフォード、フランク・バレット、アルフレッド・ロルフの三人であり、続いてジョン・F・ギャヴィン、W・J・リンカーン、ガストン・マヴェイルなどの監督がいる。

今日オーストラリアの最も偉大なサイレント映画監督として知られているのは、レイモンド・ロングフォード（一八七八―一九二五）である。彼はヴィクトリア州で生まれ、俳優としてオーストラリア、ニュージーランド、インドなどで活動した。一九〇八年にカズンズ・スペンサー製作のドキュメンタリー作品に参加してから映画産業に入り、一九一一年、スペンサーズ・ピクチャーズ社の『不運の結婚式』で監督デビューする。作品はオーストラリアの同名の芝居を映画化したもので、ロングフォードはニュージーランドで、自ら役者としてその芝居の舞台に立ったことがあった。物語は、愛し合う男女の幸せな結婚に一人の毒婦が横槍を入れて様々な悪だくみを仕掛けるが、最終的に毒婦は敗れ去り、家族が再び和合するというもの。カズンズ・スペンサーが建設したばかりのシドニー・ボンダイの撮影所を用い、四千ポンドの製作費で製作されたこの作品は大いに当たり、オーストラリアとイギリスにおいて一万八千ポンドの収益を得た。主人公の男女の一方を演じたロッティ・ライエル（一八九〇―一九二五）は、今日オーストラリア映画最初のスターと言われている。もっともこのオーストラリア映画の黄金時代においては、殆どの映画が低額の製作費で作られたため、オーストラリア演劇界から人気俳優を招聘することが出来ず、いわゆる映画スターと呼べるような人材は殆ど輩出できなかったのである。そんな状況の中で圧倒的な存在感を持っていたライエルは、この作品で映画デビューを果たし、それ以後ロングフォードと常にパートナーシップを組んで（二人は最後まで婚姻関係にはなかった）、ロングフォードの殆どの映画に主演することになる。またこの時に撮影を担当したアーサー・ヒギンズとも、後々の作品まで手を組むことになる。ロングフォードは続いて、『マーガレット・キャッチポールのロマンティックな物語』（一九一一）、オーストラリアが生んだ最初の国際的舞台女優ネリ・スチュワートの唯一の映画出演作である『古いドゥルリーレーンのスィート・ネル』（一九一一）、『死の潮時』（一九一二）、『真夜中の結婚式』（一九一二）、『オーストラリアが叫ぶ』（一九一三）という五作品を、カズンズ・スペンサーの製作会社スペンサーズ・ピクチャーズで製作した。このようにオーストラリア・サイレント映画の黄金時代は、ロングフォードにとってはスペンサーとパートナーシップを結んでいた時期と重なっていた。この時期のロングフォードの作品中、最も著名なものは『オーストラリアが叫ぶ』だろう。当時、オーストラリア文壇を代表する文芸誌『ブレティン』はオーストラリアにおける「外国嫌い」の世相を反映して反アジア人キャンペーンを張っていたが、そのキャンペーン中心となっていた二人のジャーナリスト、J・ジェフリーズとジョン・バーが『オーストラリアが叫ぶ』の原作を執筆した。ビーチやアウトバックなど各地に邪悪なアジア人の侵略が迫り、オーストラリアは危機に瀕している。シドニーもアジア人からの攻撃を受けるが、オーストラリア軍が防衛し、これを撃退。アジア人たちに囚われの身となっていたヒロインをヒーローが救出するという物語である。作品中には、アウトバックでアボリジニたちが中国人をさんざんにやっつける、などという滑稽な場面も含まれていたという。作品はスペンサーの経営するシドニーのライシアム劇場で公開されるや観客の熱狂的な支持を受け、一ヶ月間のロングランを果たした。

　フランク・バレット（一八七四―一九六一）はイギリス生まれで、ニュージーランドでバイオリニスト、新聞社のカメラマン、ニュース映画のカメラマンなど様々な仕事を経験した。一九〇三年にウェリントンで、舞台を翻案した中編映画を監督した後、オーストラリアに渡り、映画産業に入る。バレット監督による初の長編映画となったのが『すべて金のために、あるいは権利の横取り』（一九一一）である。一九一一年半ばにウェスツ・ピクチャーズ社がオーストラリア生活をテーマにした映画台本を賞金に二五ポンドを掲げて一般公募し、二〇〇人の応募の中からコメディアンのW・S・ペリーの脚本が選ばれた。内容は、ゴールドラッシュを想起させる金鉱堀の物語を当時の時代設定に焼き直したロマンスであったが、作品はこうした内容よりも、電話をかけるシーンでかけ手と受け手に画面が分割されるというような高度な特殊撮影技術を評価され、ニュージーランドでカメラマンとしての技術を磨いたバレットの面目躍如となっている。バレットはこの作品以外にもT・J・ウェストとパートナーシップを組み、ウェスツ・ピクチャーズで『クリスチャン』（一九一一）、『黒真珠の神秘』（一九一二）、『声なき目撃者』（一九一二）といった作品を監督し、またレイモンド・ロングフォード監督による喜劇『イギリス野郎がオーストラリアにやって来る』（一九一三）では、カメラマンとして撮影を担当した。黄金時代以降のバレットは『バウンティ号の反乱』（一九一六）『オーストラリアの危難』（一九一七）『内なる敵』（一九一八）『干ばつの終わり』（一九二〇）『ブッシュの少女』（一九二一）などの作品を監督したが、その作品は殆ど現存していない。一九二〇年代初頭には、映画作りの環境を奪われた形で、監督業から映画興行方面へと転向した。

　アルフレッド・ロルフ（一八六二―一九四三）は元舞台俳優で、アルフレッド・ダンピアの娘と結婚するなど、ダンピアと個人的に深い関係を築いていた。ダンピアが自らオーストラリアの小説を脚色して作った戯曲のレパートリーから、ロルフは自分の映画に多くを借用している。ダンピアの代表作『武装強盗団』から、ロルフは『ブッシュの王、キャプテン・ミッドナイト』（一九一一）と『街道の紳士、キャプテン・スターライト』（一九一一）というブッシュレンジャーものをカズンズ・スペンサーのスペンサーズ・ピクチャーズにおいて製作した。

　だがこれらのロルフの作品約二〇作は殆どが今日までに散逸し、第一次世界大戦における戦意高揚映画『ダーダネルズ海峡の英雄』（一九一五）が唯一残存する作品である。

　W・J・リンカーン（?―一九一七）はメルボルンの元舞台俳優、劇作家で、一九〇四年にオーストラリア、ニュージーランドの映画興業に携わるようになり、またメルボルンのセントキルダの公園で野外映画を経営した後に、テイト兄弟のアマルガメイテッド・ピクチャーズにおいて監督・脚本家としてデビューをした。その最初の作品である『あやまちて改むるにはばかることなかれ』（一九一一）は、イギリスの監獄からオーストラリアの監獄へと送られる獄中生活の悲惨さを描き出したチャールズ・リードの小説（一八五六年出版）が原作で、舞台化されオーストラリアの劇場で好評を得ていたものを映画化した。また、都会を舞台にした初のオーストラリア映画である『辻馬車のミステリー』（一九一二）等の作品を製作した。一九一二年にアマルガメイテッドが映画製作から撤退したのを契機に、リンカーンは一九一三年に俳優のゴッドフリ・カスと共にリンカーン＝カス・フィルムという製作会社を設立し、八本の映画を製作した。が、やがて会社はオーストラレイジアン・ピクチャーズに合併される。リンカーンは新会社では脚本家として雇われることになり、オーストラリアで最も初期の専門の脚本家というべき存在になった。リンカーンがその短い監督時代に製作した作品は、戯曲や小説の映画化が殆どを占め、内容的には恋愛やブッシュレンジャーものが多かったと言われるが、それらは殆ど残存していない。

ガストン・マヴェイル（生没年不明）は元は有名な舞台俳優だった。一九一一年に『オーストラリアのブッシュの物語（悪名高きブッシュレンジャー、ベン・ホール）』で監督デビューした。またこの作品はシドニーのマンリーにガラス張りの大スタジオを構えたオーストラリアン・ライフ・バイオグラフ社の、初の製作作品でもあった。その後、同社はマヴェイルの監督作品を一九一一年から一二年にかけて七作品製作したが、一九一三年には倒産の憂き目にあう。マヴェイルの監督としてのキャリアもそこで終わりを告げ、彼はアメリカ、オーストラリアを股にかけ、俳優とした多くの映画に出演することになる。

ジョン・Ｆ・ギャヴィン（一八七五―一九三八）はシドニー生まれで、ヴォードヴィルなどの長い舞台俳優としてのキャリアの後で、映画の仕事を始めた。一九一〇年にＨ・Ａ・フォーサイス率いるサザンクロス・モーションピクチャーズ社で、『サンダーボルト』、『ムーンライト』という二本のブッシュレンジャー映画を作った。フランス系国際企業パテ・フレール社オーストラリア支社の社員たちが、製作会社オーストラリアン・フォトプレイ社を設立し、一九一一年にギャヴィンによる四本の映画、『ベン・ホールとその一味』、『街道の王、フランク・ガーディナー』、『指名された従者』、『カルグーリのキーン』を製作。これらはすべてがブッシュレンジャーものであり、ギャヴィンは常に妻アグネスを脚本家として起用していた。だが、一九一一年にギャヴィンの映画を作りすぎたことが原因で、翌年にはオーストラリアン・フォトプレイ社は倒産した。その後のギャヴィンは、新たなチャンスを掴みに米国ハリウッドへ渡ったが、つまらない脇役の役者の仕事しか出来ずに一九二三年に帰国。ネッド・ケリーものの新たな映画を作ろうと奔走したが、当時既にネッド・ケリーものは政府のセンサーシップに触れるものになっており、計画は頓挫した。その後再びハリウッドとシドニーを行き来し、一九二八年に『警官オブライアン』を撮ったのが最後の作品となった。

ドキュメンタリー映画のはじまり

一九一〇年代までにオーストラリアにはニュース映画が出揃った。そのニュース映画の主要なものは、「スペンサーズ・ガゼット」、「パテ・オーストラリアン・アニメイテッド・ガゼット」、「ウェスツ・ジャーナル・オブ・デイリーイベント」などである。

　オーストラリアで最も有名なドキュメンタリー映画監督は、フランク・ハーリー（一八八五—一九六二）である。一九一一年にオーストラリア人ダグラス・モーソンの南極大陸遠征に公式カメラマンとして随行し、その時の模様をフィルムに収めた『ブリザードの家』（一九一三）と、『極地の氷に心奪われて』（一九一七）が、公開されて大きな称賛を浴び、興行的にも成功した。一九一七年にオーストラリアにおいて最初の公式な従軍映画カメラマンとなり、第一次世界大戦に従軍した。初めて豪英間飛行に成功したオーストラリアの飛行家ロス・スミスを撮った『ロス・スミス・フライト』（一九二〇）、英国教会がパプアへ派遣した布教団の道のりを記録した映画『真珠と野蛮人』（一九二一）などを作り、国内はもとよりアメリカ、カナダ、イギリスなど国際的に好評を得た。ハーリーはその後自ら脚本・監督・撮影をこなした二本の長編映画を製作した後、一九三〇年代からはカメラマンとしてケン・G・

ホール率いるシネサウンド社に招かれ、シネサウンドのニュース映画の製作と共に、ホールの長編映画の撮影監督としても活躍した。

一九一〇年代、ハーリーと双璧を成したのが、探検家を自認し、自らの様々な探険をドキュメンタリーに記録したフランシス・バートルズである。シドニーからダーウィンまでの間を自転車で走破した様子を、ドラマ化したエピソードなどを差し挟みながら作ったのが、『フランシス・バートルズと行くオーストラリア縦断』（一九一二）という作品だ。バートルズの『バーク&ウィルズの足跡を追ってオーストラリア縦断』（一九一五）は、一八六一年に隊員のほとんどが死亡という悲劇的な結末を迎えた、バークとウィルズによるオーストラリア大陸縦断探検隊の足跡を追うものだった。

合併と黄金時代の終焉

オーストラリア映画史上最初の黄金時代を迎える一九一二年の時点で、国内のオーストラリア映画業界は既に完成している。製作会社としては、アマルガメイテッド・ピクチャーズ社、オーストラリアン・フォトプレイ社、スペンサーズ・ピクチャーズ社、オーストラリアン・ライフ・バイオグラフ社。主な配給会社としては、アマルガメイテッド・ピクチャーズ社、スペンサーズ・ピクチャーズ社、T・J・ウェストのウェスツ・ピクチャーズ社、J・D・ウィリアムズのグレーター・アミューズメント・カンパニーがあった。

オーストラリア映画産業の黄金時代は、次第に弊害を引き起こしつつあった。あまりにたくさんの映画が作られすぎ、しかもその多くが粗製濫造と言ってもいいもので、クオリティの低い作品は次第に公開されても利益をあげなくなってきた。映画がだぶつき始め、そしてオーストラリア映画のバブルは崩壊する。業界が再編成されるべき時期が来ていた。一九一二年一一月、ウェストのウェスツ・ピクチャーズ社、スペンサーのスペンサーズ・ピクチャーズ社、ミラード・ジョンソン、ウィリアム・ギブソン、テイト兄弟のアマルガメイテッド・ピクチャーズ社は合併し、オーストラレイジアン・ジェネラル・フィルム社が誕生する。一九一三年にはＪ・Ｄ・ウィリアムズのグレーター・アミューズメント・カンパニーもオーストラレイジアンに加わった。「コンバイン」（連合）と呼ばれる、この合併でできた国内最大の新会社は、オーストラレイジアンの名で製作と配給を、ユニオン・シアターズの名で映画館経営を行うという、映画産業のあらゆる部門にまたがる万能の企業となった。これらの合併で生まれた連合は、オーストラリア製の映画の製作・配給は当面継続するものの、輸入作品、特にアメリカ映画の配給に力をおくという方針を掲げた。スペンサーズ・ピクチャーズで作品を製作していたレイモンド・ロングフォード監督はこの流れに反発して、新会社に参加せず、いくつかの短命の映画製作会社を転々とすることになる。また連合のこの方針によれば、スペンサーが建てたシドニーの大スタジオも必要としていないことは明白で、カズンズ・スペンサー自身もこれを不満として連合を離脱、映画産業からも引退して孤独な余生を送ることになる。

この時期、もう一つの合併は、パテ・フレール社にも起きた。フランス人パテ兄弟が設立し、全世界的な映画の製作・配給ネットワークを築き上げてきたパテ・フレール社は、一九〇九年にオーストラリアにも上陸し、この国で配給事業を開始した初の外国映画会社となっていた。だが、このオーストラリア支社は一九一三年の合併によりオーストラレイジアンに合併された。パテ・フレール社のニュース映画、「パテ・オーストラリアン・アニメイテッド・ガゼット」（これは世界でも最初期の定期的なニュース映画である）は、「スペンサーズ・ガゼット」、「ウェスツ・ジャーナル・オブ・デイリーイベント」などいくつかのニュース映画と合併し、一九一四年に「オーストラレイジアン・ガゼット」に生まれ変わった。

このような大きな映画業界再編成の動きの裏で、実はオーストラリア映画はもっと深刻な構造的問題を抱えていた。植民地が建設されてたかだか一世紀余りしか経っていないこの国には、他の伝統国と比べて文化的蓄積がとても浅く、黄金時代を迎えた頃から早くも映画にすべきネタがつきようとしていた。それでもオーストラリアには、アメリカのウェスタンに匹敵するような確固としたジャンルである「ブッシュレンジャー」映画があった。実際、ネッド・ケリーを筆頭に、黄金時代までにブッシュレンジャーたちの物語を描いた映画は無数に存在した。だが一九一二年、ニューサウスウェールズ州はブッシュレンジャー映画の上映を禁止した。アウトロー、ブッシュレンジャーの活躍によって、民衆に暴動の火種が付くことを恐れたのだが、奇妙なことにアメリカから輸入されるウェスタンには、何のおとがめもなかった。とにかくニューサウスウェールズは映画の観客人口の最も多い州であったため、これによってオーストラリア映画で最も人気の高いジャンルであったブッシュレンジャー映画はほとんど製作されなくなる。オーストラリア映画のネタ不足は、ますます深刻なものになっていった。

　オーストラリア映画製作を取り巻く環境が次第に悪くなっていく一方で、映画製作者たちにとっての新たな脅威が待ちかまえていた。それがオーストラリアより遅れて、一九一〇年代に入ってから急速にその体制を整えつつあったアメリカ・ハリウッド映画である。一九一四年の統計によれば、オーストラリアに輸入される外国映画の内、アメリカ映画は約五〇パーセントを占めているに過ぎなかった。だがアメリカの製作者や配給会社たちは、オーストラリアのマーケットの重要性を認識していた。一九一五年にアメリカ映画交換がスタートし、第一次大戦終結までにパラマウント、フォックス、ファーストナショナル、メトロなどのアメリカの会社がこぞって、オーストラリアの主要都市に事務所を開設した。一方オーストラレイジアンも、ニューヨークとロンドンに、輸入映画の選定のために駐在社員を配置し、外国映画輸入の体制を整えた。

　一九一四年、第一次世界大戦が勃発する。オーストラレイジアン社は、既にオーストラリア国内での映画製作に興味を失っており、実際合併によるオーストラレイジアン成立以来一本しか長編映画を製作していなかったが、戦争が始まるや戦時プログラムと称して、防衛省からのバックアップをうけて数本の戦意高揚映画を製作した。それが新兵募集映画『彼らは来ないのか?』（一九一五）とガリポリ作戦を舞台にした『ダーダネルズ海峡の英雄』（一九一五）、そしてオーストラリア軍艦によるドイツ軍艦撃沈を題材にした『いかに我々は戦艦エムデンを破ったか』（一九一五）である。結局このような戦意高揚映画をのぞけば、第一次世界大戦中コンスタントに劇映画を生産し続けたのは、一九一〇年代半ばから映画製作に参入したばかりの、一八八〇年代に設立された伝統ある演劇興行会社J・C・ウィリアムソン社ぐらいのものであった。オーストラリアで製作された長編映画は、一九一四年は四本、一九一五年が八本と、黄金時代末期にあたる一九一三年の一七本から製作本数が激減していた。一九一四年、連邦政府は第一次大戦の戦費調達のために、輸入映画への高額の関税を導入し、オーストラリアの映画製作者たちの歓迎を受けるが、一九一八年には大戦の終結を受け、映画輸入業者の誓願もあって、関税は引き下げられることになり、映画製作者たちにとってはぬか喜びに終わった。

世界に混乱をもたらし、オーストラリア映画に黄金時代の後の沈黙をもたらした第一次世界大戦が終わった時、映画産業の世界ではオーストラリア人たちがまったく予期していなかったことが起きていた。つまり戦争による荒廃でヨーロッパの映画産業は軒並み衰退し、その間隙を縫ってアメリカ・ハリウッド映画が見る見る台頭し、世界中で圧倒的なシェアを握るようになっていたのである。もしこの時、この強大なライバルの出現に、オーストラリア映画産業が製作・配給・公開部門が一丸となって自国の映画を守り抜けば、これから五〇年以上続くことになるオーストラリア映画の苦悶を未然に防げたかも知れない。だが、三部門を縦断する大企業オーストラレイジアンは、目先の利益のために、そうした道を選ばなかった。オーストラレイジアンは、一九一六年から八年間、映画製作を中断し、アメリカ映画の輸入に精を出したのである。その結果は火を見るより明らかで、アメリカ映画はオーストラリア全土の劇場のすみずみにまで浸透し、一九二二―二三年の統計では、オーストラリアが輸入した外国映画の九四パーセントをアメリカ映画が占めていたのである。

レイモンド・ロングフォードの『センチメンタル野郎』『俺たちの農場で』、そして『命あるかぎり』

オーストラリア映画の黄金時代を過ごしたスペンサーズ・ピクチャーズを離れ、新会社オーストラレイジアンにも参画しなかったレイモンド・ロングフォードは、シドニーの実業家兄弟が設立した製作会社フレイザー・フィルム・カンパニーで、『イギリス野郎がオーストラリアにやって来る』などいくつかの映画を撮った。だがフレイザーがオーストラレイジアンの圧力に屈し、ロングフォードとの次の映画製作の契約を破棄したので、ロングフォードはやむなくアデレードに新しく設立された製作会社、サザンクロス・フィーチャーフィルム社に雇われ、『女の受難』（一九一八）という作品を製作する。続いてサザンクロスで製作した作品が、『センチメンタル野郎』（一九一九）である。

『センチメンタル野郎』は、一九一五年にシドニーで出版されたＣ・Ｊ・デニス（一八七六―一九三八）の韻文の物語『センチメンタル野郎の歌』の中に描かれたストーリーを映画化したものである。ローソンやバンジョー・パタソンが描くブッシュマンではなく、都市に棲むオーストラリア人の姿、特に「ラリキン」と呼ばれる博打好きなヤクザ者のキャラクターを初めて描き出したデニスの詩は、既にオーストラリア国内で非常な人気を集めた。そのため主要登場人物のセンチメンタル野郎ビル、その悪友ジンジャー・ミック、ヒロインのドリーンは、映画化の前から既に一般に良く知られていた。物語は次のようなものだ。シドニーの下町ウルムルのラリキン、ビルが、悪友ジンジャー・ミックらと非合法のトゥーアップ（コインを投げて表裏を当てる博打。オーストラリアで最も好まれる）に興じていたところを警察に急襲され、ビルはブタ箱行きとなる。数ヶ月のつとめを終えて娑婆に出たビルは、街で瓶詰め工場に勤める若い女性ドリーンに一目惚れ。最初は相手にされないが、友人を介して、やっと彼女とつきあえるようになる。だがドリーンの前にもう一人ハンサム男が現れ、ビルは激しく嫉妬し、お陰でビルはドリーンに嫌われてしまう。やがてビルとドリーンは和解、ドリーンの母の了承も得て、結婚する。だが新婚数ヶ月も絶たない内に、ビルはジンジャー・ミックに誘われて再びトゥーアップに手を出してしまい、すっからかんになる。だが若妻ドリーンはそれを許し、やがて二人は都会を離れ農場で暮らすことになる。難産の騒ぎの末赤ん坊も生まれ、夫婦は末永く幸せに暮らす。映画では、ビル役をアーサー・トーチャートが、ドリーン役をロングフォード監督の公私に渡るパートナーである女優ロッティ・ライエルが演じた。トーチャートはロングフォード監督が「この世に生まれた最も愛すべきラリキン」と評した人物で、一八八一年にシドニーで生まれた後、様々な肉体労働の仕事を経てコメディアンとなり、シドニー周辺を中心に全豪、ニュージーランドなどのヴォードヴィル・ショーやミンストレル・ショーで活躍した。ロングフォードとライエルに見いだされたとき、トーチャートはジョン・ギャヴィン監督の喜劇短編映画にコメディアンとして出演したことがあるだけで、映画俳優の経験はなかった。だがハンサムな映画俳優達とは一線を画すその厳つい顔と庶民的な雰囲気は、まさにビルの役柄そのものであった。ロングフォード監督の『センチメンタル野郎』はその他に、C・J・デニスの韻文をそのまま字幕に残すなど、原作の雰囲気を多く残し、またロングフォードの得意とする小市民的な幸せをほのぼのと描くというやり方で、非常な成功を収めている。この作品は一九一九年一〇月四日にメルボルン・タウンホールで公開されたのを皮切りに全国で長期間上映され続け、興行的に大きな成功を得、またイギリスでも公開された。国内のこの人気に勢いづいて、ロングフォードはサザンクロスで一九二〇年に、ビルの悪友を主人公にした『ジンジャー・ミック』を続編として製作した。また演劇の映画化という当時の一般的な流れと逆行して、一九二二年には『センチメンタル野郎』の舞台も製作された。その後も『センチメンタル野郎』の物語はオーストラリアで愛され続け、一九三二年のリメイク映画、一九六一年初演のミュージカル、一九八五年初演のバレエなどを経て、今日に至っている。

　ロングフォードは続いて、『俺たちの農場で』（一九二〇）を作る。作家スティール・ラッド（一八六八―一九三五）が一八九五年から文芸誌『ブレティン』に連載した一連の短編小説を原作としている（一八九九年、それは『俺たちの農場で』としてまとめられ、出版された）。小説『俺たちの農場で』は、クィーンズランド州へ入植したラッド一家、すなわちダッド（お父ちゃん）と息子デイヴ、そしてその他の家族達が、過酷な大自然であるブッシュの中で、力を合わせ懸命に、時には滑稽に生きる光景を、様々なコミカルなエピソードをスケッチ風に折り重ねなが ら

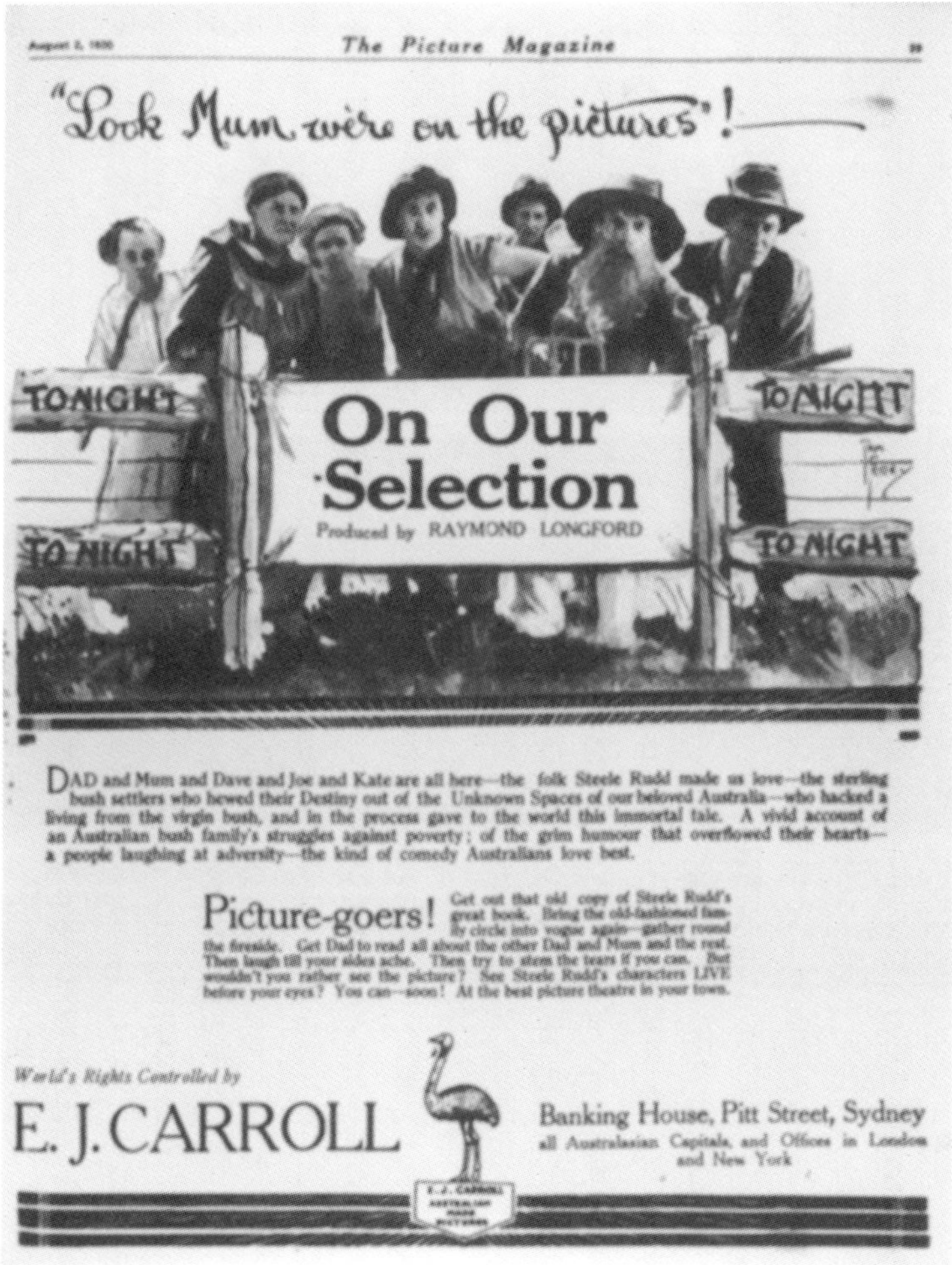

『俺たちの農場で』(レイモンド・ロングフォード監督)ラッド一家

描き出したものだ。『センチメンタル野郎』が都市に棲むオーストラリア人の原型を描き出しているなら、『俺たちの農場で』はブッシュに棲む初期入植者達のそれを描き出しており、その意味で両者は都市、ブッシュを軸に対極をなしていると言える。ロングフォードがその両者を同時期に映画化し、オーストラリアにおける両極の環境に生きる人々の原型をフィルムに焼き付けたことは、とても興味深い。また一方で『俺たちの農場で』は、好評をもってシリーズ化されていたボーモント・スミス監督の「ヘイシード一家」もの（後述）の向こうを張るという意味もあったはずである。『俺たちの農場で』はロングフォードの映画化に先立って、俳優バート・ベイリー脚本・主演による同名の舞台が一九一二年に初演されていたが、ロングフォードの映画版はこの舞台版に付け加えられていたメロドラマ的要素（恋愛や殺人など）を排し、極力原作に近い、スケッチの積み重ねのような素朴な風合いを強調した。またロングフォードは舞台とは違う色を打ち出すために、いくつかの重要な役に全くの素人を起用している。例えば息子のジョー役は、シドニーの街角で新聞売りをしているところをスカウトされたというアーサー・ウィルソンが演じている。ダッドはベテランの舞台俳優パーシー・ウォルシュ、デイヴもベテランの役者タール・オーデルが演じたが、両者ともベイリーの舞台版には出演していない役者たちである。プロデューサーのキャロル兄弟は一九〇〇年代に『ケリー・ギャング物語』をクィーンズランドでツアーに出して成功した古株の映画興行師であった。ロングフォードの『俺たちの農場で』がブリズベンで公開されるや圧倒的な興行成績を上げたのに気をよくし、キャロル兄弟は翌年、続編『ラッドの新しい農場』をロングフォードに作らせている。『俺たちの農場で』も、『センチメンタル野郎』などと同じくオーストラリアの典型的な物語として人々に記憶され、その後一九三二年にはケン・G・ホール監督、バート・ベイリーのダッドによるトーキー版リメイクが作られ、九四年にはメル・ギブソンのアイコン・プロダクションによって、レオ・マクカーンの「お父ちゃん」、オーストラリアを代表する世界的オペラ歌手のジョーン・サザーランドの「お母ちゃん」、ジェフリー・ラッシュのデイヴといったキャストでリメイクが作られている。その他ラジオドラマやミュージカルなど、様々な形になって、「ダッドとデイヴ」の物語はオーストラリアで受容され続けている。

『センチメンタル野郎』と『俺たちの農場で』というオーストラリア映画史上最も重要な二作を作った後のロングフォードは、一九二三年五月、パートナーとして共同プロデュースなどの仕事をしていたロッティ・ライエルと共に、製作会社ロングフォード＝ライエル・オーストラリアン・プロダクションを設立する。そこでロングフォードは、『ディンカム野郎』（一九二三）、『フィッシャーの幽霊』（一九二四）、『田舎者たち』（一九二五）、『ピーター・ヴァーノンの沈黙』（一九二六）などの作品を製作した。

一九二五年にライエルが死去し、ロングフォード＝ライエルが存続できなくなると、同年ロングフォードは不思議なことに、これまで互いにいがみ合ってきた大会社オーストラレイジアン社の、監督兼プロデューサーに任命される。オーストラレイジアンでロングフォードは『暁』（一九二六）、『開拓者たち』（一九二六）、『憎しみの丘』（一九二六）の三作品を製作した。一方、一九二五年からロングフォードはイギリスのマーケットに食い込むことを想定して、一九〇八年のチャールズ・マクマホンの名作『命あるかぎり』のリメイク版を、オーストラリア当代一の俳優フランク・ハーヴェイを起用し、当時としては破格の一万五千ポンドの製作費で撮ることを会社に提案する。だがこの企画は不採用になり、これを機に、失意のロングフォードは監督としての第一線から遠ざかり、オーストラレイジアンからも契約の更新はされなかった。一九三四年、『吊せなかった男』という作品一作を監督した後は、夜警として生計を立て、自らを「センチメンタル野郎」と自称しながら一九五九年にシドニーで人知れず死んだ。後に彼のオーストラリア映画における絶大な偉業が再評価され、オーストラリア映画協会（ＡＦＩ）がその功績を称えて「レイモンド・ロングフォード賞」を設立したのは、死後長く経った一九七七年のことである。

ロングフォードが夢見た超大作『命あるかぎり』は、結局一九二七年、より広いマーケットを獲得するために、オーストラレイジアン社がフリーランスのカメラマンとしてオーストラリアを訪れていたアメリカ人、ノーマン・ドーン（一八八七―一九七五）に監督を任せた。ロングフォードの提案を遥かに越える、六万ポンドという巨額の製作費をかけた大作で、タスマニア島のポートアーサーにある旧監獄でロケを敢行したり、航海シーンの撮影のために古い帆船を買い取ってシドニー港に浮かべたり、監獄からの囚人の集団脱走のシーンのために五〇〇人のエキストラを集めたりと、当時のオーストラリア映画界で考えられうる限りの贅を尽くした。ストーリーに関しては、原作小説にも一九〇八年のマクマホン版にも無いラストシーンが付け加えられた。すなわち、ノーフォーク島を脱獄したドーズとシルビアを乗せた船が嵐の中で沈み、二人は結ばれながら永遠の眠りにつくという悲恋の筋だったのが、ドーン版では嵐の後、二人が小さな筏に乗って生き残っているシーンが付け加えられ、ハッピーエンドで終わるように改変されている。キャスティングは、アメリカのマーケットを射程において、主役のドーズにジョージ・フィッシャー、ヒロインのシルビア役にイーヴァ・ノヴァクなどをはじめ、主要な役に四人のアメリカ人俳優を起用した。オーストラリア人で重要な役を演じた俳優はジェシカ・ハーコートだったが、踊り子出身の彼女に役者としてのキャリアはほとんどなかった。さて、鳴り物入りで始まった『命あるかぎり』の再映画化は、当時のオーストラリア社会に波紋も投げかけた。オーストラレイジアン社が製作を発表するや、オーストラリアではこの作品への反対運動が巻き起こったのである。それはすなわち、『命あるかぎり』に描かれる監獄島オーストラリアに送られ地獄の底をはいずり回るドーズ氏の悲劇の物語は、オーストラリアがかつて囚人の流刑地であったという恥ずべき過去を暴くものであり、まして作品が外国へ輸出されるとなれば、世界に対して国の恥を晒し回ることになるという意見である。このような考え方は当時のオーストラリアでは同感する者も多く、貿易関連新聞が批判の論陣を張ったり、連邦政府議会で論議の対象になったほどだった。このような過程を経て一九二七年六月二〇日にニューサウスウェールズ州ニューカッスルで、続いてシドニーで公開にこぎ着けた『命あるかぎり』は、初の一一週ロングランを果たし、オーストラリア国内でも非常に優秀な興行成績をおさめた。だが、オーストラリアのサイレント映画の金字塔ともいうべきこの超大作も、すでにアメリカで姿を表し始めていたトーキー映画に対する競争力は持ち合わせていなかった。オーストラレイジアン社があれほどこだわったアメリカ市場への進出も、ニューヨークで小規模な上映が行われただけに終わり、オーストラレイジアン社は結局収支において損失を被った。一方、監督としての手腕を高く評価されたドーンは、やはり複数のアメリカ人俳優を用いフィージーを舞台にしたサイレント映画『尊敬すべき未開人たち』(一九二八)を、オーストラレイジアン社で製作したが、興行的に大敗。三作目『ショーガールの幸運』(一九三一)は、オーストラレイジアン社を離れ、自ら設立した製作会社の下、自らの妻をヒロイン役に立て、アメリカのミュージカルを手本に製作した。興行的にはやはり失敗したが、この作品はオーストラリアで最初に公開された完全なトーキー映画として歴史に残ることになった(但しこの作品は公開が遅れ、「オーストラリアで初めて公開されたオーストラリア製トーキー映画」という光栄に浴することは出来なかった)。

ボーモント・スミスと「ヘイシード一家」

一九一八年、オーストラリアで製作された劇場用長編映画一八本の内、三分の一が喜劇であった。オーストラリアの喜劇映画の伝統を最初に創り出したのが、ボーモント・スミス監督だと言われている。

ボーモント・スミス(一八八一―一九五〇)は、アデレードに生まれた。一九〇〇年代、『センチメンタル野郎』の原作者のC・J・デニスと共に、アデレードで『クリティック』『ガドフライ』などの雑誌でジャーナリストとして仕事をした後、文芸誌『ブレティン』に参加。そこで『俺たちの農場で』の原作者のスティール・ラッドと共に仕事をしたこともあった。また、当時の人気劇団ウィリアム・アンダーソン劇団の宣伝の仕事も努めていたことがある。一九一一年から演劇興行師として活動を開始、こびとサーカスの興業でニュージーランド、カナダ、アフリカを巡業し、また一九一二年にはバート・ベイリーの舞台『俺たちの農場で』の興業を行った。やがてシドニーの大劇場シアター・ロイヤルの共同監督人まで努めるが、一九一七年、映画の方が儲かると考え、映画製作会社ボーモント・スミス・プロダクションズを設立する。そして自らが脚本・監督をこなして作った作品が『我らが友人ヘイシード一家』（一九一七）である。当時オーストラリア演劇界では、バート・ベイリー脚色・演出・主演『俺たちの農場で』などに代表されるブッシュコメディ、つまりブッシュを切り開く開拓者たちのたくましさや田舎者らしい滑稽さをコメディにしたてた芝居がもてはやされていた。演劇興業の世界から来たスミスは、このブッシュコメディの人気を映画でも再現しようと考え、ヘイシード一家という、『俺たちの農場で』のラッド一家に相当するような開拓者家族のキャラクターを創り出した。物語はこのようなものだ。奥地の開拓地で、隣接するヘイシード家とダッガン家がいがみ合っている。両家の息子と娘は愛し合っているが、ロミオとジュリエットのように両家の争いに巻き込まれ、会うこともままならない。ある時ブッシュファイヤーが起こって、両家が力を合わせてそれを消し止めたことから彼らは和解し、ついに両家の息子と娘は結婚できることになる。だが生まれてくる孫の命名をめぐって両者の家長がまたもめ出すが、両者男の子の名前を考えてたところが双子の女の子が産まれ、また両家の和解に至る。スミスは破格の低予算と天候も厭わないスピーディーな撮影でこの作品をわずか一ヶ月で完成させ、翌々月にはすでに作品は一般公開されていた。「一テイクの伊達男」とあだ名されたこのスミスの早業は、後の彼の作品にすべて踏襲されることになる。また演劇興業主としての実績がものをいい、スミスはシドニーでの公開に当たっては、広告、配給まで自ら担当した。作品は興行的に大成功を収めると、スミスは間髪入れずに、その年の内に次々と続編を製作。それが、『ヘイシード一家、シドニーへ来る』（一九一七）『ヘイシード一家の開拓地ショウ』（一九一七）『ヘイシード一家のメルボルンカップ』（一九一八）などの作品である。タイトルから分かるように、ヘイシード一家が宝くじに当選して大都会シドニーへやって来たり、農芸ショウを開催したり、自分たちの馬をメルボルン・カップに出場させたりと言ったストーリーが展開される。これらの続編もことごとく大きな商業的成功を収めることとなった。その後スミスはしばらくヘイシード一家シリーズを休止したが、一九二〇年代にはいると再び、『タウニー一家とヘイシード一家』（一九二三）、『先史時代のヘイシード一家』（一九二三）の二作を作っている。

　スミスは喜劇だけではなく、メロドラマも作っている。大衆の求めている物語を敏感に察知する能力に長けたスミスは、第一次世界大戦を経てオーストラリア国内に蔓延している反ドイツ感情、そして愛国主義的心情を盛り込んだ『シドニーの悪魔』（一九一八）を、やはり自らの製作・脚本・監督によって作る。邪悪なドイツ人が中国人と結託してシドニーにアヘン窟・淫売宿を作り、純真なオーストラリア娘を陥れ、オーストラリア軍兵士を骨抜きにしようとたくらむが、やがて法に処罰されるという話だ。作品には暴力や性がたっぷりと盛り込まれ、当時まさに敵国人だったドイツ人はともかく、同盟国人である中国人に対する悪し様な描き方があり、さらに軍の新兵募集に悪影響を与えるような堕落したオーストラリア兵士の姿が描かれていたために、当局のセンサーシップは避けられるはずもなかった。作品はシドニーでの公開初日で上映中止となった（したたかな興行師スミスは、劇場の観衆の面前で、官憲と自分との対決を演出しようとしていたふしがある）。だがニューサウスウェールズ州政府は州内の中国人コミュニティの反応に配慮しながらも、中国人の描き方に問題はないと判断し、また堕落した兵士の姿も反面教師となるという判断から、作品をノーカットで再公開の許可を与えた。一連のセンサーシップをめぐるもめ事はマスコミに盛んに報道されて、これが最大の宣伝効果を呼び、恐らくスミスが読んだ通り、『シドニーの悪魔』は圧倒的な劇場入場者を記録した。

　次にスミスは、海外で当時オーストラリア映画に与えられた「安っぽい」「くだらない」などというマイナスの評価を覆そうと決心。イギリスでの公開を前提に、これまでの彼の映画では考えられない大予算を組んで、「スーパー・オーストラリア映画」なるシリーズの製作を企画する。その第一作として企画されたのが、オーストラリアの国民的詩人バンジョー・パタソンの一連のバラッドを映像化し、それに誰もが知るパタソンのバラッドの題名『スノーウィー・リバーから来た男』をタイトルに付けた映画である。その企画を練っていたスミスは、作品をアメリカで撮影すると発表して周囲を驚かせる。ハリウッドの優れた映画技術者を使い、アメリカ人スターを起用し、アメリカの市場にも作品を進出させようと目論んだのである。だが、スミスは半年間渡米するも殆ど成果はなくその計画は頓挫し、作品は結局オーストラリア国内で、スミスが連れてきた数人のアメリカ人スタッフとキャストを用いて作られた。作品は凡作と評価され、興行的にも目覚ましいものはなかった。その後スミスは、パタソンと並んでオーストラリアの国民文学の双璧をなす作家ヘンリー・ローソンの小説の映画化を試み、『ブリキ缶の湯が煮える間に』（一九二一）、『ジョー』（一九二五）などの作品を製作。また、オーストラリア映画産業成立時から自国以外の重要なマーケットだったニュージーランドを射程に入れ（すでにレイモンド・ロングフォードがニュージーランドで『マオリ娘の愛』（一九一六）という作品を作っている）、ニュージーランドとマオリ文化を舞台に『裏切り者』（一九二二）『アルジーの冒険』（一九二五）という二作を製作している。

一九二〇年代後半からスミスは製作を離れ、映画配給・公開の仕事に専念し始めるが、ケン・Ｇ・ホールのトーキー版『俺たちの農場で』が大成功したのを受けて、スミスもオーストラレイジアンの後身シネサウンドの援助のもとに、トーキー版『ヘイシード一家』（一九三三）を製作した。製作・監督・脚本を一手に担うのは相変わらずだが、この時は共にオーストラリアのサイレント映画時代を支えた盟友レイモンド・ロングフォードが助監督を務めた。翌年にもう一本を製作した後、スミスは映画監督の仕事から完全に引退した。アメリカへオーストラリア映画を売り込む野心に燃え、またオーストラリアとニュージーランドを自由に行き来して映画製作・配給を行った、根っからの興行師ボーモント・スミス。オーストラリアの国民的作家ヘンリー・ローソンやバンジョー・パタソンの文学を愛好し、オーストラリア絵画のコレクターでもあるなど、オーストラリアの文化芸術を愛好するナショナリストでもあったスミスは、生涯で一九本の長編映画を製作し、一九五〇年にシドニーでこの世を去った。

キャロル＝ベイカー・プロダクションズ

クィーンズランド州に生まれ、地元で映画上映や遊技場の経営、演劇興業などをしていたＥ・Ｊ・キャロル（一八六八―一九三二）とダン・キャロル（一八八六―一九五九）の兄弟は、一九〇八年には『ケリー・ギャング物語』

のフィルムを買ってクィーンズランドで巡業上映をしたこともあった。一九一九年、キャロル兄弟は、レイモンド・ロングフォードの『センチメンタル野郎』の海外配給を扱うことで得た利益を元手に、スノーウィー・ベイカー（一八八四—一九五三）と共に映画製作会社キャロル＝ベイカー・オーストラリアン・プロダクションズを設立する。スノーウィー・ベイカーは一九〇八年のオリンピックにボクシングのオーストラリア代表となった程の有名な万能スポーツマンで、その後映画スターに転身、強靭な肉体を活かしてアクションをこなして人気を集めるという、ユニークな存在であった。キャロル＝ベイカーは、『センチメンタル野郎』『俺たちの農場で』「ヘイシード一家もの」などに登場するがさつなオーストラリアのキャラクターが、世界に通用すると思っておらず、いっそのことアメリカ人監督に監督をさせて、世界のマーケットをねらえる映画を製作しようと思いついた。この考え方は、後のオーストラリア映画界では常套手段となるが、当時としては画期的なアイディアであったことは間違いがない。

ベイカーとキャロル兄弟は、ハリウッドへ渡り、アメリカ人の監督ウィルフレッド・ルーカスと妻の脚本家ベス・メレディスをオーストラリアに連れてくる。ルーカスは元舞台役者で一九一四年までにアメリカのユニバーサル・スタジオで働いており、一九一五年からハリウッドの有力な監督となっていた。妻のメレディスも脚本家としてユニバーサルで精力的に働いていた。ベイカーとキャロル兄弟は、ルーカス夫妻の他にも女優やカメラマンなど数人のアメリカ人を連れてきた。キャロル兄弟はまず、自分たちが同時期にプロデュースを担当していた『俺たちの農場で』をルーカスに撮らせるつもりだったが、ルーカスはそれを辞し、レイモンド・ロングフォードがそれを監督することになった。結局最初にキャロル＝ベイカーが製作したのは、ルーカス監督、メレディス脚本、そして共同プロデュース兼主演にスノーウィー・ベイカーが収まり、禁じられているはずのブッシュレンジャーものに近い内容の『カンガルーから来た男』（一九二〇）だった。さらに間をおかずに、ほぼ同じ顔ぶれによって第二作目『雷光の峰の陰』（一九二〇）が作られた。これらルーカスが監督したキャロル＝ベイカー社の映画はすべて興行的に成功し、アメリカでも公開された。だがルーカス夫妻は契約が切れ、予算切れで再契約も成立せずに帰国する。ルーカス、メレディス、ベイカーの組み合わせによる三作目『クーラボンのジャッカルー』（一九二〇）は、ルーカスが「オーストラリア人がブッシュに住む野蛮な人々ではない、彼らに真実の光を当てよう」と意気込んだ作品だったが、国内で興行的に失敗する。

ここまでアメリカ人たちを使って映画を製作してきたキャロル＝ベイカーは、ハリウッドと同じクオリティの映画を作ろうとすれば、自分たちの財力ではとても足りないという現実の厳しさを味わい、方針を転向して、オーストラリアとイギリスのマーケットを狙うことに専念する。レイモンド・ロングフォードを監督に起用し、前述の大ヒットを記録した『俺たちの農場で』の続編『ラッドの新しい農場』（一九二一）と、ブルーマウンテンズで起こった殺人事件と謎解きの物語『ブルーマウンテンズ・ミステリー』（一九二一）を製作、国内で興行的に成功させる。『ブルーマウンテンズ・ミステリー』は、アメリカでもヒットを記録した。だがそれでも大した儲けは出ず、キャロル兄弟は一九二三年から製作をやめ、映画館経営に乗り換える。またスノーウィー・ベイカーは一九二二年から本格的にハリウッドに進出し、オーストラリアを顧みることはなかった。

タール・オーデルの『子ヤギの賭けレース』（一九二七）

二〇年代後半において最も有名な作品の一つに、俳優のタール・オーデルが監督した『子ヤギの賭けレース』がある。舞台は、レイモンド・ロングフォードが『センチメンタル野郎』を撮る際に舞台に選んだ、シドニーの港町ウルムルである。ただし、このオーデルの映画の登場人物はロングフォードの作品と大いに趣を異にしている。すなわち、活躍するのは「子供の」ラリキンなのである。ウルムルでは二人のガキ大将フィンとブルーザーが根城を張り、共に子分の子供たちを従え、ライバル関係を築いている。フィンは自分のペットの子ヤギのヘクターを、地元のヤギレースに出場させようとしているが、ブルーザー一味がヘクターを逃がしてしまう。フィンたちはヘクターを救出する。また、警官に追われたり、下町ウルムルに隣接する高級住宅地ポッツ・ポイントの寂しいお金持ちの少年を訪ね、社会的階級を越えた子供同士の交流を結ぼうとしたりと、様々な出来事が起きる。クライマックスはヤギのレースのエピソードで、フィンとヘクターは見事レースに優勝する。

原作はシド・ニコルズの一九二三年からの連載漫画『ファッティ・フィン』。漫画は一九七七年まで断続的に連載されたもので、フィンはＪ・Ｃ・バンクスの描いた『ジンジャー・メグズ』と並んで、息の長い人気を誇った漫画の少年主人公である。タール・オーデルは、レイモンド・ロングフォードの『俺たちの農場で』でデイヴを演じるなど、当時の映画・舞台における人気俳優で、『子ヤギの賭けレース』はオーデルの唯一の監督作品だった。主演のフィンはオーデルの六歳の息子ロジャー・ポップ・オーデルで、原作者シド・ニコルズやタール・オーデル自身もちょい役で出演している。その他、シドニーの下町の子供たちを演じる子役たちがみな、非常に子供らしいリアリティを感じさせる優れた演技であったことが、映画の評価を高めた。ロングフォード監督『センチメンタル野郎』の舞台でもあるシドニーの下町ウルムルとそこに暮らす労働者階級の子供たちのたくましさが、ポッツ・ポイントの上流階級の人々との対比の中で鮮明になるなど、シドニーの当時の社会的様相を捉えている点でも興味深い。作品はオーデルとクィーンズランドの映画興業主ヴァージル・コイルが設立した製作会社において作られたが、興業はさほどふるわず、四千ドルの製作費に対してわずかな収益しか上がらなかった。だが作品は後々まで、子供向けのマチネ上映などで、繰り返しリバイバルされ、また短編喜劇映画に再編集されたりした。

『ファッティ・フィン』のキャラクター自体はその後もオーストラリアで愛され続け、一九八〇年にボブ・エリスらの脚本、モーリス・マーフィーの監督によってリメイク版『ファッティ・フィン』が製作されている。

マクドナ姉妹

シドニーの医師の娘ポーレット・マクドナ（?―一九七八）は、フィリス（?―一九七八）、イゾベル（?―一九八一）という姉妹たちと、幼いときからハリウッド映画を愛好し、その魅力を分析して楽しむうち、自分たちで映画を作り、オーストラリア映画のレベルをハリウッドに負けないぐらいに高めたいと思い立った。ポーレットはP・J・ラムスターという人物の演劇学校へ通って監督としての素養を身につける一方で、イゾベルはマリー・ロレインの名で既に女優としての活動を始めていた。フィリスが美術とマネージメント、宣伝を担当し、三人姉妹は私財を投じてマクドナ・プロダクションズを設立した。この製作会社は短命に終わったが、その間マクドナ姉妹の作った作品は劇場用長編が四本、その他にトーキーを含めた複数の短編ドキュメンタリーがある。最初の『愛する者たち』（一九二六）はまだ自分たちの能力に自信が持てずにポーレットの師であるP・J・ラムスターを監督に迎えたが、その後の三作については、すべてポーレットが監督を務めた。一連の長編映画についての共通点は、オーストラリア的要素を極力排除し、ハリウッド映画を範に求めたところにある。最初の三作品の舞台を無国籍に設定し、四作目の舞台をロンドンにしたのも、その表れの一つだろう。『愛する者たち』は身分違いの悲恋を描いたロマンス。『遠い楽園』（一九二八）と『チーター』（一九三〇）は共に似通った筋で、犯罪に手を染めている父を持った若い女性が、数々の障壁を乗り越えて、愛する男性と結ばれる物語である。これはまた、オーストラリア映画がトーキーへと移行する過渡期を反映するかのような作品でもある。一九二九年の初めに既にサイレント映画として完成されていたものの、アメリカのトーキー映画に商業的に対抗すべく、一九三〇年五月、メルボルンでサウンドシステムを用い、部分的にトーキーの場面を付け加えた。だがそのクオリティが低かったせいもあり、興行的にはふるわなかった。内容はメロドラマだが、フィリス・マクドナの美術がドイツ表現主義映画の影響を色濃く受けているのが興味深い。最後の作品『二秒の沈黙』（一九三三）は完全なトーキー作品で、オーストラリアの劇作家レズリー・ヘイレンの筆による、ロンドンを舞台にした反戦劇（一九三〇年シドニーにて初演）の映画化であった。監督のポーレットはキャストの殆どを占めた舞台役者達に、芝居臭さを排した自然主義的な演技を要求した。批評的には高い評価を受け、オーストラリアが世界的水準に到達したと評されたが、興行的にはやはりふるわなかった。マクドナ姉妹は引き続き映画製作をすることを予定したが、財政が逼迫し、製作会社は解散。イゾベルはロンドンで結婚し、フィリスはニュージーランドでジャーナリストとなった。

連邦政府の救済策

今日でも世界有数の映画観客数、ビデオ売り上げ数を誇るオーストラリアは、一九二〇年代にはすでに映画は国民生活の中に欠かせない娯楽として定着していた。統計によれば、一九二七年までに全オーストラリアで一二五〇の映画館が存在し、全国民六〇〇万人が毎年平均一八回映画館へ足を運ぶ計算になっており、これは世界で最も高い部類の水準にあったという。だが一九二〇年代後半のこの時期、すでにオーストラリアの映画館で上映される映画の九五パーセントを、アメリカ映画が占めていたのである。

オーストラリア映画製作者たちは、アメリカ映画がオーストラリアの映画館を寡占する状況に危機感を抱き、彼らの中では早くから政府がオーストラリア映画の一定の上映割当てを各映画館に強制すべきだという主張が叫ばれていた。当時、このようなオーストラリア映画割当て率が立法化されているのはヴィクトリア州だけであり、しかもその割当て率はニュース映画などで消化され、長編映画製作に恩恵を与えることはほとんどなかった。こうした声を受けて、ついにオーストラリア連邦政府が映画産業の適正化のために腰を上げる。一九二六年八月五日、ジョン・グラント上院議員が、オーストラリア映画産業についての最初のレポートを議会に提出した。翌年三月委員会設置、五月にはそれはウォルター・マークス下院議員を議長とする国王任命調査委員会に昇格する。レイモンド・ロングフォード、ジョン・ギャヴィン、フランクリン・バレット、フランク・ハーリー、チャールズ・ショーヴェル、マクドナ姉妹などの映画監督たちから、オーストラレイジアン、フォックス、ユニヴァーサル、ＭＧＭなどの映画会社の代表まで、二五〇人に及ぶ証人が召喚された。一九二八年三月に最終的な報告書はまとめられ、連邦議会で報告された。報告書では、オーストラリアの配給会社が現在、事実上アメリカの大会社のオーストラリア支店のようになっているという現状を指摘し、また割当て率の導入、輸入映画への関税引き上げなどを盛り込んだ内容となっていた。だが、同四月に連邦政府が発表した勧告の内容は、映画製作者たちが最も期待していたオーストラリア映画の割当て率の設定は、「イギリス連邦の一国としてのオーストラリアには、そのような法律を独自に立法する権限がない」と判断されたこと、そして国内の映画館業界や、外国の映画製作産業との摩擦を避けるという意味で、最終的に見送られていた。ただ唯一映画製作者たちが得たものは、毎年コンペティションで選ばれた優秀なオーストラリア映画に賞金を与えるというものだけだった。だが一九三〇年から開始されたそのコンペティションも、数年後、殆ど機能しないうちに消滅した。

　最終的な答申が出される直前まで、オーストラリア映画の割当て率を確保する政府の救済策が打ち出されるという期待感で製作者たちは活気づき、一九二八年には一四本と、製作本数は一九二〇年代では最高を記録した。だが、結局連邦政府が満足な法律を打ち出さなかった失望感、そしてトーキー映画という大きな技術革新への対応が遅れたことなどから、一九二九年には映画はわずか一本しか生産されないという事態に陥ったのである。

Ⅱ　一九三〇年代から第二次大戦終結まで

トーキー時代の到来

一九二八年一二月二九日、グレイター・ユニオン配下のシドニーのライシアム・ホールで、アメリカ・ワーナーブラザーズ映画『ジャズ・シンガー』が公開された。一方、ライバルのホイツも同日、ホイツ・リージェント劇場で、サイレント映画だが音声付の歌の部分がある『レッド・ダンス』を公開、両映画館とも大盛況を記録した。数週間後にはシドニーのもう一つの劇場がトーキー映画上映に加わり、さらに翌年二月には、『ジャズ・シンガー』と『レッド・ダンス』はメルボルンでも公開された。

トーキー映画登場の衝撃は、オーストラリア映画産業にこの新しい技術の導入を急がせた。様々な実験が繰り返される中、オーストラリアで最初に映像にサウンドを付加する技術が用いられたのは、ニュース映画の世界においてだった。一九二九年、アメリカ資本のムービートーンが、アメリカから輸入してきた機器を用い、音声付のニュース映画「オーストラリアン・ムービートーン・ニュース」を製作・公開した。オーストラリア最大のニュース映画「オーストラレイジアン・ガゼット」を所有していたオーストラレイジアンは、この「ムービートーン・ニュース」に対抗するため、一九三〇年、装いも新たに音声付きニュース映画「オーストラリアン・トーキー・ニュース映画」をスタートさせた。一方、メルボルンの新聞社ザ・ヘラルドも、社主キース・マードック（ルパート・マードックの父）の指示によって、トーキーのニュース映画「ヘラルド・ニュース映画」を開始した。やがて「ヘラルド・ニュース映画」は、一九三二年にオーストラレイジアンの後継シネサウンド社のニュース映画「シネサウンド・レビュー」

に合併されることになる。

オーストラリアにおける長編トーキー映画の登場は、これらニュース映画の後塵を拝することになった。ノーマン・ドーンが一九三〇年に設立したオーストラリアン・トーキーズ社が、長編トーキー映画への取り組みの始まりだった。ドーンのトーキー映画『ショーガールの幸運』が完成する以前に、マクドナ姉妹やアーサー・ヒギンズ、オースティン・フェイのコンビも、自分たちのサイレント映画に部分的にトーキーの箇所を盛り込むのを成功させていた。何組かの製作者が競い合っていた、完全トーキー映画の公開一番乗りは、結局、Ａ・Ｒ・ハーウッドが手にした。彼は一九三一年初頭に完全トーキー映画『影の外へ』を完成させていたが、音の状態が良くなく、公開を拒否された。しかし一番乗りに執念を燃やしていたハーウッドはめげず、その年の六月から九月にかけて二本のトーキー映画『時の弾み』と『陰謀の島』を作り、九月二六日にメルボルンのパレス劇場にて、二本同時に劇場公開に持ち込んだ。興行成績はそこそこで、すぐに全豪での公開がなされたという。その一月半後の一一月六日、ハーウッドと一番乗りを競い合っていたエフティ社のＦ・Ｗ・スリングが、トーキー映画『ディッガーズ』をメルボルンのプラザ劇場で公開、ハーウッドに続いた。結局ノーマン・ドーンの『ショーガールの幸運』は公開が遅れ、その年の一二月、シドニー・レッドファーンのローソン劇場での公開となった。だが、すでにトーキー映画だけの話題性で客は入らなくなっていたのか、興行的には殆ど失敗に終わった。

ニューサウスウェールズ映画法

一九三〇年代初頭、オーストラリアの映画産業には、いわゆる「映画戦争」と呼ばれる問題が持ち上がっていた。一九三三年一月、アメリカ人によってジェネラルシアターズ社が設立されたが、これはホイツやグレイター・ユニオンが運営する国内の殆どすべての映画館で封切られる映画を購入しプールしておくための会社で、事実上その部門の独占状態を築き始めた。すでにアメリカ系の配給会社とオーストラリア自国の配給会社と二つのグループが存在し、両者の対立は大きなものになっていた。アメリカの配給会社は、対抗処置として、自らアメリカ系の映画館まで運営しようとし始めていた。アメリカ資本のこうした動きに、オーストラリアの映画製作者たちは危機感を募らせた。もし国内の配給・映画館が共にアメリカによって独占されてしまえば、オーストラリア映画はオーストラリア国内で公開できないことになってしまう。事実、一九三三年の時点で、すでに国内で製作されていた五本の映画が、公開を待機させられていたのである。

　オーストラリアの映画製作者たちの強い要望を受ける形で、一九三四年一月から四月まで、ニューサウスウェールズ州政府は公聴会を開く。証人に呼ばれたチャールズ・ショーヴェル、パット・ハンナ、レイモンド・ロングフォード、Ｆ・Ｗ・スリングなどオーストラリア映画産業を代表する面々は口々に、ジェネラルシアターズの独占状態を糾弾、英米映画の止めどない流入によるオーストラリア映画製作の危機を訴えた。同年六月、それをまとめたオーストラリア映画を保護するためのレポートが提出される。一九三五年九月、ニューサウスウェールズ映画法が成立した。州内で配給される映画に関して、とりあえず五年間の間に、オーストラリア映画の占める割合を確保するという内容で、配給会社が扱う全映画の五パーセント、映画館が上映する全映画の四パーセントがオーストラリア映画でなければならないと定められた。毎年ある一定数のオーストラリア映画が、強制的に各劇場で上映されることになるというこの法律を、オーストラリアの映画製作者たちは大歓迎した。法律が定めたオーストラリア映画の割り当て率に則るならば、五年後までに、少なくとも六〇本のオーストラリア映画が製作される必要があった。ニューサウスウェールズ映画法成立直後、シドニーなどに新しい製作会社が次々と設立されていった。その代表格が、ナショナルである。

　一九三四年四月、シドニーにナショナル・スタジオ社、続いてその姉妹社であるナショナル・プロダクション社が一九三五年九月に設立される。ナショナルはニューサウスウェールズ映画法成立の動きが具体化した時期に設立された会社で、同法のオーストラリア映画割り当て分を満たす映画を製作することを、第一の目的としていた。ナショナルは協力関係にあるイギリスの映画会社ゴーモン・ブリティッシュ・スタジオのアドバイスに従って、七万五千ポンドの巨費を投じた大規模な複合スタジオをシドニー・ペイジウッドに建設。ニューサウスウェールズ映画法制定の原動力となった、オーストラリア映画業界の庇護者であるニューサウスウェールズ州首相バートラム・スティーヴンズのスピーチで、ナショナルのスタジオは華々しくオープンされた。オーストラリアの著名な企業家や名士が名を連ね、代表取締役にはシドニーのマスコミ関係のプロモーター、フレデリック・ダニエルが収まったナショナルは、新しい法律をバックに、オーストラリア映画の明るい未来に向けて自信に満ちていた。ナショナルはゴーモン・ブリティッシュ・スタジオから技術者や監督を招き、オーストラリアの映画スタッフに彼らの技術を学ばせようと考えた。またペイジウッドのスタジオは、独立した映画製作者たちにも貸し出され、オーストラリア映画製作の活気ある中心地となるはずであった。

　アメリカからスター俳優チャールズ・ファレルを呼び、またゴーモン・ブリティッシュからは多くの技術者の提供、そして資金の援助を受け、さらにイギリス人監督マイルズ・マンダーを招いて作られたのが、ナショナルの第一作目にあたる『フライング・ドクター』（一九三六）だった。一九二八年にオーストラリアで始まった、遠隔地の住民に対する航空医療サービス、フライングドクター制度という目新しい趣向を用いてはいるが、内容はむしろ奥地に住み着いた流れ者の青年の波乱の人生を描いた物語である。四万五千ポンドという、同時代のオーストラリア映画のほぼ倍に相当する巨額の製作費を要したこの作品は、しかしオーストラリアで公開されてもさほどの集客力を発揮しなかった。イギリスでも大幅なカットを施した上、複数立て上映の一本としてしか上映されず、アメリカのスターを用いてまで期待したアメリカ市場に至っては、公開すらついに実現しなかった。『フライング・ドクター』の失敗により、ナショナル・プロダクションは映画製作を停止せざるを得なくなった。一方、姉妹社のナショナル・スタジオは、アメリカのコロンビア映画オーストラリア支店と共同し、西部劇まがいのアクション映画『ラングル・

リヴァー』（一九三六）を製作した。『フライング・ドクター』と同様、監督、スタッフ、主要な役者は、すべてアメリカから招いて製作された。『ラングル・リヴァー』は、『フライング・ドクター』と比べればまだましな興行成績で、念願のアメリカ公開も実現したが、それでもナショナルの手元に戻る利益は微々たるものに過ぎなかった。ナショナルの失敗は、映画製作の殆ど素人たちが、ゴーモン・ブリティッシュ社の見よう見まねで映画を作ろうとしたことに一因があると言われている。また、オーストラリア国内のマーケットは、一九三一年にオーストラレイジアンから分離・出現したケン・G・ホール率いるシネサウンドが、制覇しようとしているという動きにも気を配らなかったし、頼りのゴーモンの国際的配給力も思いの外弱かったことに気付いていなかったということもある。結局ナショナルは、『フライング・ドクター』『ラングル・リヴァー』の二作のみを製作しただけで、活動を停止することになる。

　ニューサウスウェールズ映画法は、オーストラリア映画の粗製濫造を防ぐため、映画諮問委員会を設け、基準に満たない作品は、オーストラリア映画割当枠からふるい落とした。一九三五年のニューサウスウェールズ映画法の制定と同時に名乗りを上げた多くの製作者、製作会社たちは、作品を一本作っただけで、採算がとれないことから次々と姿を消した。ニューサウスウェールズ州は、法律に定められたオーストラリア映画割当て率がはるかに実現しないという深刻な事態を受けて、一九三九年までに二度同法を改訂、割当て率を引き下げた。一九三八年にはオーストラリア映画産業にさらに危機が降りかかる。ニューサウスウェールズ映画法のモデルともなった、一九二七年に制定されたイギリスの映画割当て法は、イギリス映画の他にイギリス連邦の国々の映画もその割当て率が確保されており、当然オーストラリア映画もその恩恵に浴していたが、その年、同法は改正されてオーストラリア映画は割当ての中から除外される。同年一二月、困窮したオーストラリアの映画製作者たちの誓願を受け、ニューサウスウェールズ州政府は、銀行の借り越し保証金で一本の製作にあたり最高一万五千ポンドまで映画製作をバックアップすることに決める。この政策によってチャールズ・ショーヴェルの『四万の騎兵』（一九四〇）、ケン・G・ホールの『代議士ラッド父ちゃん』（一九四〇）、そしてノエル・モンクマンの『権力と栄光』（一九四一）など四本の作品の製作が可能になった。

F・W・スリングとエフティ・フィルム・プロダクションズ

一九二六年、J・C・ウィリアムソン社はメルボルンを中心とする映画館チェーンとなっていた。その社長だったF・W・スリング（一八八三—一九三六）は、J・C・ウィリアムソン社をホイツ社に合併させ、大規模な映画館チェーン、ホイツ・シアターを設立する。この映画館チェーンはオーストラレイジアン社グループのユニオン・シアターズに次ぐ規模となり、ホイツとユニオンは、今日に至るまでの長いライバルの間柄となる。

一九三〇年九月、アメリカのフォックス社がホイツ・シアター社を買収する。数週間後、ホイツの常務取締役だったF・W・スリングは辞職し、自分の名前の頭文字を冠した新しい製作会社、エフティ・フィルム・プロダクションズをメルボルンに設立する。同時に、メルボルンのヒズ・マジェスティーズ劇場をスタジオとして借り受け、著名な小説家・画家のノーマン・リンゼイと『センチメンタル野郎』の原作者C・J・デニスを文芸顧問として起用。リンゼイの小説『レッドヒープ町』の映画化をエフティの設立第一回作品にしようと企画した。スタッフをアメリカに派遣し、トーキー映画製作のための最新機器を購入し、またアメリカ人の技術者も雇い入れた。複数のアメリカ人監督も招聘するつもりだったが、金銭の折り合いがあわず断念、結局、エフティの製作作品は殆どをスリング自身が監督することになる。企画段階でリンゼイが離脱し、『レッドヒープ町』映画化の話も流れてしまったので、スリングは第一作としてオリジナルの、第一次大戦で慰安部隊に属した二人のオーストラリア兵の喜劇物語『ディッガーズ』（一九三一）を製作した。このオーストラリアにおける最も早い時期の完全トーキー映画であるこの作品は、良い興行成績を収めた。脚本・主演のパット・ハンナはエフティ内に別会社を作って、自ら監督主演の続編『ディッガーズ本国へ帰る』（一九三三）、『ウォルシングマチルダ』（一九三三）を製作している。

スリングの次の企画は、かつてレイモンド・ロングフォードが映画化した『センチメンタル野郎』のリメイクだった。エフティは幸運なことに、作品の原作者であるC・J・デニスをスタッフとして抱えている。デニスは自ら脚本の筆を執り、一五年以上前に出版されたデニスの詩に用いられていた言葉を、一九三〇年代現在使われている言葉に書き改めた。また、かつてレイモンド・ロングフォードは『センチメンタル野郎』映画化にあたって、舞台を原作のメルボルンからシドニー・ウルムルに変更したが、デニスはこの映画のために再び舞台をメルボルンへと移した。さらにデニスはキャスティングにも関わり、ロングフォード版で主役のビルを演じたアーサー・トーチャートより自分のイメージに合うセシル・スコットを、ビル役に抜擢。またビルの相棒ジンジャー・ミックにはタール・オーデルを当てた。新しい『センチメンタル野郎』は、ロングフォードの持ち味であったリアリズムとかけ離れて、役者たちが大仰な演技をし、センチメンタリズムが強調されていた。公開後客の入りは良く、『センチメンタル野郎』はエフティが出資金を回収できた数少ない作品の一つとなったが、批評家からはすでにビルのようなキャラクターは古くさくてリアリティを感じず、また、とにかくオーバーな演技が古いという批判があった。

スリングは続いて、人気喜劇役者ジョージ・ウォレス（一八九四―一九六〇）を主演にし、そのキャラクターを存分に活かしたコメディ『殿下』（一九三二）を製作する。内容は、しがない劇場の雑用係が、自分は実はさる王国の王様だったと夢見、その夢の中でドタバタを繰り広げるという内容で、ウォレスの原案、C・J・デニスの脚本によるものである。『殿下』というタイトルはウォレスの十八番のレビューのタイトルでもある。『殿下』公開後まもなく、シネサウンドのケン・G・ホールも競い合うようにジョージ・ウォレスやロイ・レーンなど人気コメディアン主演の映画を作りはじめるが、スリングの『殿下』は、そうしたブームの先駆けとなった。作品はニュージーランドやイギリスでも上映され、ジョージ・ウォレスのコメディアンとしての国際的な知名度を上げた。エフティはこの成功の余勢を買い、ジョージ・ウォレスの主演で、一九三三年、一九三四年に二本のコメディ映画を公開している。

　一九三三年からスリングは、シドニーとメルボルンの舞台のプロデュースや、メルボルンのラジオ局の設立など、多方面のメディアに進出を始めた。その第一の目的はオーストラリア人の中から才能を見いだして育て、映画スターを作り上げることであった。特に舞台はスリングからみれば、映画で個性を発揮できると思われる役者の修行の場だった。『クララ・ギビングズ』（一九三四）『ロンドンの真ん中』（一九三四）の二本は、それぞれエフティがプロデュースし、メルボルンのギャリック劇場で上演された芝居を、あたかもそのままフィルムに収めたかのような映画だった。だが、前者は興行的に全く成功せず、後者に至っては、結局一般公開もされることはなかった、完全な失敗作だった。スリングは喜劇スター、ジョージ・ウォレスに望みをつなぎ、ウォレスの原案・主演で『タッタソールの値札』（一九三四）を製作、さらに、スタジオをメルボルン・セントキルダの旧ダンスホールに移して、新人作家ウィリアム・ハットフィールドの半自叙伝小説を、ジョージ・ウォレス、脚本家兼役者のフランク・ハーヴェイなどの出演によって映画化しようとしていた。だが、この作品は完成を見ることはなかった。一九三六年、スリングは、ニューサウスウェールズ映画法の恩恵を受けようと、メルボルン・セントキルダからシドニーにスタジオを移す。そしてそこで、彼が数年来棚上げにしてきた、海外のスターや技術者をオーストラリアへ輸入しようという計画を実行に移そうとした。スリングは渡米し、アメリカの俳優、監督、技術者と交渉を始めたがその矢先、シドニーの新スタジオが稼働する前に、スリングは癌で急死した。同時にエフティも操業を停止した。

　スリングは私財をすべてエフティに投じていたというが、その甲斐なく、結局エフティが存続した数年間の間で、スリングは七万ポンド近い損失を被っていたという。スリングは結局エフティで七本の長編映画、すべての作品で自ら監督も務めた。また、スリングは八〇本近い短編映画も製作したが、その内容はヴォードヴィルや劇場の舞台をそのまま撮影したもの、政治家のスピーチから「オーストラリア教育映画」と冠した自然ドキュメンタリーものまで多岐に及ぶ。だが今日スリングの監督作品の殆どは見るべきものはないという評価を受けていて、スリングはむしろその大胆な発想でオーストラリア映画に新機軸を吹き込もうとしたプロモーターとしての評価のみが定着している。

チャールズ・ショーヴェル

チャールズ・ショーヴェル（一八九七—一九五九）はクィーンズランドの片田舎に生まれた。シドニーに出てきて演技を学び、乗馬のスタントマンなどを通して映画産業に入った。アメリカ・カルフォルニアに二年間遊学し、端役で映画出演をしたりオーストラリアに関する記事を執筆したりして過ごした。一九二三年にクィーンズランドに戻り、一九二六年、故郷クィーンズランドで、同州の女性作家メイベル・フォレストの小説を原作にして最初に書いたシナリオ『ムーンビの蛾』（一九二六）を撮影し、監督としてデビューする。因みにこの作品はクィーンズランド州で製作された史上初めての長編映画となった。同じ年、都会の上流階級の娘が荒々しい奥地の農場へ訪れる物語『グリーンハイド』（一九二六）も公開される。ショーヴェルはこの作品で主人公マージリーを演じた女優イライザ・シルヴァニーと結婚。一九二八年にはイライザを伴って二度目の渡米。目的はそれまでにショーヴェルが撮った二本のサイレント映画を、アメリカの市場に売り込むためであったが、そこで彼らはアメリカ映画産業が既にトーキー映画の時代に移行しつつある状況を目の当たりにした。ショーヴェルは、早速トーキー映画製作について研究を開始した。一年でオーストラリアに帰国したショーヴェルは、一八世紀末のイギリス軍艦バウンティ号にまつわる史実を題材にしたトーキー映画『バウンティ号の航跡』（一九三三）の製作に取りかかる。

ショーヴェルが子供の頃から本で読んで親しんでいたというバウンティ号の物語はこのようなものだ。一七八七年、後にニューサウスウェールズの総督となるイギリス海軍軍人ウィリアム・ブライが、バウンティ号の艦長として、西インド諸島に奴隷用の食料パンノキの苗木を運ぶ任務のためにタヒチへ向けて航海に出る。苗木を成長させるためにタヒチで半年の停泊をすることになるが、乗組員たちはその南洋の楽園で酒色に溺れ、士気は乱れる。やがてバウンティ号が碇を上げチモールへの航路につくと、数日も経たぬ内に、青年軍人フレッチャー・クリスチャンが不満を持つ乗組員達を率いてブライに反乱を起こす。ブライ艦長以下数人の部下はボートに乗せられ洋上に追放され、後に彼らはチモールに自力で到達。一方バウンティ号はクリスチャンら反乱海兵と若干のタヒチ人を乗せて無人島のピトケルン島にたどり着き、そこに定住したという。ショーヴェルの映画では、前半は役者を使った物語形式でバウンティ号の史実を再現するが、後半は殆どが、現在（一九三一年）のタヒチとピトケルン島の状況を伝えながらナレーションがバウンティ号の足跡を解説するドキュメンタリーという、当時としては画期的な構成になっている。というのも、この作品はショーヴェル自身が新たに設立した製作会社、エクスペディショナリー・フィルムズ（遠征映画社）が企画した、「実録冒険シリーズ」第一作目と銘打たれていたからである。ショーヴェル夫妻とカメラマンのタズマン・ヒギンズはタヒチとピトケルン島の現地ロケを敢行したが、悪天候にさんざん悩まされたあげく、せっかく撮った未編集フィルムの一部（半裸のタヒチ女性たちのダンスが映っていたという）を帰国の際に税関で没収されてしまい、ショーヴェルは編集時にはいくつかのカットを施して検閲官を納得させたという。この作品の一番の功績は、エロル・フリン（一九〇九―五九）という、オーストラリア映画のみならず世界映画史上のビッグネームを、ショーヴェルが発掘したことだろう。反乱将校フレッチャー・クリスチャン役に起用されたエロル・フリンはタスマニアのホバートで生まれた後、ニューギニアに移って、熱帯鳥を追ったりスクーナーを乗り回したりと冒険的な生活を送っていたが、オーストラリアの新聞に写真付きで彼の記事が出たのを、ショーヴェルの助監督が見初めた。もちろんフリンはこの時、役者の経験など無かった。フリンは『バウンティ号の航跡』で俳優としてデビューした後、イギリス、そしてアメリカへ渡り、ついにはロビンフッドの当たり役などでハリウッド史上有数の大スターとなる。『バウンティ号の航跡』は、その後アメリカのＭＧＭに買い上げられ、別の二編の短編紀行映画とつなげられてアメリカで公開された。こうして作品は、アメリカで公開された最初のオーストラリアのトーキー映画にもなったのである。

ショーヴェルの続いての作品は、『遺産』（一九三五）。物語は、一八世紀の囚人による入植の始まりから現代（一九三〇年代当時）までの壮大なオーストラリアの歴史を背景に、ブッシュに入植した主人公ジェームズ・モリソンとアイルランド人女性ビディの出会いと別れが、やがてその子孫たちによって現代に繰り返されるという大河物語であった。ショーヴェルはメディアミックスともいうべき戦略で、映画公開と同時に自らが執筆した原作小説も出版したが、これは前作『バウンティ号の航跡』でも採られた方法だった。『遺産』は連邦政府の映画コンペティションの一等に選ばれて二五〇〇ポンドの賞金を得たが、国内の興行成績は、クィーンズランドを除けば振るわなかった。また、英米の市場でもさらに利益は少なかった。過度にオーストラリア史を強調しすぎたことを反省したショーヴェルは、続いてアボリジニ文化が醸すエキゾチシズムを純粋なエンターテイメントの背景として利用した作品、『未開』（一九三六）を作る。北部オーストラリアの奥地でアボリジニたちの長となった白人の王マラを探索しに来た女性作家が、やがてマラと恋に堕ちるという、ミュージカル仕立ての物語である。ショーヴェルの作品の中で唯一の完全なフィクションであり、またショーヴェルが一番気に入っていなかったという作品であるが、興行的には成功し、ことにアメリカで大きなヒットに結びついた。だが、アメリカにおける配給を名もなく怪しげな会社に委託したために、その利益の殆どは、製作した遠征映画社には入ってこなかった。このために遠征映画社は倒産した。ショーヴェルはアメリカでの成功によって、ハリウッドでの仕事の誘いを受けたが、オーストラリア映画産業の振興を目的としていたショーヴェルはその申し出を断ったという。

　オーストラリアにまつわる史実の映画化に執着するショーヴェルが、次に撮った作品が『四万の騎兵』（一九四〇）だ。第一次世界大戦でアンザック軍（オーストラリア・ニュージーランド連合軍団）が出兵した中東シナイ半島が舞台。ドイツ・トルコ連合軍と対決するオーストラリア軽騎兵師団の三人の兵士レッド、ラリー、ジムの活躍と、レッドとフランス人女性スパイとのロマンスを中心とした物語である。冒頭から繰り返し流れるＢＧＭの『アドヴァンス・オーストラリア・フェア』（一九七四年、国歌に制定）、オーストラリア騎兵師団が行軍しながら高らかに歌う

CHARLES
CHAUVEL'S
production of
FORTY THOUSAND
HORSEMEN
RELEASED BY
UNIVERSAL

『四万の騎兵』チップス・ラフティ(ジム)、グラント・テイラー(レッド)、ベティ・ブライアント(ジュリエット)、パット・トゥーイル(ラリー)

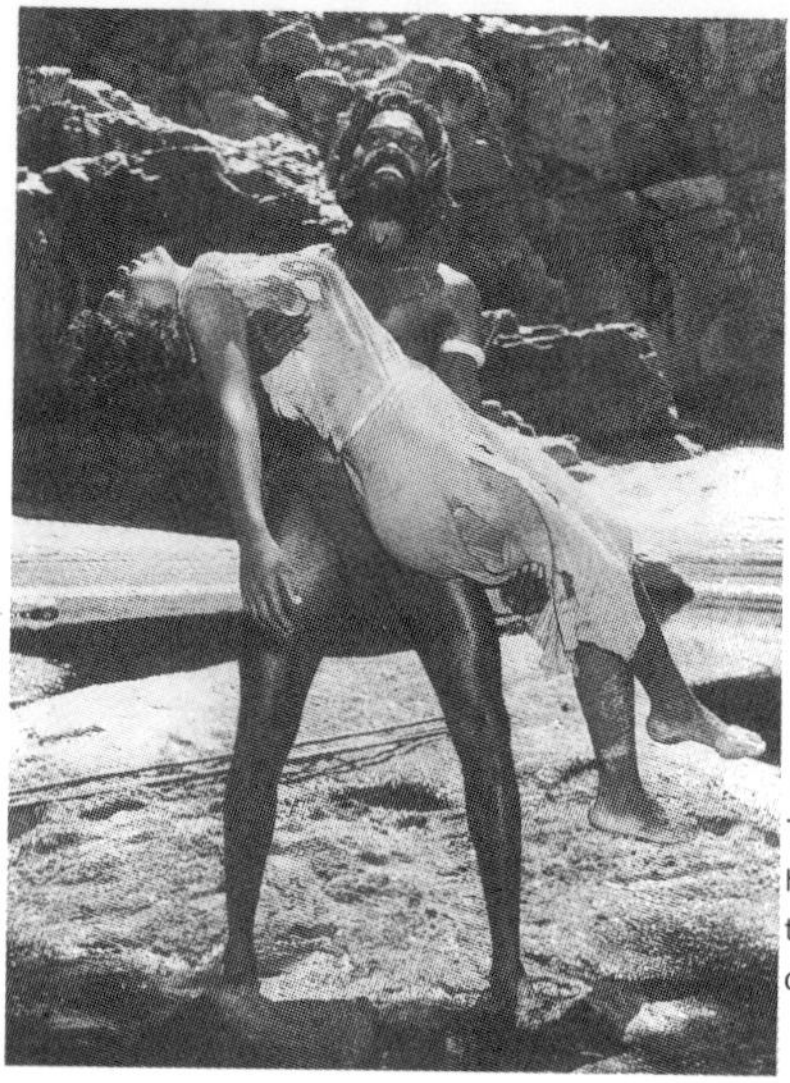

『ジェダ』ンガラ・クノス(ジェダ)、ロバート・トゥダワリ(マーバック)

The stills from these films by Charles Chauvel have been reproduced by copyright owners, the H.C. McIntyre Trust and Susanne Calsson c/- Curtis Brown (Aust) Pty Ltd Sydney.

『ウォルシングマチルダ』を始め、オーストラリアにおける伝説的存在となったアンザックの勇姿を存分に盛り込んだ、オーストラリアのナショナリズムが最大限に発露された作品である。オーストラリア陸軍から、第一、第二騎兵師団の兵員と軍馬を出演させる許可を得て、アラビアの砂漠に見立てたシドニー近郊クロヌラ・ビーチの砂浜で四万の騎馬軍団が進軍する壮大なシーンの構築が可能になった。こうして作られた印象深い砂漠の映像、そしてアラブのマーケットの喧噪、そこをロバに乗って練り歩く三人の陽気なオーストラリア兵の姿などは、アンザックのガリポリ神話を描いたピーター・ウィアー監督の『誓い』に多大な影響を与え、多くの引用を許していることは間違いがない。新しい才能を発掘する才に長けたショーヴェルは、この作品で、無名の俳優チップス・ラフティ（一九〇九―七一）を三人組の一人ジム役に抜擢したが、ラフティはこの役をきっかけに、一九四〇年代、五〇年代のオーストラリア映画における殆ど唯一のスターとして活躍することになる。製作費は三万ポンドの巨額にのぼった。その内、当時米国系となっていたホイツから、一万ポンドの投資を受けたが、これで同社がオーストラリアに設立されて以来初めてオーストラリア映画に投資をしたことになる。残額の大部分は、一九三八年から開始されたニューサウスウェールズ州政府の製作費貸与制度から捻出された。一九四〇年のクリスマスにシドニーのメイフェア劇場で公開されてから、作品はオーストラリアであらゆる記録を破る最大のヒットとなった。続いて作品はロンドン、ニューヨークでも大成功を収めたのをはじめ、一九四一年の一月にはシンガポールでも封切られ、ヒロイン役のベティ・ブライアンの舞台挨拶も行われたという。作品は今日でもオーストラリアで愛され続け、毎年アンザックのガリポリ上陸を祝するアンザックデーには、最も好んで上映される映画でもある。

　第二次世界大戦に突入すると、資金、設備の圧倒的な不足によって、オーストラリア映画産業は衰退の一途を辿り、長編映画製作は殆どストップする。ショーヴェルは連邦政府情報省（ＤＯＩ）と契約し、五本の戦争ドキュメンタリーを製作した。そんな中でショーヴェルはあえて長編映画製作に挑む。第二次大戦中、戦場となったリビアでドイツ軍を苦しめた勇敢なオーストラリア軍第九師団の物語『トブルクの鼠』（一九四四）である。第二次世界大戦中唯一オーストラリアで製作された長編映画だった。ホイツなどが再び資金を投入した。内容は、戦時下という暗い世相を背景にして、冒険活劇やロマンスの要素が満載の『四万の騎兵』とは異なり、育った環境の異なる三人の若者が戦場での経験を通して心の交流を結ぶという、落ち着いたものになっている（それでもショーヴェルは資金出資者の要望に屈して、兵士と従軍看護婦のわずかなロマンスを挿入してはいる）。物語は、刻一刻と最前線から伝えられる戦況を同時進行的に取り入れた。現実の世界では、トブルクで勇名を馳せたオーストラリア軍第九師団は、シドニー市民の圧倒的歓迎の中凱旋帰国した後、ニューギニアの対日戦線に投入されていった。この作品の中でも、「トブルクの鼠」たちは日本軍に立ち向かうべく、ニューギニアのジャングルや沼地へと向かうのである。三人組のうちただ一人生き残った、グラント・テイラー演じるブルーイも、ニューギニアの泥沼の中で日本兵と一対一の地獄のような死闘を演じ、華々しい英雄に似つかわしくない結末を迎える。『四万の騎兵』には全く見られなかった厭戦的な気分が、そこには見られる。キャスティングに関しては、『四万の騎兵』と同じように中心的登場人物にオーストラリア兵の三人組を登場させ、そのうち二人を前作と全く同様、グラント・テイラー、チップス・ラフティが演じた。また三人目のインテリのイギリス人青年ピーター役としてショーヴェルが起用したのが、ピーター・フィンチ（一九一六―七七）だった。イギリスに生まれ一二歳でオーストラリアに移住したフィンチは、それまでいくつかのオーストラリア映画でほんの脇役として出演していたものの、本格的な役を与えられたのは、この『トブルクの鼠』が初めてのことだった。やがてフィンチはローレンス・オリヴィエに認められてロンドンのオールドヴィック劇場の舞台に立つようになり、その後も豪英米の多くの映画に主演し続け、死の前年の一九七六年に公開されたアメリカ映画『ネットワーク』でのニュースキャスター役が評価され、アカデミー賞最優秀男優賞を受賞している。『トブルクの鼠』ではその他に、コミカルな中年兵「トブルクの床屋」が登場するが、この役は当代一のコメディアン、ジョージ・ウォレスが演じている。『トブルクの鼠』は一九四四年一二月にオーストラリアで公開され、その後一九四九年にイギリス、一九五一年にアメリカで公開されたが、『四万の騎兵』ほどの興行的な成功はおさめ得なかった。

　戦争が終結しても一向に復興する気配のないオーストラリア映画産業の中にあって、ショーヴェルが戦後初めて撮った作品は、『マシューの息子たち』（一九四九）である。原作は、ニューサウスウェールズとクィーンズランドの州境地域を開拓した入植者一族の子孫で、また一九三七年に独力による飛行機事故の救出活動で国民的英雄になったバーナード・オライリー（一九〇三―七五）。アイルランドから来たオライリーの先祖たちが、山を切り開いて入植地を創り上げていった様を描いた『緑の山々』（一九四〇）、同じくオライリーの回想録『カレンベンボン』（一九四四）を読み、魅了されたショーヴェルが映画化の権利を取得した。当初はバーナード・オライリーの飛行機事故救出劇をも含んだ内容だったが、脚本を検討するうちに、壮大なオーストラリアの大自然と三代に渡って格闘するオライリー一族の物語に収斂され、そこに恋をめぐる若い兄弟間の争いと和解と言ったドラマが差し挟まれた。製作はグレイター・ユニオンがユニヴァーサルのオーストラリア支部と共同して担当し、長期に渡るクィーンズランド・ロケなどで総額一二万ポンドの製作費が費やされた。こうして完成した『マシューの息子たち』は、しかしオーストラリア国内はもとより、ユニヴァーサルが手配したアメリカ、イギリス公開でも、あまり反響を呼ばず、見込まれた利益を得ることはなかった。ただ優れた役者を発掘する能力に長けたショーヴェルは、『四万の騎兵』でエキストラとして出ていたラジオ声優のマイケル・ペイトを、主役であるオライリー家の兄弟の一人に起用した。その後ペイトはアメリカに渡って一五本の劇場映画、三〇〇のテレビ番組に出演し、一九六〇年代に帰国してからも『ある兵士の死』などの多くのオーストラリア映画に出演、国内の重要な役者の一人となった。

　『マシューの息子たち』の再編集のために渡米しているとき、ショーヴェルはあるアメリカ人にオーストラリア独自の物語を見たいと言われて、オーストラリアでアボリジニについての映画を撮らなければならないと決意したという。妻イライザと共にノーザンテリトリーを旅してアボリジニにまつわる物語を採集したショーヴェルは、『ジェダ』の脚本を完成させる。だが、前作を製作したユニヴァーサルは企画に興行的成功の見込みがないと協力を拒否したので、ショーヴェルは次に時の首相メンジーズに近づいて協力を求めた。アボリジニを主演に映画を撮るという空前絶後の企画に、メンジーズはショーヴェルを気違い扱いしたが、連邦政府はロケのガソンリン代ぐらいはくれたという。結局ショーヴェルはシドニーの実業家のバックアップで自ら新たな製作会社チャールズ・ショーヴェル・プロダクションを作り、『ジェダ』を完成させた。『ジェダ』はオーストラリア映画初のカラー作品となった。また、主役のアボリジニ役がアボリジニ自身によって演じられた最初の映画でもある。ジェダ役のンガラ・クノスとマーバック役のロバート・トゥダワリは共に役者未経験で、ショーヴェルが自ら探し出し、スカウトした。アボリジニの部族民などもみな演技経験はなく、結局この作品でプロの役者はジェダの白人の養父母役とジェダの婚約者の混血青年役の三人しか起用されなかった。『ジェダ』の舞台はキャサリン渓谷を近隣に見るノーザンテリトリーの奥地である。赤ん坊の頃に農場主の白人夫婦に引き取らて以来白人として育てられたアボリジニの娘ジェダは、養父母によって農場の雇い人である混血のアボリジニの若者と結婚することになっていたが、部族に生きる純粋なアボリジニの青年マーバックと恋に落ち、逃避行を始める。ジェダは自らの内にあるアボリジニ性と白人性に引き裂かれて苦悩し、白人の家を捨てたことを後悔するが、マーバックはジェダを放そうとはしない。マーバックは農場の者たち、そして部族の者にも追われて発狂し、ジェダを道連れに切り立った崖の上から身を投げる。アボリジニの直面している現実と彼らの心の内を初めて真摯に描き出そうとしたこの作品は、今日ではショーヴェル作品の最高峰と考えられていると同時に、一九七〇年代のルネッサンス以前のオーストラリア映画の中でも最も著名なクラッシックの一つとなった。『ジェダ』は一九五五年一月にノーザンテリトリー、ダーウィンで公開された後シドニーでも上映され、興行的に成功、批評家たちにも好評で、とくにマーバック役のトゥダワリの演技が高く評価された。翌年、翌々年にはそれぞれイギリス、アメリカでも公開、アメリカでは作品のインパクトは非常に強烈で、評価は高かった。交渉の不手際からイギリスで利益を挙げることに失敗し、ショーヴェルの製作会社は潰れる。が、その後ショーヴェルはイギリスに招かれてオーストラリアのアウトバックを舞台にしたＢＢＣのテレビシリーズ『ウォーカバウト』（一九五八）を撮り、それがショーヴェルにとって最後の仕事となった。

ショーヴェルの監督人生を形容すべき言葉は多い。サイレントからトーキー、そしてカラー映画へと、映画の変遷のすべてに身を置いた、オーストラリアで唯一の監督。また、オーストラリア全土の映画館がアメリカ映画に席巻され、国内の映画産業の灯火が消えかかっていた中でも、唯一継続的に作品を撮り続けたオーストラリアの映画監督でもある。常に海外、特にアメリカ市場に通用する映画作りを意識していたその志は後のオーストラリア映画産業に受け継がれている。また、エロル・フリン、チップス・ラフティ、ピーター・フィンチなど、キラ星のような世界的大スターたちを発掘し、育て上げた功績も大きい。長い活動歴のすべてがオーストラリア映画停滞期に重なっていたため、作品の数こそ決して多くはないが、その殆どの作品がオーストラリア文化全体に与えた影響力から言って、サイレント期のレイモンド・ロングフォードと並ぶオーストラリア映画史上最大の監督といって良い。一九九三年、ブリズベン国際映画祭は、クィーンズランド州の郷土の偉人であるショーヴェルの功績を称えて、「ショーヴェル賞」という特別賞を設けた。シドニーにも今日、ショーヴェルの名を冠した映画館が存在している。

ケン・G・ホールとシネサウンド

一九三二年六月三日、オーストラレイジアン・フィルムは二つの会社に分裂した。オーストラレイジアン社の映画製作部門を引き継いだのが、シネサウンド・プロダクション社、そして配給部門はブリティッシュ・エンパイア・フィルムズ社に引き継がれた。新しく誕生した純粋な製作会社シネサウンドを率いたのが、その後半世紀以上に渡りオーストラリア映画界に君臨することになった巨人、ケン・G・ホールである。

ケン・G・ホール（一九〇一―九四）はシドニーに生まれ、ジャーナリズムの仕事を少々かじった後、一六歳でユニオン・シアターズ宣伝部に入社した。二一歳の時には既にシドニーの代表的な映画館の一つ、ライシアム・シアターのマネージャーに昇格。またユニオン・シアターズ全体の宣伝部門を統括した。一九二五年にはアメリカの映画会社で広告の仕事をし、アメリカの映画界についての見聞を広める。一九三一年に帰国し、オーストラレイジアン社にタスマニアのアーサー・カリントン・スミスが発明した録音システムを導入させた。社の分裂を機に自ら先頭に立ち設立したシネサウンド社で、ホールは一七本の長編映画を監督、また殆どの製作にも携わった。これらホールが携わった作品は、シネサウンドが製作した長編映画の殆どを占めている。

シネサウンド社の製作で、ホールの監督による最初の作品となったのが、一九三二年公開の『俺たちの農場で』である。『俺たちの農場で』といえば思い出されるのは、レイモンド・ロングフォード監督による一九二〇年のサイレント作品だ。だが、ホールのこのトーキー版は、物語の上でも、ロングフォード版と一線を画していた。ロングフォードはスティール・ラッドの原作小説をほぼ忠実に、自然主義的なタッチで映画化したが、ホールが映画を作るに当たってもとにしたのは、一九一二年に俳優のバート・ベイリーが脚色、初演した舞台版『俺たちの農場で』だったのである。このベイリーの舞台は初演以来、一九三〇年代当時においてもなお、依然人気のある出し物として、劇場で頻繁に上演されていた。ホールはこの舞台から、ラッドの原作にはない起伏に富んだメロドラマ的筋書きを映画に移植した。同時に、『俺たちの農場で』の舞台に立つ役者たちを殆どそのまま、映画のキャストに配した。その中心的俳優が、ダッド役のバート・ベイリーである。ベイリーは舞台版の初演以来二〇年に渡ってダッドを演じ続けるうち、すっかりそのキャラクターが自身のイメージとして定着していた。ベイリーはこの映画でダッドを演じるほか、ホールとの脚本共同執筆、プロデュースなども担当しており、作品におけるベイリー色はとても色濃いものになっている。オーストラリアの奥地の農場で様々な天災に見舞われ、打ちひしがれ涙を流しながらも、力強くそれに抗しようとする感情表現の豊かな「ベイリーの」ダッドは、一九三〇年代の大恐慌という厳しい世相を背景にして、観客に大いに受けた。かねてよりのベイリーの舞台版『俺たちの農場で』の絶大な人気、そして作品に溢れるオーストラリア的な要素を強調したナショナリズムに訴える宣伝などが相まって、映画はシドニーで公開されるや空前の反響を呼んだ。オーストラリア全土で当時の興業記録は次々と塗り替えられ、オーストラリアとニュージーランドだけで四万六千ポンドを稼ぎ出した。製作費は二千ポンドであったから、作品がシネサウンドにもたらした利益は膨大なものがあった。ただ、期待されたイギリスでの公開は、当地の観客の興味を引けず、二千ポンドを稼いだだけで失敗に終わった。

『俺たちの農場で』の成功に自信を持ったホールは、続いて再びベイリーの芝居の映画化を試みる。ホールの次作『牧場主の娘』（一九三三）は、ベイリーとエドモンド・ダッガンが一九〇五年に執筆した戯曲を原作としていたが、それは一九一〇年にはベイリー自身がサイレント作品として映画化したこともあるものだった。牧場を経営する意志の強い娘ジョーンが、隣の意志の弱い青年クライブが経営する農場とライバル関係にあり、そこにふらりと現れた謎の男ウェインが、ジョーンを助け、やがてジョーンとウェインは結ばれるという物語である。一九三二年にシネサウンドのニュース映画部門のカメラマンとして契約したドキュメンタリー映画監督フランク・ハーリーのカメラが、オーストラリアの主要産業である羊毛の生産される光景をつぶさに映し出し、また迫力のあるブッシュファイヤーのシーンも盛り込んで、作品は批評的に高い評価を得た。『牧場主の娘』は国内で三万五千ポンドの売り上げという好成績を残し、またＭＧＭを通してイギリスでも公開された。

ホールはその後、メルボルンカップ出場中に狙撃された馬をめぐる物語『サラブレッド』（一九三六）、オーストラリアのお百姓が突如遺産相続のためにイギリスの上流社会に暮らすことになるという、後のブルース・ベレスフォード監督『バリー・マッケンジーの冒険』を思い起こさせるような作品『終わっていない』（一九三七）、林業者たちの間の、伐採をめぐる息詰まる競争を描いた『高い木々』（一九三七）、求愛してくる男たちに対して木曜島から真珠をとってこいと言う高慢な女が、やがて男たちにしっぺ返しをされる物語『恋人たちと船』（一九三七）、親を失った赤ちゃんカンガルーと飼い主の交流を描いた『原野の孤児』（一九三七）など、シネサウンドで長編映画を次々に製作した。しかしホール監督・シネサウンド製作による長編映画が最も力点を置いたのは、何と言ってもコメディ作品である。「モー」という道化のキャラクターで一世を風靡したヴォードヴィルのコメディアン、ロイ・レーン（一八九二―一九五四）を初めて映画に出演させ、モーのキメぜりふをタイトルにした『こりゃ驚いたね！』（一九三四）、やはり当代一のコメディアン、ジョージ・ウォレスを主役に据えた『ジョージにまかせろ』（一九三八）など、当時のオーストラリアの舞台における人気喜劇スターをフィーチャーした作品を、ホールとシネサウンドは製作している。さらにもう一つの柱として、ドル箱「俺たちの農場で」シリーズがある。ホールは、バート・ベイリーを主演に『ラッドじいちゃん』（一九三五）、『ダッドとデイヴ、町に来る』（一九三八）、ダッドがついに政治に進出し議員になってしまう『代議士ラッド父ちゃん』（一九四〇）などを作った。

　このように、一九三〇年代を通じて精力的に長編映画を作り続けたホールとシネサウンドだったが、一九四〇年の『代議士ラッド父ちゃん』が、シネサウンドが製作した最後の長編映画となった。シネサウンド・スタジオとスタッフは一九四〇年二月に『代議士ラッド父ちゃん』が完成した後、チャールズ・ショーヴェルの『四万の騎兵』製作のために三ヶ月貸し出され、その後ホールは戦時の間スタジオを閉じることを宣言した。

　だが、ホールとシネサウンドには、長編映画製作の他に、もう一つの役割が担われていた。ホールは、一九三一年の会社設立と同時にシネサウンドが製作を開始したニュース映画「シネサウンド・レビュー」の立ち上げにも参画していた。「シネサウンド・レビュー」は、国内で最も有名なドキュメンタリー映画監督フランク・ハーリーを主軸に据え、ライバル関係にあった米国フォックス社傘下のムービートーン社が製作する「ムービートーン・ニュース」と競い合いながら、ニュース映画を定期的に製作し続けた。第二次大戦が始まると、人材の枯渇、フィルム材料の不足によって、オーストラリア国内で長編映画は殆ど製作できなくなった一方で、ニュース映画には優先的にフィルム材料が供給された。国内の映画製作や公開の管轄権は情報省（ＤＯＩ）が掌握するところとなり、同時にＤＯＩは自身の映画部門でダミアン・パラやフランク・ハーリーを従軍カメラマンとして採用し、戦場ドキュメンタリー映像を数多く撮らせ、またチャールズ・ショーヴェルなど商業映画の監督を招いて半分ドラマ化したセミ・戦争ドキュメンタリーを作成させた。ＤＯＩの製作した戦場ドキュメンタリー映像をもとにして、シネサウンド社とムービートーン社は、戦争プロパガンダのニュース映画を製作した。この時期、シネサウンドでホール自身も、『十万人の仲間』（一九四二）、『南西太平洋』（一九四三）などのセミ・戦争ドキュメンタリーを監督した。シネサウンドが製作した戦時におけるニュース映画群の中での金字塔は、一九四二年にホールがプロデュースし、ＤＯＩのダミアン・パラが撮影・解説をした『最前線ココダ』だろう。これは第二次世界大戦において、ニューギニアで日本軍と対峙するオーストラリア軍将兵の姿を克明に記録した作品である。この作品は一九四二年、米国アカデミー賞（短編ドキュメンタリー部門）を獲得したが、これはオーストラリア映画産業初の快挙だった。

戦争終結と同時にホールは、米国のコロンビア映画のために、長編映画『スミシー』（一九四六）を製作する。もはやシネサウンドは会社としては製作にタッチしておらず、シネサウンドのスタッフのみが製作に携わった。『スミシー』は、今日シドニー国際空港の名前にもなっているオーストラリアの英雄的飛行士、キングズフォード＝スミス（一八九七―一九三五）の半生をつづった物語である。キングズフォード＝スミスは、一九二七年オーストラリア大陸の空を一〇日と六時間で一周する記録を立て、翌年には愛機サザンクロス号でカルフォルニア・ブリズベン間太平洋初横断に成功するなど様々な記録を樹立したが、一九三五年、オーストラリア・イギリス間の最短飛行記録を打ち立てるべく飛び立ったまま消息を絶った。ホールは、コロンビア映画オーストラリア支社長Ｎ・Ｐ・ペリーからの「オーストラリアの国民的英雄」の伝記を描いた映画を作ってくれとの依頼に、挙げられたネッド・ケリー、オペラ歌手メルバなどの候補から、キングズフォード＝スミスのこの短くも栄光に満ちた伝記を選んだ。ホールはシネサウンドでのニュース映画製作に倣ってか映画の真実性にこだわり、倉庫に眠っていた本物のサザンクロス号を蘇らせて、キングズフォード＝スミスの仲間だった老パイロットたちに機を操縦させて撮影に臨んだり、前オーストラリア首相のウィリアム・ヒューズ氏も映画に出演させ、当時を迫真性を持って再現させた。また、キングズフォード＝スミスの活躍を報じる本物のニュース映画の映像も盛り込んだ。こうして、製作費は低予算が信条だったこれまでのホールのシネサウンド映画とは比較にならない五万三千ポンドという高額に達した。だが、ホール、そしてプロデューサーとなったＮ・Ｐ・ペリーの、「作品を通してオーストラリアの英雄をアメリカの観客に知って貰いたい」という意気込みは、一九四七年半ば、作品がアメリカ公開されるに当たって、見事に裏切られた。コロンビア本社は『スミシー』を『太平洋の冒険』と改題し、大幅な再編集を施して、作品がオーストラリア製であるということをアメリカの観客から隠蔽しようとした。その際クレジットにまで手が加えられ、音楽を担当したシドニー交響楽団や協力したオーストラリア空軍の名前までが削除されたという。作品は興行的に成功したものの、続いてホールに映画を撮らせるという契約はコロンビア側によって破棄され、その結果『スミシー』は、ホールにとって、そしてシネサウンドのスタッフにとっての最後の長編映画となった。

一九五六年にホールはシネサウンド社を辞し、ＴＶ局チャンネル９を擁するテレビジョン・コーポレーションの代表取締役に就任、一九六六年に退職するまでテレビ界にも君臨した。一九七七年には、ＡＦＩから長年のオーストラリア映画界への貢献を讃えられ、その年に創設されたレイモンド・ロングフォード賞の最初の受賞者となった。

戦後、長編映画製作から手を引き完全にニュース映画専門となったシネサウンドは、一九五〇年代にはムービートーンと相変わらず熾烈な競争を繰り広げていたが（一九五〇年代におけるシネサウンドとムービートーンのライバル関係の模様は、フィリップ・ノイス監督『ニュースフロント』（一九七八）の中で生き生きと描かれている）、一九六〇年代に国内にテレビが普及すると、ニュース映画そのものの存在が苦境に立たされる。一九七〇年にシネサウンドはライバルのムービートーンと合併して、シネサウンド・ムービートーン・プロダクションズを設立するも、一九七五年には全映画製作を停止するに至っている。

Ⅲ　戦後から現代まで

終戦後の長編映画

戦争によって断絶していたオーストラリアにおける長編映画製作は、戦後復活するどころか、ますます弱体化への道を歩んでいた。その第一歩は、グレイター・ユニオンがイギリスのランク・オーガニゼイションに買収されたことだ。一九四七年四月にはイギリスが、ハリウッド映画に対抗するため、イギリスに輸入される全外国映画に七五パーセントの関税を導入する。これを受けて、イギリス資本となったグレイター・ユニオンは、オーストラリア製映画のイギリス輸出に何のメリットもないと判断、シネサウンドとのオーストラリア映画の共同製作体制の打ち切りを決定してしまった。こうして一九四〇年代末までに、オーストラリア映画はその命運を絶たれた。戦後の一九四六年から一九四九年までに作られた長編映画は、わずかに六作品に留まった。その中には、ホールの『スミシー』、エリック・ポーター監督によるファミリードラマ『息子の誕生』（一九四六）などが含まれる。

　この時期、世界的にその名を知られ、興行的にも成功した作品はハリー・ワット監督『オヴァランダーズ』（一九四六）である。物語の舞台は第二次世界大戦中。日本軍の南への猛侵攻によって、オーストラリアは侵略を受ける危機感を募らせている。オーストラリアのトップエンド（北端）ノーザンテリトリーでは、日本軍の侵攻を受けた場合を想定して、燃料や家畜の処分が行われはじめる。ダン・マカルパインは、何千頭もの牛を殺すのがしのびなく、それらを引き連れてオーストラリア大陸を横断し、クィーンズランドへ移動しようと決意する。数人の仲間、そして一組の家族、二人のアボリジニと共に、冒険的な旅を続け、ようやく無事に牛たちと共にクィーンズランドに到達し、人々に祝福される。作品は、オーストラリア奥地の広大な空間を最大限に生かした圧倒的なスケールと、外敵からの祖国の防衛という愛国的な心情で満たされている。もともとこの映画の企画は、第二次大戦中、イギリスの戦争プロパガンダの中でオーストラリアの戦争参加努力が十分には宣伝されていないと、オーストラリア連邦政府がイギリス情報省に文句を付けたことから始まった。そこで、イギリスにおけるドキュメンタリー映画の総本山である映画製作会社イーリング・スタジオの監督ハリー・ワットが、正式の戦争特派員としてオーストラリアへ派遣された。ワットは一九四四年二月より六ヶ月オーストラリアを現地調査し、連邦政府食料管理官への取材から、日本軍の侵攻に備えて、一九四二年から二年がかりでノーザンテリトリーからクィーンズランドに一〇万頭の牛を移動させたという事実を聞き、映画の着想を得た。作品はおおかたがフィクションだが、ドキュメンタリータッチに仕上げられた。主役のダンには、チャールズ・ショーヴェルの『四万の騎兵』『トブルクの鼠』で頭角を現したチップス・ラフティが起用され、その他、ワットが数人のスタッフをイギリスから連れてきた他は、殆どの役者・スタッフはオーストラリア人が起用された。資金や様々な便宜が、オーストラリア連邦政府のいくつかの省庁から提供された。五〇〇頭の牛を撮影のために購入し、殆どのシーンがすべてのオーストラリアの原野を最大限に生かしたロケで撮影されるなど、作品は壮大なスケールで製作された。作品はイーリング・スタジオ製作作品としてシドニーで公開された後、欧州、アメリカでも上映され、非常な好評を得た。一九四八年にはイギリス映画として日本公開も果たされた。『オヴァランダーズ』の興行的成功に気をよくしたイーリング・スタジオは、継続的にオーストラリアでこの国の事物を主題にした映画を作ることを決意、ナショナルが一九三〇年代に建てたシドニー・ペイジウッドのスタジオの施設を整備し直して、製作に備えた。イーリング・スタジオの次の作品はハリー・ワット監督、チップス・ラフティ主演という同じ顔ぶれで、一九世紀バララットの金鉱夫たちの反乱を映画化した『ユリーカ砦』（一九四九）。『オヴァランダーズ』の三倍以上の製作費を投入し完成した『ユリーカ砦』は日本を始め世界中で公開されたが、興業的には成功しなかった。イーリング・スタジオはさらに一九四〇年から来豪してＤＯＩでドキュメンタリーなどを撮っていたラルフ・スマートを監督に、また再度チップス・ラフティを主演として、白人開拓者とアボリジニの部族との泉をめぐる衝突のドラマ『苦い泉』（一九五〇）を作った。イーリングはこれを最後にオーストラリアでの映画製作の打ち切りを宣言。ペイジウッドのスタジオは、アメリカの製作会社の映画製作のために貸し出され、その後テレビ局に売却された。

戦争終結後、長編映画の衰退はもはや止めようもない状況におかれていたが、ドキュメンタリー映画に関してはまだまだ製作は活発だった。ＤＯＩ映画部門は、戦争プロパガンダ映画の製作という当初の任務を離れて、オーストラリア社会全般を映し出したドキュメンタリーの製作に乗り出していた。戦後、ＤＯＩが雇っていた映画監督には、ジョン・ヘイアー、ヒュー・マクインズ、リー・ロビンソン、マズリン・ウィリアムズなどの人々がいる。ジョン・ヘイアーは一九三〇年代からエフティやシネサウンドのスタジオで音響や編集スタッフとして働き、『オヴァランダーズ』の製作にも加わっている。彼のＤＯＩ時代の代表作に『ある国の旅』（一九四七）がある。オーストラリアの鉄道は各州によって線路の規格が違い、東西大陸横断鉄道などで結局それが是正されるのは一九七〇年を待たなければならないわけだが、作品では戦後まもなくの時点で、その鉄道規格の統一を訴えている。ヘイヤーのもう一つの代表作『その谷は我々のもの』（一九四八）は、マレー川沿いの渓谷に入植した軍人たちの仕事をフィルムに収めたもので、ヘイヤーの両作品はともに、戦後のオーストラリアの国家的理想を描き出した作品である。この時期のＤＯＩの記憶すべきドキュメンタリー作品としては、一九四九年から一九五〇年にかけて作られた、マズリン・ウイリアムズの『マイクとステファニ』であろう。作品は、当時国内で叫ばれていた「英国以外の国からの移民の選抜は、より厳しくすべきだ」という世論への反論を目的としている。ドイツで戦争によって離ればなれになったウクライナ人カップルが、難民収容所内で再会し、オーストラリアで出直そうと移民を申し込む。その移民審査の面接で、オーストラリアの役人が二人に対してあまりにひどい扱いをしている実際の場面が、そのまま映像に撮られた。『マイクとステファニ』はこの面接の場面が問題であるとして、殆ど公開のチャンスを与えられなかったという。一方ＤＯＩ映画部門はその後、一九五六年にコモンウェルス・フィルム・ユニットとなり、一九七三年には現在の形であるフィルム・オーストラリアとなり、今日においても政府所有の映画製作所として、ＡＢＣなどと協力してテレビ番組やドキュメンタリー映画などを活発に作り続けている。

また一九四〇年代、ＤＯＩ映画部門のような政府機関以外のところで作られたドキュメンタリー映画の代表作として、一九三〇年代から国際的知名度を得ていたドキュメンタリー作家ジョーリス・アイヴェンズの、『インドネシア・コーリング』（一九四六）がある。第二次世界大戦終了後インドネシアで起こった独立への動きを背景に、シドニー港で、インドネシアを攻撃するための武器弾薬を積んだオランダ船舶の入港を拒否しようとする港湾労働者や船員たちの闘いをとらえた作品である。ピーター・フィンチのナレーションを付して完成したこの作品は、オーストラリアの左翼系ドキュメンタリー映画として当時としては孤高の存在であった。世界中で上映されて高く評価されたほか、このような作品がオーストラリアで作られたという事実が大きな励みとなって、一九五一年、左翼系映画製作集団、水辺労働者連合映画ユニット（ＷＷＦ）が創設、五年間に渡る活動を始めることになった。

一九五〇年代の停滞

一九五〇年代には、長編映画はわずかに一三本が作られたのみと、オーストラリア映画は停滞の極みにあった。だがこの停滞は、何も映画だけの世界に限ったことではなかった。一九五〇年の朝鮮戦争が羊毛業界などにもたらした好景気を背景に、裕福になった中産階級は郊外に移り住んで「サバーブ」を作り上げ、オーストラリア社会は豊かさを実感し始めていた。だがそれと引き替えに、国内の文化はみるみる衰退していく。一九四九年から一九六六年までに及ぶロバート・メンジーズ首相の保守政権の長期安定は、世相にも深い影響を及ぼし、サバーブに住み着いた中産階級を中心に保守的な思潮が蔓延し、反共主義が国の上層部から庶民に至るまで盛んに叫ばれ始めた。オーストラリアは対外的に、第二次大戦においてぶざまな凋落ぶりを晒した老大国イギリスに依存する国から、太平洋地域の新しい盟主として台頭してきたアメリカに依存する国へと、大きな変換を遂げようとしていた。それと同時にオーストラリア社会には、途方もなく膨大なアメリカの文化が、濁流のように流れ込んできた。こうして一九五〇年代のオーストラリアは、低俗だと内心侮蔑しながらも豊穣なアメリカ文化をただ享受しなければならないだけの国になる。文化に関わるあらゆるものを自ら生み出す力を忘却してしまったオーストラリアは、オーストラリア人自らが自虐的にいう「英語圏の二流国」そのままの現状であった。しかもアメリカに戦争で敗れて占領され、アメリカ文化の流入を許した日本よりも、敗戦を経験したわけでもないのにただアメリカの文化を垂れ流される国に堕してしまったことに対する敗北感は大きく、またそれだけに文化的な無力感が国内に蔓延していた。

　前述のチャールズ・ショーヴェル監督『ジェダ』を除けば、この時期の特筆に値する秀作は、オーストラリア映画が自国の映画館から殆ど姿を消した不幸な状況を反映して、むしろ一般劇場公開されなかったものの中にいくつか見ることが出来る。それが『バック・オブ・ビヨンド』（一九五二）、そして『三つで一つ』（一九五七）などの作品である。

　シェル・フィルムユニット社製作、ジョン・ヘイアー監督による『バック・オブ・ビヨンド』は、サウスオーストラリア州マリーからオーストラリア中央部の牧牛の集積地バーズヴィルまでの五二〇キロに渡る砂の道、いわゆるバーズヴィル・トラックを、郵便や生活物資を搭載した輸送車に乗って日々往復する郵便配達員トム・クルーズをめぐるドキュメンタリーである。一九七〇年代に初めて道路が建設されるまで、バーズヴィル・トラックは砂漠に出来た轍《わだち》に過ぎず、『バック・オブ・ビヨンド』の記録する一九五〇年代のトラックの旅は、まさに道なき道を行く過酷なものである。トムは、砂漠の中に点在する隔絶した町々に立ち寄り、時には急病人とフライングドクターの無線を中継したり、世捨て人のようなディンゴ・ハンターと語らったり、時には危険な目にも遭いながら、奥地に暮らす人々のために今日も砂漠をひた走る。映画は、バーズヴィル・トラック近辺に棲む動物たちの映像や、アボリジニや移民たちの暮らし、砂漠の中で消息を絶った幼い姉妹の悲劇などのエピソードを交えながら、「奥地」を冷徹無慈悲な自然というよりむしろ幻想的でロマンティックな空間として捉えている。監督のジョン・ヘイアーは一九四八年から英国シェル・フィルムユニットのオーストラリア支局のプロデューサーに迎えられていた。シェル社の製作する映画は殆どが非商業系の上映場所で公開されるのが常で、ヘイアーの『バック・オブ・ビヨンド』も例外に漏れず一般公開はされなかったが、リリースされた一九五四年一年間だけで七万五千人以上のオーストラリア人が、何らかの形でこの映画を見たという。作品は正式なオーストラリアからの出品としていくつかの海外の映画祭で上映され、ヴェニス映画祭ではグランプリを獲得した。

セシル・ホームズ（一九二一—九四）監督の『三つで一つ』が作られることになったきっかけは、オーストラリアの著名な左翼系作家フランク・ハーディ（一九一七—一九九四）が、自分の短編小説『積み荷の薪』を、私財を投じて三〇分あまりの短編映画にしたいという話をセシル・ホームズに持ちかけたことから始まる。ホームズ自身も左翼系の映画人であり、彼は、反メンジーズ政権を旗印に掲げる社会派映画製作グループ、水辺労働者連合映画ユニットのためにドキュメンタリーを撮ったり、ソビエト映画を専門とする小さな配給会社のニュードーン・フィルムズ設立に関わったりしていた。ホームズはこの『積み荷の薪』に、あと二つのエピソードを付け加えて一つの長編映画にしようと計画した。それが、ヘンリー・ローソンの短編『組合がその死体を葬る』を翻案した『ジョー・ウィルソンの仲間たち』、そしてホームズの原案による『都市』である。『ジョー・ウィルソンの仲間たち』は、見知らぬ町でまったく無縁に死んだ男が、労働組合の組合証を持っていたために、ブッシュの労働者たちに手厚く弔われ、やがてその葬儀の列には毛刈り職人や飲んだくれの役者などが加わっていくという物語。『積み荷の薪』は一九三〇年代の大恐慌の時代、田舎町に貧困に喘ぐ失業者たちが暮らしているが、冬を越すための十分な燃料がなく、ついに二人の男が金持ちの地主から薪を盗み出す話。『都市』はイタリアの新写実主義映画に影響を受けた小編で、一九五〇年代のオーストラリアの都市に暮らす工員の若者とその恋人が、結婚して家を買おうとするが高くて買えず、それがもとで諍いとなり、それぞれが町中で孤独な夜を過ごすという話。『都市』のみ男女間の愛情が物語の中心になっているが、『三つで一つ』は全体において、貧しい者たちがメイトシップという伝統的な価値観によって結束を固めていくというテーマに貫かれている。ホームズはこの作品の中で、ヘンリー・ローソンが小説の中で描いたメイトシップから、皮肉を取り除き、より純粋で美しい形に昇華させている。『三つで一つ』は特に有名な俳優は使われず、二万八千ポンドという非常に少額の製作費によって完成された。だが、オーストラリア国内の配給会社や劇場は、この作品の公開を拒絶した。当時の社会を覆っていた反共的な世相の中で、左翼的な内容、そしてホームズ自身の左翼映画人としてのキャリアは、彼らにとって危険すぎるものだったのである。結局『積み荷の薪』のみが、アルフレッド・ヒッチコック映画のリバイバル上映の時に、おまけの短編作品として上映されただけだった。その後一九五九年にはケン・G・ホールのイニシアチブによって、テレビのチャンネル9が『三つで一つ』を一つの作品として完全放映している。国内で一般公開もおぼつかないという不遇に見舞われている一方で、この作品はむしろ海外できわめて高い評価を受けた。エディンバラ映画祭で賞賛され、チェコスロヴァキアのカルロヴィヴァリ映画祭でも賞を受けた後、いくつかのイギリスを含むヨーロッパの国々、そして中国、ニュージーランドで上映された。この『三つで一つ』公開をめぐるエピソードは、一九五〇年代のオーストラリア人が、外から輸入される文化ばかりをあがめるあまり、自国の優れた文化の価値に全く盲目になっていたという皮肉な一例となっているのである。

　もう一つ、一九四〇年代のイーリング・スタジオ製作の『オヴァランダーズ』の系譜を継ぐものとして、オーストラリアの国土や風物を背景に利用しながら、オーストラリアで製作される一連の外国映画が、一九五〇年代にいくつか登場している。イギリスのランク・オーガニゼイション製作、ピーター・フィンチ主演『武装強盗団』（一九五七）、アメリカのロミタス・プロダクションズ製作、グレゴリー・ペック主演『渚にて』（一九五九）、アメリカのワーナーブラザーズ製作、デボラ・カー主演『放浪者』（一九六〇）などである。ただ、イーリング・スタジオがスター、チップス・ラフティを主役として起用し続けたのに対して、これらの企画の殆どが、自国から著名俳優やスタッフを連れてきてオーストラリアで撮影するというかたちを取った。この流れは一九六〇年代以降はもちろん、一九九〇年代の今日に至るまで活発に継続している。その中では、一九六〇年代には日本の東映と日活がそれぞれ高倉健、渡哲也主演のアクション映画をオーストラリアで製作しているし、一九七〇年には、イギリスのウッドフォール製作、ローリング・ストーンズのミック・ジャガー主演『ネッド・ケリー』などの作品があるのが興味深い。

ほとんど沈黙していたオーストラリア映画産業の中で、唯一気を吐いたのが、DOIのドキュメンタリー映画監督だったリー・ロビンソンが、スター俳優チップス・ラフティと協力して一九五二年に設立した映画製作会社サザン・インターナショナル（前身はプラティパス・プロダクションズ）である。サザン・インターナショナルが製作した数本の映画の殆どで、ロビンソンが脚本・演出をし、一方ラフティは出演の他プロデューサー役にも回った。彼らの作った映画は多くが、漫画チックな英雄冒険活劇で、海外のマーケットを意識してオーストラリアをエキゾチックな舞台として用いていた。フランスの映画会社との共同製作によって作られた『楽園への歩み』（一九五六）が興行的に最も成功し、アメリカでも公開された。が、次第に世界に太刀打ちできる映画を作りたいと野心を持ったサザン・インターナショナルは、続く『太陽の塵』（一九五八）『不安なものと呪われたもの』（一九五九）などの作品でどんどん製作費を膨らませていった。だがそれらが興行的に失敗するや、経済的困難に陥り、最後の作品『不安なものと呪われたもの』などはそのためにオーストラリア国内での公開もままならず、結局サザン・インターナショナルは閉鎖を余儀なくされた。

一九六〇年代と復興の狼煙

一九六〇年代は、オーストラリア社会が激変する時代だったと言っていい。まずベトナム戦争があった。メンジーズ政権は、一九六四年から徴兵制を導入し、翌年にはアメリカを助けるため、オーストラリア軍の大規模なベトナム派兵を実施した。だが、世界的なムーヴメントとしての反ベトナム戦争の動きがオーストラリアでも巻き起こり、シドニー、メルボルンなどの大都市、そして各大学などで反戦デモ、徴兵反対デモが頻発する。反米主義が勢いを増す中で、オーストラリア人が、アメリカ文化に浸りきっていた自身の姿に疑問を抱き始めたのは必然的なことだった。さらにオーストラリア社会を根幹から変えようとしていたのは、人種問題だった。一九五八年には白豪主義の根幹をなす、言語ディクテーションテストが撤廃され、オーストラリアは非英語圏、非白人の国々からの移民に向け、大きく開かれ始めていた。一九六〇年代には中東や東ヨーロッパから大量の移民が流入、シドニーやメルボルン都市部に大きなエスニックコミュニティを形成し始め、オーストラリアはアングロサクソン系の白人ばかりが暮らす白豪主義の国から、躍動的な多元文化国家へと生まれ変わりつつあった。さらに一九六七年には国民投票で憲法が修正されて、アボリジニの公民権が認められ、社会における先住民族の地位向上のきっかけが作られた。政治的にも、一九六〇年代のオーストラリアは大きな変化を迎えた。いわゆる「メンジーズ時代」と呼ばれる時代が終わりを告げたのである。一六年間続いたメンジーズ政権が一九六六年、彼の引退と共に幕を閉じ、短命だったホルト政権を経て、保守だがリベラルな政策を持つゴートン政権が誕生した。メンジーズ時代は白豪主義・反共産主義などオーストラリアの保守的な風潮を体現するものであり、この時代の終焉はオーストラリア社会にとって大きな意味を持つものだった。さらに経済的には、国内で天然鉱物資源が次々と発見開発され、オーストラリアの主要な貿易品目となった。これにより国民生活はかつてない豊かさを実現し、国の将来に対する明るい観測と自信が生まれ始めた。このような大きな変化のうねりの中で、オーストラリアの芸術文化においても、これまでのアメリカ文化に隷属していた自国の貧弱な文化を猛省し、オーストラリア人とは何ものなのかというアイデンティティ探しをも含んだ、文化的独自性への希求が飛躍的に高まっていた。

こうした潮流は、当然映画の世界にも真っ先に波及した。一九六〇年代半ばから終わりに至るまで、メルボルンとシドニーでそれぞれ、一本の製作費が千豪ドル以下という超低予算の実験的アンダーグラウンド映画製作グループが、精力的に活動する。メルボルンのそれは、メルボルン大学の学生街を背景にしたカールトン実験映画グループという。無数にある彼らの製作映画の中で代表的な作品は、生活のためにポルノに手を出した二人の写真家の物語、ブライアン・デーヴィス監督による『プディング泥棒』（一九六七）がある。一方シドニーはＵＢＵフィルムズがそれにあたる。最も著名な作品は、ほとんど筋が見あたらず実験的色彩が濃い映画、アルビー・トマス監督『マリネッティ』（一九六九）で、女性のヌードを含む当時としては過激な性表現で上演時観客の多くが退場してしまったという逸話を持つ。

長編映画の世界でもオーストラリア映画復興の狼煙が打ち上げられる。その象徴的な存在が、豪英合作映画『彼らは奇妙な人たちだ』（一九六六）であろう。ニノというイタリア人移民の目を通してみた、オーストラリア人の独特な言葉やメンタリティ、コミカルな生態を描く物語である。ほとんどの資金はイギリスからもたらされ、監督もイギリス人（マイケル・パウエル）だった。しかし長年に渡りアメリカ映画を見続けてきたオーストラリアの観客が、映画の中に自分たち自身の姿を発見したときのショックは、途方もなく大きかった。シドニーのステイトシアターで封切られた後、作品は国内で熱狂的に支持され、三〇〇万豪ドルの売り上げをあげた。

劇場映画の世界でもう一つの大きな動きは、オーストラリア映画復興の中心人物となるメルボルンのティム・バーストルが、この時期に登場してきたことである。バーストルは一九五九年に仲間と映画製作会社エルタム・フィルムズを立ち上げ、一九六〇年に子供向け中編映画『賞』を製作、これがヴェニス映画祭で賞を獲り、映画監督として認められた。また、オーストラリアの偉大な芸術家たちを題材にした一連の短編映画などを製作。その後フィルム・オーストラリアの前身、コモンウェルス・フィルム・ユニットに勤めて子供向けテレビ番組を作った後、フェローシップを得て、妻ベティと共に二年間アメリカに留学する。ニューヨークのアクターズスタジオなど、アメリカ一九六〇年代の前衛芸術運動を見聞して帰国したバーストルは、エルタム・フィルムズにおいて、バーストルの初の長編映画である『二千週間』（一九六九）を一〇万豪ドルの製作費で監督した。『二千週間』は、文化不毛の地オーストラリアで彷徨する芸術家の姿を描いた、バーストルの半自叙伝的な「芸術映画」であった。コロンビア・ピクチャーズが配給を決定、「オーストラリア映画製作の新しい時代」などという宣伝文句と共にメルボルンで公開され、その後シドニー映画祭にも出品されたが、薄っぺらい人物描写に批評は芳しくなかった。だが、同時代に商業ベースに乗った唯一の純粋なオーストラリア映画としての価値は極めて高い。

　そしてオーストラリア映画復興の決め手となったのが、一九二〇年代末の連邦政府の国王任命調査委員会、一九三〇年代のニューサウスウェールズ映画法以来初めて、国が映画産業振興の具体的な方策を模索し始めたことである。きっかけは一九六〇年代前半のことだった。一九六三年一〇月、オーストラリアのテレビ番組製作奨励についての連邦政府上院の委員会報告書がまとめられた。一九六〇年代初頭において、オーストラリアのテレビ放送の内、ドラマが約六割を占めていたが、そのうちオーストラリアで作られたドラマはほんの一パーセントに過ぎず、その他ほとんどはアメリカ製のテレビドラマだという惨憺たる状況を呈していた。こうした状況への国内の批判の高まりに応えて、ヴィンセント上院議員を議長に委員会が設けられたのである。だが、いわゆる「ヴィンセント・レポート」と称されるこのレポートでは、オーストラリアでテレビドラマ製作を奨励するためには、まず自国の健全な映画産業が存在していなければならないという立場に立ち、まずオーストラリア映画産業を復興させるために政府の助成が必要であるという推奨がなされた。その具体的な提案の中には、製作者に対する製作費の貸付や税金の控除、投資者への税金優遇など、後のオーストラリア政府による映画産業振興策を先取りする提案が並んでいた。残念ながらメンジーズ政権はこの報告書の提案を実行に移すことは一切なかったが、ヴィンセント・レポートが国内の映画産業に対する社会的認知度を飛躍的に高めたことは確かだ。

　一九六九年、時の首相ジョン・ゴートンは、映画産業振興のために、三つの事業を開始すると発表する。まず一つが、長編映画とテレビ番組製作の資金を補助するための投資会社を設立すること、二つ目が国立の映画・テレビ学校を設立すること、三つ目が、新人の監督を奨励し一六ミリの低予算の実験的な映画を製作させるための基金を設立すること、であった。これらはそれぞれすぐに実現された。一九七〇年にオーストラリア映画振興公社（ＡＦＤＣ）が設立され、翌年から運営が開始された。最初に助成した長編映画は『砦』（一九七一）で、その後ブルース・ベレスフォードの『バリー・マッケンジーの冒険』、ピーター・ウィアーの『パリを食べた車』、『ピクニックａｔハンギングロック』、ドナルド・クロンビーの『キャディー』などが助成対象となった。一九七五年、ＡＦＤＣはオーストラリア映画委員会（ＡＦＣ）として改組された。ＡＦＣはオーストラリア映画、テレビ番組の製作初期段階、製作、配給に対して投資を行うもので、得られた利益は再投資に供されるというシステムになっている。実験的な映画を奨励するための基金として実現したのは、一九七〇年に創設された実験映画テレビ基金だった。その運営は当初一九五八年創設のオーストラリア映画協会（ＡＦＩ）にゆだねられ、その後にＡＦＣに管轄が移された。ティム・バーストル『ストーク』やエズベン・ストームの『27Ａ』などが助成を受けた。一九七八年からは、ＡＦＣの一部門として吸収されている。初の国立映画学校としては、一九七三年にオーストラリア映画テレビ学校（ＡＦＴＳ）、のちのオーストラリア映画テレビラジオ学校（ＡＦＴＲＳ）がシドニーに創設された。すでに一九五九年創設の国立の俳優学校ＮＩＤＡがオーストラリア演劇・映画界の大勢をしめる多くの役者たちを輩出していたが、ニューサウスウェールズ大学の一角にあるＮＩＤＡと双璧をなすように、ＡＦＴＲＳはシドニーのマックォーリー大学の一角に作られた。ＡＦＴＲＳはフィル・ノイス、ジリアン・アームストロング、ジェーン・カンピオン、Ｐ・Ｊ・ホーガン、ジョスリン・ムアハウスなどキラ星のような人材を輩出し、現在では、同校の出身者はオーストラリアの映画監督や技術者の殆どを占めていると言っても過言ではない。今日、オーストラリアの監督たちはハリウッドからの苛烈な引き抜きによって国を離れる事例が非常に多いが、決して人材が枯渇せず、しかも新人監督が第一作目で彼らにとっての代表作ともなるべき作品を撮っているのは、この学校の高度な教育内容によるところが極めて多い。

一方メルボルンでは、一九六六年に創設されたヴィクトリアン芸術大学映画テレビ学部（ＶＣＡ）が映画製作者養成教育の中心となり、ジョン・ルーアン、ジェフリー・ライト、ジリアン・アームストロング（のちにＡＦＴＲＳ卒業）、リチャード・ローエンスタインなどの人材を輩出している。

一九七〇年代から今日へ

一九六一年から一九六八年までの間に製作・公開されたオーストラリア映画は、合計わずか八本しかなく、しかもそのいくつかは外国との合作であった。ところが一九六九年には一年間で五本、そして一九七〇年には一三本と、その本数は急増する。その後、一九七〇年代前半は年間平均一〇本前後、後半になると年間約二〇本の映画が製作されるというように、順調な伸びを示した。そして年度によって増減はあるものの、一九八〇年代、九〇年代を通してその数字は堅持されている。

一九六〇年代後半に打ち出された連邦政府の映画振興政策は、一九七〇年代、政府の芸術助成の理想的なモデルとして、各州政府にも波及を見せていた。一九七三年四月、サウスオーストラリア州政府によってサウスオーストラリア映画公社（ＳＡＦＣ）が設立される。それから八年以内に、オーストラリアのすべての州で、州政府運営による映画公社が立て続けに設立された。先駆者となったＳＡＦＣは、『サンデー・トゥー・ファーラウェー』『少年と海』『ピクニックａｔハンギングロック』など一九七〇年代の重要な作品に投資をし、また他州の映画公社とは一線を画して実際に製作にもタッチした（因みにＳＡＦＣは八〇年から製作の対象をテレビドラマに切り替え、九三年からは全製作を打ちきっている）。

国の主導で大々的に投資が始まったオーストラリア映画産業は、一般の商業レベルでも、投資環境が整いつつあった。一九七五年から、グレイター・ユニオンがオーストラリア製映画への投資を再開したが、これはチャールズ・ショーヴェルの『マシューの息子たち』以来、実に二六年ぶりのことだった。さらに一九七八年にはホイツが、フレッド・スケプシの『虐殺の儀式』に投資する。ホイツがオーストラリア映画に投資するのは、第二次大戦前以来初めてのことだった。因みにホイツはその後の一九八二年、メルボルンの会社が、アメリカ系所有者から買収した。一九三〇年代初頭にＦ・Ｗ・スリングがホイツを去ってから長きに渡って米国系企業となっていたホイツは、これで名実共にオーストラリアの会社として復活した。

一方、七〇年代のオーストラリア映画はよくて収支がトントン、しかも赤字を記録することの方が圧倒的に多かったので、ＡＦＣを通して政府が投資した金はまったく回収できず、ＡＦＣの資金繰りはたちまち苦しくなった。一九七八年、ＡＦＣはもっと商業的に目のあるものにしか投資をしないとの方針を打ち出した。オーストラリア政府は映画産業に民間の一般投資家を参入させて、ＡＦＣの助成負担を軽減しようと、税制優遇措置の制定に乗り出す。一九七八年、所得税法の改訂によって、オーストラリア映画への投資には一〇〇パーセントの税金控除が受けられるようになる。一九八一年には、税金の控除は、映画に収益があったときのみ一五〇パーセントの控除を受けられるというように、大きく拡大された。このことにより、多くの一般投資家がオーストラリア映画に投資、映画産業は潤沢な資金を確保できるようになった。

連邦政府はさらに一九八三年、所得税法の10ＢＡ部門を改訂することを公示する。これでオーストラリア映画への投資には、すべて一五〇パーセントの税金の控除を受けることが認められた。またオーストラリアを題材にし、オーストラリア人の役者、スタッフによって映画が製作された場合は、さらなる優遇が認められた。この税金優遇措置によって作られた一九八〇年代の映画は、税制の部門名を取って「10ＢＡ」映画と呼ばれるようになる。一九八五年、控除率は一五〇パーセントから一二〇パーセントに縮小したものの、一九八〇年代の終わりまでに、10ＢＡは二二七本の長編映画、七八本のテレビ用映画、七〇本の連続テレビドラマ、五二一本のドキュメンタリーを助成したことになる。これら10ＢＡ映画の中で最も成功を収めた代表格が、『スノーリバー』と『クロコダイル・ダンディー』であった。

だが、次第に10ＢＡのマイナス面も露呈するようになってきた。単純に経済行為として10ＢＡを利用して映画に投資をする一般投資家は、はっきり言って映画の内容などどうでもいい。映画の製作において、映画人たちよりもこのような投資家の意見が色濃く反映され、単に商業的に効率のいい映画だけが生産されるという危惧が出てきた。そこで連邦政府は一九八八年七月、オーストラリア映画融資公社（ＦＦＣ）を設立する。ＦＦＣは政府特別法人の形態をとり、一億豪ドルの年間歳出予算で、映画銀行の役目を負うものである。すなわち、すでに全製作費の内四○パーセントを一般から出資されることが決まっていて、かつ、商業的な成功を収める可能性のある映画とテレビに、製作費の残り六○パーセントを投資をするというシステムである。ＦＦＣ設立に伴って、10ＢＡは控除率一○○パーセントに縮小した。この大きな変化によって、映画産業は一時混乱し、一九九○年に公開された長編映画は、前年の二五本を大幅に下回る一五本になった（その後製作本数は徐々に上昇し、一九九六年には三○本の長編映画が製作されている）。ＦＦＣに助成を申請するには、まず最初に四○パーセントの資金源を確保しておかなければならないので、大抵の映画製作者には手が届かない。アメリカや日本と違って製作、配給にまたがる大規模映画会社の存在しないオーストラリアでは、映画製作者のすべてがいわゆるインディペンデントと言ってよく、従って企画立ち上げ段階からの資金収集に大きな困難がともなうという背景がある。ＦＦＣは毎年、助成する最低本数を確保するために苦労するほどである　一方、もっと低予算で、商業ベースに乗りにくいリスクのある映画は、ＡＦＣ、そしてフィルム・ヴィクトリアが助成を受け持っている。

　このようなオーストラリア国内の助成に頼らず、完全に外国資本によって作品を製作し、成功する事例も一九八○年代以降顕著になってきた。『マッドマックス　サンダードーム』や『クロコダイル・ダンディーⅡ』、そしてアメリカのゴールデングローブ賞最優秀コメディ賞を取った『ベイブ』などの作品である。また、カンヌ映画祭でグランプリを受賞した『ピアノ・レッスン』のように、脚本製作段階ではＡＦＣとニューサウスウェールズ映画テレビ省の助成を受けた後、フランスから資金を与えられ、キャストのほとんどをアメリカから集め、撮影をニュージーランドで行うというような、完全に国際的な映画も登場してきた。国内のみならず世界的なヒットになった『ミュリエルの結婚』も同じように、ＦＦＣ、フィルム・ヴィクトリア、フィルム・クィーンズランド、ニューサウスウェールズ映画テレビ省からのバックアップをうけた上に、フランス企業からの投資もうけている。このように、オーストラリア国内だけにとどまらず世界各国から幅広く資金や人材を集め、映画を製作していくという傾向が、今後もますます強くなるであろう事は十分に予想できる。

一方、これまでオーストラリア映画製作に参加したくともできなかった人々に、公的な援助をさしのべる動きも活発になってきている。その最も顕著な例がアボリジニに関することで、アボリジニの役者はガルピリル（代表作『ザ・ラストウェーブ』『少年と海』）、アーニー・ディンゴ（代表作『辺境に住む人々』『デッド・ハート』）などすぐれた人材が輩出されたが、まだまだ長編映画製作に携わる監督や技術者となる人々は非常に少ない。一九八七年にはＡＢＣが、アボリジニの映画製作者に技術を身につけさせるために、先住民プログラムユニットを設立。一九九三年、ＡＦＣが先住民の映画製作者の技術を促進させるため先住民部門を設立した。同年には、アボリジニの映画監督によって作られた最初の長編映画、トレイシー・モファットの『ビーデビル』（一九九三）が公開され、大きな称賛を浴びている。

一九七〇年代末から八〇年代、『マッドマックス』や『クロコダイル・ダンディー』といった作品が世界中で記録的なヒットを飛ばし、一九九〇年代に入ってからは『ピアノ・レッスン』『ベイブ』『シャイン』などの作品が、国際的な映画賞を次々に受賞するなど、オーストラリア映画の地位は今日飛躍的に向上した。また、ブルース・ベレスフォード、ピーター・ウィアー、ジリアン・アームストロング、フレッド・スケプシ、フィル・ノイス、バズ・ラーマン、Ｐ・Ｊ・ホーガンなどの監督たち、メル・ギブソン、ニコール・キッドマン、サム・ニール、ラッセル・クロウ、ジュディ・デーヴィス、ブライアン・ブラウン、ジャック・トンプソンなどの俳優たちがアメリカへと渡り、国際的なスターとして活躍するようになった。俳優は別として、監督などの人材がアメリカへ行って映画を作るという今日の状況など、オーストラリア映画の歴史の中では、誰も思いも寄らなかったことである。優れた才能はすぐにアメリカへ引き抜かれてしまうが、ＡＦＴＲＳやＮＩＤＡから新しい才能は次々と育ってきているし、たとえ国際的な名声を得ても国内の映画産業にこだわりを持つ人々がたまに自国に戻ってオーストラリア映画を作り、出演し続けており、人材の層はどんどん厚くなってきている。こうした状況の中で、今日、映画はスポーツと並んでオーストラリアが最も誇りとする財産にまでなった。

　このようなオーストラリア映画産業の成熟に伴って、自国の誇りある映画の歴史を記録し、保存しようという動きも出て来た。一九八四年にはキャンベラに、オーストラリア映画への理解や知識、受容を高めることを目的とした国立映画音声資料館（ＮＦＳＡ）が開設される。一九三五年に作られた国立歴史映画・録音図書館のコレクションを発展させたもので、連邦政府郵政・芸術省の半独立的な一部局として位置づけられている。ここには、オーストラリア映画の原点である一九〇六年の『ケリー・ギャング物語』の断片から始まって、今日に至るまでのオーストラリア映画の貴重な映像、画像資料、音響資料などが豊富に蓄積され、近年国際的に高まりつつあるオーストラリア映画研究の最も中心的な拠点になりつつある。

第二部　オーストラリア映画ルネッサンス

——七〇年代〜九〇年代の代表作

ストーク
Stork　1971

監督・製作：ティム・バーストル
脚本・原作：デヴィッド・ウィリアムソン（戯曲『ストークがやってきた』より）
撮影：ロビン・コピング
編集：エドワード・マクィーン＝メイソン
美術：レズリー・ビンズ
音楽：ハンス・ポールセン
録音：ロン・グリーン
出演：ブルース・スペンス（ストーク）
グレアム・ブランデル（ウェスティ）
シーン・マクユーアン（トニー）
ヘルムート・バケイティス（クライド）
ジャッキー・ウィーヴァー（アンナ）
ピーター・グリーン（牧師）
マドライン・オー（ストークの母）
ピーター・カミンズ（彫刻家）
マイケル・ダフィールド（判事）
製作会社：ティム・バーストルと仲間たち、ビルコック＆コピング・フィルム・プロダクションズ
上映時間：九〇分

『ストーク』ブルース・スペンス(ストーク)
Reprinted with the kind permission of Roadshow Film Distributors.

ストーリー

六〇年代終わりのメルボルン・カールトン。ストークは、自動車会社ＧＭ・ホールデンに勤めるサラリーマン。雲を突く大男で、ビール漬けのラグビー狂、女には奥手でまだ童貞、革命きちがいのアナーキストだ。彼は社内でストリップを敢行しクビになり、あるアパートに転がり込む。そこには、クライドとトニーという当世風の「進んだ」青年たちが、アンナという恋人を共有して暮らしていた。

彼は職もなくさまよいながら、ウーマンリブ、大学、前衛芸術、上流階級など、現代社会の様々な局面を目の当たりにするが、このアナーキストは当然どこにも適合できずにいつも大失敗ばかりやらかし、周りの顰蹙を買う。

クライドとトミーが童貞を捨てさせるためにあてがったウーマンリブの女には目もくれず、ストークはついにあこがれのアンナと思いを遂げる。しかし、アンナがクライドとトニー、そして仲間のさえないウェスティとまで寝ていることを知り、葛藤する。

やがてアンナが妊娠、身に覚えのある者たちはみな動揺するが、結局その中のひとりクライドがアンナと結婚することになる。ストークは、クライドとアンナの平凡きわまりない結婚式を「ブルジョワ的」であると断じ、ウェスティと共に消防車で会場に乗り込んで放水、式をぶち壊す。さらに、ハネムーンに向かう二人の車に乗り込み、そのままずうずうしくも新婚旅行についていく。

解説

オーストラリア映画は六〇年代の衰退期から息を吹き返し、七〇年代初頭に復活を遂げたが、『ストーク』はその復活の狼煙とも言えるような、オーストラリア映画復興初期の記念すべき作品である。国内の映画産業を振興するため、一九七〇年にゴートン政権が設立したばかりの、短編映画や低予算映画を支援する実験映画テレビ基金が、製作費の十分の一に当たる七千豪ドルを『ストーク』に投資し、六〇年代後半における最初の純オーストラリア製劇場映画『二千週間』（一九六九）を撮ったティム・バーストル監督が、自身の二本目の劇場用映画として、演出を担当した。さらに、この作品の最も重要なことは、劇作家デヴィッド・ウィリアムソンの処女戯曲『ストークがやってきた』を原作にしているという点である。

　オーストラリア映画の復興とほとんどシンクロするように、オーストラリアの演劇界も六〇年代末より活発な小劇場運動が興った。その中核をなしたのが、メルボルン、カールトンのカフェ・ラ・ママ、そしてその後身のオーストラリアン・パフォーミング・グループ（ＡＰＧ）である。今日オーストラリアで最も成功した劇作家と見なされているデヴィッド・ウィリアムソンも、このラ・ママ＝ＡＰＧの座付き作家として、キャリアをスタートさせた。ラ・ママでウィリアムソンが書いた『ストークがやってきた』を観たバーストルは、ぜひこの戯曲を映画化したいと思い、ウィリアムソンに映画台本へのアダプテーションを依頼した。これがその後、オーストラリア映画史で独自の位置を占めることになる一連のウィリアムソン戯曲の映画化、そして、ウィリアムソン自身の台本作家としてのオーストラリア映画界への進出、といったもののきっかけとなったのである。

　映画のストーリーは、ウイリアムソンによる舞台の原作と大筋においてのみ一致している。だがアダプテーションの過程で最も変化があったのはラストシーンで、原作戯曲ではストークとウェスティは結婚式に現れず、クライドから預かった結婚指輪を、トイレに流してしまうという筋書きだった。

　元の舞台から引き継がれた最も大きな要素は役者で、「ストーク」（こうのとり）というイメージ[1]にふさわしく身長二メートルののっぽで強烈な個性を発する、ラ・ママ＝ＡＰＧの看板役者ブルース・スペンスが、舞台同様映画でも主役を演じた。また、ラ・ママ＝ＡＰＧの理論的リーダーであった俳優兼演出家のグレアム・ブランデルがウェステイ、同じくＡＰＧの主要な役者であるピーター・カミンズも、現代美術家の役で映画に参加した。このように、オーストラリア映画の再興の輝かしい第一ページは、その大きな部分をラ・ママの役者と劇作家が担ったことになる。

「オーストラリア映画なるものをいかにして新たに創成するか」という命題が問われていたこの時代において、オーストラリア人の手による戯曲を生産し、オーストラリア人の真の姿を表現しようと模索したラ・ママ＝ＡＰＧなどの小劇場演劇は、当時の映画界にとっても多くのものを共有できる格好の存在だった。そしてそのような形で生まれてきた再生オーストラリア映画は当然、ラ・ママなどの小劇場運動と共通の「オーストラリア人とは何者か？」というテーマを、中心に据えていくことになる。それが「オッカーフィルム」「オッカーコメディ」などと分類される七〇年代前半の一群の喜劇映画であり、『ストーク』はオッカーフィルムの祖とも見なされている。

オッカーフィルムは、途方もなく下品で、スケベで、飲んだくれで、純朴なところもあり、強烈なオーストラリアのアクセントでしゃべる、オーストラリアの労働者階級の典型像（オッカー）が、戯画化されて描かれている喜劇映画である。『ストーク』では主人公に対してそれほどの戯画化はされていないが、それでも「オッカー」としてのキャラクターの萌芽は明確に見て取れる。すなわち、ビール漬けで、ラグビー狂という点、現代美術の展覧会で、鼻につけたオイスターをひょいと口に入れる芸をやる下品さ、女性に対する不器用な振る舞い、などである。これがオッカーフィルムの最も典型的な例とされている一九七二年のブルース・ベレスフォード監督『バリー・マッケンジーの冒険』になると、漫画が原作ということもあって人物像は高度にカリカチュア化されており、まるで主人公バリー・マッケンジーはオッカーイズムの「怪人」のような様相を呈してくる。『ストーク』が初めて映画において描いて見せた典型的オーストラリア人の姿（決して美化されたものではないが）は、その後七〇年代半ばに至るまで、「オーストラリア独自の映画の創造」という映画人たちの気運と連動するように、どんどん進化を遂げていく。セックスに焦点を移したバーストル監督『アルヴィン・パープル』（一九七三）、オッカーイズムを中流階級にまで敷衍した『ドンのパーティー』など、その典型例であろう。

このように『ストーク』は、オーストラリア映画再生のシンボルとして、オッカーフィルムの元祖として、またデヴィッド・ウィリアムソンを映画界へと導くきっかけを作った作品として、オーストラリア映画史の上で非常に重要な意味を持っているのである。

（1）映画『マッドマックス2』にジャイロキャプテンとして出演。演劇では、ラ・ママの生んだオーストラリア現代演劇を代表する戯曲『フローティング・ワールド』（J・ロメリル作）で最初のレズ・ハーディング役。

バリー・マッケンジーの冒険
The Adventures of Barry McKenzie　1972

監督：ブルース・ベレスフォード
製作：フィリップ・アダムズ
脚本：ブルース・ベレスフォード、バリー・ハンフリーズ
原作：バリー・ハンフリーズ作、ニコラス・ガーランド画の漫画より
撮影：ドン・マカルパイン
編集：ジョン・スコット、ウィリアム・アンダーソン
美術：ジョン・ストダット
音楽：ピーター・ベスト
録音：トニー・ハイド

出演：バリー・クロッカー（バリー・マッケンジー）
バリー・ハンフリーズ（エドナ）
ピーター・クック（ドミニク）
スパイク・ミリガン（大家）
ディック・ベントリー（探偵）
デニス・プライス（ゴート）
エイヴィス・ランドン（ゴート夫人）
ポール・バートラム（カーリー）
メアリー・アン・セヴァーン（レズリー）
ジェニー・トマシン（セーラ・ゴート）
製作会社：ロングフォード・プロダクションズ
上映時間：一一四分

『バリー・マッケンジーの冒険』バリー・ハンフリーズ(エドナ)とバリー・クロッカーズ(バリー・マッケンジー)

ストーリー

純正オージー青年バリー・マッケンジーは、亡き父の遺産を相続するにあたり、直ちにイギリスへ旅だって見聞を広めること、という条件を付けられる。早速バリーは喧しいエドナおばさんと二人で、イギリスに飛ぶ。

アキューブラの帽子（オーストラリア男の定番）に野暮ったいスーツを着、その下には「Pommy Bastards」（イギリスの馬鹿野郎ども）と大書きされたＴシャツを着込んで、バリーはヒースロー空港に降り立つ。が、税関でたっぷり関税をかけられ、大事なフォスターズ・ビールで一杯のバッグも没収され、タクシーでもぼったくられて、早速バリーの「イギリス嫌い」はヒートアップする。

ロンドンには、バリーの「マイト」（相棒）のオージー青年カーリーがいる。再会を喜び合った二人は早速、オージーたちがたむろするパブに繰り出す。イギリスのビールは口にしただけで吐き出し、「やっぱりこれでなくちゃ」とばかりにバリーはフォスターズ・ビールで乾杯する。バリーはおカマっぽいＣＭディレクターに目を付けられ、タバコのＣＭに出演することになる。ＣＭ撮りではくだらないアドリブを連発して顰蹙を買うが、相手役のセクシーなモデルに誘惑されて有頂天。モデルの部屋を訪れていざベッドインというとき、嫉妬に狂ったディレクターが割って入り、バリーはつまみ出される。

バリーとエドナおばさんは、郊外の、「まるでシェークスピアの家のような」屋敷に住むゴート家を訪問する。妻は潔癖性で性格が最悪、夫はグラマースクールの制服を着て鞭打たれるのが大好きなマゾヒスト。このゴート夫妻は、不細工な娘セーラを、バリーに無理矢理くっつけようと画策する。だがセーラと一緒に出かけたダンスパーティでも、バリーはオージー仲間と合流してフォスターズで乾杯し、結局セーラとは何もない。激怒したゴート夫人はバリーを家から叩き出す。

フラワーチャイルド風のバンドに拾われたバリーは、彼らにくっついてロンドンのナイトクラブのステージに立つ。そこでバリーは「本物のオーストラリアのフォークソング」を披露、観客を熱狂させる。大物音楽プロモーターがスカウトに来るも、強欲なバンドマンたちと契約を巡って大乱闘になる。

幼なじみの美しいレズリーと再会したバリーは、彼女のコネクションで、BBCの「ロンドンのオーストラリア人たち」というテレビ番組に出演することになる。だが、スタジオにはカーリー率いるオージー軍団が乱入。バリーもインタビュアーの質問を勘違いして、カメラの前でパンツを脱ぎ、BBCのスタジオは大混乱。さらにはスタジオに火事が発生し、オージー軍団はフォスターズ・ビールのバケツリレーと放尿作戦で消火作業に当たる。

バリーのハチャメチャぶりは意外にもBBC上層部に受け、シリーズ化の話が出るが、エドナおばさんの鶴の一声で、バリーはオーストラリアへの帰路につく。飛行機の中でバリーはエドナおばさんに、「イギリス人が好きになったよ」と言う。

解説

Peter Luck は、『オーストラリアのアイコン』[1]という本の中で、オーストラリアの全歴史の中でオーストラリアという国を象徴する九六のアイコンを挙げたが、その中の一つに「エドナおばさんの眼鏡」というものが入っている。ゴージャスな飾りのついた独特の眼鏡をかけたエドナおばさんは、「メルボルン郊外の平凡な主婦でありながら世界で最も有名な女性でもある」というキャラクターで、六〇年代からオーストラリアとイギリスの舞台、テレビなどに登場するようになり、両国で絶大な人気を得た。このエドナおばさんを創り出し、主に一人芝居で演じているのが、オーストラリアが生んだ最大の国際的マルチタレント、バリー・ハンフリーズである。ハンフリーズは小説や漫画の原作も執筆する才人で、彼が一九六三年から一九七四年までイギリスの『プライベート・アイ』という雑誌に連載した漫画から、ハンフリーズの二人目の人気キャラクターとなる、エドナおばさんの甥っ子バリー・マッケンジーが生まれた。

『バリー・マッケンジーの冒険』は、七〇年代初頭のオーストラリア映画ルネッサンス期に勃興した一連の「オッカーフィルム」の、最も代表的な作品である。オッカーフィルムの先駆けとなったティム・バーストル監督『ストーク』の主人公ストークにおいてまだおぼろげだった「オッカー」の要件が、バリー・マッケンジーではっきり前面に出ている。バリー・マッケンジーは、ダサいファッションに身を包み、強烈なオーストラリア訛りで喋り、いつもビールを手放さず（しかもオーストラリアビールの代表的銘柄フォスターズという限定付き）どうしようもなく下品で、好色で、そのくせ実際女を目の前にするとウブで何も出来ない。もちろん現実にバリーのようなオーストラリア人などいるはずはない。バリーの人格は、オーストラリアで（あるいは海外で）オッカー的だと思われているいくつかの性質を極端に拡大し、つなぎ合わせたものであり、したがって「キャラクターというよりモンスターに近い」という批評家の指摘も当たっている。[2]

バリーというキャラクターにおいて、オッカーの特性の極端な拡大化、戯画化がなされたのは、イギリス人たちとの対比があったせいに他ならない。スノッブで吝嗇、陰険で変態・・・という、作中の物語を展開させる様々なイギリス人のネガティブな性質は、バリーとの対比を通して初めて鮮明になる。したがってバリーもイギリス人キャラクターとは正反対の方向で極端さを増していく必要があったのである。

バリーとイギリス人たちとのこのようなぶつかり合いの中で、ポイントになるのはバリーの「イギリス嫌い」である。七〇年代ルネッサンス以後のオーストラリア映画は七〇年代、八〇年代を通して、自国の精神文化の根底にある「イギリス嫌い」、ひいては「外国嫌い」という資質を、様々な形で検証していくことになる。つまり『バリー・マッケンジーの冒険』は、それを最も早い段階で映画の中に提示した作品であるといえる。バリーのTシャツに大書きされている「ポミー」Pommy という言葉は、オーストラリアにおけるイギリス人を多少侮蔑的に呼ぶ語である。[3]とにかくオーストラリア人がこのようにしてイギリス人を呼ぶことには、イギリスからの伝統や血を受け継ぎながら、同時に文化的コンプレックスや、様々な形で搾取されてきた恨みの歴史を抱えた、植民地人としての複雑な感情が内包されている。だがこの作品の場合、そのような植民地人のルサンチマンに、「親に対するすねた子供の強がり」のようなものもつけ加えられている。バリーは持ち前のオッカー精神でイギリス人たちと渡り合った末、結局「イギリス人が好きになる」。それは、いくら植民地人の意地で暴れ回ってみても、イギリスという国にはバリー自身の先祖代々のルーツがあるという事実を覆すことは出来ないからだ。この結論は、「父からの遺産を相続するためにイギリスを見聞する」という、バリーのイギリス行きの動機の中にすでに用意されていたものであり、バリーの旅は、先祖からの文化的遺産を受け継ぐために、自分のルーツを見つめる旅でもあったのだ。結局『バリー・マッケンジーの冒険』は「親に対して反抗心と同時に認められたい気持ちを持つ子供」にも似た、オーストラリア人のイギリスに対する複雑な気持ちを、笑いの対象として扱っている作品だということが出来る。

　だが『バリー・マッケンジーの冒険』はあくまで、豪英両国を股にかけたバリー・ハンフリーズが六〇年代に作りあげた漫画を元にした物語であり、作中で描かれたオーストラリアからイギリスへ向けた視線は、今日もはや古くさいものになっている。バリーがイギリスに見た様々な現代的なもの（マスメディア、若者文化や音楽シーン）は、今日すべてアメリカが発信するものとなり、オーストラリア映画の上でも『バリー・マッケンジーの冒険』以後、オージーたちはバリーと同じような冒険の舞台を、アメリカに移し替えた。八〇年代には『クロコダイル・ダンディー』でオーストラリアのブッシュマン、ミック・ダンディーがニューヨークを冒険し、九〇年代にはヤフー・シリアス監督『レクレス・ケリー』（一九九三）で、現代版ネッド・ケリーがハリウッドを冒険する。そうした意味では、『バリー・マッケンジーの冒険』は、オーストラリアがイギリスとの文化的繋がりを常に実感できた時代の最後を象徴する映画だと見ることもできる。

この作品は、いくつかの連邦政府の映画支援団体設立に主導的役割を果たした当時の映画界の最高実力者、フィリップ・アダムズが製作者として指揮を執り、製作された。監督は英国映画協会（ＢＦＩ）での五年間の短編・ドキュメンタリー映画監督活動を終えてオーストラリアに戻ったばかりのブルース・ベレスフォード。彼にとって本作は、最初の劇場用長編映画となった。製作費二五万豪ドルはフィリップ・アダムズらが創設したばかりの連邦政府映画助成団体ＡＦＤＣ（ＡＦＣの前身）から全額支給された。この時代オーストラリアでは自国映画を配給するルートが確立していなかったため、配給はアダムズ自身が行ったという。

　主演のバリー・ハンフリーズ役には、フォーク歌手のバリー・クロッカーが起用された。また原作者のバリー・ハンフリーズは、台本を寄せると同時に役者としても登場し、十八番のエドナおばさんや狂った精神科医など一人何役もこなして、人気の高いハンフリーズの一人芝居のステージが映画の中で再現されたような形になっている。作品は大半をイギリスで撮影し、スパイク・ミリガンやピーター・クックなど、イギリスの有名な役者やコメディアンたちも多数出演している。

　作品はオーストラリア、イギリス両国で公開され、共に興行的に成功を収めた。特にオーストラリアでは、公開三ヶ月で政府からの投資を全部払い戻すことが出来たという。この成功に気をよくしたブルース・ベレスフォード監督は、二年後自らの監督・製作により、続編『バリー・マッケンジーはへこたれない』（一九七四）を作った。キャストはやはりバリー・マッケンジー役にバリー・クロッカー、エドナおばさんがバリー・ハンフリーズ。エリザベス女王と間違われてヨーロッパの小国に誘拐されたエドナおばさんを救うため、バリー・マッケンジーがヨーロッパに乗り込んでいくという話で、予算は前作の二〇万豪ドルアップで四五万豪ドル。これは大手配給会社ロードショウが配給に付いたこともあって前作を凌ぐヒットとなり、オーストラリア映画史上歴代五九位（一九九六年現在）にあたる一四〇七万豪ドルの総利益を記録した。

（1）Luck, Peter. *Australian Icons.* (William Heinemann Australia, 1992)

（2）Morris, Meaghan. 'Personal Relationships and Sexuality', in S. Murray (ed), *The New Australian Cinema.* (Nelson, 1980) pp. 133-51.

（3）語源としては、赤ら顔のイギリス人を揶揄するpomegranate（柘榴）とimmigrant（移民）を引っかけた押韻スラング、あるいはprisoner of mother England（母国イギリスの流刑人）の頭文字をとったなど諸説がある。

ピクニックatハンギングロック
Picnic at Hanging Rock　1975

監督：ピーター・ウィアー
脚本：クリフ・グリーン
原作：ジョーン・リンゼイの小説より
撮影：ラッセル・ボイド
編集：マックス・レモン
美術：デヴィッド・コピング
衣装：ジュディス・ドースマン
音楽：ブルース・スミートン
録音：ドン・コノリー
出演：レイチェル・ロバーツ（アップルヤード先生）
ドミニク・ガード（マイケル・フィッツハバート）
ヘレン・モース（ダイアン）
ジャッキー・ウィーヴァー（ミニー）
ヴィヴィアン・グレイ（マクロウ先生）
カースティー・チャイルド（ドーラ・ランリー）
アン・ランバート（ミランダ）
カレン・ロブソン（アーマ）
マーガレット・ネルソン（セーラ）
ジョン・ジャラット（アルバート）
製作会社：ピクニック・プロダクションズ、マケルロイ&マケルロイ・プロダクション、パット・ロヴェル
上映時間：一一五分

『ピクニックatハンギングロック』アン・ランバート（ミランダ）

ストーリー

一九〇〇年二月一四日、聖バレンタインの日、アップルヤード女学校の生徒たちが、ヴィクトリア州マセドン山近くの岩山へピクニックに向かった。引率は、経験豊かな理科のマクロウ先生とフランス人教師のダイアン。岩山での昼下がり、一人の女学生が地質調査をしたいと申し出たので、遠いところへ行かないことを条件にマクロウ先生はそれを許す。他に三人の女学生がついて行ったが、その中には金髪の美少女ミランダもいた。

同じ日、大佐夫妻とその甥マイケルは、使用人アルバートと岩山の麓に来ていた。雇用者の一族マイケルと使用人アルバートは、立場こそ違うが、同じ孤児という境遇から親しさを増す。そんな二人の前を、岩山へ向かう四人の少女が通りかかる。マイケルは、美しいミランダを一目見て恋心を抱き、すぐに四人の少女を追いかけるが、見失う。

女学生たちが頂上をめざしている同じ頃、夕刻が迫るのに戻らない学生を案じてマクロウ先生が立ち上がる。四人の学生のうちついていけなくなった少女を残し、三人は岩山に魅せられるように頂上へと向かう。残された少女一人が、泣き叫びながら下山。日が暮れ、案じるアップルヤード校長のもとに、「三人の学生とマクロウ先生が失踪した」という知らせとともに、ダイアンと残りの女学生が戻ってくる。

翌日から大がかりな山狩りが行われたが、よい知らせはない。行方不明の同級生を案ずる学生の一人に、ピクニックに参加しなかった、ミランダの大親友セーラーがいた。

一方、ミランダに恋心を抱くマイケルは、アルバートを誘い単身岩山へ登る。マイケルは夜も一人岩山に残って捜索を続ける。翌日アルバートは負傷したマイケルを発見。続いてマイケルが見つけた手がかりをもとに、失踪した三人の女学生の一人、アーマを見つけ、救出する。だがアーマは、一人で下山した女学生同様記憶がない。加えて、一週間の失踪にもかかわらず、手と頭以外はほとんど無傷で、謎を深める。そして、何故か、コルセットも失われていた。

やがて時が過ぎ、マイケルは、クィーンズランドへ旅立つことを決意。発見されなかった三人も死亡と見なされる。アーマもヨーロッパへ旅立ち、事件は風化することになる。

女学生失踪事件で、退学者続出となり学校の経営に不安をかかえるアップルヤード校長は、授業料が滞納しているセーラに退学を告げる。悲しむセーラは、女学校の世話係ミーナに、孤児施設出身の自分には、アルバートという兄がいることを語る。退学が決定となったセーラは姿を消す。兄のアルバートは、妹のセーラが消えてしまう夢を見る。

後日、セーラの死体が発見される。

一九〇〇年三月二七日。アップルヤード校長の死体が岩山のふもとで発見される。

解説

まず確認しておかなければならないのは、ヴィクトリア州にある岩山ハンギングロックで起きたという女学生たちの失踪事件は、実際には存在していないということだ。『ピクニックａｔハンギングロック』は日本でも公開されて極めて高い評価を得たが、作品が実際の事件に基づいていると誤って紹介される事例がいくつかあった。だが、それも責められまい。オーストラリアにおいてさえ、この不可思議な失踪事件が実際に存在したと思いこむ観客は多かったというのだ。原作者と映画製作者の仕掛けた巧妙な罠に、皆すっかりひっかかってしまったということだろう。それほど、このハンギングロックの物語は、良くできている。

99　ピクニックatハンギングロック　1975

カレン・ロブソン(アーマ)、アン・ランバート(ミランダ)、マリオン(ジェーン・ヴァリス)

作品の原作になったのは、ジョーン・リンゼイ（一八九六―一九八四）が一九六七年に出版した同名の小説である。ジョーン・リンゼイは、オーストラリア芸術界の名家であるボイド家の血筋に生まれ、結婚によってやはりオーストラリアの文学・芸術界に多くの著名人を輩出した名門リンゼイ家の一員になったという、華麗なバックグラウンドを持っている。そして少女期をメルボルンの名門女子校で過ごしているが、これがアップルヤード女学校のモデルになったとも言われる。『ピクニックａｔハンギングロック』と同時代が舞台の『ローラの歌』の原作者ヘンリー・ハンデル・リチャードソン（一八七〇―一九四六）にしても、『わが青春の輝き』の原作者マイルズ・フランクリン（一八七九―一九五四）にしても、現実にその時代を生きた人たちだ。ところが、一八九六年に生まれ一九六七年にこの本を出版したリンゼイの場合は、彼らと全く異なっている。だがリンゼイの経歴と彼女の生きた時代が、ヴィクトリア朝末期の風俗への鮮烈な記憶とサスペンスめいたフィクションとをない交ぜに出来る絶好の立場を醸成したのは間違いがない。リンゼイが創造したミステリーはその後も謎解きの対象となり、一九八〇年にはイヴォン・ルーソウが『ハンギングロックの秘密』という本で、五つの解釈を提示して謎解きをしたのが話題になった。

　さらにこの物語が、とくにオーストラリアの観客に対して、異常なほどのリアリティを感じさせるのは、オーストラリアのブッシュで人が消えるという話が非常に身近なものだったからに他ならない。この類の怪奇話はオーストラリア大陸への白人の入植以来よく聞かれるもので、一九八〇年にはフレッド・スケプシ監督の『クライ・イン・ザ・ダーク』で取り上げられた、エアーズロックで赤ん坊が失踪するという「現実」の事件さえ起こっている。オーストラリアの白人のブッシュに対する潜在的な畏怖は、ブッシュが、侵略者としてオーストラリア大陸を支配しようとした原罪と、過酷すぎる自然をアメリカ開拓のようには征服することができず大陸の端へと追いやられざるをえなかった辛い記憶を呼び覚ますことが起因している（『クライ・イン・ザ・ダーク』の項参照）。映画『ピクニックａｔハンギングロック』は、そうした記憶の原風景である、過酷なブッシュに対峙する無力で儚げな植民地人という画を、鮮やかに描き出している。コルセットで体を縛り上げ優雅な日傘をさしたヴィクトリア朝人が、オーストラリアの灼熱の岩山に入り込んでいくというこのあからさまな対比は、オーストラリア近代史の大いなる矛盾を気付かせずにはおかない。映画の中で、岩山に呑み込まれていく女性たちは、コルセットを失っていたり、ストッキングやスカートを脱ぎ捨てて行く。それはどこか性的な暗示も感じさせるが、ブッシュの湛える圧倒的な「力」を前にしては、英国ヴィクトリア朝の文化など無に等しいということの象徴とも解釈できるのである。

　作品に見られるウィアー監督の真骨頂は、まず彼の時間の概念に関する鋭敏な感覚に見られる。ここには、人間の時間が次第に自然の時間に呑み込まれていくというイメージがある。例えばピクニックの始まりにおいて、マクロウ先生がする岩山の地質学的な解説は、「一〇〇万年も私たちが来るのを待ってたのね」というミランダの発言を導きだす。そしてなぜか一二時に、馬車夫と、マクロウ先生の時計が同時に止まる。その時既にハンギングロックにいる人々は、気の遠くなるほど遠大な自然の時間の中に組み込まれているのである。失踪した少女のうちアーマだけが一人救出されるが、一週間岩山に取り残されていたにもかかわらず、殆ど無傷である。一方で人間の世界では、マイケルや回復したアーマが旅立ち、セーラや校長が死ぬように、目まぐるしく時間は進んでいる。この人間の時間と自然の時間の対比というテーマは、ウィアーの次の作品『ザ・ラストウェーブ』で、古代の記憶と通底するアボリジニの時間の概念が、大都会シドニーの地下の裂け目から突如噴出してくるイメージにもつながるものがある。だが『ピクニックａｔハンギングロック』に見られる対比は、時間の問題だけには留まらない。孤児院出身のアルバート、セーラ兄妹と、上流階級のマイケルや女生徒たち。女学校における男を知らない女同士の友情と、マイケルとアルバートという女を知らない男同士の友情。そのホモセクシャル的な関係にある女同士・男同士と、男を知っているヘテロセクシャルとしての女給仕ミーナ。女学校のあり方に疑問を呈する美しく若い教師と、経営にしがみつく老醜をさらした女校長。と、少しあげてみただけでもこれだけの事例が浮かぶ。これらの事例は皆、あざといサブプロットという訳でもなく、観る者に解釈をゆだねながら無造作に投げ出されている感がある。だが、これらの対比が積み重なることで見事なシンメトリーが形成され、作品はすぐれて重厚なバランスを築き上げているのである。

『ピクニックａｔハンギングロック』はＡＦＣの前身であるＡＦＤＣと、ＳＡＦＣという二つの公的機関から資金を得、四五万豪ドルの製作費で完成された。ＡＦＣは今日においても最も主要な映画助成団体であるが、七〇年代半ばからＡＦＣがある一定の基準をもって審査・助成した作品群は、今日研究者の間で「ＡＦＣジャンル」と呼ばれている。ＡＦＣジャンルの初期の最も影響力のあった形態というのは、「風雅で、無難で、より口当たりの良い作風で、叙情詩調の時代物映画にしばしば見受けられる」ものであり、七〇年代後半に低俗なオッカー・フィルムを押しのけて登場した「芸術的」映画のことを指す。『キャディー』『ローラの歌』『わが青春の輝き』などが範疇に入るそのＡＦＣジャンルの先頭を切ったのが、この『ピクニックａｔハンギングロック』だという指摘がある。[1] つまり『ピクニックａｔハンギングロック』は、七〇年代のそれまでのオーストラリア映画には無かった種類の映画であり、七〇年代後半以降のＡＦＣジャンル＝時代物の隆盛を決定づけた作品ということになるのである。

リンゼイの小説『ピクニックａｔハンギングロック』を読んで映画化したいという着想を最初に得たのは、作品で製作総指揮を担当した女性プロデューサー、パトリシア・ロヴェルである（後に『誓い』の共同製作、『モンキー・グリップ』の製作を手がける）。彼女は脚本に劇作家のデヴィッド・ウィリアムソンの起用を要請したが、すでに売れっ子になっていたウィリアムソンが断り、代わりに主にテレビドラマで活動する脚本家クリフ・グリーンを推薦したというエピソードが残っている。製作には、ピーター・ウィアー監督の劇場用映画デビュー作『キラー・カーズ　パリを食べた車』（一九七四）の製作を手がけたハル・マケルロイ、ジム・マケルロイが迎えられた。役者に関しては、女子学生たちの役はウィアーが自ら選んだという。美少女ミランダを演じたアン・ランバートもこの時デビューを果たした。九〇年代に入っても『水の中の呼吸』（一九九二）に出演するなど活動を続けているが、出演作品は全体に少なく、デビューの頃の鮮烈な印象はない。女校長アップルヤード夫人にイギリスの女優レイチェル・ロバーツが招かれたほか、何人かの重要なオーストラリア俳優も出演している。若く美しいフランス人教師ダイアンを演じたのは、翌年『キャディー』でタイトルロールを演じたヘレン・モース。女給仕ミーナを演じたのはジャッキー・ウィーヴァーで、彼女はオーストラリア映画ルネッサンスの予兆とも言える『彼らは奇妙な人たちだ』（一九六六）や『ストーク』から始まって、最近では『ハーモニー』に出演するなど、最も息の長い女優の一人である。ウィーバーとヘレン・モースは、『キャディー』でも共演している。

『ピクニックａｔハンギングロック』は、国際的に高い評価を受けたのと対照的に、国内ではＡＦＩ賞を一部門も受賞しなかった。その年のＡＦＩ賞最優秀作品賞は『サンデー・トゥー・ファーラウェー』が獲ったが、ブッシュ神話のポジティブな面を描いた『サンデー・トゥー・ファーラウェー』と、ネガティブな面を描いた『ピクニックａｔハンギングロック』の間の明暗には、ブッシュ神話に対するオーストラリアの敏感なメンタリティが見え隠れしている感もある。だが『ピクニックａｔハンギングロック』は興行的には大成功で、作品は五一一万九千豪ドルの総利益をあげ、今日でもオーストラリア映画歴代一八位の位置に付けている（一九九六年現在）。

（1）Jacka, Elizabeth. ’The industry’, in S. Dermody & E. Jacka (ed), *The imaginary industry: Australian film in the late ’80s.* (AFTRS, 1988) p. 38.

サンデー・トゥー・ファーラウェー
Sunday Too Far Away　1975

監督：ケン・ハナム
製作：ジル・ブリアリー、マット・キャロル
脚本：ジョン・ディングウォール
撮影：ジェフ・バートン
編集：ロッド・アダムソン
美術：デヴィッド・コピング
音楽：パトリック・フリン作曲、マイケル・カーロス編曲
録音：バリー・ブラウン

出演：ジャック・トンプソン（フォーリー）
マックス・カレン（ティム・キング）
ロバート・ブルーニング（トム・ウェスト）
ジェリー・トマス（バッシャー）
ピーター・カミンズ（アーサー・ブラック）
ジョン・ユアート（アグリー）
レグ・ライ（ガースじいさん）
リサ・ピアズ（シーラ）
製作会社：サウスオーストラリア映画公社
上映時間：九四分

『サンデー・トゥー・ファーラウェー』ジャック・トンプソン(フォーリー)
Courtesy of South Australian Film Corporation.

ストーリー

一九五六年、ちっぽけな田舎町のパブに、羊毛刈り職人のフォーリーがブリズベンから戻ってくる。フォーリーはgun shearerと称えられる、最速の毛刈りの腕を誇る職人だ。そのパブは、仕事を求めて各地を転々とする毛刈り職人たちを集める場所で、元毛刈り職人で今は職人手配師のティム・キングが、フォーリーを含めて約一〇人の職人を集め、彼らをドーソン氏の牧場へ案内する。

フォーリーはその腕と男っぷりから職人たちに一目置かれ、職人代表という立場につかされる。職人たちが毎日決まり切った毛刈りの仕事に従事する中で、牧場の料理人クィンが作る料理が不味いという不満が高まってくる。だがクィンは大きく粗暴な男で、世話人のティムも怖くて口が出せない。クィンが料理に過剰なレモン汁を入れるから料理が不味いということで、フォーリーは夜台所からそれを持ち出す。その途中牧場主ドーソン氏のかわいらしい娘シーラに見つかり、フォーリーは「他言しないかわりに毛刈りを見せてくれ」とせがまれる。翌朝、フォーリーは皆を代表してクィンに喧嘩を売り、見事ノックアウト。クィンを追い出し新しい料理人を迎えることに成功する。シーラは好奇心いっぱいで毛刈りを見に来るが、毛刈り中の職人たちの気迫に圧倒され、すごすごと毛刈り場を出ていく。

フォーリーはgun shearerとしての地位を、ニューサウスウェールズから来たよそ者で、寡黙な職人ブラックに脅かされている。二人は毎日、刈った羊の数を激しく競い合う。フォーリーと同室のガース爺さんは、若い頃はフォーリーのようにgun shearerだった男だが、今は老いぼれアルコールに溺れてあまり使いものにならない。フォーリーはガース爺さんと仲良くやっているが、ある日ガース爺さんはひっそりと死んでしまい、フォーリーは男泣きする。フォーリーはその晩よく眠れず、翌日ブラックに敗北する。

裁判所が毛刈り職人のボーナスをカットする決定を下したというニュースが、フォーリーたちの元にも飛び込んでくる。組合に属しているフォーリーたちは、ストライキに突入する。町でギャンブルをして遊ぶフォーリーたちの前に、牧場主に雇われた、組合に入っていない新たな職人たちが現れる。「スト破りをしないでくれ」と頼むフォーリーに彼らは耳を貸さず、ついにパブの中でフォーリーたちと乱闘になる。

解説

作品は七〇年代オーストラリア映画において重要なターニングポイントとなる。七〇年代前半の『ストーク』『バリー・マッケンジーの冒険』『アルヴィン・パープル』などのオッカーフィルムが、同時代の都市生活の中のオーストラリアニズムを荒唐無稽に戯画化したのに対して、一九七五年の『サンデー・トゥー・ファーラウェー』は、過去（五〇年代）の、ブッシュでの生活の中のオーストラリアニズムを活写している。六〇年代以前のオーストラリア映画には『俺たちの農場で』（一九二〇、一九三二）を代表に数多く見られたブッシュでの生活という題材が、七〇年代のオーストラリア映画のルネッサンスにおいて復活を遂げたことになる。『サンデー・トゥー・ファーラウェー』に続くようにして、七〇年代後半の作品は、ブッシュを（一部、又は全部）舞台にし、過去（主に一九世紀終わりから二〇世紀初頭）に時代を設定した一連の芸術映画が生まれている。『ピクニックａｔハンギングロック』『悪魔の遊び場』『ローラの歌』『わが青春の輝き』などである。『サンデー・トゥー・ファーラウェー』は七〇年代オーストラリア映画の中で、過去に目を向け、また映画の背景として無限の魅力に満ちたブッシュに再び目を向けた先駆けとして、非常に重要な役割も果たすことになった。それは、ブッシュを背景に生まれたオーストラリアの白人たちの神話を、七〇年代の言葉で、正史として書き留める作業である。

正史の最も基本的な部分を占めるのが「メイトシップ」という神話である。作品は、メイトシップが一体どんなものであるかを、てらいなくストレートに描き出そうとしている。それは、オーストラリアの伝統的メンタリティとしてのメイトシップを批判的に乗り越えようとしたり、より潜在的なものとして表面から見えなくしたりする八〇年代以降の作品とは異なる姿勢だが、メイトシップを論じるそのような後世の派生物の根幹部分に、『サンデー・トゥー・ファーラウェー』は存在していなくてはならない作品だと言える。

主人公フォーリーの行動体系に、メイトシップの諸相はすべて埋め込まれている。第一に、常に仲間同士のルールの下に行動し、「個人」としての行動はあまり見られない。例えば本来腕一本で食って行く過酷な運命を背負った流れ者の職人たちが、下手なコックの追い出しやストライキで見事な結束を示している。第二に、仲間以外の他者には明らかに排他的で、対抗意識をむき出しにした姿勢を見せる。これはスト破りの職人集団との抗争や、仲間内でもストに加わらないよそ者の職人ブラックに対する、gun shearer のメンツをかけたフォーリーの激しい競争意識などに見られる。第三に、メイトシップはあくまで男性だけによって築き上げられる。牧場主の娘シーラは、好奇心を持って男性たちの中に闖入してきても、まったく女性が入り込む隙が無いことに気付かされるのである。[1]

オーストラリア映画は一般的に、男女や夫婦の幸せな和合を殆ど描かないという不思議な特殊性があるが、メイトシップはこの異性間の断絶に少なからぬ影響を及ぼしている。フォーリーは、ガース爺さんが死んだときシーラの前で無防備に泣いてしまったところから見て、恐らくシーラにほのかな恋心を抱いているが、作品の中ではそこまでしか描かれておらず、彼の恋はたぶん成就することはないと思われる。なぜならフォーリーは、若いときに gun shearer だったというガース爺さんと同じような運命を辿ることが目に見えているからだ。フォーリーの予想に反してガース爺さんは結婚した経験があったが、二〇余年の結婚生活で夫婦が過ごした時間はわずか三年。各地を転々と渡り歩く毛刈り職人にとって、女性と幸せな家庭を築くのは殆ど不可能なことなのだ。ガース爺さんやフォーリーという、メイトシップ神話の登場人物たちは、このように異性を遠ざけ、同性とのみ連帯し、そして死んでいく運命にある。これが、性をめぐるメイトシップの一つの側面であることを、彼らのエピソードは象徴している。

『サンデー・トゥー・ファーラウェー』は、また別な神話も物語る。Neil Rattigan が一つ重要な指摘をしている。フォーリーは結局羊の毛刈り競争でブラックに敗れ去るが、オーストラリア文化におけるヒーローたちは、フォーリーのように常に敗者だというのである。[2] 確かに、ブッシュレンジャー（山賊）のネッド・ケリーや英雄モラントは捕まって処刑され、稀代の競走馬ファー・ラップは毒殺され、第一次大戦のアンザック軍団はガリポリで壊滅する。この、常に何か強いものに敗れ去るというイメージが、オーストラリア文化を貫いている。それはオーストラリアという国そのものに投射されているイメージに他ならない。アメリカのように力強いフロンティアスピリットをもって辺境を征服していく歴史と違い、オーストラリアは外国から蹂躙されることに怯え、辺境であるブッシュから復讐されることに怯えて来た。英雄は常に敗れる運命にあり、だからこそ人々は団結し、困難に対処しなければならない。ここにこそ、メイトシップを成立させることになった土壌があるのである。

ケン・ハナム監督はオーストラリア映画界では変わったスタンスを持つ人で、オーストラリアで役者やテレビの脚本演出などをしたあと一九六八年にイギリスに移住し、劇場用映画を撮るためにオーストラリアに一時帰国するという形を七〇年代、八〇年代を通して続けた。『サンデー・トゥー・ファーラウェー』はハナムにとって最初の劇場用映画で、その後アンザックの兵士を主人公にした『夜明け』（一九七六）をはじめ『サマーフィールド』（一九七七）『あけぼの』（一九七九）などいくつかの作品を監督したが、映画史に残る重要な作品はない。近年はイギリスのテレビドラマの監督に専念しているという。

腕も良く男だても良い毛刈り職人のフォーリーを演じたのは、今日オーストラリア映画における重鎮の一人に数えられるジャック・トンプソンである。トンプソンは一九七〇年に脇役で映画デビューした後、一九七三年『リビドー』というオムニバスに収録されたフレッド・スケプシ監督の短編『家庭人』、一九七四年のティム・バーストル監督『ピータスン』と立て続けに主演を演じ、その後この映画に出演した。作品のヒットによって、ブッシュマン、オッカーとしてのトンプソンのイメージは、その後しばらく定着することになる。頼りない手配師のティム・キングを演じたのは、やはり今日でもオーストラリア映画のなじみの顔になっているマックス・カレンで、大島渚『戦場のメリークリスマス』など世界的な映画に進出したトンプソンとは対照的に、七〇、八〇、九〇年代を通してオーストラリア映画に顔を出し続け、一九九五年の『ビリーの休日』では主演もつとめた。

　作品は、一九七二年に、サウスオーストラリア州首相ドン・ダンスタンによって設立された サウスオーストラリア映画公社（ＳＡＦＣ）が初めて製作した映画である。一九七五年アデレードでの封切りに続いて全国で公開され、優れた興行成績を示し、総利益一三五万六千豪ドルを得たが、これはオーストラリア映画歴代六二位に当たる（一九九六年現在）。作品の評価も非常に高く、一九七五年のカンヌ映画祭の監督週間で上映されたのを始め、同年のシドニー映画祭のオープニングを飾り、いくつかの海外の映画祭にも出品された。一九七四・五年度のＡＦＩ賞では、最優秀作品、主演男優、助演男優を獲得した。

「Sunday Too Far Away」というタイトルは、「夫は金曜の夜は疲れ果て、土曜の夜は酔っぱらい、日曜は次の牧場への移動のためにさらに遠くへ行ってしまう」という、毛刈り職人の妻の嘆きの歌から来ている。

(1) Enker, Debi. 'Australia and the Australians', in S. Murray (ed), *Australian Cinema* (Allen & Unwin, 1994) pp. 211-25. 参照。

(2) Rattigan, Neil. *Images of Australia.* (SMU, 1991) p. 299.

キャディー
Caddie 1976

監督：ドナルド・クロンビー
製作：アンソニー・バックリー
脚本：ジョーン・ロング
原作：匿名の自伝『キャディー』より
撮影：ピーター・ジェームズ
編集：ティム・ウェルバーン
美術：オーエン・ウィリアムズ
衣装：ジュディス・ドースマン
音楽：パトリック・フリン
録音：デズ・ボウン
出演：ヘレン・モース（キャディー）
ターキス・エマニュエル（ピーター）
ジャック・トンプソン（テッド）
ジャッキー・ウィーヴァー（ジョシー）
メリッサ・ジャファー（レズリー）
ロン・ブランチャド（ビル）
ドゥルー・フォーサイス（ソニー）
キリーリ・ノーラン（エスター）
リネット・カラン（モーディ）
ジューン・ソルタ（ミセス・マークス）
ジョン・ユアート（パディ・ライリー）
製作会社：アンソニー・バックリー・プロダクションズ
上映時間：一〇三分

『キャディー』ヘレン・モース(キャディー)とジャッキー・ウィーヴァー(ジョシー)

ストーリー

一九二五年、シドニー。ある裕福な家庭で、夫の浮気から夫婦仲が冷え込み、妻は二人の幼子を抱えて家を出る。パブのバーテンの仕事を手に入れ、うらぶれたアパートで、親子三人の暮らしが始まる。慌ただしいパブの仕事はとまどうことが多かったが、同僚の助けで、なんとか慣れてくる。ある日、競馬の賭元をやっているテッドがパブを訪れ、彼女を見初める。テッドは自分の美しく気品ある新車キャディラックにちなんで彼女を「キャディー」と名付け、それが彼女のその後の名前になる。テッドに口説かれ、強引に誘い出されたダンスパーティーで、テッドの女たちがキャディーを取り囲み「彼と別れろ」と迫る。キャディーは怒って立ち去り、それでテッドとの関係は終わる。

数年後、キャディーは別のパブで働いている。ある日彼女はギリシャから妻を捨て移民してきたばかりの実業家ピーターと出会う。二人は愛し合うようになり、幸せな日々が続く。ピーターはキャディーにバーテンの仕事を辞めろと言うが、キャディーは怒って従わない。そんな時、ギリシャにいるピーターの父が病に倒れたと連絡が入り、ピーターはギリシャに帰らなければならなくなる。キャディーは彼がギリシャの元の妻とよりを戻すのではないかと危惧するが、しかたなく彼を送り出す。

二年後、シドニーは大恐慌に見舞われている。キャディーは職を求め街を駆け回るが、徒労に終わり、家賃も払うことが出来ない。やがてキャディーは病気になってしまう。そんな時、親切な兎肉売りのビル、ソニー兄弟がキャディー親子を助け、彼らは共同生活を始める。キャディーは再びバーテンの仕事に就くことが出来、またそこで競馬の掛け金を集める仕事も貰い、生活は上向く。ソニーはキャディーに想いを寄せるが、キャディーは友情を大切にしたいと言う。

ある日キャディーは、ギリシャのピーターから、子供たちを連れてギリシャに来てくれという手紙を受ける。キャディーは大喜びするが、自分の離婚に関して、法的に子供を連れていくことが出来ないことを知り、落胆する。だがそれも、子供たちの笑顔によって慰められる。

解説

一九五三年、オーストラリアの女性作家ディンフナ・キューサック（一九〇二—八一）が、ある女性が匿名で書いた自叙伝を編集し、『シドニーのバーメイド、キャディー』と題して出版した。著名な作家の手を経たとは言えこの名も知れぬ女性の自叙伝が、二三年後、映画化されることになる。後に『旅の活動屋』の脚本や『愛をゆずった女』の製作を担当した女性脚本家ジョーン・ロングが、彼女にとっての初めての劇場用脚本として、その自伝を脚色した。まだオーストラリア映画が産業として確立していなかった時代、製作者たちは女性雑誌ウィメンズ・ウィークリーやテレビ局ネットワーク９、そして国際女性年事務局などから資金をかき集め、四〇万豪ドルに満たない低予算で作品は完成された。だが今日シドニーのアートハウス系映画館の一つであるグレーターユニオン・ピットセンターのこけら落としとして公開されるや、作品は大きな人気を集め、それまでオーストラリア映画最大のヒットであった『アルヴィン・パープル』（一九七三）に次ぐ高収益をあげた。

『キャディー』は、一九七六年の作品であるにもかかわらず、オーストラリアではすでに「クラッシック」としての地位を得ている。これはオーストラリア以外の国の映画では、ちょっと起こりえないことではないだろうか。他に『キャディー』と同じような地位を得ている作品と言えば、一九七五年のケン・ハナム監督『サンデー・トゥー・ファーラウェー』だろう。なぜこの二つの作品がオーストラリアでそのように捉えられるかと言えば、それらは共に、オーストラリア映画復興以降初めて、オーストラリア人が心に描く「国の原風景」を、映画を通して再現したものだからだ。『サンデー・トゥー・ファーラウェー』の、果てしなく広がる牧場の一角、羊毛狩り職人の集う小屋が、まさにオーストラリアの文化的アイコンとも言える原風景の一つだとすれば、『キャディー』に描かれている二〇年代から三〇年代にかけてのシドニーは、オーストラリアの都市生活者にとっての原風景と言える。パブに群がりビールを流し込む労働者の群、博打好きな国民性を反映して幅を利かせる競馬の賭元たち、大恐慌の最中にあっても互いに助け合っていこうとする人々の友愛（メイトシップ）。こうした、オーストラリア人自身がまさに「古き良きオーストラリア」の姿に他ならないと感じる多くの要素が、『キャディー』には盛り込まれている。この映画以降今日に至るまで、オーストラリアの都市を舞台にした物語は無数に紡ぎだされていくことになるが、オーストラリア映画再生の先頭を切って、一番最初に「正史」としてのオーストラリアの都市生活が記述されたという意味で、この映画は記念すべき作品といえるし、「クラッシック」の名にも値するのである。さらにこの作品のオーストラリア的なものへのこだわりを、公開当時の観客も敏感に感じ取ったらしい。例えばある映画評では、『キャディー』やその他の共演者は本物のオーストラリア女性の姿を描き出しており、アクセントやイントネーションも完全に正確である」と書かれていた。[1] このように、オーストラリアの劇場がアメリカ映画に席巻されて画面の上にオーストラリア人が映し出されること自体が珍しかった時代、『キャディー』の描き出したオーストラリアの原風景は、大きなインパクトを持って自国の観客に迎えられたことは想像に難くない。

　ドナルド・クロンビー監督は、ＮＩＤＡの製作コースの一期生で、一九六三年に国営映画会社コモンウェルス・フィルム・ユニット（現在のフィルム・オーストラリア）に入社してからドキュメンタリーを撮り始め、脚本のジョーン・ロング、製作のアンソニー・バックリーと共にプロダクションを設立。その最初の映画である『キャディー』は、クロンビーの劇場用映画第一作でもある。その後、『キャシーの子供』（一九七九）、フィリップ・ノイスの『ヒートウェーブ』と同じ事件を扱った『エンジェル・ストリートの殺人』（一九八一）などの佳作があるが、一九八六年以降、劇場用映画からは遠ざかっている。

良家の奥さんから酒場の女に転身し、女手一つで子供を育てていくために、キャディーはどんどんたくましさを増していくが、その変化をヘレン・モースが非常に巧みに演じている。ヘレン・モースは、六五年にＮＩＤＡを卒業した後『ピクニックａｔハンギングロック』（一九七五）『ピータスン』（一九七四）ジョン・ダイガン監督『ファー・イースト』（一九八二）など、七〇年代から八〇年代初頭にかけての重要なオーストラリア映画に出演した。が、その後は活動の中心を舞台に移し、メルボルンシアターカンパニーやシドニーシアターカンパニーなどの大劇団から地方の小規模劇団までまんべんなく出演し、その精力的な活動から今日では舞台女優として名声が聞こえている。彼女は『キャディー』でＡＦＩ賞主演女優賞を獲得した。

（1）*National Times*, April. (1976)

悪魔の遊び場
The Devil's Playground　1976

監督・製作・脚本：フレッド・スケプシ
撮影：イアン・ベイカー
編集：ブライアン・カヴァナ
美術：トレヴァー・リング
音楽：ブルース・スミートン
録音：ドン・コノリー
出演：アーサー・ディグナム（ブラザー・フランシスン）
ニック・テイト（ブラザー・ヴィクター）
サイモン・バーク（トム・アレン）
チャールズ・マコーラム（ブラザー・セバスティアン）
ジョン・フローリー（ブラザー・シリアン）
ジョナサン・ハーディー（ブラザー・アーノルド）
ジェリー・ダッガン（ブラザー・ハンラハン）
ピーター・コックス（ブラザー・ジャームズ）
ジョン・ディードリック（フィッツ）
トマス・キニーリー（ファーザー・マーシャル）
製作会社：フィルム・ハウス
上映時間：一〇七分

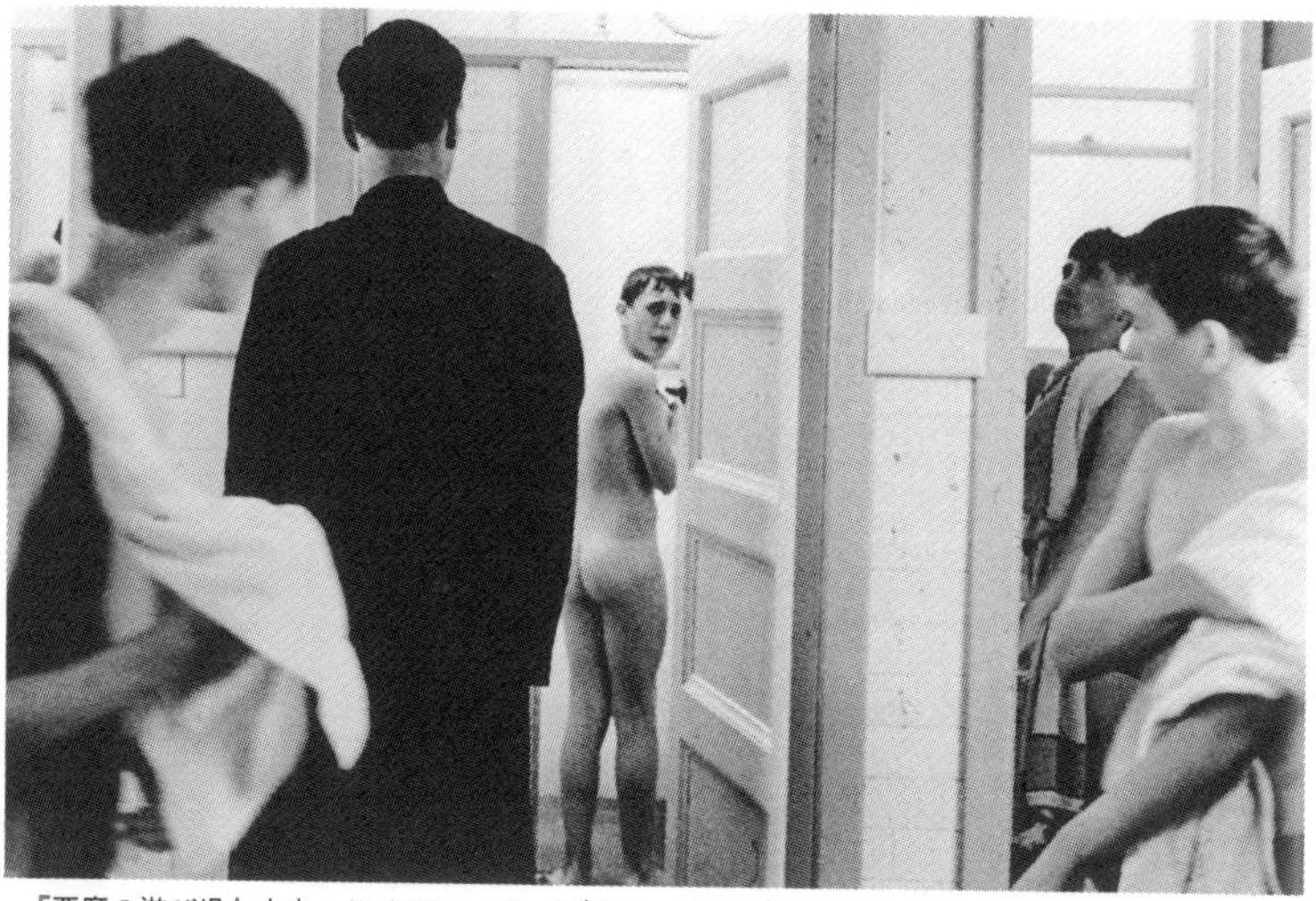
『悪魔の遊び場』中央：サイモン・バーク(トム・アレン)

ストーリー

一九五三年八月。メルボルン近郊の、全寮制カソリック神学校。一三歳の少年トム・アレンは一年生だが、成長の過渡期で、夜尿症に悩まされると同時に、自慰も覚えている。学校は修道僧の教師たちが厳しい規則で生徒たちを縛りつける息苦しい場所で、自己の肉体を「汚れたもの」で「悪魔の遊び場」であると教え、生徒たちに肉体に関する戒めをも強いていた。

ある日友人に、「肉体をコントロールする方法がある」と誘われて行った場所で、トムは生徒たちが裸でサドマゾ行為を行っているのを目撃。こうしてトムは、生徒たちの間に狂信的な秘密組織が存在していることを知る。

学校が休みとなりトムは家族と共に休暇に出かけ、彼はそこで知り合った少女とほのかな恋をする。二人は別れ別れになっても手紙をやりとりしようと誓うが、トムは学校が私信さえ検閲するのを思い出し、従兄のふりをして手紙を書こうという。だが、学校に戻ってトムが書いた手紙はたちまち教師たちの目に留まり、書き直しを命じられる。

一方、神学校の戒律は、修道僧の教師たちをも圧迫している。教師たちは休暇中に学校の外の世界をかいま見るが、ある教師はプールで若い女性たちの半裸の肉体に圧倒され、その裸体の群は夢にまで出てきて彼を苦しめる。またある教師は欲望にまかせて酒場で女性と親しくなろうとし、途中で自分の行為を恐れ、狼狽して逃げ出す。

ある日、トムの友人である秘密組織のリーダーが、肉体を超越したことを証明するために、湖を歩いて渡ろうとして溺れる。これによって組織の存在が教師たちにも明らかになる。教師たちの中には、生徒をここまで歪めたのは、まるで中世の修道院のように抑圧的な規則のせいだという声が挙がる。トムは学校と、教師たちのいう神に非常な疑問を感じ、ついに学校を逃げ出す。

解説

『悪魔の遊び場』は、ピーター・ウィアー監督の『ピクニックａｔハンギングロック』と共に、七〇年代オーストラリアの芸術映画の双璧をなしている。トム役のサイモン・バーク、煩悩に苦しむ修道僧教師役のアーサー・ディグナムの演技の素晴らしさと共に、優れた映像表現が、この作品の評価を高めている。鮮烈な印象を残す映像は、何気ない場面の中に多く含まれている。まず、特に印象深いのが繰り返し挿入されるいくつかの場面だ。トムが冷え冷えとしたバスルームで一人寝具を洗っている場面が何度も出てくるが、それは彼が夜尿症に悩んでいることを、多言を要することなく表現している。そしてトムが授業に遅れまいとして、学校の廊下を駆け、階段を昇降する場面も繰り返される。これはカメラが階上と階下をしきる床をすり抜けて、昇降するトムの姿を追っていくという、驚くべきアイディアで撮影されているが、学校の厳粛な時間の流れに必死に追いつこうとして駆けずり回る少年トム、という印象を観る者の心に焼き付ける。その他のカメラワークも秀逸である。トムと友達が屈託無く談笑している場面で、クローズアップされる彼らの落ち着きのない指先や足下からは、一〇代の少年の発する生き生きとした精気が漏れてくるような印象がある。自慰や同性愛やサドマゾなどのきわどい要素は、殆ど何も見えない暗がりの中で進行し、興味本位の下世話な視点からは一線を画している。

　フレッド・スケプシ監督は、自身が聖職者になるべくカソリック神学校に進んで入学し、やがて幻滅して脱走した経験を持つ[1]。したがって『悪魔の遊び場』は、スケプシの半自叙伝的な性格を持っていると言われている。この作品はスケプシにとって劇場公開用映画第二作目に当たるが、彼の一作目、『リビドー』というオムニバス映画に収録されている『牧師』という作品でも、修道女に対する性的欲望を抱く神父の葛藤という題材が用いられている。スケプシとしては『牧師』『悪魔の遊び場』という最初の二作品で、自分とカソリックとの接点を検証したかったのだろう。だが、『悪魔の遊び場』がスケプシの全く個人的な歴史の開陳に過ぎないと考えるのは早計に過ぎる。『悪魔の遊び場』撮影中の一九七五年、シドニーの小劇場、ニムロッド劇場では、劇作家ロン・ブレア作の一人芝居『クリスチャン・ブラザーズ校』が初演されていた。この芝居は、カソリック神学校の修道僧教師が、文学と歴史を教えながら、自慰やみだらな雑誌を見るのを戒め、地獄の責め苦を説く。神学校の教育がいかに時代遅れで、現代においてぐらつきかけているかが、この芝居の主題である。メルボルンで活動していたスケプシがシドニーのこの芝居を見たかどうかはともかく、まったく同時代にこの芝居と『悪魔の遊び場』が劇場と映画館の観客にそれぞれ受け入れられたということは、カソリック教育批判の土壌がすでにオーストラリア社会に出来上がっていたことを意味する。両作品が舞台とするのが共に五〇年代で、その時代にはオーストラリアのカソリックの家の師弟が殆どこのような神学校で学んでいたという事実を考えれば、両作品は共に五〇年代から七〇年代の間に起こった大きな変化を、七〇年代の観客に感じさせたはずである。

　我々が『悪魔の遊び場』を観ていて、ちょっと意外な発見があるとしたら、それはトムを暖かく励ますマーシャル神父の役で、トマス・キニーリーが出演していることだろう。キニーリーは作家で、九〇年代にはテレビ討論などにも良く顔を出す、今日のオーストラリアの文化人の代表格のような人物になっている。日本では、スティーヴン・スピルバーグ監督『シンドラーのリスト』の原作者として知られているのかも知れない。なぜキニーリーが『悪魔の遊び場』に「俳優」として顔を出しているかと言えば、彼はスケプシの監督としての初期のキャリアにおける重要な協力者だったからだ。『牧師』の原作を担当したのもキニーリーだったし、『悪魔の遊び場』に続くスケプシの初期オーストラリア時代最後の作品『虐殺の儀式』（一九七八）は、キニーリーの小説『ジミー・ブラックスミスの唄』（一九七二）を映画化したものである。このように、スケプシが監督として頭角を現すのには、トマス・キニーリーというオーストラリア屈指の小説家から協力を得るという大きな幸運があったことも事実である。ちなみにキニーリーは、スケプシのこれらの作品に関わった以外は、オーストラリア映画では『愛をゆずった女』の脚本を共同執筆したのみである。

『悪魔の遊び場』は三〇万豪ドルの予算で製作され、スケプシ自身が配給を手配した。公開されると評価は高く、カンヌ映画祭の監督週間に上映されたほか、シドニー映画祭の人気投票一位となり、またＡＦＩ賞では最優秀作品、監督、主演男優、撮影、脚本賞を受賞した。

本作は、一九二八年に公開されたオーストラリア最後のサイレント映画とされる同名の『悪魔の遊び場』The Devil's **Playground**とは、内容的に何の関わりもない。

（1）Sue Mathews. *35mm Dreams.* (Penguin, 1984) pp. 35–40.

ドンのパーティー
Don's Party　1976

監督：ブルース・ベレスフォード
製作：フィリップ・アダムズ
脚本・原作：デヴィッド・ウィリアムソン
撮影：ドン・マカルパイン
編集：ウィリアム・アンダーソン
録音：デズ・ボウン
出演：レイ・バレット（マル）
　　クレア・ビニー（スーザン）
　　パット・ビショップ（ジェニー）
　　グレアム・ブランデル（サイモン）
　　ジーニ・ドライナン（キャス）
　　ジョン・ゴートン（本人）
　　ジョン・ハーグリーヴズ（ドン）
　　ハロルド・ホプキンズ（クーリー）
　　グレアム・ケネディ（マック）
　　ヴェロニカ・ラング（ジョディ）
　　キャンディ・レイモンド（ケリー）
　　キット・テイラー（エヴァン）
製作会社：ダブルヘッド・プロダクションズ
上映時間　九〇分

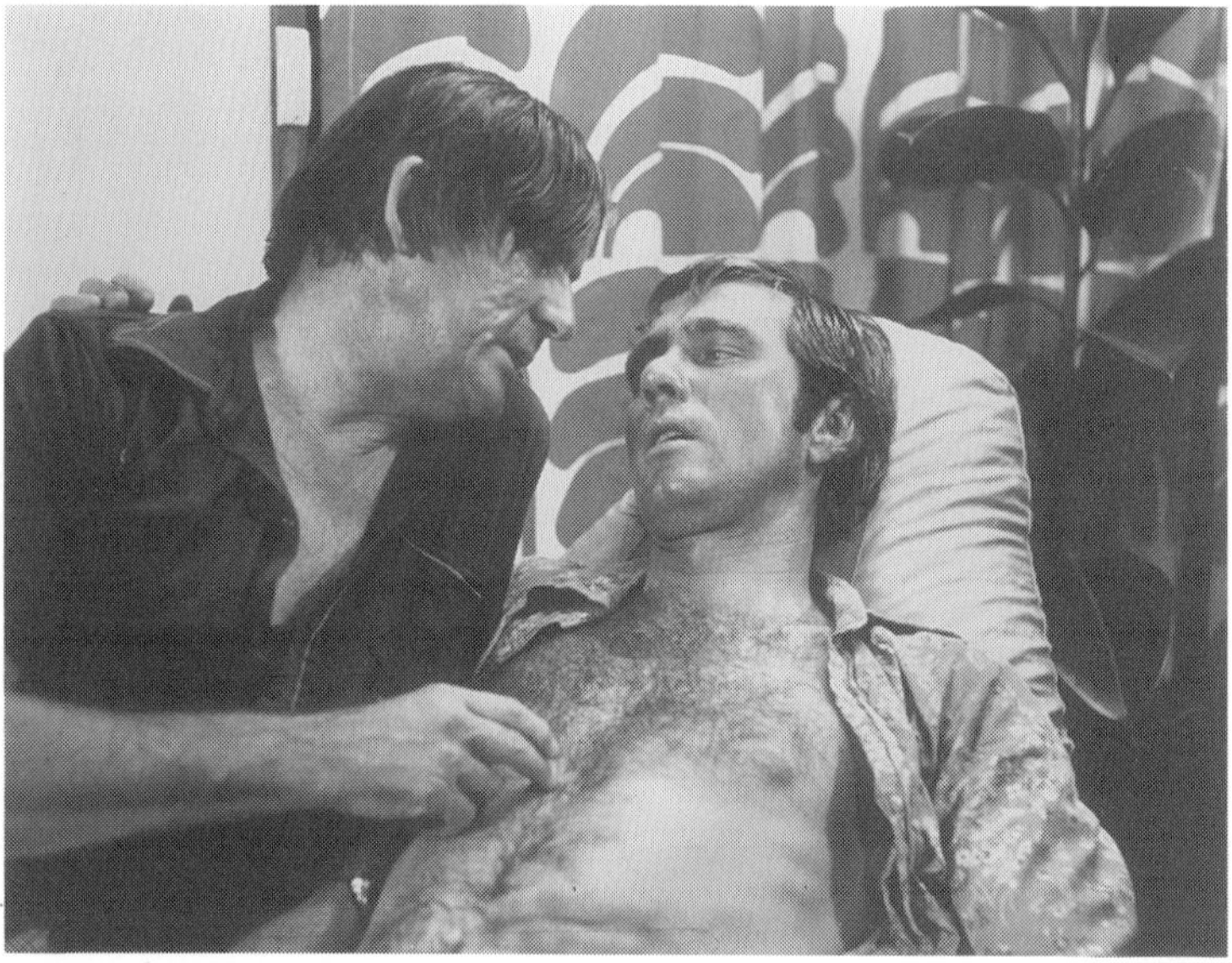

『ドンのパーティー』レイ・バレット(マル)とジョン・ハーグリーヴズ(ドン)

ストーリー

一九六九年一〇月二五日の総選挙の日。世間ではゴフ・ホイットラムが自由党率いるジョン・ゴートンを破って、二〇年ぶりの労働党政権を樹立しそうだという予測が広まっていた。三〇代の学校教師、ドン・ヘンダーソンは、労働党の勝利を確信、それを祝って妻キャスと自宅でパーティを開く。三々五々、招待客が現れる。会計士のサイモンとその妻ジョディ。彼らは保守派で、労働党シンパのドンたちとは異質である。次にマック。彼は妻と別れたと言い、一人でビールのジョッキを首からぶら下げて登場する。さらに経営コンサルタントのマルとその妻ジェニー。歯科医のエヴァンと芸術好きの妻ケリー。そして最後に、女ったらしの弁護士クーリーとそのセクシーなガールフレンド、スーザン。彼らは余興として、一組一点ずつ、ポルノ写真やポルノ絵画を持参してドンの家に上がる。だが、選挙はふたを開けて見れば労働党の敗色が濃い。ドンたちは落胆し、パーティーはやけ酒が入ってどんどんめちゃくちゃになっていく。まずスーザンがドンを誘惑。二人は庭先で激しく抱擁を始める。マルに口説かれていたエヴァンの妻ケリーは、それを袖にしてクーリーとベッドイン。自宅に残した赤ん坊を心配して帰宅したサイモンを横目に、その妻ジョディはマックと寝室に入る。途中で帰宅したエヴァンは思い直してドンの家に舞い戻り、クーリーとケリーがベッドインしているのを見て激怒、つかみ合いになる。らんちき騒ぎは夜更けまで続き、ドンの妻キャスは、ベロベロになってマルとスワッピングの相談をする夫に怒りを爆発させる。

翌朝、結局選挙は労働党敗北に終わり、ドンは呆けたように力無く、昨夜の騒ぎの後かたづけをする。

解説

『ドンのパーティー』は、『ストーク』『引っ越し屋』に続く、劇作家デヴィッド・ウィリアムソンの戯曲を原作とした三本目の映画である。原作の戯曲は一九七一年にメルボルンの小劇場プラムファクトリーで、演劇集団オーストラリアン・パフォーミング・グループによって初演され、その後は豪州各地、ついにはロンドン公演さえ果たした。今日、ウィリアムソンの数ある戯曲の中でも、もっとも頻繁に舞台にかけられる名作といえる。映画版はロンドン公演の好評もあって、当初イギリスの監督ジャック・リーが映画化権を獲得したが、その後、ブルース・ベレスフォードが監督に選ばれた。ベレスフォードにとっては、出世作『バリー・マッケンジーの冒険』とその続編の後に、オーストラリアで撮る初めての映画であった。

『ドンのパーティー』は、『バリー・マッケンジーの冒険』と同じく、七〇年代前半のオーストラリア映画を風靡したオッカーフィルムの系譜を継ぐものである。ただ、そもそもオッカーという言葉は、オーストラリアにおける労働者階級の男性の、下品で粗野な性向を揶揄する言葉であるのに、『ドンのパーティー』に、そのような階層は出てこない。登場人物は、会計士、弁護士、元大学教授の経営コンサルタント、高校教師、歯科医と、その妻やガールフレンドたちだけである。結局、この作品がオーストラリアの観客にもたらしたインパクトは、中流階級、そして労働党シンパのインテリ階層でさえ、オーストラリアでは、救いようのないほどの下品で、セックスに乱れていて、飲んだくれで、紛れもない「オッカー」なのだ、という事実である。これまで焦点の当てられていなかった階層の「オッカー性」を描き出したという意味で、『ドンのパーティー』は、オッカーフィルムとしての新機軸と言ってよく、また、観る者はそのオーストラリア人の中流階級像に迫真のリアルさを感じているからこそ、舞台・映画ともに、作品は大きな人気を呼んだのである。これはひとえにウィリアムソンの原作、及び台本の功績に負うところが大きいだろう。ウィリアムソンはオーストラリアにおける各階層の人々の滑稽な、そして真実の姿を赤裸々に描くこと、また、とくに自らが属する大学出の中流階級からの視点を中心に据え、それ以外の階層とのせめぎ合いの有様を描くことに関して、卓越した才能を示した作家である。例えば、『ドンのパーティー』台本執筆以前に脚本を書いたティム・バーストル監督『ピータスン』（一九七四）（これには戯曲の原作はない）でも、電気屋の男とエリート大学講師の女という異なる階層の間での愛欲の破綻を描いた物語の中に、ウィリアムソンの「オーストラリアにおける階層の諸相を描く」という一貫したテーマが、色濃く表れているのである。

さて、『ドンのパーティー』においてさらに興味深いのが、セックスにまつわる要素である。ベレスフォードの前作『バリー・マッケンジーの冒険』では、「オッカー」のヒーロー、マッケンジーは、退廃したイギリス人と比べて、野暮で品はないが、性的なことも含めて極めてイノセントな存在として描かれていた。だが、『ドンのパーティー』で目に付くのは、「中流階級」のオッカーたちの好色性である。ここには、ティム・バーストル監督『アルヴィン・パープル』を代表格に、やはり七〇年代オーストラリア映画の主流としてあった、一連のセックスコメディの影響が見て取れる。次から次へと女性に言い寄られて断れない気弱な男アルヴィンをグレアム・ブランデル（面白いことに『ドンのパーティー』では、一人保守的な気質の持ち主である会計士サイモンを演じている）が演じた『アルヴィン・パープル』（一九七三）は、続編・続々編、そして公営のＡＢＣ放送のテレビドラマが製作されるなど、七〇年代前半のオーストラリア映画最大のヒット作となっていた。いくつかのスワッピングをめぐるドタバタや、ほぼ原作戯曲に忠実な中にあって新たに付け加えられた、男たちが若い女を裸にしてプールに投げ込み戯れるシーンなど、多分にそれまでオーストラリア映画が培ってきたセックスコメディの要素が盛り込まれている。いわば、『ドンのパーティー』は、セックスとオッカーイズムという当時流行の二つの要素を巧妙に融合させたもので、七〇年代前半のオーストラリア映画における最高の到達点を示しているのである。

映画は、ほとんど全編において、ドンの一軒家を舞台にした室内劇で、その点極めて原作戯曲と近い構造を持っている。脚本も、他のウィリアムソン戯曲の映画化作品『引っ越し屋』（一九七五）などと同様、かなりの部分で原作のかたちをとどめている。出演キャストも、演劇の舞台と、極めて近い関係にある。前述した、サイモン役のグレアム・ブランデルは、『ドンのパーティー』原作戯曲の初演舞台を演出した人物でもあった。また、その他の映画版のキャストも何人かが、繰り返し再演されたこの人気舞台のいずれかに出演していた役者たちだった。レイ・バレットは一九七五年に帰国するまでロンドン・ウェストエンドで活躍していた舞台俳優で、『ドンのパーティー』ロンドン公演で弁護士役を演じたが、映画では経営コンサルタント役に変わった。パット・ビショップは、一九七二年六月二〇日のシドニー初演の舞台で、映画と同じキャスの役を演じている。ヴェロニカ・ロングは、ロンドン公演で、映画と同じくジョディを演じている。

　映画は興行的に非常に成功をおさめた。今日でもオーストラリアのＴＶで頻繁に放映される。一九九八年には、オーストラリアの人気ロックバンドYOU AM Iがそのビデオクリップで映画版『ドンのパーティー』のパロディ、というよりかなり忠実な再現映像を製作した。これをみても、オーストラリアのサブカルチャーの中でこの作品が重要な位置を占めていることが分かる。

少年と海
Storm Boy　1976

監督：ヘンリ・サフラン
製作：マット・キャロル
脚本：ソニア・ボーグ
原作：コリン・スィール
撮影：ジェフ・バートン
編集：G・ターニー＝スミス
美術：デヴィッド・コピング
音楽：マイケル・カーロス
録音：ケン・ハモンド
出演：ピーター・カミンズ（トム）
　グレッグ・ロウ（マイケル）
　デヴィッド・ガルピリル（フィッシュボーン・ビル）
　ジュディ・ディック（ウォーカー先生）
　トニー・アリソン（警備隊員）
　マイケル・ムーディ（船長）
　グレアム・ダウ（エドワーズ）
　フランク・フォスター＝ブラウン（リンチ）
　エリック・マック（ジョーンズ）
　マイケル・コールフィールド、ポール・スミス（ハンターたち）
　ヘドリー・カレン（マリーナの管理人）
製作会社：サウスオーストラリア映画公社
上映時間：八七分

『少年と海』グレッグ・ロウ(マイケル)とミスター・パーシヴァル

ストーリー

サウスオーストラリア州の国立公園クーロング海岸に、一〇才のマイケルは漁業を営む父トムと二人で暮らしている。

ある日マイケルは、野生保護区にハンターたちが侵入し、一羽のペリカンを撃ち殺すのを目撃する。ハンターたちは、ここに一人で住むアボリジニの青年フィンガーボーンに銃で威嚇されて退散。マイケルは、フィンガーボーンと友達になり、二人は殺されたペリカンの三羽の雛を発見する。マイケルは雛たちにそれぞれ名前を付け、父と住む小屋で育てることにする。

マイケルたちが住む小屋には、町の小学校の女性教師が訪ねてきて、何も教育を受けていないマイケルを就学させるべきだとトムに説得するが、トムは頑として聞き入れない。程なくペリカンは成長した。トムの命令に従って、マイケルは渋々三羽を野性に返すべく、野に放つ。だがそのうちの一羽「ミスター・パーシヴァル」だけはマイケルのところに戻ってきてしまい、再び一緒に暮らすことになる。

マイケルを通じてフィンガーボーンと知り合いになったトムは、フィンガーボーンに「マイケルには母は死んだと言っているが、本当は別れただけだ」と語る。こっそりこれを聞いてしまったマイケルは衝撃を受け、家出して町の小学校へ行き、女性教師に保護される。トムとフィンガーボーンは、マイケルを海岸へ連れ戻す。

その日海は荒れ、一艘の漁船が沈みかける。海岸で見守るトムとマイケルは、救命綱の先を「ミスター・パーシヴァル」に漁船まで運ばせることを思いつき、「パージヴァル」はみごとにその任を遂行、漁船の釣り人たちは無事救助される。

だがその後「パーシヴァル」はハンターによって射殺されてしまう。フィンガーボーンは、マイケルに新しいペリカンの雛を見せ、生命はずっと続いていくのだということを教える。トムは、マイケルを学校に入学させるため、海岸を離れ町に出ようと決心する。

解説

サウスオーストラリアの作家コリン・スイールが一九六三年に発表した小説『ストーム・ボーイ』Storm Boyは、児童文学の不朽の名作として、オーストラリアにおいて今日もなお愛されている（例えばオーストラリア映画作品の中でもその証拠はすぐ見つかる。『辺境に住む人々』に出てくる少年は、この『ストーム・ボーイ』を愛読している）。それを映画化した本作『少年と海』もまた、モスクワ映画祭を始め数々の国際的な映画賞を受賞した優れた児童映画として、原作にまさるとも劣らない高い評価を受けている。

日本の子供向け動物・自然映画のたぐいは、とかく不必要に饒舌になりがちなものだ。だがこの「少年と海」はまったく対照的に、素朴でシンプルな語り口で自然と動物と人間のつながりを感動的に描いていく。人気のない自然保護区クーロング海岸の、朝な夕なの映像の美しさは圧倒的で、観る者はまずこの景色に引き込まれる。そこには下世話なドラマなど入り込む余地はない。もちろん、いなくなった母を追い求める子供、それをなすすべなく見守る父、というドラマは存在するが、極端に刈り込まれたセリフのおかげで、全く鼻につくことがない。思うに、この作品が撮られた七〇年代半ばは、一度死滅したオーストラリア映画界が再生した時期でもある。まさにオーストラリア映画にとっては、過去からの遺産の何もない荒れ野の中を、一歩一歩暗中模索しながら「自国の映画」を創造していかなければならない時代だった。日本を含め他の国において、映画作品の伝統が蓄えてきたドラマの鋳型のようなものを、まだオーストラリア映画が持ち合わせてもいない時代だったからこそ、このように純粋に自然に感動し、自然を慈しめるような映像が生まれえたのではないかというような気がする。

　この作品はまた、高度に教育的な映画でもある。まず注目されるのが、七〇年代半ばという時代から考えれば先進的な「環境意識」が、子供に分かりやすいかたちでちりばめられていることである。鳥を撃つハンターや浜辺をジープで乗り回す若者たちが、自然を破壊する者として、悪い人間の見本のように描かれる。そして嵐にあって遭難しかかった釣り人たちも、出航前にビールの缶を放ったりして美しい海を汚している。自然環境を守るためのマナーを教える教訓的なエピソードが無理なく差し挟まれているところが、児童映画としての作品の非常に優れたところである。

　もう一つ、アボリジニに対するエピソードにも、教育的な配慮がある。部族の掟を破ったためにここまで逃れ、一人で岸辺に暮らしているという謎めいたアボリジニ青年フィンガーボーンは、真っ先にマイケルの友達となり、マイケルに自然の法則について教える。彼は銃を手にクーロングの自然を守っているだけではなく、もっと神秘的な力をもって自然と通底していることも分かってくる。このフィンガーボーンの、子供に近い心を持つイノセントさと、自然と人間をつなぐものとしての役割は、一つのアボリジニ像として後のオーストラリア映画に長く受け継がれている。作品の中では随所にアボリジニの歌謡、装束、伝説などが提示され、観る者にアボリジニ文化に対する理解と敬意が育まれるように配慮がなされている。アボリジニのイメージはすでに、例えばオーストラリア映画停滞期以前のチャールズ・ショーヴェル監督『ジェダ』（一九五五）に見られるような、野蛮と未開がもたらす悲劇を体現する存在からは大きく様変わりしているのである。

　さらにこの作品で興味深いのは、ペリカン「ミスター・パーシヴァル」が、釣り人を救うという大活躍をしたのに、その後あえなくハンターに撃ち殺されてしまうという結末である。マイケルは、生き物は必ず死に、しかし同時に新たな生命を育んでいくという自然の法則を学び、愛する動物の死を乗り越えて精神的に成長していく。ここにあるのは、ただ動物を人形のように愛玩するのではなく、必ずその生命の偉大さに思いを至らさなくてはならないという思想である。生き物に対するこのような真摯な視線は、かわいさだけを売り物にする日本の凡百の動物映画に決定的に欠けているところであろう。例えば九〇年代の『ベイブ』を見ても、豚は決して愛玩の対象ではなく、むしろいつ人間によって食肉にされてしまってもおかしくないという家畜の宿命を背負っているからこそ、奥深いドラマになり得ている。生き物のかわいさの裏側にある厳粛な自然の法則を直視するか否か、これはその国の文化によっても左右されるだろう。ただ、若い世代が「生命」のリアルな実感を失い欠けているとまで言われる病んだ現代日本とは違って、オーストラリア映画にはこのようなしごくまっとうな自然観の下に、すぐれた児童映画や動物映画を今後も作り続けられる下地があることは確かだ。

『少年と海』における主要登場人物はマイケル、トム、フィンガーボーンの三人だが、そのキャスティングは注目に値する。「アボリジニは演技が出来ない」という残念な神話がオーストラリア映画界には根強くあるが、フィンガーボーンを演じたデヴィッド・ガルピリルは、今日もっとも人気のあるアボリジニ俳優アーニー・ディンゴと並んで、その神話の唯一の例外と見なされる実力派俳優である。ガルピリルにとっては、本作が『ウォーカバウト』（一九七一）に続いて二本目の、主要な役柄での出演である。そして寡黙な父トムを飾らない実直な演技で演じたピーター・カミンズは、オーストラリア現代演劇の源流となった、六〇年代メルボルンの小劇場ラ・ママにおける中心的な俳優であった。七〇、八〇年代、ブルース・スペンス、グレアム・ブランデル、作家のデヴィッド・ウィリアムソンなども含めて、小劇場ラ・ママがオーストラリア映画界にもたらした貢献は、多大なものがあったことを示す一例である。

ローラの歌
The Getting of Wisdom　1977

監督：ブルース・ベレスフォード
製作：フィリップ・アダムズ
脚本：エレナ・ウィットカム
原作：ヘンリー・ハンデル・リチャードソン
撮影：ドン・マカルパイン
編集：ウィリアム・アンダーソン
美術：ジョン・ストダット
音楽：フランツ・シューベルト、シグスモンド・サールバーグ、アーサー・サリヴァン
録音：デズ・ボウン

出演：スザナ・ファウル（ローラ）
ヒラリー・ライアン（エヴリン）
テレンス・ドノヴァン（トム・マクナマラ）
パトリシア・ケネディ（チャップマン先生）
シーラ・ヘルプマン（ガーリー先生）
キャンディ・レイモンド（ゼリーンスキ先生）
バリー・ハンフリーズ（ストレイチ先生）
ジョン・ウォーターズ（シェパード牧師）
キム・ディーコン（リリス）
製作会社：サザンクロス・フィルムズ
上映時間：一〇〇分

『ローラの歌』中央：スザナ・ファウル（ローラ）

ストーリー

一九〇〇年。ローラは、ヴィクトリア州の片田舎に暮らす少女だった。医者だった父はすでに亡く、母は当地の女郵便局長。溢れる情熱と才能を持つローラは、教養を身につけ「有名になるため」、メルボルンの長老教会系の全寮制女学校に入学する。

女学校は非常に規則が厳しく、しかも生徒たちはみな上流の大金持ちの娘ばかりで、二言目には「お父さんは何をしているの?」と聞く。ローラは挫けず、彼女の文学的な才能、音楽的な才能を存分に発揮する。だが、上流階級の娘でないことのコンプレックスは募るばかりで、彼女は母親の職業を知る友人に懇願して口止めをする。

二年生になったローラは、クラスにおける自分の地位をもっと高めようと目論み、新任のハンサムな男性牧師との恋愛を勝手に創作。クラスメートたちを羨ましがらせて、彼女は瞬く間に一目置かれる存在になる。だがやがて嘘はばれ、ローラはクラスメートから村八分にされてしまう。唯一ローラと同じく上流階級出でない、薬屋の娘が彼女を慰め、ローラに指輪をプレゼントするという。しかし程なく薬屋の娘は学校で金をくすね歩いていることが発覚し、退学処分になってしまう。ローラは「自分の指輪を買おうとしたためだ」とショックを受け、クラスメートのように高価な服や装飾品を買えない自分たちを呪う。

この頃からローラは、上級生の、惚れ惚れするほど美しい優等生エヴリンと親友になる。教師から、ピアノをハートで弾くと評されたエヴリンと、頭で弾くと評されたローラは、よく一緒にピアノの練習をする。ローラはそれまでの相部屋を出て、エヴリンの部屋へ移る。やがてローラは、エヴリンと一緒に出かけたオペラ劇場で、エヴリンに幼なじみの男性がいることを知り、怒りを覚える。その夜二人は、同じベッドに潜り込む。

やがてエヴリンは、女学校に嫌気がさしたから学校を去ると言う。ローラは「私から離れようとしているんだ。そして男性と結婚しようとしている」とエヴリンをなじる。

　エヴリンが去って間もなく、学校では試験が始まる。ローラはそれに没頭し、カンニングをしてまで好成績を収め、ライプツィヒ音楽留学のための奨学金を獲得する。ついに学校を去る日、帽子と手袋を脱ぎ捨て、ローラは外へ向かって全力で駆け出していく。

解説

　この作品は、オーストラリア出身の最も著名な女性作家の一人、ヘンリー・ハンデル・リチャードソン（一八七〇—一九四六）の半自叙伝『身を立てるには』The Getting of Wisdom（一九一〇）を原作にしている。リチャードソンはほぼ映画の中に描かれているとおりの出自で、少女時代をメルボルンの女学校で送り、ライプツィヒに音楽留学する。そこでスコットランド出身の留学生と結婚し、終生をドイツとイギリスで暮らした。その後オーストラリアには取材で短期間戻ったことが一度あったきりだったという。『ローラの歌』の物語の続きに当たるライプツィヒでの留学生活が描かれたリチャードソンの処女小説『モーリス・ゲスト』は、エリザベス・テーラー主演のアメリカ映画『ラプソディ』（一九五四）の原作となっている。

　『ローラの歌』は、七〇年代後半の主要なオーストラリア映画と、それぞれ共通点を持っている。ピーター・ウィアー『ピクニックａｔハンギングロック』とは、二〇世紀初頭の全寮制女学校の雰囲気が共通しているし、フレッド・スケプシ『悪魔の遊び場』とは舞台となる時代こそ異なるが、厳格なキリスト教教育の重みを感じ、そこから逃げだそうとする主人公の姿が共通している。そして何よりも似通っているのが、ジリアン・アームストロング『わが青春の輝き』であろう。やはり『ローラの歌』と同時代を舞台にして、有り余る才能を退屈な環境の中で持て余し、「有名になりたい」と願う少女が、男性をも絶ちきり、外の世界へ飛び出していこうとする物語は、『ローラの歌』と根幹で酷似している。それもそのはずで、『わが青春の輝き』の原作は著名なオーストラリアの女性作家マイルズ・フランクリン（一八七九―一九五四）の同名の自叙伝『わが青春の輝き』My Brilliant Career（一九〇一）で、リチャードソンの『身を立てるには』と全く同じく、作家のオーストラリアでの青春時代の思い出を書いたものである。約一〇年のひらきを持って出版された、同世代の二人の女性作家の自叙伝は、今日の文学史研究の上でよく比較の対象になる。[1]そして七〇年代、この二つの作品は共に『ナンバー96』『七人の小さなオーストラリア人たち』『メイヴィス・ブラムストン・ショウ』などの脚本作品があるオーストラリア・テレビドラマ界の大物女性脚本家エレナ・ウィットカムによって脚色され、それぞれベレスフォードとアームストロングの映画になったのである。

さて、七〇年代後半の、前述したような「学校」や特定の時代へのノスタルジーを基調にした一群の芸術映画と、『ローラの歌』は、共通点があるとは言ったものの、やはり違う点もある。ローラの目的のためには手段も選ばない過激ぶり、スノッブな上流階級子女に対して階級闘争をしかけていくバイタリティ、そして美しい女の子が好きで男は嫌悪するという嗜好は、まさに「エキセントリック」と呼ぶにふさわしい。ハンギングロックに消えてしまう儚げな少女たちや、夜逃げ同然に学校を飛び出すが捕まってしまう『悪魔の遊び場』のトムに、ローラの持つ強い個性はまるでないし、『わが青春の輝き』のシビラよりも、ローラは遙かにコミカルで、「変わっている」。だが、ベレスフォードがそれまで撮ってきた作品の中で見ると、ローラのエキセントリックさはさして特別なものではない。ベレスフォードがウィアー、スケプシ、アームストロングと決定的に違うところは、他の監督が七〇年代後半から台頭し、はじめから芸術的映画を創り出していたのに対し、ベレスフォードは七〇年代前半のオッカーフィルムの全盛期を、『ストーク』のティム・バーストル監督と共に支えてきたことである。『バリー・マッケンジーの冒険』『バリー・マッケンジーはへこたれない』の、オッカー的要素を漫画的に切り張りして創造されたバリー・マッケンジー、『ドンのパーティー』ではバリー・マッケンジーよりはキャラクターのリアリティは増したものの、依然強烈なオッカーの臭いを放つアクの強すぎる登場人物たち。ベレスフォードがそれまで描いてきたキャラクターはこのように、「芸術的なもの」とはまるで無縁な人物像だった。だが、七〇年代後半に入ってオッカー映画は急速に失速し、代わって時代物の芸術映画という大きな潮流が台頭してきた。ベレスフォードは、八〇年代初頭のオーストラリア映画におけるナショナリズム高揚期に『英雄モラント』を撮るなど、映画界の動向に非常に敏感な監督であり、『ローラの歌』も、七〇年代後半の映画界の潮流についていこうとした結果、生まれた作品だといえるのである。

ベレスフォードはこの作品で、「狭く抑圧的な世界を飛び出していこうとする少女」という主題を手に入れた。この主題は、八〇年代に入り時代物のブームが去った後も、現代を舞台としたドラマ『渚のレッスン』や『辺境に住む人々』の中で展開されていくことになる。またベレスフォードのこの主題に基づく一連の映画、そしてアームストロングの『わが青春の輝き』は、九〇年代に入ってからも『ミュリエルの結婚』などの物語に、多大な影響を及ぼすことになる。

主演のローラを演じたスザナ・ファウルは、メルボルンの女生徒だったところをスカウトされ、本作でデビューした。だが、『ローラの歌』以後、オーストラリア映画への出演はない。女学校の生徒たちは、六千人がオーディションで選ばれたという。ベレスフォードの『バリー・マッケンジー』シリーズのエドナおばさん役でおなじみのバリー・ハンフリーズは、この作品では厳格な「男性」の牧師ストレイチ役として登場、エドナおばさんのようなコミカルな演技は一切していない。

作品は、カンヌ映画祭の監督週間で上映されたほか、ＡＦＩ賞最優秀脚本賞を受賞した。が、興行成績は『わが青春の輝き』や『ピクニックａｔハンギングロック』には遠く及ばなかった。

（1）『ペンギン版・オーストラリア文学史』Ｇ・ダットン編、越智道雄監訳（研究社、一九八五）二八〇頁参照

ザ・ラストウェーブ
The Last Wave 1977

監督：ピーター・ウィアー
製作：ハル・マケルロイ、ジム・マケルロイ
脚本：ピーター・ウィアー、トニー・モーフェット、
　ペトル・ポペスク
原案：ピーター・ウィアー
撮影：ラッセル・ボイド
編集：マックス・レモン
美術：ゴーラン・ウォーフ
音楽：チャールズ・ウェイン
録音：ドン・コノリー

出演：リチャード・チェンバレン（デヴィッド・バートン）
オリヴィア・ハメット（アニー・バートン）
デヴィッド・ガルピリル（クリス・リー）
フレッド・パースロウ（バートン牧師）
ヴィヴィアン・グレイ（ウィットバーン博士）
ナンジワラ・アマグラ（チャーリー）
製作会社：エア・プロダクションズ
上映時間：一〇六分

『ザ・ラストウェーブ』リチャード・チェンバレン(デヴィッド・バートン)

ストーリー

オーストラリア全体が異常気象に見舞われている。アウトバックのある田舎町では晴天なのに豪雨と雹が降り、シドニーでは記録的な大雨が続いている。

シドニーの都心に事務所を持つ法人専門弁護士デヴィッド・バートンは、今まで受け持ったことのない種類の弁護を引き受けることになる。それは、シドニーの裏町で一人のアボリジニ青年が他のアボリジニたちに殺された事件だったが、遺体を解剖しても死因さえはっきりせず、事件は非常に謎めいてた。

デヴィッドはこの仕事に関わる前後から、いやな夢にうなされるようになっていた。その夢は、一人のアボリジニ青年が不思議な模様の描かれた石を掲げて立っている光景だった。事務所で事件の被告のアボリジニたちに面会したデヴィッドは、その中のクリスという青年が、自分の夢の中に出てくる男だと気付く。デヴィッドはクリスを自宅に招くが、クリスは予告なく、チャーリーという底知れぬ妖気を漂わせたアボリジニの老人を伴ってくる。二人の来訪はデヴィッド夫妻に何か不吉な印象を残し、その晩はチャーリーが、デヴィッドの夢の中に悪夢として現れる。

デヴィッドは都市化したはずのシドニーのアボリジニに秘密の「部族」が存在していると直感し、調査を進める。クリスはデヴィッドに「お前はモルキュルだ」とう。デヴィッドはその「モルキュル」が、夢の中のクリスが持っていた石に描かれた模様と関係があり、しかも終末の到来を予言する存在だということを知る。ある夜デヴィッドの妻は、暗闇にたたずみ家を見つめるチャーリーの姿を見て怯える。不吉な予感を強くしたデヴィッドは、妻に子供を連れてシドニーを離れるよう命じる。裁判に立ったデヴィッドは、クリスに、シドニーに秘密の部族と掟が存在することは認めさせるが、殺人事件や異常気象と石との関係は聞き出すことが出来ない。

夜、嵐でデヴィッドの家はメチャメチャになる。そこへ石を持ったクリスが現れ、デヴィッドを下水管が張り巡らされた都市の地下深くへと導く。その奥底には聖なる洞窟があり、石の模様や終末の光景を描いた古代文明の壁画が描かれている。一人で排水溝から海岸へと這い出たデヴィッドは、シドニーを壊滅させる終末の大津波が近づいているのを目の当たりにする。

解説

前作『ピクニックａｔハンギングロック』に続いて、ピーター・ウィアー監督はオーストラリアの自然の中に潜む底知れぬ力を描き出そうとしている。今回は、その底知れぬ力を表現する媒体として、アボリジニの宇宙観であり時間感覚である「ドリームタイム」を取り上げ、創造力を広げていっている。ウィアーの作品で同じような役割を果たす媒体としては、『危険な年』のインドネシアにおける東洋思想と影絵人形芝居などが似通っている。作品の中ではアボリジニは自然の霊的な力と、ドリームタイムを通して通底しており、それがどうやら異常気象や人の生死、そして黙示録的な大津波などに影響を及ぼすことが出来るらしいことが暗示される。ただ作品では、ウィアーの他の作品と同じように、決定的な意味づけは決してなされることはなく、謎めいた数々のヒントが説明なしの映像として観る者の前に投げ出されるだけである。アボリジニのこのような呪術・霊力に満ちた伝統文化に対しては、オーストラリア映画では『ザ・ラストウェーブ』のようにその世界に入り込んでイマジネーションを拡張していくものと、客観的に観察するものと二つの立場がある。前者に含まれる作品には『デッド・ハート』があり、後者には『奥地の私たち』などの例がある。

作品は一面で都市に住むアボリジニの不遇な姿も描き出している。シドニーのアボリジニたちは、レッドファーンという下町にスラムを形成し、部族の伝統も言葉も捨てて最下層の暮らしを強いられている。彼らがこのようにして生きていかなければならないのは、アボリジニの生き方に無理矢理白人社会の枠をあてはめたからに他ならない。その白人社会の枠を通してみれば、アボリジニがアボリジニを殺すのもただの「犯罪」にすぎず、彼らは投獄されてさらに「社会的」制裁を受けるのだ。だが、「本当はそうじゃないんじゃないか？」という仮定が、観る者にある恐ろしさを感じさせる点である。伝統を捨て言葉を捨て部族の掟を捨てたはずのシドニーのアボリジニたちが、実は秘密の部族に属し、部族の掟に従って生き、自然の霊力を支配する能力を備えているのだという想像は、レッドファーンというゲットーへ、最下層の生活へ追い込まれたアボリジニたちが、復讐として都市に住む白人たちを根こそぎにするのではないかという恐怖へと結びつく。白人は、未だアボリジニの霊力が支配してると信じられ畏怖されているオーストラリアのブッシュを逃れ、いわばオーストラリア大陸のほんの端っこにへばりつくように都市という安全地帯を形成した。だがその都市の深層で霊力を温存していたアボリジニの関与によって、圧倒的な自然の力が今度は海から押し寄せてくるとしたら、その恐ろしさは計り知れないはずだ。

　主人公の弁護士デヴィッドが、オーストラリア人ではないという事実は、この作品のスタンスを物語るものとして注目される点である。ストーリーの上では、デヴィッドは南米で生まれたことになっており、その後オーストラリアに暮らすようになったらしい。デヴィッドの役を演じた役者はアメリカの俳優リチャード・チェンバレンであり、デヴィッドはアメリカ人のアクセントで喋っている。役柄も演技も、少なくとも生粋のオーストラリア人ではないわけだ。このように、オーストラリアの自然がはらむ恐怖を体験する主人公を、オーストラリア人に設定しないというやり方は、他にも例がある。イギリス人教師がアウトバックに迷い込む『恐怖に目覚める』（一九七一）や、アメリカ人がアウトバックで暴れ狂う巨大な猪の恐怖に晒される『レイザーバック』（一九八四）などである。七〇年代前半に隆盛を極めたオッカーフィルムにおいてあれほど生き生きと典型的オーストラリア人の姿と言葉がオーストラリア映画に描き出されるようになったことを思えば、デヴィッドの非オーストラリア人的な要素は非常に際だっている。アメリカ人的あるいはイギリス人的人物が主人公になるということは、主人公に感情移入する観客も、自分がオーストラリア人であるということを意識する必要がない。そして『ザ・ラストウェーブ』において純粋なオーストラリア人としての視点が避けられたのは、オーストラリアの風土への深い畏怖心と、それに深く関係する白人の侵略とアボリジニ迫害の歴史の記憶があまりに重く、七〇年代においてはまだ、当事者としてのオーストラリア人の目を通してこのような物語を観ることに、誰もが耐えられなかった証左であろう。過去の歴史を背負った「本当の」オーストラリア人が、ブッシュの恐ろしい自然の力やアボリジニの底知れぬ霊的能力と正面から対峙できるようになるには、社会においてアボリジニ問題を考える姿勢がより成熟する九〇年代、『デッド・ハート』という作品の登場まで待たなければならない。

『ザ・ラストウェーブ』は八一万豪ドルの製作費をかけて製作された。これは翌年のフレッド・スケプシ監督『虐殺の儀式』の一二八万豪ドルと比肩しうる高額で、この二作品は当時のオーストラリア映画における「メインストリーム」としての位置にあったと言って良い。だが二作品とも期待されたほどの興行成績を上げなかったため、それらは二つの側面から批判されたという。まず、二作品に共通しているように、主人公はいつも打ちのめされる敗者であり、そもそもオーストラリア映画のヒーローは敗れ去るものが多すぎるというものであった。もっとアメリカ映画のように強くてポジティブなヒーローを作らないから、商業的な成功に結びつかないのだ、というのである。もう一つの批判は、二作品より遥かに低予算で作られた同時代の映画、『田舎道』（一九七七）、『マウス・トウー・マウス』（一九七八）、『ブライアン・ブラウンの暴力刑務所』（一九八〇）の方が、ずっとオーストラリア社会の現実を捉え、力強い、という批判だった。[1] このように『ザ・ラストウェーブ』は、『ピクニックａｔハンギングロック』の大成功の後を受けて拡張しようとしていたオーストラリア映画産業の、今後の方向性を占うべきメインストリームの作品として作られ、しかし商業的な不調によってその役割を果たせなかった作品でもあるのだ。作品は批評的にも『ピクニックａｔハンギングロック』には及ばず、ＡＦＩ賞は撮影、音響の二賞、その他にパリ映画祭などいくつかの海外のフェスティバルで賞を獲得しただけにとどまった。

『ザ・ラストウェーブ』に出演した役者では、謎めいたアボリジニ青年クリスを演じたデヴィッド・ガルピリルの好演が印象に残る。ガルピリルは混血でない純粋なアボリジニで、『ウォーカバウト』（一九七一）で映画デビューした後、『少年と海』に続いて本作が四作目の映画出演となった。彼はその後、『クロコダイル・ダンディー』やビム・ベンダース監督の豪独仏合作『夢の涯てまでも』（一九九一）にも出演している。

（1）O'Regan, Tom. 'Film in the 1970s: the Ocker film and the Quality film', in *Australian feature films* CD-ROM. (RMIT, 1995).

旅の活動屋
The Picture Show Man　*1977*

監督：ジョン・パワー
製作・脚本：ジョーン・ロング
原案：ライル・ペン『ペンの巡業活動写真』
撮影：ジェフ・バートン
編集：ニコラス・ボウマン
美術：デヴィッド・コピング
衣装：ジュディス・ドースマン
音楽：ピーター・ベスト
録音：ケン・ハモンド

出演：ロッド・テイラー（パルマー）
ジョン・メリアン（ピム氏）
ジョン・ユアート（フレディ）
ハロルド・ホプキンズ（ラリー）
パトリック・カーギル（フィッツウィリアム）
ギャリー・マクドナルド（ルー）
サリー・コナベル（ルーシー）
製作会社：ライムライト・プロダクションズ
上映時間：九八分

『旅の活動屋』ジョン・メリアン(ピム)

ストーリー

二〇年代、ニューサウスウェールズ州北部を馬車で旅する移動活動写真屋、ピムがいた。ピムは息子の青年ラリーとピアニストのロウ、一匹の犬をしたがえ、彼のなわばりである田舎町へと向かっていた。だがそこへ、やはりその町へ興行を打とうとするライバルの活動写真屋、「ヤンキー」のパルマーが現れる。ロウがパルマーのところへ寝返ってしまい、ピムはその町で新しいピアニストとして、頼りになる伊達男フレディを雇う。

　ピムとパルマーはことあるごとに衝突を繰り返す。だが、舞台で古くさい歌しか唱わず、電気でなくランプの火によるサイレント映画上映にこだわる昔気質のピムは、パルマーにいつも先を越される。町の競馬においても、自分の馬を出場させたピムは、パルマーの馬に手痛い敗北を喫する。だがその時馬に乗っていた息子ラリーは、やはり騎手だった地主のお転婆な娘ルーシーと出会って恋に落ち、ラリーは町に定着して常設の劇場をやるべきだと決意する。

　次の町へと移動の途中、ピムたちは奇術師の男女に出会い、一緒に興行を打とうと行動を共にすることになる。だが、ピムは奇術師の女に色仕掛けで金を巻き上げられ、嫉妬に狂った奇術師の男には機材をめちゃくちゃにされ、ピムの活動写真屋は完全に破産する。そこへ、新しい時代の到来を告げるトーキー映画の機材を装備したパルマーが現れ、ラリーを引き抜きにかかるが、ラリーは拒絶する。

　その時、フレディが町の競馬で大勝していた金を投資。また彼は機転によって、パルマーの車を川に突っ込ませ、パルマーからトーキー映画の機材を買い取る。

　ラリーはルーシーと一緒に独立して町に残ることになったが、ピムとフレディはまた興行の旅に出る。

解説

「ピクチャー・ショー・マン」の陽気なテーマソングで始まるこの映画は、全編懐かしく、明るい雰囲気に溢れている。ニューサウスウェールズの果てしなく広がる平原を、活動弁士よろしく大仰なヒゲを蓄えたピムとその仲間たちが馬車で駆けていく光景は、それだけで心躍るような楽しさがある。製作、脚本を担当したジョーン・ロングは、元移動活動写真屋だったライル・ペンという人物の回顧録をアイディアに、六八年、『移動する活動写真』という、オーストラリアのサイレント映画時代についてのドキュメンタリー映画の脚本を書いている。『旅の活動屋』は、そのドキュメンタリー映画を基に構想されたものであるのに間違いはなく、したがって本作がオーストラリアの映画興行創成期の様子を正確に、生き生きと描き出しているのも当然と言えば当然である。

だが同時に、この映画は様々な欠点を抱えている。演出にもたつきがあって役者たちの動きに何とも言えないもどかしさを感じるし、せっかくの「ピム対パルマー」というわかりやすい対立構造も、このもたつきのおかげであまりドラマチックに展開していない。実際に彼らの二つの興行がしのぎを削る様は描かれず、彼ら二つのグループは映画興行とは別のところでいつも喧嘩をしている。パルマーと、彼に魅了されたらしい地主の奥さんの「その後」も不明瞭なままである。実際、作品がオーストラリア国内で公開されたときの批評家の評価は高くなかったという（ただし海外では受けがよく、一九七七年のロンドン映画祭で好評を博し、同年、アメリカの評論委員会によってベストテンの中に選ばれた）。

このようないくつかの欠点に目をつぶれば、作品は、多くのオーストラリア映画に敷衍できる非常に興味深いテーマを提示しているという意味で、評価できる。それは一言で言えば、「大国に翻弄されるオーストラリア」という構図である。ピムのライバルであるパルマーはアメリカ人であるが、彼はオーストラリア人の目から見たアメリカ人、アメリカ資本、そしてアメリカ映画産業を体現している（パルマーを演じたロッド・テイラーはオーストラリア生まれのハリウッド俳優で、この作品の為だけにオーストラリアに帰ってきていた）。もともとピムの助手に過ぎなかったパルマーは、やがてその先進的な考え方と豊富な資金力を駆使して、トーキーという新時代の機材を装備して、ピムのなわばりを侵し始める。一方のピムは頭が固く、新しい機材に否定的で、古き良き時代の活動写真興行のショー的な楽しさを守り抜こうとする。そしてこの差異は、二人の競争においてみるみるパルマーを優勢にしていく。結局パルマーは映画興行をショーではなく、単なるビジネスとして割り切って考えているのであり、そこがまさにオーストラリア人が抱くアメリカ人像を思い起こさせるところだ。またピムとパルマーの攻防は、オーストラリア映画史におけるオーストラリアとアメリカの攻防のメタファーでもある。今世紀初頭に世界初の長編映画を産みだし、一〇年代前半まではハリウッドを凌ぐ隆盛を誇っていたオーストラリア映画は、やがてトーキー時代の到来と前後してアメリカ映画に押しまくられ、六〇年代までにオーストラリア映画はアメリカ映画によって完全に駆逐されてしまう。オーストラリア映画は六〇年代の荒廃の後、七〇年代に「ルネッサンス」と呼ばれるほどの奇跡的な復興を遂げたが、『旅の活動屋』がオーストラリア映画界が復興に燃えるその最中に撮られたものだという事実がまた興味深い。この作品はオーストラリア映画の歴史を寓意物語によって自己言及するという方法で、自国の映画とは何か、自国の文化とは何なのかを問いかけようとしていたのだ。作品の中でピムは、オーストラリアのサイレント時代の名作『俺たちの農場で』（レイモンド・ロングフォード監督）を上映する。それはまるで製作者たちが、自国に誇るべき映画文化の遺産が息づいていることを、懸命に確認しようとしているようにも思える。

今日オーストラリア映画は、七〇年代の「ルネッサンス」を経て、世界に冠たる映画産業へと返り咲いた。だが、ルネッサンスを担った監督たちは多くがハリウッドへと拠点を移し、九〇年代でもすぐれた才能のアメリカ映画への流出は止めどもなく続いている。その現状がまるで、作品の中でパルマーがピムのピアニストを引き抜き、ピムの息子まで引き抜こうとしたやり方と重なって見えてくるのは、なんとも皮肉な話である。

虐殺の儀式
The Chant of Jimmie Blacksmith　1978

監督・製作・脚本：フレッド・スケプシ
原作：トマス・キニーリー
撮影：イアン・ベイカー
編集：ブライアン・カヴァナ
美術：ウェンディ・ディクソン
音楽：ブルース・スミートン
録音：ボブ・アレン
出演：トミー・ルイス（ジミー）
　フレディ・レイノルズ（モート）
　レイ・バレット（ファレル）
　ジャック・トンプソン（ネヴィル牧師）
　アンジェラ・パンチ＝マグレガー（ギルダ）
　ジャック・チャールズ（タビジ）
　ピーター・キャロル（マクレディ）
　ドン・クロズビー（ニュービー）
　ティム・ロバートソン（ヒーリー）
　ロビン・ネヴィン（マクレディ夫人）
　ブライアン・ブラウン（毛刈り職人）
　ジョン・ジャラット（マイケルズ）
製作会社：フィルム・ハウス（ＡＦＣ、フィルム・ヴィクトリア、ホイツ・シアターズ協力）
上映時間：一二〇分

『虐殺の儀式』トミー・ルイス（ジミー）

アンジェラ・パンチ＝マグレガー（ギルダ）とトミー・ルイス（ジミー）

ストーリー

一九〇〇年、ニューサウスウェールズ州の田舎。ジミー・ブラックスミスはアボリジニと白人の混血の青年である。白人のネヴィル牧師に扶養されながら、アボリジニのコミュニティにも出入りし、彼の中には白人、アボリジニという異なる二つの世界が共存している。

ジミーはネヴィル牧師の家を出て、やっとのことで農場で柵を作る仕事を見つける。だが農場主ヒーリーはジミーに正当な賃金を払おうとはしない。農場を出、ジミーは次に警察に入る。警察署長のファレルは飲んだくれの粗暴な男で、白人殺しの捜査のためにジミーを連れてアボリジニのコミュニティへやって来て、暴れ回る。結局ジミーが下手人を捕まえるが、ファレルはその報奨金もピンハネする。署の留置場に繋がれたアボリジニの被疑者に対してファレルは酔った勢いで暴行を加え、被疑者は苦しみのあまり牢内で自殺。彼を見殺しにしたジミーはいたたまれなくなり、制服を燃やして警察を去る。

ジミーは酒場の白人女ギルダと肉体関係を持ち、彼女を妊娠させる。ジミーは農場主ニュービー氏の家族の下で働くことになり、ギルダとも正式に結婚式を挙げる。だがギルダが出産した子は純粋な白人で、どう見てもジミーの子ではなかった。人種偏見に満ちたニュービー家の女性たちは、これを機にギルダとジミーとの仲を引き裂こうとする。さらにニュービー家はジミーを訪れていた弟のモートや叔父のタビジを追い払おうと、ジミーに食べ物さえ与えなくなり、ジミーの怒りは爆発。叔父タビジと共にニュービー家へ乱入し、母娘三人と女性家庭教師を斧で惨殺する。

ジミーは、ギルダと子供、そして叔父タビジを残し、弟モートと共に逃走する。ニュービー家の男たちは、ジミーへの復讐を誓う。ジミーとモートは次に自分を搾取した元雇い主のヒーリーの家に押し入り、ヒーリー夫妻、赤ん坊までも射殺する。さらに無関係の学校教師マククレディの家を襲い、マククレディを人質にとって逃走を続ける。マククレディはジミーに、モートを巻き添えにするなと説得する。モートは病気になったマククレディを家に送り届けたところを白人たちに見つかって、むごたらしく殺される。

　ジミーも顔を撃たれて負傷し、疲弊した体で修道院に潜り込み休息する。翌朝、ジミーは警官や兵士に取り巻かれて袋叩きとなり、そのまま留置場に送られる。

解説

　一九〇〇年、ニューサウスウェールズ州で、アボリジニの兄弟ジミー・ガヴァナー、ジョー・ガヴァナー、そしてジャッキー・アンダーウッドの三人が、合計七人の白人を殺害。ジョーは射殺され、ジミーとアンダーウッドは逮捕、絞首刑に処された。実際に起きたこの事件を、トマス・キニーリー（一九三五―）が小説化、一九七二年に『ジミー・ブラックスミスの唄』と題して出版した。映画は、このキニーリーの小説を原作にしている。この小説が出版される一年前、今日アボリジニのシンボルとなっているアボリジニの旗が初めてデザインされたが、これに象徴されるように、六〇年代終わりから七〇年代に入り、アボリジニの自己主張は一つの政治的、社会的な大きなムーヴメントとしてうねりを増す。白人と比べ平均寿命を引き下げている劣悪な生活環境や、監獄内での異常に高い死亡率を問題にする動きや、民族自決権、土地帰属権の要求など、今日に引き継がれる様々な闘争が開始された。世紀の変わり目の不幸な殺人事件を取り上げたキニーリーの小説やスケプシの映画作品の背景には、アボリジニ問題についての国内の急速な意識変化があったことを、まず認識しておかなければならない。

『虐殺の儀式』が第一に描き出すのは、オーストラリア人のレイシズムである。ジミー・ブラックスミスを取り巻く白人は皆彼を蔑視し、のみならず経済的な搾取も行う。物語の舞台となるのはオーストラリアがイギリスの植民地を脱して連邦を樹立する前年にあたる。作中でも白人たちはオーストラリア連邦誕生に関する議論に花を咲かせているが、例えば警察署長ファレルは、新しい国が出来ても、新たに生まれる権利は「お前のような黒人野郎には関係ないんだ」とジミーにいう。連邦は白人たちのこのような差別意識と共に始まったのであり、これは国家成立の基底部分に大きな原罪が横たわっているのだという深刻な認識を、観る者に抱かせずにはおかない。

ジミーは純粋なアボリジニではなく、白人との混血である。二つに引き裂かれた彼の脆弱なアイデンティティーに折り合いを付けるために、ジミーが選んだ方策は、白人社会に何とかして適合することだった。スケプシ監督はキニーリーの原作に惹かれた理由について、それが「自分らしくあろうとし、またシステムに適合したいと望むが、システムに適合できない男の物語」であるからだと述べている[1]。スケプシの前作『悪魔の遊び場』でも、主人公の神学校生徒トムは学校に適合しようとするが、ついに果たせず逃走した。初期スケプシ作品の登場人物たちの、システムへの適合をめぐる苦闘は、常に屈折した性の問題も抱えている。ジミーは自分が白人女性に受け入れられることが、白人社会で認められることを意味すると思いこんでいる。白人女性は、ジミーにとって性の対象であると同時に適合すべきシステムを象徴するものなのである。従ってジミーの白人社会への適合への夢が破れたとき、その怒りの矛先は真っ先に白人女性に対して向けられ、最初に女性ばかりを惨殺するという悲劇へと帰着する。このようなシステムへの適合の希求と性の混同は、『悪魔の遊び場』に登場する神学校の教師たちにも見られる。彼らの場合は逆に神学校というシステムに適合するために性への欲求を圧殺しなければならない苦悩が描かれ、それが彼らに逆にシステムへの疑問を抱かせる。だが性が自分の帰属しようと努力するシステムに縛り付けられているために、抑圧され歪められていくという過程は、『虐殺の儀式』と共通していると言える。また、スケプシの最初の劇場用映画『牧師』の、尼僧に対する性的欲求に苦悩するカソリック神父の姿にも、同じ問題を見て取ることが出来る。

『虐殺の儀式』は、ＡＦＣとヴィクトリアン・フィルム・コーポレーション（現在のフィルム・ヴィクトリア）、ホイツなどの出資により、オーストラリア映画としては当時最高の製作費一二八万豪ドル（結局この予算もオーバーしたと言われている）で作られた。同じ年に製作された他の一〇本の映画の平均予算が四〇万豪ドル以下であることを考えれば、これは突出した金額である。だが興行では、一二週上映された後に突如打ち切りとなり、結果的に敗北を喫することになる。スケプシ自身は「私は、オーストラリア人はこの問題（アボリジニ問題）を正面から見据える準備が整っているものと思っていた。だが、明らかにそれは間違っていた」と語り、オーストラリアに厳然と横たわるレイシズムが作品の興行的失敗の原因と見ていた。オーストラリア映画界の大御所、ケン・G・ホールは、アボリジニ問題を取り上げること自体が悪いと断じた。ホールはチャールズ・ショーヴェルの名画『未開』（一九三五）と『ジェダ』（一九五五）が興行的に失敗したことから説きおこして、スケプシはアボリジニを扱った映画は絶対に成功しないという前例を学ぶべきだった、と述べている[2]。一方アボリジニ側からは、最も著名なアボリジニ詩人、小説家、劇作家の一人であるマドゥルールー Mudrooroo (Colin Johnson) が批判を展開した。この作品の観賞後も心に残るイメージは「黒人が白人女性たちを斧で斬り殺した」というものでしかないとムドゥルールーは書き、さらにジミー・ガヴァナーの子孫たちは、この映画の上映を中止させるための法的手段を検討していたことも明かしている[3]。このようにこの作品は、両極端の立場から批判され、興行的にも失敗したが、だからと言って価値が減じるわけでは決してない。この作品が公開された一九七九年近辺を境に、オーストラリア映画はナショナリズムの沸騰期を迎える。いわばアメリカ文化に蹂躙され、自国の文化を見失いかけていたオーストラリア人が、映画を通してアイデンティティ探しを始め、ナショナリズムという一つの回答を得ようとしていた時期だった。その中で、（アボリジニの側から見れば不十分ながらも）アボリジニの立場に立ち、自らの歴史を否定的に検証する『虐殺の儀式』という映画が産み出されたこと自体、奇跡的であり、また大きな価値があるのだ。

『悪魔の遊び場』で主役にサイモン・バークという子役の新人を起用したスケプシは、この作品においても主要な役柄に全くの新人を起用した。ジミー・ブラックスミスを演じたトミー・ルイスはそれまで役者の経験のない工科大学の学生で、役者を捜していたスケプシ夫妻に空港で偶然見いだされ、起用された。また弟モートを演じたフレッド・レイノルズも役者経験はなく、スケプシ夫妻がトミー・ルイスのクラスの打ち上げパーティに参加したとき、たまたまレイノルズがやってきたところをスカウトした。ジミーの白人の妻ギルダも、ＮＩＤＡを卒業して間もないアンジェラ・パンチ＝マグレガーが起用され、彼女はこのデビュー作品でＡＦＩ最優秀女優賞を獲得し、八〇年代オーストラリア映画を代表する女優へと成長していく。その他の重要な役柄には実力俳優が当てられ、ネヴィル牧師を当時既に売れっ子のジャック・トンプソンが演じた。また暴力的な腐敗警官ファレルを『ドンのパーティー』のレイ・バレットが演じ、ＡＦＩ賞助演男優賞を受賞した。

　前作『悪魔の遊び場』と比べて『虐殺の儀式』は賞にはそれほど恵まれず、ＡＦＩ賞では他に、ブルース・スミートンの非常にもの悲しく美しいテーマソングが高く評価されて、最優秀音楽賞を受賞しただけだった。

（1）Mathews, Sue. *35mm Dreams.* p. 42.
（2）Hall, Ken G. *Australian film: the inside story.* (Summit, 1980) p. 177.
（3）Johnson, Colin. 'Chauvel and the centring of the Aboriginal male in Australian film', *Continuum.* v. 1, no. 1 (1987) pp. 47–56.

ニュースフロント　時代を撮り続けた男たち

Newsfront *1978*

監督・脚本：フィリップ・ノイス
製作：デヴィッド・エルフィック
脚本：ボブ・エリス
原案：デヴィッド・エルフィック、フィリップ・モーラ
撮影：ヴィンセント・モントン
編集：ジョン・スコット
美術：リサ・クート
衣装：ノーマ・モリソー
音楽：ウィリアム・モジング
録音：ティム・ロイド
出演：ビル・ハンター（レン・マグアイア）
ウェンディ・ヒューズ（エイミー・マッケンジー）
ジェラルド・ケネディ（フランク・マグアイア）
クリス・ヘイウッド（クリス・ヒューイット）
ジョン・ユアート（チャーリー・ヘンダーソン）
アンジェラ・パンチ＝マグレガー（フェイ・マグアイア）
ドン・クロズビー（Ａ・Ｇ・マーウッド）
ブライアン・ブラウン（ジェフ　編集）
ジョン・ディース（ケン　ナレーター）
製作会社：パームビーチ・ピクチャーズ（ニューサウスウェールズ映画公社、ＡＦＣ、ロードショウ協力）
上映時間：一一〇分

161　ニュースフロント　1978

『ニュースフロント』ビル・ハンター(レン)とクリス・ヘイウッド(クリス)

ストーリー

一九四八年、シドニーの港に、続々とヨーロッパからの移民船が到着、その模様をフィルムに収めている二組のカメラマンがいた。レンとクリスのコンビはニュース映画会社シネトーンに所属。一方チャーリーはライバル会社のアメリカ資本の大企業ニュースコに所属し、互いに競い合いながら、オーストラリア中をニュースを求めて駆け回っていた。当時ニュース映画は全盛を極め、シドニーのステイトシアター[1]には、週一回のニュース映画を見るために人々が溢れ返った。

一九四九年、世間では保守のメンジーズ政権が発足する。レンの回りでは、シネトーンの美しい女性スタッフ、エイミーと、レンの弟でニュースコのオーストラリア支社長フランクが恋仲に。一方レンも熱心なカソリック女性フェイと結婚、家を建てて所帯を持つ。だが、野心的なフランクはチャンスを求めて、エイミーを残しアメリカへと旅立つ。

一九五一年、メンジーズ政権の共産党迫害が激しさを増す。レンには子供も出来たが、洗礼に行った教会で、レンはフェイ側の保守的な身内と、共産主義を巡って対立。世相がレンの生活にも微妙に影を落とす。結局共産党を違法化しようとするメンジーズの動きは国民投票で否決。レンはフェイと不仲で、家を出る。

一九五三年、レデックス自動車レースを取材に行った田舎町で、レンの相棒クリスは町の娘と恋仲になり結婚。だが翌年、ニューサウスウェールズ州メイトランドでハンター川が氾濫し、その取材先で、クリスは溺死する。レンはエイミーと惹かれ合い、共に暮らすようになる。

一九五六年、オーストラリアの街頭にテレビが登場し、レンは脅威を覚える。そんな中、フランクがアメリカからシドニーへ帰ってくる。彼はすっかりアメリカナイズされ、助手だと称するアメリカ娘を連れている。

レンは、ニュース映画一筋だった自分の役割は終わったと悟り、辞表を出そうとするが、ちょうどシネトーンとニュースコは合併。レンは会社から恐らく最後の華やかな仕事、メルボルン・オリンピックの記録映画の監督兼撮影を任せられる。好敵手チャーリーと共に、レンはオリンピックを撮影しはじめる。ハンガリー対ソ連の水球の試合が乱闘に終わったフィルムを撮影したとき、フランクがアメリカの会社にそれを高い金で売れと持ちかけるが、反共産主義のプロパガンダに使われると見抜いたレンはそれを拒絶。この頑固な昔気質の男は、力強く、次の撮影場所へと向う。

解説

この作品は、二次大戦終了後の欧州からの大量移民、メイトランドの洪水、レデックス自動車レース、ヒラリーのエベレスト登頂、メルボルン五輪など、オーストラリア人の記憶に今でも残る重大ニュースを伝える当時のモノクロのニュース映画の映像が、ふんだんに用いられている。[2] 作品の当時のパブリシティ戦略のレポートが残っているが、この映画を観る層を「五〇年代のテーマ故に、四〇代以上の観客。その時代への懐古趣味があるから、二五歳以下の観客。」と分析している。[3] 実際、この作品がセピア色のモノクロ映像を通して、観る者をノスタルジックな気分に浸らせるという要素は確かにある。だが、作品はそれだけのものではなく、実はもっと政治的な意図の下に作られている。

オーストラリアでは今日、『ニュースフロント』が描くこの時代に、アメリカナイズという大波によって、自国の独自な文化は急速に衰退していったと信じられている。ニュース映画はテレビによって駆逐されるが、そのテレビを通して今度はアメリカの圧倒的な文化的洪水が、オーストラリア社会を隅々まで飲み込むことになる。結果、七〇年代に至るまでオーストラリアは文化的にアメリカの一地方同然となり、何ら生産的な文化活動に手を染めず、ただアメリカ文化を享受、消費するだけの国になり果てていた。作品は、アメリカによる文化支配を受ける前の、純粋無垢なオーストラリアの姿（これもそう信じられているという意味で、一種のオーストラリアの神話といえる）を、ニュース映画の黄金時代と重ね合わせて描き出しているのだ。また、物語で描かれるのはオーストラリアのニュース映画の盛衰だが、この時代に消え去ろうとしていたのは実はオーストラリア映画産業それ自体だったのである。作品中には共産党を追いつめようとする憎々しい保守政治家メンジーズの映像がたびたび引用されているが、まさにメンジーズ政権の芸術文化政策の無為無策により、オーストラリア映画産業もまた五〇年代終わりには壊滅、アメリカ映画のみがオーストラリアの劇場を席巻することになる。

　作中に登場する二つのニュース映画会社は、『ニュースフロント』が舞台になっている時代にオーストラリアに実在した、シネサウンドとムービートーンという二会社がモデルになっている。『ニュースフロント』は、オーストラリアで二大ニュース映画会社が華やかな競争を繰り広げていた時代に実在した男たちの群像から、キャラクターが創出されている。例えば作品中のシネトーンの社主として、ニュース映画「シネサウンド・レビュー」の創設者、ケン・G・ホールの姿が描かれているのを容易に見いだすことが出来る。ホールはオーストラリア映画産業における大偉人で、三〇年代、四〇年代に、『俺たちの農場で』（一九三二）、『スミシー』（一九四六）など、当時のオーストラリア映画界を代表する劇映画一七本を監督し、同時にオーストラリアにおけるニュース映画の確立にも尽力した。作品は、このような映画界の偉大な先達たちへのオマージュでもあるのだ。

　オーストラリア映画産業の古き良き時代を思い返そうという主題は、ジョン・パワー監督（一九七七）『旅の活動屋』にあるテーマと共通している。『旅の活動屋』では、映画がサイレントからトーキーへと移行しつつある時代に、アメリカ人のもたらす新式のトーキーに対抗して、サイレントに固執する頑固なオーストラリア人の姿が描かれてる。『旅の活動屋』の主人公ピムの姿は、時代は違えど「ニュース映画」にこだわるレンの姿と重なり合って見える。

両作品とも、主人公は作品の上では過去の栄華を背負いながら自らの道を貫き通すことができるが、現実にはサイレント映画もニュース映画も、消え去っていく運命にある。無くなってしまった自分たちの古き良き時代を取り戻したい、という欲求が、七〇年代後半のオーストラリア映画製作者や観客にあったのは事実である。それが恐らく、七〇年代終わりから始まる、オーストラリアという国にとってのアイデンティティ探し、というムーヴメントに結びついていく。そうした意味で、『ニュースフロント』は重要な分岐点としての意味を持っている。

『ニュースフロント』は、『田舎道』（一九七七）に続いて、フィリップ・ノイスの劇場用映画第二作目となる。『田舎道』は主演のビル・ハンターがアボリジニ青年と犯罪を犯しながらアウトバックを疾走していくという荒々しいロードムービーだが、オーストラリア映画で初めて、アボリジニ俳優が演技だけでなく、製作過程に深く参与した映画だと言われている。その内容には、七〇年代に急速に高まったアボリジニの政治意識が、色濃く反映されている。『ニュースフロント』の次の作品にあたる『ヒートウェーブ』でも、住民運動を材料に政治的テーマが貫かれており、これら三つの作品を見ても初期のノイスが極めて政治的な監督であったことが分かる。フィリップ・ノイスの『ニュースフロント』製作当時のインタビューなどを読んでも、反米的な気分を隠そうともせず、アメリカのオーストラリアへの文化的、経済的侵略について非難をしている。[4]だが、『ニュースフロント』というナショナリスティックな映画を製作し、明確な反米思想の持ち主だった監督が、九〇年代の今日にはアメリカの映画監督になり『セイント』などの多くのアメリカ映画を撮っている。皮肉な話だが、ベトナム反戦運動などを背景とした六〇、七〇年代という政治の季節と、むき出しの反米主義は、すでに遠い過去のものになったということだろう。

レンを演じたビル・ハンターは、今日「オーストラリアの顔」とまで言われる役者で、九〇年代後半の今日まで無数の作品に出演し、オーストラリア映画にこの人が顔を出さなければ物足りないと思うほどの、名バイプレイヤーだ。ノイス監督の一六ミリ映画『田舎道』での主演を除けば、『ニュースフロント』は初めてのメジャーな作品での主演作品であり、この作品でのレンというキャラクターが、今日まで続くハンターの「無骨なオーストラリア男性」

のイメージの源泉となっている。

作品は映像や演技のクオリティも第一級のものに間違いはない。特に、時にドラマ部分でカラー映像とモノクロ映像が交錯し、当時のニュース映画のモノクロ映像の引用と巧みに融合するように作られている。これは、脚本のボブ・エリスのアイディアだという。作品はオーストラリア国内で非常に高く評価され、ＡＦＩ賞では最優秀作品、監督、男優、助演女優、編集、美術、脚本、衣装の各賞を受賞した。また海外でも、ベルギー映画批評家協会と英国映画批評家会により、一九七九年度の最優秀映画に選ばれた。

（1）一九二九年六月にシドニー中心部に完成した、ルイ一四世時代の様式をまねた豪華な映画館兼劇場。今日、ミュージカル公演や、シドニー映画祭の会場で知られる。

（2）メイトランドの洪水は、一九五五年二月二五日、ニューサウスウェールズ州内で起きた。エドマンド・パーシヴァル・ヒラリーはニュージーランド人で、一九五三年にエベレスト初登頂に成功した。レデックス・自動車レースは、イギリスのオイル会社レデックスをスポンサーに、一九五三年、五四年、五五年に行われた大規模な自動車レースで、シドニーを出発し、悪路を一万キロ以上に渡って走破するもの。メルボルン五輪は、一九五六年の開催。

（3）*Cinema Papers.* issue 22.（1979）p. 437.

（4）*Cinema Papers.* issue 14.（1977）pp. 113–14.

マッドマックス
Mad Max　1979

《マッドマックス》
監督：ジョージ・ミラー
製作：バイロン・ケネディ
脚本：ジェームズ・マコーズランド、ジョージ・ミラー
原案：ジョージ・ミラー、バイロン・ケネディ
撮影：デヴィッド・エグビー
編集：トニー・パタソン、クリフ・ヘイズ
美術：ジョン・ダウディング
衣装：クレア・グリフィン
音楽：ブライアン・メイ
録音：ギャリー・ウィルキンズ
出演：メル・ギブソン（マックス・ロカタンスキー）
ジョアン・サミュエル（ジェシー・ロカタンスキー）
ロジャー・ワード（フィフィ・マカフィー）
スティーヴ・ビズリー（ジム・グース）
ティム・バーンズ（ジョニー）
ヒュー・キース＝バーン（トーカッター）
ヴィンス・ギル（ナイトライダー）
製作会社：ケネディ・ミラー・プロダクションズ
上映時間：九一分

《マッドマックス２　1981》
監督：ジョージ・ミラー
製作：バイロン・ケネディ
脚本：テリー・ヘイズ、ジョージ・ミラー、ブライ

アン・ハナント
撮影：ディーン・ゼムラ
編集：デヴィッド・スティーヴン、ティム・ウェルバーン、マイケル・ボールソン
美術：グレアム・グレイス・ウォーカー
衣装：ノーマ・モリソー
音楽：ブライアン・メイ
録音：ロイド・カリック
出演：メル・ギブソン（マックス）
ブルース・スペンス（ジャイロ・キャプテン）
マイク・プレストン（パッパガロ）
マックス・フィップス（トーディー）
ヴァーノン・ウェルズ（ウェズ）
エイミル・ミンティ（野生児）
ケル・ニルソン（ヒューマンガス）
ヴァージニア・ヘイ（女戦士）
製作会社：ケネディ・ミラー・エンターテイメント
上映時間：九四分

《マッドマックス　サンダードーム　1985》
監督：ジョージ・ミラー、ジョージ・オグルヴィー
製作：ジョージ・ミラー
脚本：テリー・ヘイズ、ジョージ・ミラー
撮影：ディーン・ゼムラ
編集：リチャード・フランシス＝ブルース
美術：グレアム・グレイス・ウォーカー
衣装：ノーマ・モリソー
音楽：モーリス・ジャール
録音：ロイド・カリック
出演：メル・ギブソン（マッドマックス）
ティナ・ターナー（アウンティ）
ヘレン・バデイ（サヴァンナ・ニックス）
フランク・スリング（コレクター）
ブルース・スペンス（パイロット・ジュデダイア）
ロバート・グラブ（ピッグ・キラー）
アンジェロ・ロシット（マスター）
アングリー・アンダーソン（アイアンバー）
製作会社：ケネディ・ミラー・プロダクションズ
上映時間：一〇六分

169　マッドマックス　1979

『マッドマックス』メル・ギブソン(マックス)

カークラッシュのワンシーン

ストーリー

《マッドマックス》

時は近未来。世の中は暴走族によって秩序が乱されている。暴走族の取り締まりにあたる警官も怪我が絶えない。そんな中、警察では、Ｖ８という特殊な追撃車を準備するが、警官マックスはそれをさらに改造してパワーアップさせている。Ｖ８を乗りこなすマックスは、次々と暴走族を検挙し、暴走族に目をつけられるほど。その日も、ナイトライダーという暴走族を自滅に追い込んだ。町には、ナイトライダーの仲間の暴走族が追悼のために、集結する。

ある日、警察は、ナイトライダーの仲間でもある暴走族の一味を追いつめるが、結局不起訴となる。マックスの同僚グースは、理不尽な結果に激怒し、釈放された被疑者に暴行を加える。暴走族に睨まれたグースは、結局、パトロール中に襲撃されて、無惨にも横転したガソリンまみれの車の中に閉じこめられ、焼死させられる。グースの焼死体と対面したマックスは、ショックを受け辞表を提出しようとするが、隊長フィフィに休暇をとるようにすすめられる。

マックスは、連日の激務で、美しい愛妻ジェシーや生まれたばかりの息子と十分な時間がとれていなかったが、休暇を機会に、親子三人で車で旅に出る。

旅先、マックスがスペアタイヤを修理する間、ジェシーは海岸の店へアイスクリームを買いに行くが、暴走族一味にとりかこまれる。振り切って車で逃げるが、チェーンを振り回していた男の腕が引きちぎられる。

警察に通報した後、マックスの家族は、メイという牧場を経営している女性のところで身を寄せ、おだやかな時間を取り戻す。しかし、暴走族の魔の手はそこにも忍び寄っていた。マックスが車のメンテナンスをし、息子はシートの上で一人遊びをさせている間、ジェシーは海で泳いでいて、何者かに追われる。メイの家に駆け戻ったとき、息子が暴走族によって誘拐されていることがわかる。メイの機転で、息子を取り戻し、車で逃げるジェシーだが、メンテナンス中の車はエンストを起こす。息子を抱き上げてジェシーは走り出すが、暴走族にひき殺される。

マックスは、復讐に立ち上がり、Ｖ８に乗り込み、暴走族を次々と追いつめる。最後に、親友グースを焼死させた男をグースの報復として焼き殺す。

《マッドマックス２》

二大国の戦争で、世界の文明は滅びた。仮面を付けた異形の男ヒューマンガス率いる暴走族たちは、ガソリンを血眼になって探している。一方マックスは、荒み果てた世捨て人となって、ハイウェイを疾走している。

マックスは荒野にジャイロコプターを発見。ジャイロキャプテンに襲われそうになるが、返り討ちにしてキャプテンを捕らえ、彼に案内させて数千ガロンのガソリンの在処へと向かう。そこは荒野の中にある、石油タンクを中心にしたコミュニティだが、ヒューマンガス率いる暴走族たちの度重なる攻撃に晒されている。そのコミュニティの男を助け、マックスはそこへ入り込むが、疑われて繋がれる。

コミュニティの人々は石油タンクに入ったガソリンを三二〇〇キロ北方（クィーンズランド）へ運び出そうとしているが、ヒューマンガスはコミュニティの人々に石油タンクを置いて立ち退けば命は助けると呼びかける。マックスは石油を運ぶためのトラクターに心当たりがあると申し出、それを取りに行く。暴走族たちに襲われるも、マックスはジャイロキャプテンの助けでなんとか生還する。人々は移動へ向けて準備を始め、マックスにトレーラーの運転を請うが、マックスは自分の仕事は終わったからと言って一人出ていく。マックスは途中暴走族に襲われて重傷を負い、ジャイロキャプテンにまたしても救われてコミュニティに連れ戻される。この一件でマックスは気が変わり、人々のためにトレーラーを運転することにする。

エイミル・ミンティ(野生児)とメル・ギブソン(マックス)

『マッドマックス 2』<ビデオ発売元：ワーナー・ホーム・ビデオ　2480円(税別)>

石油タンカーを中心にした移動中、ヒューマンガスらが襲ってきて、仲間は次々と倒される。コミュニティの一員であるブーメランの得意な野生児と共に奮闘するマックスは、路上のバトルでヒューマンガスを撃破する。その際タンカーは横転するが、実はそれはおとりで中身は砂に過ぎず、マックスもそれに驚く。無事人々は安住の地に密かに石油を運び終え、新しいリーダーとしてジャイロキャプテンを迎えた。マックスの行方はその後知れない。

《マッドマックス　サンダードーム》

マックスは放浪の果て、砂漠の真ん中にある町バーター・タウンにたどり着く。そこは女帝アウンティが作った町で、豚の肥を燃料として電力などをまかなっている。多くの人々は、あらゆるものを物々交換しながら暮らしている。最近、バーター・タウンの知恵袋であり、燃料工場を監督する小人のマスターと、巨人のブラスターが増長しアウンティにたてつくようになってきているために、アウンティはマックスに、巨人のブラスターを決闘場サンダードームで殺すよう依頼する。

ブラスターを倒すもとどめを刺せなかったマックスは、サンダードームの掟を破ったということで砂漠に追放される。砂漠で息絶えようとしていたマックスは、石器人のような暮らしをする人々に救われる。マックスは彼らの伝説に登場するパイロット、ウォーカー機長だと勘違いされ、伝説のトゥモローランド（核戦争以前のシドニー）へ連れていってくれと請われる。結局数人の子供や若者と一緒に、砂漠へ出てトゥモローランドを探すことになったマックスは、まずバーター・タウンに戻って、知恵を借りるために小人のマスターを連れ去る。女帝アウンティはマスターの奪回に乗りだし、砂漠でバトルが繰り広げられる。子供たちは小型飛行機で逃げ去り、マックスは一人砂漠に取り残される。飛行機の上から、彼らは廃墟と化したシドニーを目の当たりにし、村へ帰ってその教訓を皆に伝える。マックスはまた一人、荒野を彷徨う。

『マッドマックス　サンダードーム』
メル・ギブソン(マックス)

右：演出するジョージ・ミラー監督

解説

『マッドマックス』は七〇年代オーストラリア映画の中で、異色の作品であると言える。作品は、アメリカ映画的な要素で満たされている。五〇年代のアメリカのウェスタン映画や、ジョージ・ミラー監督が自ら「意識していた」と言っているB級アクション映画の影響も色濃い。家族を奪われた孤独な男が悪に対する復讐のために立ち上がるというストーリーなど特に、アメリカ映画の定石の一つである。アメリカと並んで最も『マッドマックス』が人気を集めた国日本では、砂塵の巻き起こる赤茶けた荒野が着目され、バイオレンスの似合うその広大な空虚こそ、日本人が新たに発見した「オーストラリア」であり、最大の魅力であるともてはやされた。が、オーストラリア人の側の意見を一つ例に取ると、**Neil Rattigan** は「風景でさえ、オーストラリアのものと確認することは出来ない」と言っている[1]。確かに、作品の中にはっきりとオーストラリアのものと分かる風景は登場せず、むしろ特に続編においては、その舞台は中東かどこかの砂漠地帯を思い起こさせる。それは少なくとも、多くのオーストラリア映画の中で描かれている典型的なオーストラリアの風景とは、明らかに一線を画すものだ。ただそれでも、『マッドマックス』は、通常のオーストラリア映画の文脈とは違った意味で微妙に「オーストラリア的」らしい。ジョージ・ミラーの言によれば、ミラー自身は『マッドマックス』シリーズはオーストラリア文化よりも、むしろB級サブカルチャーの方に属していると思っているが、彼が日本やフランスへ行ったとき、人々に『マッドマックス』は極めてオーストラリア的であると指摘され、また「どうしてそうも独特なのだ？」と問われて説明できずに困惑したと言う。またアメリカで『マッドマックス』が芸術映画として取り扱われた例も挙げて、結局ミラーは、この作品が本質的に持っている「オーストラリア性」が誰も想像しなかったジャンルへと作品を超越させたのだろうと結論づけている[2]。

また、『マッドマックス』が製作された七〇年代末と言えば、オッカーフィルムがその使命を終えて終息し、代わって台頭してきた「芸術映画」も終盤を迎えつつあった時期である。その一連の「芸術映画」はいわゆる「ＡＦＣジャンル」と呼ばれるもので、七〇年代に連邦政府系の最も重要な映画助成団体であったＡＦＣが、高尚な雰囲気を漂わせたもの、特に時代物に対して助成を行い、その手の映画を量産させたことからその呼び名がついた。そして『マッドマックス』は明らかに、このＡＦＣジャンルからも最も遠い存在である。一九七一年にミラーは本業の医師稼業の傍ら、バイロン・ケネディーと共に実験的短編映画『バイオレンス・イン・ザ・シネマＰＡＲＴ１』を撮り、シドニー映画祭やモスクワ映画祭に出品され、またＡＦＩ賞も受賞し、短編としては大きな成功を収めたが、ミラーとケネディーは短編だけではあきたらず、長編映画『マッドマックス』の製作を企画した。だがミラーたちは最初から、ＡＦＣジャンル全盛のオーストラリア映画界にあって、『マッドマックス』のような企画は政府の援助を受けられないと考え、個人投資を募り、またオーストラリアの三大配給・映画館チェーンの内の一つであるロードショウからの出資を取り付けた。公的助成を全く受けていないというこの経緯だけでも、『マッドマックス』は七〇年代のオーストラリア映画から一線を画している。その象徴的な出来事は、フィリップ・アダムズが『マッドマックス』に対して行った手ひどい批判だろう。フィリップ・アダムズは『バリー・マッケンジーの冒険』『ドンのパーティー』『ローラの歌』『奥地の私たち』などの重要な作品のプロデュースで知られると同時に、ＡＦＣの前身のＡＦＤＣやＡＦＴＲＳの立ち上げに参画した、オーストラリア映画ルネッサンスの中心人物である。いわば七〇年代オーストラリア映画の潮流を方向付ける力を持っていた。そのアダムズが『マッドマックス』に激しい嫌悪感を示し、作品を「危険な、死のポルノグラフィー」と評し、また『マッドマックス』は上映されるべきではないと公言したという。さらに『マッドマックス』は、前代未聞の成績を記録し、圧倒的な話題を提供したにもかかわらず、その年のＡＦＩ賞でも編集、音楽、音響の三賞の受賞に留まっている。

　このような異端児としての『マッドマックス』が、オーストラリア映画史の中で持っている意味と言えば、純粋に商業的な競争の原理に挑戦するため、オーストラリア性の追求よりもむしろ国際的なマーケットを視野に入れた作品を作り、それを成功させたことであろう。実際『マッドマックス』は国内で歴代一六位の五六二万七千豪ドルの総利益をあげ、アメリカでは八七五万米ドル、イギリスでは七〇万ポンドの総利益を記録。もちろんすべての数字は、当時過去最高のものであった。あたかもオーストラリア映画産業が誕生して以来、多くの製作者が果敢に国際的マーケットを目指し、挫折していったことを思えば、オーストラリア映画がその野心を現実に達成することが出来た最初の映画であったと言える。またその思想は、八〇年代以降の続編である『マッドマックス２』『マッドマックス　サンダードーム』に受け継がれた。『マッドマックス２』は国内で一一二四万豪ドルを稼ぎ出し（歴代一一位）、アメリカでは二三〇六万米ドル、イギリスでは二五〇万ポンドの総利益を得た。『マッドマックス　サンダードーム』は国内で四二七万豪ドル（歴代二一位）、アメリカで三六二三万米ドル、イギリスで四一〇万ポンドである。

『マッドマックス』シリーズは、国内では『マッドマックス２』が最もヒットし、また今日でもシリーズの最高峰と見なされている。二作目が、前作を凌ぐ興行成績をおさめ、また評価も高いというのも、オーストラリア映画では前例がない。『バリー・マッケンジー』『クロコダイル・ダンディー』『アルヴィン・パープル』も、個性的なキャラクターたちのインパクトだけで見せていた前作に、新味を持たせるためについお定まりのアクションやドタバタをやらせて、失敗するケースが殆どだ。だがむしろ『マッドマックス』の場合、そのパターンは逆になっているのかも知れない。超低予算で、しかもカーアクションなどに金を使いたいために、マックス役には名の知れた役者よりとにかく金のかからない新人俳優を選んだというが、実際マックスはほんの数行のセリフしかなく、あとはＶ８に乗り込んでクールな憂い顔を見せているだけだから、マックスは映画の中でチューンナップしたバイクや車とさほど変わらない重要性しか持っていない。それが第二作では、マックスは相変わらず殆ど喋らないものの、すでに超人気スターとなったメル・ギブソンの存在感をクローズアップするために、マックスのキャラクターは前作よりは深みを増したものになっている。『マッドマックス２』において、マックスはオーストラリア的なキャラクターになっているとの指摘がある。前作には見られないような金髪の美女が登場し、マックスと接触するシーンも印象的で、したがって観る者はロマンスが生まれそうな気配を感じ取る。だが意外なことにマックスは積極的な行動をとるわけでもなく、その美女は戦闘シーンの中であっけなく戦死してしまい、結局二人の間には何もない。性的にもアグレッシブで、必ずロマンスを成就させるのがアメリカ映画のヒーローの定石だとするなら、マックスは例えば『クロコダイル・ダンディー』のミック・ダンディや、『バリー・マッケンジーの冒険』のバリー・マッケンジー同様、女性に対してシャイな、オーストラリアのヒーローなのだとする見方も、十分に説得力がある。(3) むしろマックスのキャラクターに対してそうした読みが可能になるぐらい、『マッドマックス２』は前作よりも主人公の描き方が深みを増したという言い方もできるだろう。それに加えて、より大きな資金によって格段に「オーストラリア的」にスケールが広がった続編『マッドマックス２』は、前作よりさらに高い評価を得ることが出来たのであろう。

『マッドマックス』シリーズが果たした最も大きな功績はもちろん、オーストラリア映画が生んだ最大のスターとなる、メル・ギブソンの名を世界に知らしめたことである。メル・ギブソンはアメリカ・ニューヨーク州の田舎町に生まれ、一二才の時に家族でオーストラリアに移住してきた。ＮＩＤＡに入学し、映画に本格的に関わる以前には、舞台によく出演していた。シドニー・キングズクロスのニムロッド・ストリート劇場で、『俺たちの農場で』『セールスマンの死』などを演じたが、ギブソンの最も有名な芝居はニムロッド・ストリート劇場における『ロミオとジュリエット』で、ギブソンはＮＩＤＡの同級生ジュディ・デーヴィスのジュリエットを相手に、ロミオを演じ、高い評価を得た。また、『マッドマックス』出演後に人気が出てからも、ボブ・ハーバートの著名なオーストラリア戯曲『慎重であれば懲罰は食わない』（後の一九八五年、マット・ディロン主演、『レベル　反逆者』というタイトルで映画化）のプロ劇団による初演の主役を演じたことで、オーストラリア演劇史にもその名を残している。ギブソンの最初の映画出演作は、『メル・ギブソンの青春グラフィティ』で、ＮＩＤＡの同級生、スティーヴ・ビズリーとアルバイト気分で出演したのがきっかけだという。その後、ＮＩＤＡ在学中にジョージ・ミラーらのオーディションを受けて、『マッドマックス』の主演に抜擢される。『マッドマックス』の二本の続編と、ピーター・ウィアー監督『誓い』『危険な年』でオーストラリア映画のスターとしての地位を作り上げ、八〇年代後半からは『リーサル・ウェポン』シリーズで本格的にアメリカに進出。それ以降は俳優としてオーストラリア映画産業に帰ってくることはないが、一九九四年にオーストラリアで製作会社アイコンを設立し、『俺たちの農場で』の史上三度目のリメイクなど、いくつかの映画を製作している。一九九七年には、彼はオーストラリア勲章を授与されている。

『マッドマックス』シリーズはさらに、オーストラリアの個性的な役者を二人、広く紹介する役割も果たした。一人が、第一作で悲劇的な死を迎えるマックスの同僚警官を演じたスティーヴ・ビズリーである。ビズリーは、メル・ギブソンと共演した『メル・ギブソンの青春グラフィティ』では、ギブソンよりも重要な役柄だった。『愛をゆずった女』、ティム・バーストルの『ザ・荒くれ』（一九七八）、ナディア・タスの『ビッグ・スチール』（一九九〇）など、重要なオーストラリア映画への出演があるほか、舞台版『デッド・ハート』初演の際主演をつとめるなど、今日オーストラリア演劇における最も重要な俳優の一人になっている。

もう一人が、続編において怪しげな飛行器具を駆使して空を駆けめぐる鳥類のような風貌の俳優、ブルース・スペンスである。ティム・バーストルの『ストーク』のタイトルロールでも知られるスペンスは、ストーク（こうのとり）という鳥に似たイメージが、『マッドマックス』でもそのまま活かされたような感じさえする。スペンスが、メルボルンの小劇場ラ・ママ＝ＡＰＧで鍛えた演技術とひょうひょうとしたキャラクターは、『マッドマックス２』に、前作には一切省かれていたコメディの要素を付け加えるのに、絶大な力を発揮している。

（1）Mathews, Sue. *35mm Dreams.* pp. 268–69.
（2）Rattigann, Neil. *Images of Australia.* p. 192.
（3）Mathews. S. pp. 236–53.

わが青春の輝き
My Brilliant Career　1979

監督：ジリアン・アームストロング
製作：マーガレット・フィンク
脚本：エレナ・ウイットカム
原作：マイルズ・フランクリン
撮影：ドン・マカルパイン
編集：ニコラス・ボウマン
美術：ルーシアーナ・アリーギー
衣装：アナ・シニア
音楽：ネイサン・ワクス
録音：ドン・コノリー
出演：ジュディ・デーヴィス（シビラ・メルヴィン）
　　サム・ニール（ハリー・ビーチャム）
　　ウェンディ・ヒューズ（ヘレンおばさん）
　　ロバート・グラブ（フランク・ホーデン）
　　マックス・カレン（マクスワット氏）
　　アイリーン・ブリトン（ボウジャーおばあさん）
　　ピーター・ウイットフォード（ジュリアスおじさん）
　　パトリシア・ケネディ（ガウシおばさん）
　　アラン・ホップグッド（父）
　　キャロル・スキナー（マクスワット夫人）
製作会社：マーガレット・フィンク・フィルムズ
上映時間：一〇〇分

『わが青春の輝き』ジュディ・デーヴィス(シビラ)とサム・ニール(ハリー)

ストーリー

一八九七年、ニューサウスウェールズ州の田舎（恐らくブリンダベラ近辺）。砂嵐が発生するような過酷なブッシュで、少女シビラは両親と共に暮らしていた。両親はシビラを奉公に出そうとするが、彼女は拒否する。彼女の夢は、いつか芸術家として身を立てることだった。

祖母の招きで、シビラは家を出て、念願だった「カダガのお屋敷」へ移り、ちょっと厳しい祖母と、出戻りの優しくて美しい叔母ヘレン、愉快な叔父ＪＪと共に暮らすことになる。ある日お屋敷の近くでシビラが木に登り、花を摘み歌を歌っていると、若くてハンサムな農場主ハリー・ビーチャムが通りかかる。ハリーはシビラに興味を持ってアプローチをかけるが、シビラはつっけんどんに応対して名も告げず屋敷に逃げ帰る。だがその晩のカダガのお屋敷のディナーに、ハリーはＪＪ叔父さんの友人として招待され、シビラと再び出会う。シビラは動揺するハリーをここぞとばかりにからかう。

お屋敷にはもう一人、イギリス人ジャッカルー[1]のフランクという男がいて、祖母とヘレン叔母さんは、フランクとシビラの縁談をまとめたがっている。フランクもすっかりその気で、シビラに強気のプロポーズをしてくるが、シビラはそれを断るだけでなく、彼を羊の群の中に突き落としてしまう。怒る祖母に、シビラは「私は結婚しない」と宣言する。

一方でシビラはハリーと親しさを増している。だが、シビラは二人で乗ったボートを揺らしてハリーを転落させたり、枕でハリーに殴りかかって枕の叩きっこに発展したりといった風で、二人の間柄はまるで子犬がじゃれつくような関係である。

ある時、ハリーは仕事で数週間北の方に出かける。その時、「帰ったらすぐにシビラを訪ねる」と約束する。だがしばらくして、シビラはフランクの告げ口で、ハリーが既に帰ってきていると聞き、彼が約束を破ったことに立腹する。シビラがハリーを好きなのに気付いたヘレン叔母さんは、「ハリーはメルボルンで女性たちの憧れの的であり、一番良い家柄の娘を娶ろうとしているのよ」とシビラに忠告する。

その夜ハリーの屋敷で舞踏会が開かれ、シビラも出席する。ハリーは美しい女性に独占されており、シビラは苛立って別の男性と踊る。ハリーは怒ってシビラを部屋に連れ込み、乱暴にプロポーズするが、シビラも怒って「誰かの一部にはなりたくない」と突っぱねる。翌朝、ハリーは経済的な危機で屋敷を手放し、北へ行かなければならないことをシビラに告げる。シビラは初めて素直になってハリーに、自分が見聞を広げるために二年待ってくれたら、一緒になると約束する。

ハリーが去った後シビラは実家の家計を助けるため、マクスワット家の住み込み家庭教師になり、やんちゃな子供たち相手に奮闘している。母から「ハリーは別の女性と結婚するかも知れない」という手紙を受け取り、シビラは悲嘆にくれる。

シビラはある誤解がもとでマクスワット家から実家に戻されるが、そこにハリーが現れる。彼は経済危機を乗り切り、屋敷も手放さずに済んだのだった。ハリーはシビラに、「自分が結婚するのは君だ」と告げる。だが、この再度のプロポーズにもシビラは首を横に振り、自分は文学者を目指すから結婚は出来ないと言う。

やがてシビラの所に、イギリスの出版社から、処女作『わが青春の輝き』の出版を告げる郵便物が届く。

解説

この作品の原作は、オーストラリアの女性作家マイルズ・フランクリン（一八七九—一九五四）の自伝小説『わが青春の輝き』My Brilliant Career（一九〇一）である。オーストラリアにおいて最も権威ある文学賞が「マイルズ・フランクリン賞」であることからも分かるように、フランクリンはオーストラリア文学史上の第一級の作家だ。そしてフランクリンが一九歳の時に書いた処女作『わが青春の輝き』は、今日フランクリンの最も有名な作品である。この小説の映画化に当たっては、当時新人監督のジリアン・アームストロング、プロデューサーのマーガレット・フィンク、脚本のエレナ・ウィットカムという三人の女性が中心となった。つまり当時既に亡い原作者を含めて重要なポジションはすべて女性が占めていたわけで、これはオーストラリア映画においてもかつてないことだった。

この女性製作チームによって、作品に盛り込まれたフェミニズムのテーマは非常に鮮明なものとなった。女性は手近な男性に嫁いで一生を送るべきだという昔ながらの常識に縛られた田舎の土地を飛び出し、外の世界で自分の可能性を試す方を選択するという物語は、七〇年代にオーストラリアでも活発となったフェミニズムの強い影響を受けている。マイルズの青春時代である一九世紀末から二〇世紀初頭にかけての時代にはどれほど奇矯なものとしてうけとられたか分からないこのような生き方についての物語が、七〇年代には新しい女性の生き方を鼓舞する理想的な物語として再生産されたことになる。

こうした意味において、この作品がブルース・ベレスフォード監督の『ローラの歌』と非常に似た内容を持っていることは、『ローラの歌』の項でも指摘した。だが、共にオーストラリアのブッシュで育ち有り余る才能を持て余す二人の少女、シビラとローラを隔てるものがあるとしたら、それはセクシャリティの相違だろう。男性を毛嫌いし上級生の女生徒を独占したいという欲望を持つローラは、レズビアンと断じても間違いではない。一方のシビラのセクシャリティは正常で、彼女はハリー・ビーチャムを愛しており、彼が他の女性と親しげにしていれば女らしい嫉妬心も見せ、別の女性と結婚したと聞けば悲嘆にくれる。ただシビラは男性と自分のキャリアの二者択一を迫られて、キャリアを取ったというだけのことである。シビラのこうした行動には、次のような批判もある。「共に人間関係や性的関係を築くことを望まずに、作家になるために出ていこうとする女性の奇妙さには、観客はどうもそれほど共感しなかったんじゃないか。なぜならそれは道理にかなってないからだ。彼女は隠遁者にならなくちゃ芸術家になれないと思っているようだが、そういうのは普通、最もダメなやり方なのである」[2]。こうしたことは、ローラのホモセクシャリティとそのキャリア志向の間では問題にはならないことだろう。ヘテロセクシャルであるシビラだからこそ、男性との関係とキャリア志向の間の相克が問題となるのである。そして『わが青春の輝き』は、『ローラの歌』とは違ってこの問題を意識的に俎上に載せているのが分かる。

ベレスフォード監督は『ローラの歌』以後、『渚のレッスン』や『辺境に住む人々』などで、外の世界へ羽ばたいていく少女というテーマを追求していったが、各作品において、主人公にとっての男性との関係は、比較的希薄な要素でしかない。対照的にアームストロング監督はその後の作品で、女性のキャリアと男性関係の相克の問題を突き詰めていくことになる。一九八二年のミュージカル映画『スターストラック』は、スターを夢見る少女が、年下のいとこの少年に果敢なプロデュースをさせて、やがてスターダムにのし上がっていくという物語だ。ここでは男性は、女性のキャリアのために奉仕させられる存在である。しかも二人の男女は血縁関係にあり、決して性的関係に発展することはありえない。また少女を慕っていたいとこの少年にも最後に恋人ができ、このいとこ同士の蜜月はやがて終わることを予想させる結末になっている。一九九二年の『我が家の最後の日々』では、すでに名を成している女性作家が主人公だ。愛人のフランス人男性を「主夫」として家に住まわせているが、男性は彼女の妹と関係を持ち、家を去る。女性作家は怒りと嫉妬に悩み苦しむが、やがてその事実を受け入れる。女性作家は元愛人と友情関係を結ぶが、その時の彼女は既に性的な葛藤を克服し、男性なしで生きていく前向きな決意に満ちている。これらアームストロングの作品の原点に、シビラの「男性よりキャリアを」という選択があるのは明白であり、そこには「男性を絶ちきったときに初めて女性が本来の存在になれる」というアームストロングのフェミニストとしてのメッセージが常に込められているのである。

『わが青春の輝き』の最も重要な功績の一つは、ジュディ・デーヴィス、サム・ニールという二人の世界的な名優を輩出したことだろう。デーヴィスは一九七七年にＮＩＤＡを卒業し、シドニー郊外ペンリスのＱシアターカンパニーに在籍した後、この作品で映画デビューを果たした。美人ではないが強靭な意志を秘めたデーヴィスのシビラは非常にインパクトが大きく、デーヴィスのその後の役柄に非常な影響を残したと言っていい。八〇年代以後、デーヴィスはオーストラリア映画で『私たちの夢の冬』『ヒートウェーブ』『ハイタイド』など、一人で生きていこうとする力強い女性の役ばかりを演じることになった。ハリーを演じたサム・ニールはニュージーランド出身で、一九七四年撮影スタッフとしてニュージーランド映画界に入り、一九七七年に『眠っている犬』など二本のニュージーランド映画に出演した後、オーストラリアに渡り、本作でオーストラリア映画のデビューを果たした。デーヴィスとは対照的にニールは、その変幻自在な器用さで、デビュー作以後非常にバラエティに富んだ役柄を演じることになる。デーヴィスとニールの二人は、『わが青春の輝き』から実に一八年後ぶりに、『革命の子供たち』（一九九六）で再び顔を合わせている。シドニー・バルメインの社会主義ムーヴメントを舞台にしたこの作品で、若いときは単身ソビエトのスターリンに会いに行く情熱を持ち、年を取ってからも意気軒昂な左翼の女性闘志を演じるデーヴィスと、彼女を陰で見守るクールな情報部員を演じるニールの対比は、まさに『わが青春の輝き』での二人の役柄を彷彿とさせて興味深い。

『わが青春の輝き』は一九七九年のＡＦＩ賞で、最優秀作品、演出、撮影、脚本、衣装、美術の各賞を受賞。興行的には、公開時には七〇年代後半のオーストラリア映画のブームだった「時代もの」が飽きられ始めていたにも関わらず、作品は相当な健闘を示した。三〇五万豪ドルの総利益で、オーストラリア映画では歴代二八位（一九九六年現在）の好成績となった。

（1）一時的に牧夫として働いている人。都市やイギリス本国などから牧場を訪問し、牧場経営の訓練をしている人を意味する。

(2) White, David. *Australian movies to the world.* (Fontana and Cinema Papaers, 1984) pp. 65–66.

オッド・アングリー・ショット
The Odd Angry Shot　1979

監督・脚本：トム・ジェフリー
製作：スー・ミリケン、トム・ジェフリー
原作：ウィリアム・ネイグル
撮影：ドン・マカルパイン
編集：ブライアン・カヴァナ
美術：バーナード・ハイディズ
衣装：アナ・シニア
音楽：マイケル・カーロス
録音：ドン・コノリー

出演：グレアム・ケネディ（ハリー）
ジョン・ジャラット（ビル）
ジョン・ハーグリーヴズ（バン）
ブライアン・ブラウン（ロジャー）
グレアム・ブランデル（ドーソン）
リチャード・モイア（衛生兵）
イアン・ギルモー（スコット）
グレアム・ラウズ（コック）
作会社：サムソン・フィルムズ
上映時間：九二分

189　オッド・アングリー・ショット　1979

「オッド・アングリー・ショット」ジョン・ジャラット(ビル)、グレアム・ケネディ(ハリー)、ジョン・ハーグリーヴズ(バン)、ブライアン・ブラウン(ロジャー)、グレアム・ブランデル(ドーソン)

ストーリー

二一歳になった青年ビルは、盛大な誕生パーティで祝福されている。そのパーティーはまた、彼がベトナム戦争から無事生還したことを祝うものでもあった。

一九六〇年代後半、オーストラリア軍の精鋭部隊ＳＡＳの一員として、ビルはベトナムの戦線へと投入された。隊長のハリー率いる小隊はキャンプ周辺のパトロールを任務とし、毎日、緊張と退屈が隣り合わせの作戦が続く。

小隊のメンバーは退屈を紛らわすため、毎日のようにフォスターズ・ビールで乾杯し、休暇には街の盛り場を徘徊する。またアメリカ軍兵士たちと、さそりとくもの殺し合いで賭をし、それがキャンプ中を巻き込む大乱闘に発展したりする。

それでも危険は身近にある。小隊のメンバーのスコットは死に、ロジャーは地雷を踏んで両足を吹っ飛ばされる。橋を攻略する作戦を与えられたビルの小隊は、作戦途中で一番のお調子者のバンを失う。敵を排除し、舗装されたちっぽけな橋を制圧した小隊は、むなしさを感じながらキャンプへと帰還する。その直後ビルとハリーは、帰国を命じられる。

二人は、オーストラリアの小ぎれいなヨットハーバーにあるバーで、喜びをかみしめながらビールで乾杯をする。

解説

日本ではベトナム戦争にオーストラリアが参戦したことは、あまり知られていない。オーストラリアは一九六二年から七二年まで約五万人の兵をベトナムに送り、そのうち五百人が戦死、二千人が負傷した。もちろんオーストラリアは、反ベトナム戦争運動や、反徴兵運動など、六〇年代、七〇年代の世界に共通する社会現象もきちんと経てきている。オーストラリア人から見れば当たり前の史実であるが、いつもアメリカの動向ばかり追っているわれわれ日本人は、アメリカの影にかすんでしまいがちなオーストラリアのこうした歴史を知る機会はほとんどない。おそらく、オーストラリア版ベトナム戦争映画も、このような知識がないまま見れば、戸惑いを覚えるだろう。

　この作品は、オーストラリアが製作した初めてのベトナム戦争映画である。だが作品は、アメリカ映画などでいういわゆる戦争映画とは趣を異にし、戦闘場面よりもむしろ兵士たちの日常と、そこから生まれるユーモアを描くことに専心している。兵士たちは何かと言えばフォスターズ・ビールで乾杯し、オーストラリア人が何より好きな賭博に熱中し、派手な喧嘩で大騒ぎする。まさにオーストラリア労働者階級の男性の行動体系が、キャンプという狭い空間の中で凝縮されているような観がある。隊長のハリーは毎日、食事にケチをつけることでコックとコミュニケーションを図り、また重傷のロジャーの入院先に小隊全員で押し掛けてはビールを差し入れし、ロジャーの睾丸がまだ無事か確認したりしている。いかなる状況でも兵士間の深刻な軋轢は生じえず、ここには、過酷な環境で結束しいたわり合うオーストラリアの精神風土「メイトシップ」が健在なのである。

　このような喜劇性のため（演技は抑制されたトーンで、決してドタバタに堕してはいないが）、この映画はよく、アメリカの戦場コメディ映画『Ｍ★Ａ★Ｓ★Ｈ』（一九七〇）に似ているとの指摘を受ける。だが、『Ｍ★Ａ★Ｓ★Ｈ』は朝鮮戦争を舞台にしていること、『ディア・ハンター』（一九七八）、『地獄の黙示録』（一九七九）など、『オッド・アングリー・ショット』と同時代のアメリカのベトナム戦争映画が、戦争の残酷を前面に出した悲痛なトーンに彩られていることなどを考えると、どうも『オッド・アングリー・ショット』に見られるオーストラリアから見たベトナム戦争は、アメリカのそれと比べて際だって能天気なようにも思えてくる。もちろん『オッド・アングリー・ショット』にも過酷な戦闘シーンや残酷にベトナム人を殺害する場面はいくつか登場するのだが、この映画が公開されたときには国内の批評家から「ベトナム戦争の一面しか描いていない」「メッセージ性がない」などの批判も加えられた。したがってオーストラリアにおけるベトナム戦争観が、この映画に描かれる程度のものだったと判断するわけには行かない。ただ、オーストラリアでは一九七九年、『ディア・ハンター』と『オッド・アングリー・ショット』が同じ週に封切られ、もちろん『ディア・ハンター』は国際的な評価どおりオーストラリアでも良い興行成績を残したけれども、『オッド・アングリー・ショット』はそのハンディを乗り越えて大健闘した。この事実は、オーストラリアの観客が、『ディア・ハンター』が描くアメリカから見たベトナム戦争とは全く違った、「オーストラリアにとってのベトナム戦争」を見ることを欲したことを示している。

興味深いのは、一九七九年の『オッド・アングリー・ショット』から始まって、今世紀初頭のボーア戦争を描く『英雄モラント』（一九八〇）、第一次世界大戦のガリポリの激戦を描く『誓い』（一九八一）というように、戦記物のオーストラリア映画が三年続けて製作され、どれもが興行的に大成功をおさめたことである。『英雄モラント』と『誓い』のエピソードは共に、既に「神話」として、オーストラリア文化の中に深く刻みつけられている史実である。七〇年代の終わりから八〇年代初頭という時代は、再生したオーストラリア映画の沸騰期と考えてよく、新生オーストラリア映画は「自国の文化」、「自国の映画」のかたちを模索して、盛んにオーストラリア文化における「神話」の映像化に手を染めた。それが『英雄モラント』や『誓い』であり、また『スノーリバー』（一九八二）や『ファー・ラップ』（一九八三）でもある。それまで長い間アメリカ映画にしか接することの出来なかったオーストラリアが、復活した自国の映画によって、やっと自国の歴史や文化を自分たちの手で語り伝えることが出来るようになった喜びが、当時の映画人にも、そして観客にもあったはずである。ということは『オッド・アングリー・ショット』は、「オーストラリア映画がオーストラリアの歴史を語る」という一連の流れの、先駆けとなった記念すべき作品と考えてもいいのではないだろうか。そしてそのために、作品の中に描かれるベトナム戦争も、「オーストラリア人にとっての」という視点は、絶対に欠くことの出来ない要素だったのであろう。

この映画のオーストラリアでの成功には、またキャスティングの良さが大いに貢献している。集まったキャストは当時からオーストラリアで売れっ子の役者たちであったが、この映画をきっかけにほとんどがさらにそのキャリアを発展させている。何と言ってもそのクールな存在感が光るのが、ロジャー役のブライアン・ブラウン。一九七八年からオーストラリアで映画出演を開始した彼は、この時期多くのオーストラリア映画に引っ張りだこで、やがて八〇年代に国際的大スターとして羽ばたいていく。頼れる年長のハリーを演じたグレアム・ケネディも、七〇、八〇年代を通してさかんに製作された劇作家デヴィッド・ウィリアムソン原作の映画には欠かせない役者として地歩を固めた。ジョン・ハーグリーヴズも一九九六年に惜しまれながらなくなるまでオーストラリア映画の顔であり続けたし、グレアム・ブランデルは、メルボルンの伝説の小劇場ラ・ママの創設者の一人であり、また今日でもオーストラリア映画における名バイプレイヤーとして、欠くことの出来ない個性的な役者である。

英雄モラント
Breaker Morant 1980

監督：ブルース・ベレスフォード
製作：マシュー・キャロル
脚本：ジョナサン・ハーディー、デヴィッド・スティーヴンズ、ブルース・ベレスフォード
原作：ケネス・ロス
撮影：ドン・マカルパイン
編集：ウィリアム・アンダーソン
美術：デヴィッド・コピング
衣装：アナ・シニア
音楽：フィル・クーニーン
録音：ギャリー・ウィルキンズ
出演：エドワード・ウッドワード（ハリー・モラント）
ジャック・トンプソン（Ｊ・Ｆ・トマス少佐）
ジョン・ウォーターズ（テイラー大尉）
ブライアン・ブラウン（ハンコック中尉）
チャールズ・ティングウェル（デニー中佐）
テレンス・ドノヴァン（ハント大尉）
ヴィンセント・ボール（ハミルトン大佐）
レイ・マーア（ドラモンド上級曹長）
クリス・ヘイウッド（シャープ大尉）
ルイス・フィッツジェラルド（ウィットン中尉）
ロッド・マリナー（ボルトン少佐）
製作会社：サウスオーストラリア映画公社
上映時間：一〇四分

195　英雄モラント　1980

『英雄モラント』エドワード・ウッドワード（モラント）とジャック・トンプソン（J・F・トマス少佐）

ストーリー

一九〇〇年、南アフリカのボーア戦争。トランスヴァールの領有権を巡ってボーア人（オランダ人の移民。今日のアフリカーナ）と戦うため、オーストラリア人部隊を含んだイギリス軍が侵攻している。ブッシュヴェルト騎銃兵連隊に所属するオーストラリアのモラントは、ハンコック中尉、ウィットン中尉と共に「捕虜をとるな」というイギリス軍の命令に従って、またボーア兵に殺された友人の将校の報復の意味も込めて、捕らえたり投降してきたボーア兵捕虜をすべて射殺していた。ドイツ人宣教師も暗殺するにいたって、モラント、ハンコック、ウィットンの三人はイギリス軍の軍法会議に召還され、留置される。オーストラリアから彼らの弁護人として不慣れなトマス大佐がやってくる。

個々の捕虜殺し、ドイツ人宣教師殺しを検証する裁判で、トマス少佐は奮闘し、モラントらも自らの正当性を主張するが、すでにイギリスの法廷は、モラントら三人を処刑して対外的な面目を保つことに決定している。「捕虜をとるな」と命じたはずのイギリス軍将校キチナ卿もシラを切る。結局三人は、トマスの抗議もむなしく、銃殺刑の判決が下る。

朝焼けの中モラントとハンコックの二人は、イギリス軍兵士によって荒野に引き出され、堂々とした態度で銃殺に臨む。ウィットンは刑を減じられ、数年後に釈放。彼は『帝国のスケープゴート』という本を執筆する。

解説

『英雄モラント』は、八〇年代初頭から始まったオーストラリア映画におけるナショナリズム傾向の、最も重要な作品として位置づけられている。それは、オーストラリア映画史においてこの作品が、ハリー・モラントというオーストラリアの英雄のエピソードを初めて描き出したためである。そもそもモラントという実在する軍人の物語は、建国以来オーストラリアのナショナリズムを構成するいくつかの神話の重要な一角を占めるものである。モラントは、「捕虜をとるな」というイギリス軍の命令に従って投降したボーア人をことごとく殺害したが、さらにドイツ人宣教師までも手にかけてしまい、ドイツが怒ってボーア側に参戦するのではないかと恐れたイギリスは、ドイツを納得させる「生け贄」としてモラントたちオーストラリア兵を処刑した。一人死刑を免れたウィットンは『大英帝国のスケープゴート』という本を書いたが、この「大英帝国のスケープゴート」という概念は、歴史上の様々な局面で、オーストラリアが宗主国イギリスから被ってきた過酷な仕打ちを物語るものである。植民地時代のさまざまな抑圧、第一次大戦でイギリス軍の無謀な作戦によってオーストラリア兵が多数命を落としたガリポリ、そして第二次大戦でイギリス軍に見捨てられたまま日本軍に打ち負かされ敗走したシンガポール・ジョホール海峡。常にイギリスによって捨て石にされてきた植民地オーストラリアの怨念は、イギリスの植民地ではない、オーストラリアという新しい「国家」を建設する意志を高揚させる支えとなってきた。イギリスでは歴史上モラントは捕虜を無差別に殺害した殺人者としか認識されていないが、オーストラリアでは、ガリポリにおけるアンザック軍と同様、オーストラリア人の心の内にナショナリズムを喚起させてきた「英雄」に他ならないのである。

だが『英雄モラント』のエピソードは、モラント一人の英雄物語に収斂できるほど単純ではない。モラントに、一緒に法廷に登ったオーストラリア軍人ウィットンとハンコック、を加えて、この三人がまとまって裁判を受けていることに大事な意味がある。生き残ったウィットンは誠実な、大英帝国に忠誠を誓った兵士だ（ピーター・ウィアーの『誓い』におけるアーチーに似ている）。モラントの仲間の、ブライアン・ブラウン演じるハンコックは典型的なオーストラリア人の「ラリキン」で、軍役につく前はブッシュで馬乗りをしていたというエピソードもある。そしてモラント自身はもと馬の調教師（ホースブレイカー）であり、歌を歌い、詩を吟じる個性的な人物であるが、実は生粋のオーストラリア人ではなく、イギリス生まれで、オーストラリアに移りオーストラリア人と交際するようになってからオーストラリア人らしい荒々しさを身につけたという経歴を持つ。このようにオーストラリア人を構成する典型的な三種類の人間（英国信奉者、ブッシュマン、移民）が、イギリスによって裁かれていく。Neil Rattigan の言葉を借りればイギリスの法廷に立たされているのは「三人の個人であると共に、オーストラリア（あるいはオーストラリア性）そのもの」なのだ。[1] ここに、物語はモラント個人の物語だけではなく、オーストラリア全体とイギリスとの関係を描き出しているのだと見ることが出来る。また、大国イギリスの理屈に必死で抵抗しつつ、力及ばずに押し切られていく新米弁護人トマス少佐も、オーストラリアという国の無力さを象徴しているようにも見える。

　モラントたち三人のオーストラリア将兵を英雄視する視線は、確かにこの作品の中に見られる。例えば裁判が進行する中、モラントたちが抑留されているイギリス軍基地がボーア人ゲリラ集団に襲われる。イギリス兵たちは寝起きを襲われ、たちまち基地は蹂躙されるが、イギリス兵がモラントたちを獄舎から解放し銃を与えた途端、モラントたちオーストラリア兵は大活躍をしてたちまちゲリラは追い払われる。この場面は挿入されること自体多少不自然な印象もあるが、モラントたちがただの捕虜殺しだけでなく、英雄であるということの理由付けのためには、必要な場面である。

　だが一方でベレスフォード監督は、ボーア人捕虜とドイツ人使者殺害に関して、モラントたちが潔白であるという立場には立っていない。映画は淡々とモラントが捕虜を殺していく場面を映し出し、またハンコックに平然とドイツ人殺害を命じる場面もある。Peter Coleman によるベレスフォードの伝記によればベレスフォードは、一九七八年にメルボルン・シアターカンパニーが初演したケネス・ロスの戯曲『ブレイカー・モラント』と、デヴィッド・スティーヴンズとジョナサン・ハーディーによる映画台本という二種類の台本を読み、共にモラントらが潔白であることを強調しているのが気に入らず、自ら台本を書き直したという。[2] というのも、ベレスフォードはモラントにも非があるということに力点を置くことで、モラントがそのような蛮行に走らざるを得なかった近代戦争の残酷さを描きたかったらしい。作品中で、弁護に立った弁護人トマス少佐は法廷でこの犯罪に殺人罪という市民社会の法を適用して良いのだろうか、と訴えている。着飾った戦士が一騎打ちをするような戦争はすでに遠い昔のものになり、一九〇〇年のボーア戦争は、モラントの言う通り「敵が軍服を着ておらず、時に女だったり、子どもだったり、そして宣教師だったりする」全面戦争である。捕虜を紳士的に扱えというようなきれい事は、忍び寄るゲリラへの不安を常に抱く近代戦には通用しなくなっているのだ（Coleman によればベレスフォードは、二次大戦に従軍した自分の叔父が、教育も理性もあり穏和な人物であるのにも関わらず、捕虜の日本兵を多数射殺した、という話をしたのを聞いて、ごく普通の人間を狂わせる近代戦争の恐ろしさを認識するようになったという）。だが、こうしたベレスフォードの反戦主義も、観る者はオーストラリアとイギリスの関係、モラントが高揚させるオーストラリアのナショナリズムなどの側面の方にのみ目を奪われ、作品の中心的なテーマとして認識されるのは難しくなっているようだ。むしろベレスフォードのこのような反戦主義は、この作品ではなく、一七年後のベレスフォードの作品『パラダイスロード』（一九九七）で純化されている。『パラダイスロード』は、第二次大戦でシンガポールにいた西洋人女性たちが日本軍の捕虜としてスマトラの収容所に入れられ、過酷な運命を辿るという物語で、戦場にはもはやモラントのような英雄はおらず、女性たちと、戦争によって猛り狂った日本兵だけだ。だが、合唱隊を組織した女性たちの清らかな歌声によって、日本兵も次第に癒やされ人間味を取り戻していくのである。

『英雄モラント』は、キャスティングもまた注目に値する。モラントはイギリスの俳優エドワード・ウッドワードが演じているが、モラントのイギリス生まれの経歴を考えれば、妥当な線ともいえる。ハンコックを演じたブライアン・ブラウンは、後に荒々しいオーストラリア男の代名詞ともなる俳優で、恐らくそのイメージはこの作品で決定的になったものだろう。そして弁護士トマス少佐を演じたジャック・トンプソンは、『ピータスン』『サンデー・トゥー・ファーラウェー』『クラブ』（一九八〇）の主演でオーストラリアのトップスターに躍り出ており、やはり無骨なオッカーの臭いを漂わせる役柄が多く、トマス少佐の不器用だが真摯さに満ちたキャラクターは、トンプソンのはまり役だった。ＡＦＩ賞では、モラントではなくトマス少佐が主役と見なされて、ジャック・トンプソンは主演男優賞を受賞している。

ＡＦＩ賞ではその他にも、最優秀作品、監督、助演男優（ブライアン・ブラウン）、脚本、音響、美術、衣装、編集、撮影など、合計一〇賞を獲得した。また興行成績も優れ、四七四万豪ドルの総利益をあげ、オーストラリア映画では歴代一九位に入っている（一九九六年現在）。

（1）Rattigan, Neil. *Images of Australia.* p. 65.

（2）Coleman, Peter. *Bruce Beresford: instincs of the heart.* (Angus & Robertson, 1992) pp. 78–88.

誓い
Gallipoli　1981

監督・原作：ピーター・ウィアー
製作：ロバート・スティッグウッド、パトリシア・ロヴェル
製作総指揮：フランシス・オブライアン
脚本：デヴィッド・ウィリアムソン
撮影：ラッセル・ボイド
編集：ウィリアム・アンダーソン
美術：ハーバート・ピンター
音楽：ブライアン・メイ
録音：ドン・コノリー
出演：メル・ギブソン（フランク）
マーク・リー（アーチー）
ビル・ハンター（バートン少佐）
ロバート・グラブ（ビリー）
ビル・カー（ジャック）
ティム・マッケンジー（バーニー）
デヴィッド・アーギュー（スノーウィ）
ハロルド・ホプキンズ（レズ・マカン）
ロン・グレアム（ウォレス・ハミルトン）
ゲルダ・ニコルソン（ローズ・ハミルトン）
製作会社：アソシエイテッドR&Rフィルムズ
上映時間：一一〇分

『誓い』マーク・リー（アーチー）とメル・ギブソン（フランク）

塹壕で突撃命令を待つアーチー

メル・ギブソン(フランク)とマーク・リー(アーチー)

伝令が間に合わず絶叫するフランク

ストーリー

一九一五年、ウェスタンオーストラリア。一八才の青年アーチーは、伝説のアスリートであるラサルスに近づくべく、トレーニングを積んでいる。だが第一次世界大戦が激しさを増す時勢にあって、アーチーは競争競技だけが人生とは思えず、軍隊にあこがれている。

レースで、アーチーはラサルスと同じタイムで優勝。アーチーは家族に無断で、その場で軍の将兵募集に応じる。しかし未成年なのがばれ、入隊は出来ない。レースでアーチーに負けた風来坊の青年フランクは、「パースに行けば入隊できる」とアーチーを誘う。意気投合した二人は、パースに向かう旅に出る。途中、騎兵になりたいというアーチーにつられて、軍隊に興味など無かったフランクも、騎兵になると言い出す。

パースで、アーチーは難なく騎兵として採用されるが、フランクは馬を御すことができずに失格。二人は別れ別れになる。フランクは風来坊仲間と一緒に、歩兵として入隊する。

同年七月、エジプト・カイロ。フランクはスポーツをしたり、カイロの町の喧噪の中を戯れながら彷徨い、軍隊生活を楽しんでいる。演習で、フランクはアーチーと再会。アーチーはバートン少佐を説得し、フランクも騎兵隊に入れてもらう。

アーチーやフランクを含むアンザック（オーストラリア・ニュージーランド連合軍）は、夜間に船でガリポリに上陸、最前線に配置される。前線部隊は、対峙するトルコ軍に塹壕の中で釘付けにされている。

二万五千のイギリス軍がトルコのガリポリに上陸することになり、その前にトルコ軍を引きつけるため、アンザックが総攻撃をかけるという作戦が立てられる。総攻撃の前夜、バートン少佐はアーチーの駿足をかって伝令になるよう命じるが、アーチーは自分の代わりにフランクを推す。

総攻撃の時が来た。トルコ軍の機銃を砲撃で沈黙させる作戦が成功しないまま、アンザックは突撃を命じられる。第一陣はトルコ軍の機銃の前にばたばたと倒れ、突撃を中断。司令部との電信が切れ、バートン少佐はフランクを司令部に走らせるが、司令部は断固攻撃を続行せよとしか言わない。落胆する前線部隊を前に、フランクは今度は将軍を説得すべく、走る。すでにイギリス軍が無事上陸したという情報を得た将軍は、アンザックの突撃を中止せよという命令をフランクに託す。

フランクが到着する直前、司令部との電信は復旧し、将軍の指示が届いていない司令部はバートンに攻撃再開命令を繰り返す。バートンはウェスタンオーストラリアの部隊を率い、悲壮な覚悟で突撃を開始。ぎりぎりで間に合わなかったフランクは絶望に絶叫する。アーチーは、まるでレースでスタートを切るように塹壕を飛び出し、射殺される。

解説

現在オーストラリアでは、四月二七日をアンザック・デーと呼んで祝日としている。歴史の上で、アンザック軍がトルコのガリポリに上陸した日だ。その日からアンザック軍は、狭い陣地に塹壕を掘り巡らし、数ヶ月トルコ軍と対峙することになる。今日でもオーストラリア人男性のことを俗にdigger（掘る人）と言うが、一説にはその言葉はこの時「塹壕を掘った」アンザック軍から来ていると言われている。このようなエピソードをいくつか取り上げてみても、「ガリポリ」がオーストラリアにとって、その精神文化にとって、いかに重要な出来事であるかが分かる。ピーター・ウィアー監督自身は、ガリポリ[1]はオーストラリア文化にとってどのような意味を持つのかと問われて、「それは国家の誕生だった」と応えている。イギリスの植民地からオーストラリア連邦が成立したのが一九〇一年。それから一〇余年が過ぎ、イギリスが起こした戦争のために、オーストラリアは勇んで遙かヨーロッパ・トルコの戦線に駆けつけた。だが待っていたのは、イギリスの粗末な作戦が引き起こした大損害で、作戦終了までにオーストラリア軍は七千六百人の死者、一万九千人の負傷者を出した。オーストラリア人はイギリスの盾にされたと思い込み、この時初めて宗主国イギリスに「裏切られた」と感じた。これを機に、オーストラリア人は植民地人意識を脱し、明確に国家を意識するようになったと言われる。この史実は語り継がれる間に、単なる史実を超越し、あたかも神話のような存在となった。まさに、オーストラリアの建国神話と言っても過言ではない。

八〇年代初頭は、オーストラリアの歴史や神話に材を求めた、自国のアイデンティティ探しが、オーストラリア映画において最も活発に行われた時期であった。ウィアー監督の『誓い』も、まさにこの一連のムーヴメントの中に位置づけられる。それまで不思議なことに、オーストラリアでは「ガリポリ」を題材にした無数の文学作品が生まれたのに、オーストラリア映画は「ガリポリ」をほとんど描いてこなかった。一九一五年に『ダーダネルズ海峡の英雄』、『我がゲートの中に』、一九一六年に『アンザックのマーフィー』というサイレント映画が作られているが、これはまさにガリポリと同時代の、戦意高揚映画であり、フィルムもほとんど残存していない。その後もめぼしい作品はなく、ウィアーの『誓い』は、スクリーンの上に事実上初めて「ガリポリ」というオーストラリア建国の神話を描き出した、きわめて歴史的な出来事だったのである。

ウィアーは一九七六年に実際にガリポリを訪れ、映画のインスピレーションを得た。脚本のデヴィッド・ウィリアムソンは台本執筆にあたって、アンザック史家のビル・ガミジをアドバイザーに招き、彼のドキュメンタリー『ブロークン・イヤー』**Broken Year**を基本資料に用いている（一九八一年に、『ガリポリ物語』The Story of Gallipoliと題して、ガミジのドキュメンタリーとウィリアムソンの台本が合本でペンギンから出版された）。ガミジの本には、アンザックとしてガリポリに出征した若者たちの書簡や日記が多く収録されている。映画におけるあらゆるディティールは、現地調査や資料によって得られた史実に忠実に則って作られており、フィクションであるアーチーとフランクという二人の若者も、こうした資料から浮かび上がってきたキャラクターなのである。

アーチーとフランクは、互いに競い合いながら、また互いをいたわり合う。そこには、もう一つのオーストラリアの伝説である「メイトシップ」が、この上ないほどに美しく描かれている。(2) アーチーとフランクを、共にオーストラリア人のステレオタイプであると見るのは、Neil Rattigan である。アーチーはブッシュマンとしてのオーストラリア人。その性格はあくまで純粋で、無垢である。一方のフランクは都市のオーストラリア人。ちょっと小賢しいラリキン（オーストラリア文化史上の用語で、「反権威・独立独歩の無頼漢」を意味する。もとは、ストリートギャングなどの犯罪者を指すことばから発生）で、しかし本当はオーストラリアより外の世界に対してアーチーと同じぐらいの無垢さを持っている。二人は、「ブッシュと都市、ブッシュマンとラリキンというオーストラリアのアイデンティティの、神話上の代理物なのである」と言う。これは面白い見方で、しかも正鵠をついている。確かにウィアーにも当初、アーチーのいるアウトバックからフランクが働くパースに繋いで、都市とアウトバックを対比させようという意図があったという。(3)

だが最終的には、ウィアーはその対比をもっと曖昧なものにし、パースの都会を一切登場させず、二人の若者にひたすらパースを目指す砂漠の旅をさせた。神話の主人公である二人は、オーストラリアの砂漠からエジプトの砂漠、そしてガリポリの砂漠へ、延々と続く砂の道を歩き続ける。ここには、戦争、そして死という大きな運命に向かって、砂漠という幻想的な光景の中を歩んでいく、若者たちの非日常的な姿がある。それは神々しいほどに美しく、また同時に理不尽きわまりない。『誓い』が完全にオーストラリア人にしか分からないはずのテーマを描いているのにも関わらず、作品が世界中で受け入れられたのは、こうした抽象的描写であらゆるものを普遍的に見せてしまうウィアーの手腕によるところは極めて大きい。

ウィアーにとって、『誓い』は『ザ・ラストウェーブ』に次いで劇場映画五作目である。『誓い』は彼にとって、それまでのオーストラリアにおける映画製作の歴史の中で最も強力な仲間に恵まれた作品といえるかも知れない。オーストラリア現代演劇を創成したメルボルンの劇団ラ・ママの出身で、すでにオーストラリアを代表する劇作家としての地位を固めていたデヴィッド・ウイリアムソン。『マッドマックス』でデビューし、『ティム』ではＡＦＩ賞最優秀男優賞を受賞していたメル・ギブソン。そして資金提供は、オーストラリアのメディア王ルパート・マードック。まさにオーストラリアの生んだ各界の巨星たちが、この映画のために集結したことになる。この作品のあとウィアーは、ウイリアムソン、ギブソンと共に『危険な年』を製作し、それを最後にハリウッドへ招かれることになる。

『誓い』は、オーストラリアで圧倒的な熱狂を持って迎えられた。興行成績は、今日までに一一二四万豪ドルの総利益をあげ、オーストラリア映画では歴代九位に入る（九六年現在）。イギリス、アメリカでも作品は公開された。イギリスでは「英国叩き」の映画であるとして、新聞紙上の評価はあまり良くなかったというが、一週だけ全英で入場者ナンバーワンに達した。アメリカでも作品は健闘を示し、五七三万米ドルを売り上げた。

（1）Mathews, Sue. *35mm Dreams.* p. 101.
（2）Rattigan, Neil. *Images of Australia.* p. 136.
（3）Mathews, S. p. 103.

ハイスクール・グラフィティ　渚のレッスン
Puberty Blues 1981

監督：ブルース・ベレスフォード
製作：ジョーン・ロング、マーガレット・ケリー
脚本：マーガレット・ケリー
原作：キャシー・レット、ガブリエル・ケアリー
撮影：ドン・マカルパイン
編集：ウィリアム・アンダーソン、ジェニーン・チアルヴォ
美術：デヴィッド・コピング
衣装：スー・アームストロング
音楽：レズ・ゴック、ティム・フィン（テーマソング）
録音：ギャリー・ウィルキンズ
出演：ネル・スコフィールド（デビー）
ジャッド・キャペリア（スー）
ジェフ・ロウ（ギャリー）
トニー・ヒューズ（ダニー）
サンディ・ポール（トレーシー）
リアンダ・ブレット（チェリル）
ジェイ・ハケット（ブルース）
ネッド・ランダー（ストレイチ）
製作会社：ライムライト・プロダクションズ
上映時間：八七分

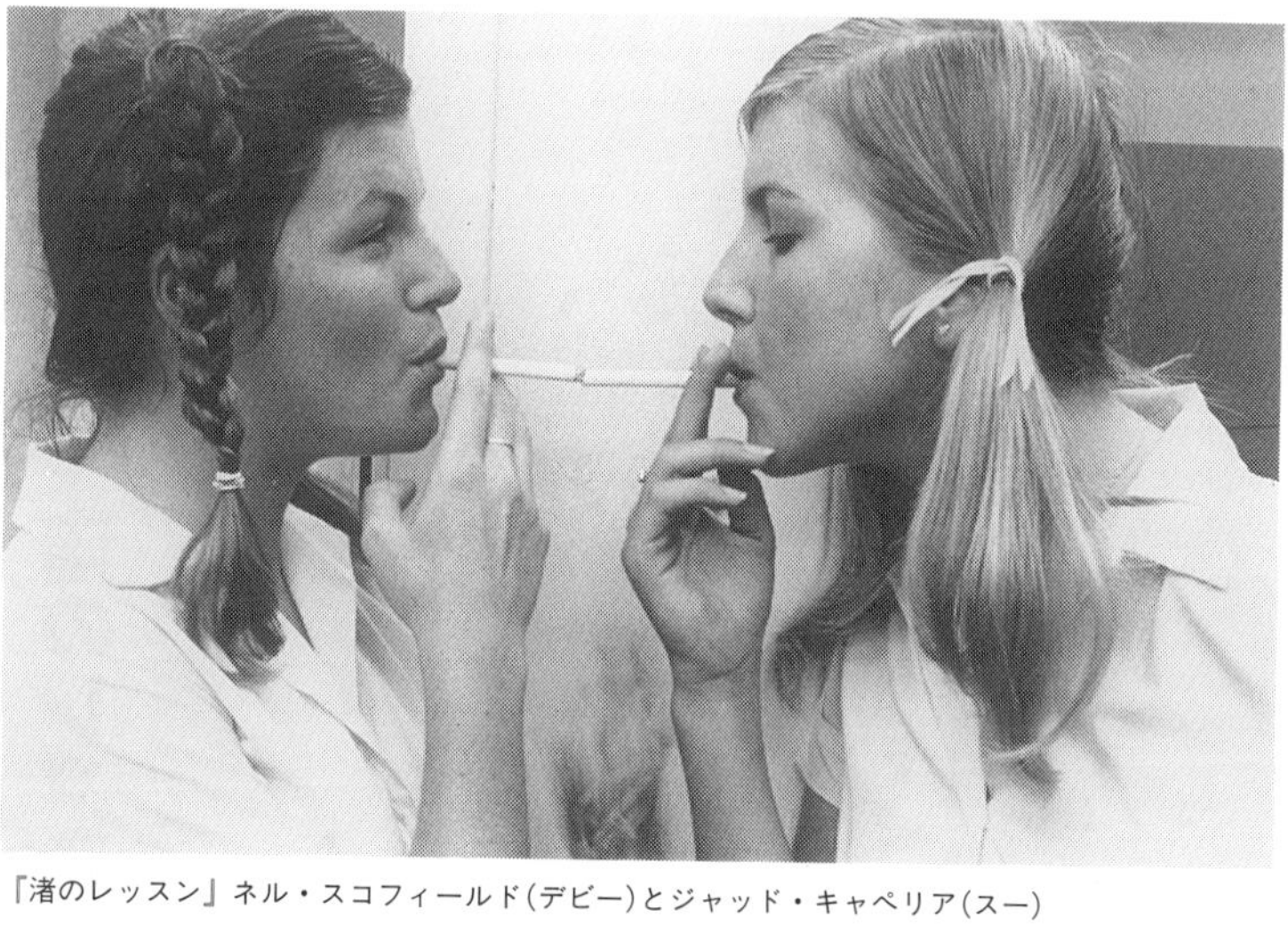

『渚のレッスン』ネル・スコフィールド(デビー)とジャッド・キャペリア(スー)

ストーリー

デビーとスーは、シドニー郊外、クロヌラ・ビーチの中流家庭に暮らすハイティーンの少女だ。家ではそれほど悪い子ではないが、学校ではいたずらばかりの問題児、そしてビーチに出れば、サーファーの不良少年グループと一緒に遊び狂う。煙草、酒、セックスと、悪いことはたいがいやりまくり、彼らはついにドラッグにまで手を伸ばす。

大工の息子でサーファーのブルースと別れたデビーは、次にやはりサーファーのギャリーとつきあい始める。だが、しばらくしてデビーは生理が来ないことに気付き、不安を覚える。ギャリーに相談するものの、彼には責任をとる気などさらさらない様子。男の無責任な態度にデビーの怒りがさめやらぬ頃、こともあろうにギャリーがドラッグ中毒で急死する。サーファー・グループは浜辺で弔いの火を焚き、ギャリーのサーフボードを海へと流す。デビーはこの光景に何とも言えない不快を覚える。

数日後、デビーとスーは自分たちで一枚のサーフボードを買い、ビーチに現れる。サーファーたちに冷やかされる中、デビーは果敢にサーフィンに挑戦する。彼女はついに見事に波に乗り、浜辺のサーファーたちから驚きと賞賛の声を浴びる。

解説

この作品は、キャシー・レットとガブリエル・ケアリーが一九七九年に発表した小説『思春期の憂鬱』Puberty Bluesを映画化したものである。原作ではデビーとスーは一三歳の少女という設定だが、映画では、年齢は明示されないものの、デビーとスーを演じた役者たちは少なくともハイティーンに見える。二人の役者は共に無名で、この作品の後にもほとんど映画出演はない。スターを一切起用しなかったことを含めて、作品全体のトーンは極めて淡々としたもので、それによりありふれたティーンエイジャーの生態をリアルに浮き彫りにすることに成功している。

『渚のレッスン』は、日本においてきちんと批評された、数少ない八〇年代オーストラリア映画の一つでもある。八〇年代のオーストラリア映画を折に触れて論評してきた粉川哲夫は、この映画に、「文化的僻地にカウンターカルチャー以降の時代の波が忍び寄っている」様相を見ている。すなわち、若者たちのドラッグの使用は言うに及ばず、「ファック」などという言葉、中流階級の娘が大工の息子と自然につきあうこと、また家庭でピザを食べるシーンを捉えて、下層階級のイタリア移民の食べ物であったピザがすでに普通の中流家庭にまで浸透してしていること、などの要素が七〇年代以降の時代の変化だと指摘しているのである。そしてその最たるものがラストシーンでの、デビーがサーフィンをする場面だと言う。女だてらにサーフィンをしてしまうというデビーの「フェミニスト的」姿勢が、オーストラリアでもフェミニズム運動が力を持ち始めた七〇年代以降という時代の趨勢を暗黙に伝えていると粉川は説いている[1]。

確かに親や教師たちに象徴される旧世代とデビーたち新世代の対比が、この映画の面白さの多くを負っている。とくにクロヌラという、シドニーの都心から数十キロ離れた「田舎の」サバーブでは、古い世代はより保守的なままだし、若い世代は刺激を求めてより価値を紊乱するような振る舞いに及ぶという図式も明確になる。だが、ラストシーンの解釈については、違った見方もできるだろう。デビーがサーフィンをするという行為は、その現象だけを見たら、ただ少年たちがやっていることをさるまねしているに過ぎず、それをもってフェミニズム云々というには明らかに物足りない。デビーは一体何のためにサーフィンをして見せたのであろうか？デビーはギャリーがドラッグ中毒で死んだ時こそ悲嘆にくれていたが、その後の、サーファー仲間が浜辺で火を焚きサーフボードを流すという弔いの儀式をしている光景には、冷ややかなまなざしで、むしろ「なんかムカつく！」と悪態をつく。ここでデビーの苛立ちは、実は自分たちが身をおいている新しい世代、そして彼らのサーファー文化に向けられている。親や教師などの古い権威に反抗し、その拘束から解き放たれたいと願ってきたのにも関わらず、サーファーでいること、サーファーの取り巻きでいることには、彼ら自身が作り上げたまた新たな拘束が厳然として存在する。結局その抑圧から自らを解放するにはドラッグしかなく、その愚の骨頂をギャリーが彼女の目の前で示した。デビーはサーファー仲間のギャリーに対するひどく儀礼的な弔いを眺めながら、自分たちの属する文化が自分に対して及ぼそうとする抑圧に対して言い様のない不快感を感じたのである。その文化の秩序を破壊すること、それはすなわちサーファーの取り巻きという定められた役割を返上することである。したがってデビーがサーフボードに乗ったのは、自分が属してきた若者文化への決別、「思春期（Puberty）」からの卒業を意味していると考えることが出来るのである。

　カウンターカルチャーが一世を風靡した時代から時は流れて九〇年代、若者たちの文化にも反動が訪れる。『ハーケンクロイツ　ネオナチの刻印』（一九九二）はネオナチ、スキンヘッド文化を題材にしたもので、同じ若者のサブカルチャーがテーマという意味で『渚のレッスン』と同じカテゴリーに入れることが出来るかもしれない。ネオナチはすでに自らをレイシズムや国粋主義というイデオロギーに拘束するところから始まっているが、結局、それが個人にもたらす抑圧は、『渚のレッスン』のサーファー文化のそれと実質的にさほどの違いはない。『ハーケンクロイツ　ネオナチの刻印』の主人公ハンドーは、『渚のレッスン』のギャリーがドラッグに逃避して死んだように、空虚なイデオロギーとジレンマに殉じて命を落とす。結局ハンドーも、ギャリーも、「思春期を卒業できずに早世した若者」という意味で共通している。このように『渚のレッスン』は、カウンターカルチャーなどの大きな文化の流れを背景にしつつも、実は、大人たちに反発しながら幼稚で抑圧的な秩序を自ら作り上げてもがいている、いつの時代にも変わらない若者の姿を描いているのではないだろうか。

　この作品は八九万豪ドルの低予算で製作されたが、ベレスフォード監督作品の中では『英雄モラント』に次いで二番目、八〇年代オーストラリア映画全体の中でも上位に食い込むほどの興行成績を上げた。テーマソングを、オーストラリアの伝説のロックバンド、Crowded House のヴォーカル、ティム・フィンが担当しているのも見逃せないところだ。

（1）粉川哲夫『シネマ・ポリティカ』（作品社、一九九三）九五頁～九九頁

私たちの夢の冬
Winter of Our Dreams　1981

監督・脚本：ジョン・ダイガン
製作：リチャード・メイソン
撮影：トム・コーワン
編集：ヘンリー・ダンガー
美術：リー・ホイットモア
衣装：ヘレン・パリー
音楽：シャロン・カルクラフト
録音：ロイド・カリック
出演：ジュディ・デーヴィス（ロウ）
ブライアン・ブラウン（ロブ）
キャシー・ダウンズ（グレーテル）
バズ・ラーマン（ピート）
ピーター・モクリ（ティム）
マーヴィン・ドレイク（ミック）
マージ・マクレー（リサ）
マーシア・ディーン＝ジョンズ（アンジェラ）
ジョイ・フルービー（マージ）
カズ・レーダーマン（ジェニー）
ヴァージニア・ダイガン（シルヴィア）
製作会社：ヴェガ・フィルム・プロダクションズ
上映時間：八九分

『私たちの夢の冬』ブライアン・ブラウン(ロブ)とジュディ・デーヴィス(ロウ)

ストーリー

シドニーの都会の片隅。リサという女がロブという男に電話をするが通じず、友人の、キングズクロスの娼婦ロウに自分のギターを預けて、自殺する。

まもなくロウは、リサが死んだ原因を突き止めようとしているロブに面会を求められる。ロブは今でこそオックスフォード・ストリートでセンスのいい本屋を経営する身だが、かつてはベトナム反戦など左翼運動のリーダーで、リサは当時の同志であり、元恋人でもあった。リサについてのロブの質問に殆ど答えぬかわりに、ロウはロブに興味を持ち始める。

ロウは同棲している青年ピートの幼稚さに嫌気がさし、リサの遺した日記を読みながら、ロブのことを考えている。ある夜、ついにロウはバルメインにあるロブの瀟洒な邸宅を訪れる。そこで彼女はロブの妻グレーテルに会い、彼が結婚していることを初めて知る。だが、妻に夫公認の若いツバメがいるという奇妙な関係のこの夫婦は、ロウを暖かく迎え、家に泊めてやる。翌日の夜、ロウはロブに関係を迫るが拒絶され、彼女はそのままロブの家を出る。ピートのところにもいる気にならず、その晩は友人の家に泊まる。

翌夜、ロウはロブの家に舞い戻る。ロブ夫妻や仲間たちの間で知的な会話が交わされている間、ロウはヘロイン中毒の発作を起こす。ロブ夫妻は、ロウを家に置き、彼女が中毒から立ち直るのを見守る。

しばらくして中毒が快癒するとロウは再びロブの家を飛び出し、リサの住んでいたアパートへ住みつき、リサの日記を読み彼女のギターをつま弾きながらリサのかつての生活を模倣して暮らす。

ある日ロウはロブを自宅でのランチに招待する。約束の日、喜々として買い物から帰って来たロウに、ロブはサッカーの試合があるから、と断りを告げに来る。リサの想いと自分自身の想いが心中で交錯し、混乱したロウは泣きながら町へ出る。彼女は反原発のデモ隊に居場所を与えられ、彼らの歌声に心を癒やされながら、一人で生きる道を見据えている。

解説

『わが青春の輝き』や『辺境に住む人々』など、女性が主人公のオーストラリア映画にきわめて多く見られるテーマが、この作品にも存在している。『私たちの夢の冬』は、娼婦ロウが、同棲相手のピートの元を離れ、恋するロブの影を断ち切り、また麻薬からも立ち直って、自立した強い女として生まれ変わろうとする物語だ。だが、物語は他と共通するものがあっても、この作品にはどこか個性的な魅力がある。

リサがなぜ死んだのかは明らかにされず、リサが死の直前にロブに何を伝えたかったのかも分からずじまい。ロブがリサの死の原因の解明に乗り出すところまで、作品の冒頭に当たる部分はどこかミステリアスな印象を湛えている。

だが何よりもましてミステリアスなのは、ロブという男の人格だろう。妻が若い愛人を作っているのを黙認し、しかも決して表面的ではない、ごく普通の若い夫婦と変わらない生活を営んでいる。しかもロウに関係を迫られてもロブは頑なに拒絶し、ロウがヘロイン中毒の発作に苦しめばやさしく介護を始める。このつかみ所のなさは、他者、とくに女性との関係におけるロブの不能性を表している。[1] ロブはいつも暇さえあればコンピューターのチェスゲームで遊んでいるが、これも人間との関係を拒否している心の表れと見て取れなくもない。結局、左翼運動に挫折し、中流階級の生活に浸りきり、知的なサークルを回避しているインテリが、いつしか性や生への衝動、人間らしい愛憎を失ってしまった、それがロブという男なのかもしれない。

妻はロブの心の奥底に入り込むのを初めから放棄しており、リサも冒頭の電話がつながらないシーンに象徴されるように、おそらくロブの心に手を触れられぬままに死んだ。リサから預けられたギター、日記、写真、ヘアバンドに囲まれながら、リサの遺していった心を受け継ぐかのように、ロブにのめり込んでいったロウは、最後にロブからランチの誘いを断られ、リサの部屋を飛び出していくことで、ロブへの想いから解き放たれる。同時に、ロウの誘いを断って出かけたサッカー場で、ロブはロウのことで頭がいっぱいになり、呆然とする。皮肉なことにこの時初めて、ロブの心に他者の、つまりロウの手が届いたのである。このように、ロウがロブという難しい人格を乗り越えて行き、一人立ちを決意するまでの経過が、このドラマの個性的で優れた部分だろう。単に社会階層の違う男女の悲恋では終わっていない。むしろ、男女の愛情とは微妙に異なる人間同士の心の結びつきとその別離が描かれており、それは『君といた丘』や『ニコール・キッドマンの恋愛天国』に通じる、ダイガン監督の一貫したテーマなのである。

『私たちの夢の冬』は、ダイガン監督にとって、オーストラリアでの監督活動中期の傑作といえるだろう（彼は現在イギリスへ移住している）。劇場映画三作目の『マウス・トゥ・マウス』（一九七八）で高い評価を得た後、四作目『ディンブーラ』（一九七九）の不評で低迷し、五作目の本作で、再び評価を新たにした。だが、オーストラリア映画史上、常にトップ一〇に数えられる名作『君といた丘』（一九八七）を撮るまでには、『ファー・イースト』『ワン・ナイト・スタンド』という二作を経なくてはならない。『私たちの夢の冬』は、『君といた丘』と『ニコール・キッドマンの恋愛天国』と同じく、自らの経験をつづったダイガン監督の個人的な物語群に分類することが出来る。

『私たちの夢の冬』では、主演俳優たちの演技のすばらしさが特筆に値する。自立して生きていこうとする女、ロウ役は、『わが青春の輝き』のシビラに似ていて、ジュディ・デーヴィスにとってはもっとも得意とする役どころである。デーヴィスはこの役でＡＦＩ賞を受賞した。『わが青春の輝き』での才気走った多感な少女から、娼婦という「汚れ役」も経験し、デーヴィスがオーストラリアを代表する大女優として貫禄を増していくのは、この頃からである。

一方、ロブ役のブライアン・ブラウンは、『私たちの夢の冬』に続くダイガン監督の作品『ファー・イースト』（一九八二）でも主演をしている。役柄は、政情不安定な東南アジアの国で「コアラクラブ」なるナイトクラブを経営する気さくなオージーという設定で、女にももてるが腕っ節も滅法強い。恋に落ちた人妻のために、誘拐された彼女の夫を拳銃一丁で救出し、そのために華々しく死を遂げるという、男らしいタフなキャラクターである。本作のロブとは一八〇度違った役柄だ。後のブラウンのアクションスターとしての活躍や、ブラウンの真骨頂と言われる『デッド・ハート』での荒くれ警官のはまり役などを見れば、本来『ファー・イースト』の役柄の方が彼のイメージに合っているはずなのだが、『私たちの夢の冬』での、つかみ所のない左翼くずれのインテリという役柄も、難なくこなしている。その他、九〇年代に監督として有名になるバズ・ラーマンが、俳優として、ロウの愛人ピートを演じているのも興味深い。

（1）Rattigan, Neil. *Images of Australia.* p. 321.

ヒートウェーブ
Heatwave　1982

監督：フィリップ・ノイス
製作：ヒラリー・リンステッド
脚本：マーク・ローゼンバーグ、フィリップ・ノイス
原作：マーク・スタイルズ、ティム・グディング
撮影：ヴィンス・モントン
編集：ジョン・スコット
美術：ロス・メイジャー
衣装：テリー・ライアン
音楽：カメロン・アラン
録音：ロイド・カリック
出演：ジュディ・デーヴィス（ケイト・ディーン）
リチャード・モイア（ステファン・ウェスト）
クリス・ヘイウッド（ピーター・ハウスマン）
ビル・ハンター（ロバート・ダンカン）
ジョン・グレッグ（フィリップ・ローソン）
アナ・ジェミソン（ヴィクトリア・ウェスト）
ジョン・メリアン（フレディ・ドゥワイヤー）
デニス・ミラー（ミック・デーヴィス）
ジリアン・ジョーンズ（バービー・リー・テイラー）
キャロル・スキナー（メアリー・フォード）
製作会社：プレストン・クラザーズ
上映時間：九一分

『ヒートウェーブ』ジュディ・デーヴィス(ケイト)

ストーリー

　クリスマスを間近に控え、シドニーは記録的な熱波に見舞われている。シドニー都市部の一角では、開発業者ピーター・ハウスマンが、老人や労働者が住む住宅地を再開発する計画を進めており、若き建築家ステファン・ウェストは、新たに建設される建築物の設計を任されている。だが、住人は立ち退きに頑として抵抗し、計画は進まない。住民運動を指揮する女性運動家メアリー・フォードは、業者との交渉の途中で謎の失踪を遂げ、彼女の後継としてケイト・ディーンが反対闘争の指揮をとる。メアリーの行方を追いながら反対闘争も続行するケイトは、警察などから様々な迫害を受ける。また、反対住民の家は放火され犠牲者も出る。一方、ハウスマンの顧問弁護士が殺害され、ハウスマン自身も破産して計画から撤退。ステファンの設計は破棄されて、コンクリートだらけの冷たい建築物へと計画は変更される。失意のステファンとケイトは、次第に愛し合うようになる。

　計画は、既にマフィアが経営するソルコ・ノミニー社の手に渡っている。大晦日の夜、自宅でならずものに襲われたケイトは難を逃れて逃走、それを追いかけるステファンは、いつの間にかソルコ社の新年祝賀パーティーへと迷い込む。そこで彼らが見たものは、反対派住民であった父を放火事件で失い、シャブ漬けにされた女、バービー・テイラーが、ソルコ社の社長を射殺する場面だった。

　直後、熱波に苦しんだシドニーは待望の大雨を迎える。雨水があふれ出す下水口からは、失踪したメアリー・フォードの死体が浮かび上がる。

解説

『ヒートウェーブ』の物語は、七〇年代にシドニーで現実にあった事件を題材にしている。キングズクロスの再開発を巡って業者と対立していたジャーナリスト、ジュアニータ・ニールセンが、突如失踪した事件がそれだ。『ヒートウェーブ』が製作された前年には、やはりこのニールセン失踪事件を基に、ドナルド・クロンビー監督が『エンジェル・ストリートの殺人』を撮っている。デビュー作『ニュースフロント』を一九七八年に発表し、本作が二本目の作品となったフィリップ・ノイス監督にとってみれば、デビュー作がオーストラリアの政治史を扱って成功しただけに、このようにオーストラリアで大きな社会的関心を集めた失踪事件は、手を着けやすい題材だったといえるかも知れない。だが、『ヒートウェーブ』が素晴らしいのは、単に正義の住民運動と悪徳資本主義の対立という図式を描くのでなく、もっとひねった面白さを盛り込んだことにある。

　題名にもある「熱波」が、この映画の主役の一人だ。実際のシドニーの夏は通常涼しくて過ごしやすく、熱帯夜は数えるほどしかない。それだけに、映像の中で登場人物の首筋にじっとりと光る汗で示されるうだるような暑さは、どこかタガのはずれたような、異様な印象を与える。さらに、作品中で強調されている時間感覚、つまり「クリスマス」や「新年」といった時の設定と、延々と続く熱帯夜の対比は、北半球の観客の目には「逆さまになった、狂った世界」を印象づけるだろう。遅々として進まぬ交渉、住民のいらだちと警察や一般市民のヒステリー、陰湿な嫌がらせと殺人などが、この熱を帯びた異常な世界の中で膨張を続ける。クライマックスは新年を祝うために街路へあふれ出た人々をかき分けてステファンがケイトを追うシーン。暑さと、途方もない数の人々から吐き出される熱気で、シドニーの街頭は狂ったように沸騰し、ステファンを先へ進ませない。だが、ソルコ社の社長が射殺された途端、冷たい風が人々の間を吹き抜け、やがて激しい雨が頭上に降り注ぎ、シドニーの真夏の狂気は急速にクールダウンしていく。そして雨は、狂ったような炎天下の日々にケイトがついに見つけられなかったメアリーの死体さえ、いとも簡単に浮かび上がらせてしまう。このように、シドニーのひと夏を覆った異常な天候と温度は、作品の重要なモチーフになっているのである。

　物語は、普通のドラマの構造を当てはめてみようとすれば、ケイトとステファンの関係を中心に進行しているようにも見える。しかし、ステファンの役割は、ドラマの中で決して分かりやすくはない。当初はケイトと対立する再開発推進派として現れたステファンは、自分の設計を握りつぶされたという挫折を通じて、ケイトと情を通じるようになる。だが、ステファンはその後、ケイトに何の力にもなってやれない。二人はその後、別々に事件の波に飲まれて行くが、ついぞ力を合わせることはない。ステファンには妻があるが、彼は主体的には動かず、ただ妻に愛想づかしされるままである。ケイトは、おそらく表向き、メアリーが見つからない苛立ちから、ステファンに「奥さんのいる、クーラーの効いた部屋に帰れ」と罵声を浴びせる。クライマックスの新年を祝う群衆のシーンでも結局ステファンはケイトに追いつけず、パーティー会場での射殺シーンを目撃した後には、ケイトはステファンを一瞥もせずに立ち去る。作品の冒頭シーンで、ケイトが勇ましく闘っている姿をテレビ中継で眺めて以来、ステファンにとってケイトは永遠に、手を伸ばしても届くことのない存在なのだ。ただその目で、ケイトという人物の物語を記述していく語り手のような意味をおわされていると言ってもいいだろう。

　そういう意味で、ケイトの力強い個性こそが、この作品の最も大きな見どころと言える。家族と共にテレビでエリザベス女王の新年の言葉を聞くという、中流のごく普通の家庭にいた彼女がなぜ、このような過酷な闘いに踏み出していったか、動機は明らかにされない。しかし、女性の非力さと、ステファンをはじめ誰の力も借りずに闘う意志の強さを併せ持った個性を、ジュディ・デーヴィスは見事に表現している。このように、男勝りの強い女性の役柄はデーヴィスの得意とするところだが、『ヒートウェーブ』のケイトには、勝ち気に見えるその横顔に、後年のデーヴィスにはあまり見られない、少女のような儚げな様子がかいま見られる。デーヴィスの役者としてのキャリアにおいて『ヒートウェーブ』は最も重要なものの一つという声は多い。

　映像的に言えば、微かなスローモーションを嫌味なく用いることで、場面場面を非常に印象深くした面白さもある。ジュディ・デービスの魅力を前面に引き出した功績も含めて、この一風変わった社会派ドラマ（あるいはサスペンスと言っても良いだろうか）は、現在国際的活躍を続けるフィリップ・ノイスの、オーストラリア時代の代表作の筆頭に数えていいだろう。

スノーリバー　輝く大地の果てに
The Man from Snowy River 1982

監督：ジョージ・ミラー
製作総指揮：マイケル・エジリー、サイモン・ウィンサー
製作：ジェフ・バロウズ
脚本：ジョン・ディクソン、フレッド・カル・カレン
原作：バンジョー・パタソン
撮影：キース・ワグスターフ
編集：エイドリアン・カー
美術：レズリー・ビンズ
衣装：ロビン・ホール
音楽：ブルース・ロウランド
録音：ギャリー・ウィルキンズ

出演：カーク・ダグラス（スパー、ハリソン）
ジャック・トンプソン（クランシー）
トム・バーリンソン（ジム・クレイグ）
シグリッド・ソーントン（ジェシカ）
ロレイン・ベイリー（ローズマリー）
テレンス・ドノヴァン（ヘンリー・クレイグ）
ジューン・ジェイゴー（ベイリー夫人）
ガス・マーキューリオ（フルー）
デヴィッド・ブラッドショー（バンジョー・パタソン）
トニー・ボナー（ケーン）
クリス・ヘイウッド（カーリー）
製作会社：マイケル・エジリー・インターナショナル、ケンブリッジ・フィルムズ
上映時間：一〇六分

ストーリー

ジム・クレイグは、山で父と共に暮らしていたが、ある日、野生化した逃亡馬の群に触発されて、飼っていた馬が逃げだし、その拍子に事故が起こって父は死んでしまう。

山で暮らすために金が必要になったジムは、牧場主のハリソンのところに住み込みで働くようになる。ジムはハリソンの娘、ジェシカに恋心を抱くが、ハリソン家の他の牧童達からはしつこい嫌がらせを受ける。

ジェシカが自分の本当の娘であるか疑念を抱くハリソンは、ジェシカにつらく当たる。ジェシカはたまりかねてついに家出をするが、途中崖から落ち、遭難する。二〇頭の迷子牛を探索していたジムは、ジェシカを発見し、救い出す。ジムは彼女を山にすむ仲間、片足で金鉱探しのスパーの所へつれていく。スパーは実はハリソンの兄で、スパーの部屋にはジェシカの母、マティルダの写真が飾ってあることに、ジェシカは驚く。

ジェシカをハリソンの家に連れ戻したジムだが、ハリソンは感謝するどころかジムがジェシカと愛し合っていることをなじる。ジェシカは、自分の生まれる前にハリソンとスパーがマティルダをめぐって恋の鞘当てをし、競馬で大金を手にしたハリソンが勝ってマティルダをめとったが、スパーとマティルダの関係を邪推して嫉妬を募らせ、発砲してスパーの片足を失わせたことなどを知る。ジムは嫌がらせを続ける牧童達を叩きのめした後、ハリソンの牧場を去り、山へと戻る。

牧童達はジムへの恨みから、ハリソンの高価な馬を逃がして、ジムにぬれぎぬを着せようとする。ジムは自らの名誉を守るためにその馬の探索に参加、過酷な山中を走破して、その馬ばかりか、父の死の原因になった馬、そしてハリソンがスパーを傷つける原因になった馬まで捕獲し、牧場に連れ戻す。「男」となったジムはハリソンに、報奨金の代わりにジェシカを要求するが、ハリソンは聞き入れない。だが、ジェシカはすでに、ハリソンの命令など聞かず、ジムについていく決意をしている。

解説

『スノーリバー』は、公開当時にはオーストラリア映画史上最大のヒット作となり、その興行成績は今日においても歴代五位に位置する（一九九六年現在）。八〇年代前半のオーストラリアにおいては、ハリウッド映画などあらゆる国の映画を寄せ付けず、ダントツの成績を残した。このような大ヒット作も日本では劇場公開されず、ビデオリリースにとどまったが、それは当時の日本におけるオーストラリア映画の地位の低さが原因だろう。

作品は、バンジョー・パタソン（一八六四—一九四一）のバラッドからいくつかのキャラクターやエピソードを抽出して原案としており、またパタソンの代表的詩集『スノーウィー・リバーから来た男』The Man from Snowy River（一八九五）もタイトル名に用いた。パタソンといえば、ヘンリー・ローソンと並んでオーストラリアの国民的な詩人と称えられる偉人で、「準国歌」とも言われる『ウォルシングマチルダ』の作者でもある。初期入植者のブッシュ（奥地）での生活をうたいあげた彼のバラッドは、オーストラリアにおける「心の故郷」としてのブッシュ神話形成の、源泉の一つとなっている。このようなパタソンのバラッドが、大枠ではあるが八〇年代オーストラリア映画の原作となることの意味は非常に重要である。

八〇年代初頭のオーストラリア映画は、『オッド・アングリー・ショット』『英雄モラント』『誓い』『ファー・ラップ』などのように、オーストラリアの白人にとっての神話や歴史を盛んに描く、いわば映画におけるナショナリズム沸騰期であった（『オッド・アングリー・ショット』の項参照）。『スノーリバー』はまさにこのムーヴメントの中心に位置する作品である。映画の中では、今日においてさえオーストラリアの人々にとって文化的に多大な意味を持つブッシュが、画面いっぱいに美しく雄大に広がり、そこにスノーウィー・リバーから来た、「本物のオーストラリアの男」が、自然に鍛えられながらたくましさを増し、妻を娶る。映画は、自分たちはこのように素晴らしい歴史を持っており、また素晴らしい国土を持っているという、オーストラリア人の高らかな凱歌のようにも見える。ルネッサンスを経てオーストラリア人が自国文化に自信を取り戻し始めた時代を、それは如実に反映しており、また作品がオーストラリアで圧倒的なブームを引きこした所以と捉えることもできる（そのブームは長いスパンで継続し、一九八七年にはパート2が製作され、一九九二年からはテレビシリーズが開始、一九九七年現在も放映中である）。

　だが、ここに一つ難しい問題がある。それは作品につきまとう「アメリカ映画の影」である。オーストラリア国内で作品は、その圧倒的な興行成績にも関わらず批評家受けは良くなかった。撮影のまずさなどの理由もあるが、例えばＡＦＩ賞は最優秀音楽賞のみにとどまっている。その批判の矢面に立たされたのが、ハリソンとスパーの二役を務めたアメリカ西部劇の名優カーク・ダグラスであった。例えばRose Lucasは言う「ハリソンは、昔のアメリカの、特に古い西部劇に現れる独善的で帝国主義的なレトリックにおける、《西部を目指す》メンタリティを体現している。《西部》のメンタリティは、ハリウッドの価値観と因習を、無垢なオーストラリア映画へ押しつける行為の中に蘇っている」[1]。確かに、『スノーリバー』は時に「カンガルー・ウェスタン」というレッテル付けをされることもあるように、アメリカの古い西部劇の形を踏襲している。青年が試練を乗り越え、真の男になっていくパターンなど、その典型だ。そして、そのカンガルー・ウェスタンに本物らしさを添えるために「カーク・ダグラス」は機能しているのだ、という意見もある。

　オーストラリアの入植時代と、アメリカの西部開拓時代。もちろん両者は共通するものを数多く持っている。『スノーリバー』は、この共通性を利用して、オーストラリアにアメリカの古色めいた西部劇を蘇らせ、同時に国外ではアメリカのマーケットを狙った。それが、作品が「商業性とアメリカのマーケットに媚びを売る恥知らずなご都合主義の産物[2]」と批判される理由である。だが、『スノーリバー』における「アメリカとの接点」は、実は歴史的に運命づけられてもいる。一九二〇年に、オーストラリアではやはりパタソンの様々なバラッドを原案とする『スノーウィー・リバーから来た男』というタイトルの映画が作られた（フィルムは今日現存していない）。製作者のボーモント・スミスは、技術的な理由と、アメリカの市場へ売り込みたいという理由から、ほんのわずかなオーストラリアでの撮影を除いて、アメリカの俳優を用いてアメリカで撮影するという計画を立てた。スミスはアメリカまで出向いて奔走したが、この計画は結局挫折し、『スノーウィー・リバーから来た男』は全編純国産で製作された。まだオーストラリア映画産業がハリウッドに対抗しうる力をわずかながらに持っていた二〇年代初頭に、オーストラリア精神の神髄と信じられているパタソンの文学世界を再現しようとするその映画が、このようにアメリカとのコラボレーションの可能性や、アメリカ市場への参入のポテンシャルを真剣に検討されていたという事実は大変興味深い。

結局、『スノーリバー』に描かれ、オーストラリアの観客を熱狂させたはずの「オーストラリア性」とは、いったい何だったのだろうか?ヴィクトリアの高地をロケに使ったという、正真正銘のオーストラリアの大自然。その自然によって練り上げられていく英雄。こういった要素を、極めてオーストラリア的だと言う人はいる[3]。だが、Tom O'Regan は、『スノーリバー』が極めてオーストラリアの現代のポップカルチャーと関連が深いことを指摘している[4]。つまり、その数々のイメージが、実はタバコの広告とか、ファッションとか、観光とか、ソープオペラなどのものから借用したものだからだ。したがって作品は、オーストラリア精神の神髄を開帳するような形式を取りながら、実はポップカルチャーを引用しつつ高度な商業性を追求していることになる。これが、『スノーリバー』をめぐる最も穏当な評価といえるのかもしれない。

監督はジョージ・ミラー。ただし、『マッドマックス』シリーズや『ベイブ』を世に送り出した同姓同名のジョージ・ミラーとは別人である（オーストラリアでは便宜上、医者でもある後者に、「ドクター」の称号をつけることが慣例となっている）。七〇年代にはずっとテレビ映画の監督としてキャリアを積んできた人物で、劇場用映画の監督は、これが初めてのことだった。『スノーリバー』の続編の監督はせず（本作で製作を担当したジェフ・バロウズが、自ら監督をしている）、以後は何本か長編を撮ったもののめぼしい作品はない。一九八九年に『ネバーエンディングストーリー２』の監督をしたのをきっかけに、九〇年代からは専らアメリカで活動し、『アンドレ　海から来た天使』（一九九四）などの作品がある。

主役のジム・クレイグを演じたトム・バーリンソンは、起用されたとき全くの新人だった。その後『ファー・ラップ』で主役のトミーを演じ、また『スノーリバー』の続編に主演した他は、目立った活躍はしていない。アメリカ人・カーク・ダグラスとまるで釣り合いでもとるかのように、主筋とあまり関係のない、渋い渡世人のクランシーの役で、『ピータスン』や『サンデー・トゥー・ファーラウェー』、ブルース・ベレスフォード監督『クラブ』でオーストラリアを代表する俳優の地位をすでに確立していたジャック・トンプソンが出演している。

（１）Lucas, Rose. 'The man from Snowy River', in S. Murray (ed), *Australian film 1978–1994*. (Oxford, 1995) p. 103.

（２）（１）に同じ。

（３）例えば、Rattigan, Neil. *Images of Australia*. pp. 198–200. 参照

（４）O'Regan, Tom. 'The man from Snowy River and Australian popular culture', in A. Moran and T. O'regan (ed) *An Australian film reader*. (Currency, 1985) p. 245.

モンキー・グリップ
Monkey Grip　1982

監督：ケン・カメロン
製作総指揮：ダニー・コリンズ
製作：パトリシア・ロヴェル
脚本：ケン・カメロン、ヘレン・ガーナー
原作：ヘレン・ガーナー
撮影：デヴィッド・グリッブル
編集：デヴィッド・ハゲット
美術：クラーク・マンロー
衣装：キャシー・ジェームズ
音楽：ブルース・スミートン
録音：マーク・ルイス
出演：ナニー・ヘイゼルハースト（ノーラ）
　コリン・フリールズ（ジャーヴォ）
　アリス・ガーナー（グレイシ）
　ハロルド・ホプキンズ（ウイリー）
　キャンディ・レイモンド（リリアン）
　マイケル・ケイトン（クライヴ）
　ティム・バーンズ（マーティン）
　クリスティーナ・アンフレット（アンジェラ）
　ドン・ミラー＝ロビンソン（ジェラルド）
　リサ・ピアズ（リータ）
　キャシー・ダウンズ（イヴ）
製作会社：パヴィリオン・フィルムズ
上映時間：九九分

『モンキー・グリップ』ナニー・ヘイゼルハースト（ノーラ）

ストーリー

メルボルンの都心部カールトン。三〇代前半のノーラは、左翼系新聞の編集に携わり、時に小説を書いたり、ロックバンドに詞を書いたりする女性作家。一〇歳の娘グレイシを連れ、友人たちと共同生活を送っている。ボーイフレンドのマーティンから小劇場の役者ジャーヴォを紹介され、瞬く間にノーラとジャーヴォは愛し合うようになる。だがジャーヴォはヘロイン中毒であり、またノーラも自分の独立した生活を守るため、ジャーヴォとの愛に流されないよう距離を置こうとする。だがジャーヴォがシンガポールへしばし旅立つと、ノーラには彼への愛をより深く感じている自分に気付く。

ジャーヴォはノーラのところに入り浸るが、ヘロインにおぼれる自堕落な暮らしは改善されない。また、劇団の中でリリアンという女を作っていることも知る。心機一転、ノーラとジャーヴォとグレイシは連れだってシドニーに滞在するが、ジャーヴォは間もなくノーラの元を去る。メルボルンに戻ったノーラは、リリアン、ジャーヴォ、自分の三角関係を描いた小説を書く。そしてミュージシャンのボーイフレンドと、新しい家に引っ越して新生活を始める。ジャーヴォはまた舞い戻るが、ノーラはもはや彼に振り回されることなく、グレイシと二人で生きる強い意志を備えている。

解説

『モンキー・グリップ』は、女性作家ヘレン・ガーナー（一九四二―）が一九七七年に処女作として発表し、ナショナルブックカウンシル賞を受賞した同名の半自叙伝小説を映画化したものである。ガーナー自身が身をおいた、七〇年代のメルボルン都市部での先端的な生活が、原作と映画の主要な題材になっている。舞台となるカールトン地区はメルボルン市街地に隣接するサバーブで、カウンターカルチャーの影響の下、文学史上に残るシドニー・バルメインに比肩できるような、文化的コロニーが形成されていた。メルボルン大学や、オーストラリア演劇革命の発祥の地となった小劇場ラ・ママなどを擁し、カールトンは六〇、七〇年代の文化の発信地として、多くの文人、芸術家を惹きつけた。そして彼らは「家」という古い形態を捨て去り、大都会の片隅で共同生活を営むようになる。『モンキー・グリップ』はこのような文化的共同生活を、おそらく初めて映画の中に活写し、それを背景に、シングルマザー、フリーセックスなど、古い価値観にとらわれない女性の生き方を実践するノーラという女性の中で、「意志」と「愛」がせめぎ合い、ゆらぐ過程を描いていく。

　ノーラのような、愛に縛られず、精神的な自立を求めて奮闘する女性の姿なら、オーストラリア映画の中でいくつも見出すことが出来る。例えば『ローラの歌』『辺境に住む人々』『わが青春の輝き』『ミュリエルの結婚』などの作品がそれである。だがこの『モンキー・グリップ』の中で特徴的なものとして注目されるべきは、ジャーヴォという存在だろう。それは、八〇年代までのオーストラリア映画の中では極めて珍しい男性像として描かれている。とにかくジャーヴォは役者としてもうだつの上がらない、愛想がいいだけのでくの坊である。ジャンキーであるが為にところ構わずひっくり返って、そのたびにノーラの介抱を受けたりもする。彼は無力の上に、子供のような無邪気なところがあり、強い女にひざまずきながら、弱々しいすがるような目で彼女を見上げている。こうしたところが、ノーラの前に現れては消える謎めいた行動体系と相まって、彼女を愛の煉獄に引きずり込もうとする可愛い小悪魔のように見えてくるのである。振り返ってみて、日本的な土壌には、社会の片隅にこのような男の生きる余地はごく普通に用意されているだろう。そしてもちろん現実にオーストラリア社会にもこの手の手合いはいるに違いない。だが少なくとも八〇年代までのオーストラリア映画に、このようなキャラクターは無縁だった。『モンキー・グリップ』が製作された一九八二年当時は、一方でオーストラリア文化の中の「神話」がしきりに映像化され、文化ナショナリズムが高揚した時期でもある。オーストラリア社会の最も大きな神話である「メイトシップ」は、同時に男性中心主義の神話でもあり、ジャーヴォのような男は、そういった神話の中に描かれる男性像とは正反対の極にいるのである。もちろん、七〇年代からオーストラリア社会にも台頭してきたフェミニズムが、ジャーヴォのようなキャラクターをオーストラリア映画に登場させたとも言える。結局、オーストラリア映画が国全体のイメージを映像化するために苦心していた時代に、メルボルンの都市部、しかも共同生活から成り立つコロニーという、空間的にも人間関係という観点からも極めて閉じられた場所を見つめているということが、『モンキー・グリップ』のオルタナティブ作品としてのスタンスなのであり、したがってジャーヴォというキャラクターが同時代の映画の中で際だって見えるのも、必然的なものと言えるだろう。

物語を離れて、『モンキー・グリップ』は映像においても異彩を放っている。リアリスティックな語り口の中に、時折唐突に映像的な遊びが挿入される。例えばジャーヴォが入館料を払わずに美術館に侵入し、警備員と追っかけっこをする場面。絵やオブジェの迷宮をジャーヴォは妖精のように行き来し、追う警備員はたちまち幻惑される。このような映像は、それまでの「無骨」と言っても良いほどに素のままのオーストラリア映画の映像には珍しい、繊細で小気味の良い遊びになっている。だが、全編において作品のトーンはひどくまじめくさって、重い。ノーラ自身によるけだるい調子のナレーション、そしてブルース・スミートンによる、メロウな旋律と不協和音の入り混じった現代音楽風の音楽は、作品の独特の重苦しい雰囲気を決定づけている。今日的な感覚では、それらのものは多少大仰にすぎる印象を与える。ドラッグ中毒やセックスにまつわる古いモラルを省みない女性といった題材を、まだ肩肘を張らなければ扱えなかった時代の限界とも思える。

『モンキー・グリップ』にまつわる裏話では、扱われている題材がセックス、ドラッグ、ロックンロールであるという理由で資金繰りが難航し、またプロデューサーのパトリシア・ロヴェルがピーター・ウィアー監督の『誓い』を製作中で、撮影がかなり延期されたというエピソードが残っている。また配給会社も公開に二の足を踏んだという。

だがふたを開けて見れば、作品は多くの興味深い話題を提供し、高い評価を得た。まずノーラを演じたナニー・ヘイゼルハーストは、よく泣きはするが決して感情をむき出しにせず、徐々に自己をコントロールして男に振り回されない強い女へと回帰していく微妙な役回りを見事に演じきって、ＡＦＩ最優秀女優賞を獲得した。実はこの時、ナニー・ヘイゼルハーストもコリン・フリールズも、舞台俳優としてキャリアを積んでいたとはいえ（ヘイゼルハーストはアデレードで日本の能に出演してデビューしたという異色のキャリアを持つ）まだまだ全国的には無名であり、その点も製作時の不安要因として懸念されていた。だが『モンキー・グリップ』以後、ヘイゼルハーストは『フラン』（一九八五）『ウェイティング』（一九九一）などの秀作映画へ出演して存在感を増し、テレビドラマや児童番組のプロデューサーなど幅広い分野でも活躍しており、今日オーストラリアのテレビ界でも最も人気のある女性タレントの一人となっている。そして何よりもコリン・フリールズは、この作品を出世作として一気にオーストラリアのスターダムを上り詰めることになった。

ノーラが詞を提供するバンドとして登場するのは、実際に存在するシドニー・ベースのハードロックバンド、ダイヴァイニルズ。一九八〇年にヴォーカリスト、クリスティーナ・アンフレットを中心に結成され、現在に至るまで活動中の息の長いバンドである。ライブやレコーディングのシーン、そしてアンフレットがアンジェラという役名でなかなか巧い演技を見せるところなど、このバンドが作中で占める役割は大きく、そのすべての場面が印象深いものになっている。

その他のキャスティングで話題を集めたのは、ノーラの一〇歳の娘グレイシを、原作者ヘレン・ガーナーの実の娘、アリス・ガーナーが演じたことだろう。この点で映画は、原作が描くガーナーの半現実的な生活、そしてガーナーの本物の実生活という二つの次元と交錯するという、面白いスタンスを持つことになる。ガーナー自身は今日オーストラリアにおいて最も影響力の強い女性作家の一人となっているが、『モンキー・グリップ』においてこのような形で映画と関わったことをきっかけに、その後、オーストラリアを代表する二人の女性監督の映画に脚本家としてコミットした。ジェーン・カンピオン監督、ジャン・チャップマン製作の『ルイーズとケリー』（一九八六）、そしてジリアン・アームストロング監督の『我が家の最後の日々』（一九九二）がそれである。監督のケン・カメロンは、劇場公開映画としては『モンキー・グリップ』がデビュー作であるが、その後は二作の劇場用映画があるのみである。

奥地の私たち
We of the Never Never　1982

監督：イーゴー・オージンズ
製作：グレッグ・テッパー
製作総指揮：フィリップ・アダムズ
脚本：ピーター・シュレック
原作：ガン夫人
撮影：ギャリー・ハンセン
編集：クリフォード・ヘイズ
美術：ジョウゼフィーン・フォード
衣装：カミーラ・ラウントゥリー
音楽：ピーター・ベスト
録音：ローリー・ロビンソン
出演：アンジェラ・パンチ＝マグレガー（ジーニ）
　アーサー・ディグナム（イニーアス・ガン）
　トニー・バリー（マック）
　トミー・ルイス（ジャッカルー）
　ルイス・フィッツジェラルド（ジャック）
　マーティン・ヴォーン（ダン）
　ジョン・ジャラット（ダンディ）
　テックス・モートン（地主）
　ドナルド・ブリンター（ゴグル・アイ）
　キム・チウコク（サム・リー）
　マワヤル・ヤンサラワイ（ロージー）
　シビナ・ウィリ（ベベ）
製作会社：アダムズ・パッカー・フィルム・プロダクションズ、ウェスタンオーストラリア映画公社
上映時間：一三四分

『奥地の私たち』ジーニ（アンジェラ・パンチ＝マグレガー）

ストーリー

一九〇〇年代はじめ。都会育ちの娘ジーニは、イニーアス・ガンという牛牧場の経営者と結婚し、メルボルンから、イニーアスが経営するエルシー牧場へ嫁ぐ。そこはノーザンテリトリー、キャサリン渓谷の近くに位置する奥地で、そこに到達するだけでも大変な旅をしなければならないほどの辺境である。

広大なエルシー牧場では、マルカ（ボス）であるイニーアスのもと、白人の牧童たちと、多くのアボリジニたち、中国人のコックなどが働いていた。牧場へのジーニの来訪は、過酷な環境を生き抜いて男だけの世界を築いてきた白人の牧童たちに、決して歓迎されていない。ジーニはアボリジニの女たちをメイドに使うが、その中にいたアボリジニと白人の混血の少女ベベが気に入る。彼女はベベを差別する意地悪な中国人コックを、早速クビにする。

ジーニは夫に頼んで、牛追いに参加させて貰うが、突然牛に襲われ、びっくりして木に登って逃れる。その様子を牧童たちにからかわれ、ジーニは夫の前で悔し泣きをする。アボリジニに手伝わせて野菜を作ろうとしたり、積極的に牧場の仕事に関わろうとするが、牧場の男たちは皆、白人のレディであるジーニが牧場に関わるのを快く思わず、結局彼女はいつも家でイニーアスの帰りを待つばかりである。一人の牧童が病気になって死ぬが、彼女はその看病すらさせてもらえない。女ゆえに夫たちと一緒に時間を共有できず、孤独感は深まるばかりで、ジーニはイニーアスに不満をぶちまける。

そんなある日、ジーニはアボリジニの女子供たちと水浴びし、一緒にゴアナ（とかげ）の肉を食べ、彼らと打ち解ける。アボリジニの女からベベの生い立ちを聞き、ジーニはベベを自分の家で世話をしようとする。イニーアスは反対するが、ジーニは「ベベは自分を必要としているし、自分もベベが必要だ」と聞き入れない。

だが間もなくベベは、アボリジニの伝統的慣習であるウォーカバウト（徒歩旅行）に出ると言って、ジーニのもとを去る。その時ベベは、アボリジニの長老ゴグル・アイが、「呪いの歌を歌われた」ことによって重い病気にかかっているとジーニに告げる。ジーニはゴグル・アイを献身的に看病するが、やがて彼は死ぬ。アボリジニたちの祭礼を邪魔したことがあった白人の牧童たちは、ゴグル・アイの死が自分たちのせいだと思って悔いる。

クリスマスが来る。ジーニは牧場で働く一人一人にプレゼントを渡し、牧童たちもすでに彼女に心を開いている。だがそんな平和なときもつかの間、イニーアスがある日高熱を発し、帰らぬ人となる。悲しみに打ちひしがれるジーニのもとに、ウォーカバウトを終えたベベが帰ってくる。エルシー牧場でのジーニの長かった一年が終わろうとしている。

解説

この映画の原作となった小説は、ジーニ・ガン（一八七〇—一九六一）が、エルシー牧場での自身の体験を書いた『奥地の私たち』We of the Never-Never（一九〇八）である。全く無名の女性だったジーニ・ガンが、六社以上の出版社に断られた末にやっと世に出たこの小説は、当時五〇万部を売り上げてベストセラーになった。映画は、正確には小説『奥地の私たち』に先行して出版された『リトル・ブラック・プリンセス』The Little Black Princess（一九〇五）からも、アボリジニ少女ベベや長老ゴグル・アイのエピソードを採取している。小説では、ジーニの夫イニーアスの死については触れられず、後書きに記されているだけである。また映画にも原作小説にも描かれていないが、現実にはエルシー牧場にはイニーアスの死後新しい経営者が赴任し（イニーアス・ガンは「経営者」ではあっても「牧場主」ではなかった）、ジーニは牧場を去ることを余儀なくされ、メルボルンに戻った。ジーニがエルシー牧場にいた期間は、総計一三ヶ月のことだった。

無名の女性の自叙伝を原作にした歴史物という意味では、奥地と都市という大きな舞台の差はあるが、この映画のスタンスは『キャディー』と共通するものがある。『キャディー』はオーストラリアの一方の神話に属する「都市」の風景を、二〇年代の華やかな風俗を加味しながら、ストレートに描き出した映画だった。それと同様に『奥地の私たち』の主眼は、オーストラリアの神話の舞台である奥地を、世紀の変わり目の頃の白人の風俗を交えながら、いかに映像的に美しく描き出すかということにおかれていたように見える。実際、カメラが捉えるネヴァネヴァ**Never-Never**（「ブッシュ」や「アウトバック」と同じく、「奥地」を意味する）とそこに存在する壮大な牛牧場の光景が、オーストラリア映画がこれまで映し出してきた風景の中でも屈指の美しさであることは異論のないところだろう。『キャディー』では、競馬の賭元など、オーストラリア文化史上大事な位置を占める都市の「ラリキン」ともいうべき男たちの姿を、酒場の女性の視線を通して描き出した。同じように『奥地の私たち』では、オーストラリアの開拓神話を形成する「ブッシュマン」たちの姿を、ジーニというロングドレスを着た美しい婦人が奥地に闖入することで、はっきりしたコントラストの中に描き出そうとしている。

　ジーニは物語の中で、男たちと少しでも同じように仕事をしたいと焦る。しかし、わずか一年ほどの奥地暮らしでブッシュマンたちと対等な存在になるのはどだい無理な話である。むしろ彼女には奥地における別な役割が与えられていた。それは、ブッシュマンたちの開拓神話の中で軽んじられてきた、奥地におけるもう一つの大きな存在、アボリジニの人々との交流である。ジーニは白人男性たち（あるいはコックの中国人）のアボリジニに対する差別と粗末な扱いを批判し、自らアボリジニの中に入っていって、彼らと対等につき合おうとする。おそらく七〇年代以降のオーストラリア映画において、ジーニはアボリジニと白人が対等になるべきだと声高に訴えた最初の主人公といえるだろう。一方で**Sean Maynard**は、ジーニのこのような行動に批判の目を向ける。彼女の意味する対等というのは、彼らの文化を破壊し、固定化された経済的隷属関係に置いた後で言っていることであり、非常に偽善的だと言うのである。[1]確かにジーニはあくまで一九世紀の考え方を留める植民地人であり、彼女が奥地に華やかな色を添えるのも彼女の英国的雰囲気によるものであるから、アボリジニに対する考え方に限界があるのは致し方ない。だがSeanが「この映画に欠けているのは、このガン夫人の態度への何らかの批判である。それがこの映画で最も憂慮されることである」とまで言うのには、筆者は同意しかねる。ジーニは長老ゴグル・アイと創世についての議論をし、ジーニが「世界のあらゆるものは神が造った」と言うのに対し、ゴグル・アイは「それならなんで白人の神様は、白人のブッシュを創らなかったのか？」と言い、ジーニは見事に論破される（これはSeanが作中唯一アボリジニが勝利する瞬間だと言う）。またある時はジーニは、少女ベベの境遇を不憫に思い、また自分自身の寂しさを紛らわすためもあって、ベベを自宅で養おうとする。だが、ベベは決して彼女の思い通りにはならず、ウォーカバウトというアボリジニの伝統的慣習に従って、ふらりとブッシュへ旅立ってしまう。ゴグル・アイを看病していて、ジーニは呪いの歌によって死にそうなのだというゴグル・アイに「歌が原因で人間が死ぬはずがない」と励ますが、ゴグル・アイは耳を貸さず、間もなく「呪われたもの」として死ぬ。このようにジーニのアボリジニに対する行動は、常にアボリジニの思想や伝統文化が原因で、肩すかしを喰らう。むしろ作品の中で重要なのは、彼女がアボリジニの平等を要求していることよりも、メルボルンという白人社会の中で生まれ育った二〇世紀初頭の女性が、アボリジニの存在が白人の良識だけでは捉えることが出来ないほど深遠なものだということだけでも肌身で学ぶことが出来たという事実だろう。

監督のイーゴー・オージンズは一九七七年の『ハイ・ローリング』に次いで、本作が劇場用映画二作目ということになる。その後本作と同じく脚本家ピーター・シュレックと組んで『クーランガッタ・ゴールド』（一九八四）というスポーツものに挑戦したが、前作のような成功とはほど遠かった。それ以降、彼の劇場用映画の監督作品はない。この作品は、ジーニとイニーアスの関係が印象に残らないなど物語の作りに脆弱なところがあるため、批評的には成功しなかったが、唯一、広大な奥地の風景をダイナミックに撮りきったギャリー・ハンセンの撮影が極めて高い評価を受け、ハンセンはＡＦＩ賞最優秀撮影賞を受賞した。だがハンセンは、『奥地の私たち』製作終了直後にヘリコプターの事故に遭い、その才能を惜しまれつつ急死した。

ジーニを演じたアンジェラ・パンチ＝マグレガーは、ＮＩＤＡ卒業後の一九七八年『虐殺の儀式』で、『奥地の私たち』の役柄とは全く対照的な、アボリジニ青年の子供を身籠もる白人女性の役でデビューし、いきなりＡＦＩ最優秀女優賞を獲得した。その後『ニュースフロント』や『愛の奇跡』（一九八四）など重要な作品に出演し、八〇年代オーストラリア映画を代表する女優になった。九〇年代に入ってからは活動を舞台に移している。

（1）Maynard, Sean. 'Black (and white) images: aborigines and film', in A. Moran & T. O'Regan (ed), *The Australian screen.* (Penguin, 1989) pp. 225-26.

危険な年
The Year of Living Dangerously　1982

監督：ピーター・ウィアー
製作：ジム・マケルロイ
脚本：デヴィッド・ウィリアムソン、ピーター・ウィアー、C・J・コッシュ
原作：C・J・コッシュ
撮影：ラッセル・ボイド
編集：ウィリアム・アンダーソン
美術：ハーバート・ピンター
衣装：テリー・ライアン
音楽：モーリス・ジャール
録音：ギャリー・ウィルキンズ
出演：メル・ギブソン（ガイ・ハミルトン）
シガニー・ウィーヴァー（ジル・ブライアント）
リンダ・ハント（ビリー・クワン）
ビル・カー（ヘンダーソン大佐）
ノエル・フェリアー（ウェイリ・オサリヴァン）
ポール・ソンキラ（ケヴィン・コンドン）
ベンボル・ロコ（クーマー）
ドミンゴ・ランディーチョ（ホートノ）
マイケル・マーフィー（ピート・カーティス）
マイク・エンペリオ（スカルノ）
製作会社：マケルロイ&マケルロイ・ピクチャーズ、ＭＧＭ
上映時間：一一七分

『危険な年』左：ガイ・ハミルトン(メル・ギブソン)

ガイ(メル・ギブソン)とジル(シガニー・ウィーヴァー)

ストーリー

　一九六五年のインドネシア。スカルノ大統領政府、共産主義者のＰＸＩ、そしてイスラム教勢力などがにらみ合う政情不安定なジャカルタに、オーストラリアのＡＢＣの新米特派員、ガイ・ハミルトンが到着する。彼はそこで、中国系オーストラリア人のカメラマン、ビリー・クワンと知り合う。ビリーはこびとで、なぜか知り合う人間達について詳細なファイルを作り、また他の欧米人達がインドネシア人を侮蔑している中でひとり貧しいインドネシア人母子を養女にして助けるなど、不思議な人物である。ガイとビリーはたちまち名コンビになり、スクープを本国に送って他の欧米の特派員達をうらやましがらせる。

　ビリーはガイを、イギリス軍武官の助手で美しい英国女性、ジルに紹介する。ガイとジルはたちまち恋に落ちる。ジルは英国大使館で、ＰＸＩが武力蜂起する極秘情報を得、ガイに危険を回避させるために、彼に情報を伝える。だがガイはジャーナリスト魂が疼き、それを調査・報道しようとし、取材の過程で特派員事務所のインドネシア人職員の父娘も、ＰＸＩのメンバーだったことも知る。

　ジルの立場より報道を優先させるガイの行動を裏切りと感じたビリーは失望し、また養っていた養女の赤ん坊が死んだことをきっかけにスカルノ政権への怒りを募らせ、思い詰める。ついにスカルノ政権批判の横断幕をビルの窓から掲げ、その場で秘密警察に殺される。

　ＰＸＩの武力蜂起は失敗、右派の武力クーデターでジャカルタは大混乱となる。ガイは重傷を負いながらも、国際空港へと向かう。やっとの思いでたどり着き、国外へ脱出するジルの乗った飛行機に乗り込む。

解説

オーストラリア人作家クリストファー・コッシュ（一九三二―　）の小説『危険に生きる年』The year of living dangerously（一九七八）を原作とした本作は、『誓い』に次ぐ、ピーター・ウィアー監督の六本目の長編映画である。初期の彼の作品から来る一貫性は、この作品にも受け継がれている。それは、この世には人間を自由に操る何か神秘的な力がある、というモチーフである。『パリを食べた車』と『ピクニックａｔハンギングロック』では、何によって人間が操られ不条理な行動をとらされるのか明確に提示はされないが、『危険な年』では最初、ビリー・クワンがその役目を負っていることが示されている。インドネシアの影絵芝居ワヤンを愛する彼は、密かに自分を影絵の操り師と見立て、まるで世の様々な事象を一人操る神のような存在として君臨する。スカルノ政権も彼の影絵芝居の一幕であり、また、少し出来過ぎた美男美女、ハミルトンとジルの激しいロマンスも、ビリーの演出によるもののように見える。だが、ビリーがキリスト教的な慈愛を貧乏なインドネシア人母娘に向ける頃から、彼の影絵芝居と現実は矛盾をきたすようになる。ついには怒りをもって自ら立ち上がるときには、彼は操り師であることを放棄して一つの影絵として芝居の中に入り込み、その途端、死を迎えて芝居の舞台から消える。混沌とした六〇年代インドネシアは最初は確かにビリーが創造した影絵芝居だったのだろうが、結局ビリーもまた操られていたことになり、それまでワヤンを通じて明晰に見渡せた世界は、再び迷宮へと入り込む。見る者にとってはその迷宮の複雑さが、ウィアーの描いて来た「神秘的な力」に、より大きな畏れを抱かせるのかもしれない。

　作品のアジアに対するまなざしは、目新しいものではない。ただ、「エキゾティックな舞台」がロマンスを燃え立たせるという、多くの西欧世界の映画のクリシェからは脱しており、ロマンスと政治が、絶妙の緊迫感をもって拮抗している。けれども、軍政、貧困、売春など、第三世界に付き物の要素がここにも描かれ、またアジアの神秘性という「オリエンタリズム」が、物語の中核をなす。すなわち作品の視点は、帝国主義の時代以来の西洋の視点に違いなく、地政学的にアジアとの微妙な関係を保つオーストラリアの、アジアに対する独自の視点というのは、この作品では確立されていない。それは例えば『アンボンで何が裁かれたか』のような、否定的であるにせよ肯定的であるにせよ、他の欧米人と異なるオーストラリア人独自のアジア観といったものが存在している作品とは、非常に対照的である。さらにアジア観に限ったことではなく、『危険な年』には、全般的にオーストラリア的視点というものが見えない。Neil Rattigan は、ガイ・ハミルトンのアジアにおける西欧人という文化的疎外が、地理的にアジアにある西欧の国であるオーストラリアのメタファーだと見る可能性を指摘しながらも、その立証は難しいと戒めている[1]。

ウィアーのそれまでの作品には、『パリを食べた車』『ピクニックａｔハンギングロック』『ザ・ラストウェーブ』『誓い』などどの作品にも、オーストラリアの風土や文化史上の伝説、神話などが強烈なモチーフとなっていたことを思えば、『危険な年』はウィアー作品にとっての大きな転機をもたらした作品だと考えてもいい。脚本は、『誓い』でウィアーと共に仕事をした劇作家デヴィッド・ウィリアムソンが再び筆を執っているが、それまで劇作や映画脚本においてオーストラリアという国や国民にこだわっていたウィリアムソンにとっても、毛色の違う作品ということになる。

奇しくもウィアーは『危険な年』を最後に拠点をアメリカに移して『目撃者　刑事ジョン・ブック』や『モスキートコースト』『グリーンカード』などのアメリカ映画のヒット作を手がけることになり、今日に至るまでオーストラリアで映画を製作することはなかった。そうしてみると『危険な年』は、ウィアーの中でオーストラリア的な題材がすでに関心の外にあることを窺わせる作品なのかもしれない。

映画製作の面でも、この作品はオーストラリア映画といってもアメリカ映画に近いものだ。資金はすべてアメリカのＭＧＭが請け負った。キャスティングもそうだ。ジル役には『エイリアン』のシガニー・ウィーヴァー、そしてハミルトンは、すでにアメリカに進出してハリウッド俳優となっていたメル・ギブソン。中国系オーストラリア人という設定のビリー・クワンを演じたリンダ・ハントもアメリカ人で（ハントは実際は女性。この作品でアカデミー賞助演女優賞を受賞した）、結局中心的な役柄は皆アメリカの役者で占められていることになる。政治的な混乱が、主人公のロマンスを発展させるバックグラウンドになるという、オーストラリア映画にはほとんど見られない設定に、アメリカ的なアプローチを見る人もいる[2]。

結局『危険な年』は、その世界的なヒットによってオーストラリア映画界が国際的に通用する人材（ウィアーやギブソン）を輩出する良い証明にもなったし、同時にオーストラリア映画の中でテーマ的にも人材的にも「国際性」が発展すると、オーストラリア的要素が衰微していき、アメリカ映画に吸収されてしまう可能性があるという実例にもなっているのである。

（1） Rattigan, Neil. *Images of Australia.* p324.

（2） Lawrance, Peter. 'The Year of Living Dangerously', in *Australian film 1978-1994.* p.117.

グッドバイ・パラダイス　失われた楽園

Goodbye Paradise 1983

監督：カール・シュルツ
製作：ジェーン・スコット
脚本：ボブ・エリス、デニー・ローレンス
原案：デニー・ローレンス
撮影：ジョン・シール
編集：リチャード・フランシス＝ブルース
美術：ジョージ・リドル
衣装：ケイト・ダフィー
音楽：ピーター・ベスト
録音：シド・バターワース
出演：レイ・バレット（マイケル・ステイシー）
　ロビン・ネヴィン（ケイト）
　ジョン・クレイトン（トッド）
　キャロル・スキナー（大家）
　レックス・マリオンズ（コン）
　ドン・パスコウ（レズ・マクレディ）
　ケイト・フィッツパトリック（マクレディ夫人）
　ポール・チャブ（カーリー）
　ジャネット・スクライヴナー（キャシー）
　ガイ・ドールマン（クアイニー）
製作会社：ピータシャム・ピクチャーズ（ニューサウスウェールズ映画公社協力）
上映時間：一一九分

『グッドバイ・パラダイス』マイケル・ステイシー（レイ・バレット）

ストーリー

クィーンズランド州ゴールドコースト。毎度意識を失うほどの大酒が祟《たた》って副警視総監の地位を退いたマイケル・ステイシーは、妻子にも逃げられ、サーファーズパラダイスの古アパートに一人暮らし。警察内部の腐敗の暴露本を執筆しているが、出版社はもう出す気がない。食うに困っているまさにその時、竹馬の友のマクレディ上院議員から、四千豪ドルの報酬で、失踪した議員の娘キャシーを探してくれと依頼を受ける。

　捜査を始めたステイシーは、ゴールドコーストをオーストラリアから独立させようと主張する右翼政治家のパーティに潜入、そこでキャンペーンガールをしていたキャシーを発見する。政治家を狙う暗殺者が発砲し、会場が大混乱に陥った中、ステイシーはキャシーを外に連れ出す。だが酒で意識を失い、翌朝目覚めてみればキャシーは殺されている。ステイシー自身も何者かに襲われて負傷、帰宅すれば部屋もめちゃめちゃに荒らされている。失意のステイシーを訪れたマクレディ議員は、死んだ女は別人で、キャシーはまだ生きていると告げる。

　ステイシーはある新興宗教のコミューンを突き止め、そこで本物のキャシーを発見する。そのコミューンはステイシーの戦友トッドが教祖となり、電気を使わず自然食で生活しようと主張する一見平和な宗教団体だった。ステイシーはキャシーをマクレディ議員の家へ連れ帰る。これで平穏な日々が訪れると思いきや、間もなくマクレディ議員が不審な死を遂げる。キャシーはステイシーに、軍のクーデター計画があり、父マクレディは計画から抜けようとして消されたのだと言う。事実、平和だったはずのゴールドコーストには、ものものしい装甲車や兵士が目立つようになっている。

　ステイシーは、もう一人の戦友である軍人クアイニーと出会う。軍人クアイニーと教祖トッドの戦友コンビは、ステイシーにある計画を明かす。それは、グレートバリアリーフをぶち抜いて油田を開発する野心を持っているアメリカ、マレーシア両国の後押しでクーデターを起こし、石油を獲得して巨額の利益を得るというものだった。クアイニーとトッドは、ステイシーにクーデターへの参加を求める。それを断ったステイシーは、キャシーを国外に脱出させるため、とりあえず彼女を愛人のピアノバーのママ、ケイトのもとへ預ける。だが、ステイシーの車に仕掛けられた爆弾によってケイトは殺され、キャシーは誘拐される。やがてステイシーも拉致され、トッドの宗教団体コミューン内部にある、豪マレーシア混合クーデター部隊のアジトへ連行される。

だが、オーストラリア軍特殊部隊がアジトを急襲。派手な戦闘の末、トッドとクアイニーのクーデター部隊を壊滅させる。ステイシーとキャシーは事件を他言しないことを約束し、ゴールドコーストの平穏な生活へと戻っていく。

解説

『グッドバイ・パラダイス』は、オーストラリア映画においては非常に珍しいジャンル、探偵映画である。元々作品のアイディアは脚本を共同執筆したデニー・ローレンスから出されたものだが、彼はレイモンド・チャンドラーのファンで、チャンドラー風の、退廃した南カルフォルニアのような場所を舞台にしたノスタルジックな探偵ドラマを書きたかったのだという[1]。作品全編を通して流れるボイスオーバー、そしてロバート・ミッチャム風のキャラクターを演じるレイ・バレットなどは、まさにそうしたイメージと合致するものである。そして南カルフォルニアの代わりにオージー版探偵映画の舞台として選ばれたのが、クィーンズランド州ゴールドコーストであった。ゴールドコーストは「品のないストリート、ネオンの光るバー、薄汚いホテル、社会の各層にまで行き渡った腐敗」[2]といったものが、アメリカの古い探偵映画に出てくる退廃したロサンゼルスの街と、共通する雰囲気を持っている。

ゴールドコーストのあるクィーンズランド州と言えば、オーストラリア人にとっては一つの固定的なイメージがある。それは、非常に保守的な州であるというイメージだ。九〇年代にはここから、過激な人種差別発言や政策で話題をまいた政治家ポーリン・ハンソン女史が出ている。そして『グッドバイ・パラダイス』が製作された八〇年代、クィーンズランドは、悪名高い右翼政治家ジョハニズ・ブジェルク＝ピータスンを州首相に据えていた。一九六八年に州首相に就任して以来一九八七年までの長期政権を保持したこのブジェルク＝ピータスンは、社会主義を糾弾し、労働組合運動を制限し、アボリジニの利益を無視し、アパルトヘイトが問題になっていた南アフリカのフットボールチームを厚遇するなど、右翼的な政策を次々と打ち出した。また就任早々警察大臣を兼任、八〇年代半ばからは警察を中心に、クィーンズランド州政府機関で数々の腐敗が露呈して、ブジェルク＝ピータスン自身も辞任に追い込まれている。さらに彼は一九七二年から成立した連邦政府の労働党政権に反発し、クィーンズランド州の権利を増し、独立独歩の姿勢を強調した。このように二〇年に渡る保守政権でクィーンズランドは腐敗し、国内でもぽっかり浮き上がったような存在となったが、まさにそれが『グッドバイ・パラダイス』で描かれるクィーンズランドの混沌とした雰囲気の源泉となっているのである。だからと言って、クィーンズランドで、どこかの政情不安定な国のように本当にクーデターが起きたり、「ゴールドコースト独立論」が叫ばれたりすることはもちろんあり得ない。あくまでオーストラリアは他国から比べれば平和な国である。ただ、オーストラリア人は地域を差別化するジョークが大好きで、例えばライバル関係にあるシドニーとメルボルンの住人は、いつも互いに相手をけなしあって楽しんでいるところがある。当然クィーンズランドは他州人の格好の標的になるわけで、『グッドバイ・パラダイス』で描かれるクィーンズランド像も、ニューサウスウェールズの映画人が自分たちのイメージを拡大させたユーモアと見るのが妥当だろう。

　クーデター計画の黒幕に、アメリカとマレーシアが出てくるのも興味深い。環境保護を訴えていたはずの教祖トッドがアメリカの手先となり、グレートバリアリーフの自然を破壊して油田を開発しようと言うのだからひどい話である。経済的な利益を目的にオーストラリアを蹂躙しようとするアメリカ、というイメージは、オーストラリア映画に数多く描かれてきた。今回はもう一つ、アジアの国マレーシアが悪役として登場している。アジアの国がこうした役回りで出てくるのはこの作品が最も早い部類である。九〇年代には、ヤフー・シリアスの『レクレス・ケリー』で、日本がオーストラリアの島を丸ごと買収し、船に繋いで日本までひっぱっていこうとするという奇想天外な悪役ぶりを見せている。アメリカと並んで、アジア諸国が経済的にオーストラリアに進出し始めた八〇年代を象徴しているとも言える。また作品では「ゴールドコーストは日本人だらけだ」と言うようなセリフがあるのに、日本人は一人も画面に登場しない。一方でゴールドコーストを我が物顔で走り回る装甲車に乗ったマレーシア軍人たちは、見方によってはゴールドコーストに溢れ返る日本人観光客のメタファーとも取れる。

　カール・シュルツ監督にとって本作は、一九七八年の『ブルー・フィン』以来二本目の劇場用映画である。この作品ではコンセプト通り、見事にノスタルジックなアメリカ探偵映画を再現してみたが、同年に公開された『少年の瞳』でもゴージャスな、古いタイプのメロドラマを再現している。二作品は古いアメリカ映画の様式を当てはめようと試みたところに共通点が見られる。

　演技の見所は、やはりレイ・バレットに尽きる。結局ステイシーは黒幕たちの術策に振り回されてばかりで、愛人ケイトも守れず、頼りないことこの上ないのだが、バレットはそんなステイシーの弱さを逆に魅力に変える優れた演技を見せている。一九七八年の『虐殺の儀式』での、飲んだくれで心のさもしい警察署長ファレルにも似た役どころである。バレットはこの作品で、ＡＦＩ賞主演男優賞を獲得した。バレットはその後も『アンボンで何が裁かれたか』『ホテル・ソレント』（一九九五）『俺たちの農場で』（一九九五）などに出演し、オーストラリア映画の重要なバイプレイヤーとしての地位を固めている。弱いステイシーの心の拠り所となる暖かい女ケイトを演じたのは、ロビン・ネヴィン。彼女は『少年の瞳』にも出演しており、オーストラリアを代表する女優となっていくのはこの頃からだ。

本作はＡＦＩ賞ではその他に脚本賞を受賞しただけにとどまった。終盤のアメリカの戦争映画まがいの派手な銃撃戦が、全体のユーモアを損なっているという批判が公開当時多く寄せられた。だがScott Murrayはこの作品を、「ポスト七〇年代作品の中で、最も過小評価されている作品の一つ」と評し、高い評価を与えている。[3]

（1）*Cinema papers.* no. 43 (1983) pp. 114-15.

（2）Rattigan, Neil. *Images of Australia.* p. 145.

（3）Murray, Scott. 'Goodbye Paradise', in *Australian film 1978-1994.* p. 128.

花の男
Man of Flowers　1983

監督：ポール・コックス
製作：ジェーン・バランテイン、ポール・コックス
脚本：ポール・コックス、ボブ・エリス
撮影：ユーリ・ソーコール
編集：ティム・ルイス
美術：アッシャー・ビル
衣装：リリット・ビル
録音：ロイド・カリック
出演：ノーマン・ケイ（チャールズ・ブレイマー）
アリソン・ベスト（リサ）
クリス・ヘイウッド（デヴィッド）
セーラ・ウォーカー（ジェーン）
ジュリア・ブレイク（美術教師）
ボブ・エリス（精神科医）
バリー・ディキンズ（郵便配達）
パトリック・クック（銅製品店の男）
ヴィクトリア・イーガー（アンジェラ）
ジェームズ・ストラットフォード（幼い頃のチャールズ）
トニー・ルエリン＝ジョーンズ（教区委員）
製作会社：フラワーズ・インターナショナル・プロダクションズ
上映時間：九一分

『花の男』アリソン・ベスト（リサ）とノーマン・ケイ（チャールズ・ブレイマー）

ストーリー

　豪邸に一人住んでいる上品で物静かな中年男チャールズの趣味は、珍しい花々を集めて部屋や庭を飾ること、教会へ行ってオルガンを演奏すること、そして美術モデルのリサに給金を払って週に一回部屋に招き、ドニゼッティの歌曲をバックにストリップをさせてそれを鑑賞することだった。チャールズはいつも、恐ろしく抑圧的な父と、美しく優しい母と過ごした少年時代を回想する。女体への執着の原因になっている、既に亡い母に宛てて、手紙を出すことも彼の日課になっている。

　リサにはデヴィッドという前衛芸術家のヒモがついている。が、デヴィッドは乱暴で意地が汚く、リサは愛想を尽かしてデヴィッドと別れようとする。

　リサはチャールズに好意を持っており、チャールズもリサに好意があるが、少年時代を引きずりながら一人で生きてきた彼には、リサのストリップを見ること以外の行動は起こせない。リサはジェインという女性と、レズビアンの関係になる。チャールズは次第に、花や音楽ではなく人とふれあいながら生きていきたいと思うようになる。

　金が必要になったデヴィッドは、リサに大金を無心し、リサはチャールズに泣きつく。チャールズはリサのためにデヴィッドを葬ろうと決意し、デヴィッドの画を買い上げるからと騙して自宅に招き入れ、庭に仕掛けた矢でデヴィッドを射殺してしまう。

　チャールズはデヴィッドの死体を銅細工師に頼んで銅像に固めて貰い、それを寄付して公園の一角に飾って貰う。

　チャールズは浜辺に一人たたずみ、リサが見つめていた海を見つめる。

解説

ポール・コックスは、現代のオーストラリアの監督の中で、非常に個性的なスタンスを保っている。オランダで生まれ、一九六三年にオーストラリアに移民。スチール写真のカメラマンを経て、六五年から短編を撮り始め、七六年に『イルミネーションズ』で劇場用映画のデビューを飾った。その後、今日までコンスタントにオーストラリアのみで映画を撮り続けている。何作かが成功を収めたら（九〇年代においては殆ど一、二作で）アメリカへ招かれてハリウッド映画を製作するようになるオーストラリアの監督たちの中で、『ロンリー・ハーツ』『私の最初の妻』、そしてこの『花の男』など多くの傑作を撮っているコックスがオーストラリア映画産業に固執するのは奇異な感じすらする。

しかもコックスの不思議なところは、オーストラリア映画産業に人一倍のこだわりを見せながら、その一連の作品が全くオーストラリア映画らしくないことである。オーストラリアにおいて、コックスの作品群に良く冠せられる形容は、「ヨーロッパ的」というものだ。コックスの映画の舞台は殆どが都会である。彼の映画において、光を最小限に絞って、瀟洒な邸宅、寂れた下町、骨董品屋、電車、教会などが映し出されると、それはどう見てもオーストラリアの光景には見えない。そこにはさらにコックスが多用するオペラなどのクラシック音楽がかぶさるので、ヨーロッパ的な雰囲気はいやがおうにも高まる。故意に画質の悪い8ミリで撮ったような映像を挿入して主人公の過去の記憶をフラッシュバックさせてみたりする手法。さらに様々な解釈を可能にする、「意味」を極力曖昧化した映像で、主人公の心像風景を表現したりもする。こうしたものはすべて、物語に力点を置くのが主流のオーストラリア映画（ピーター・ウィアー[1]などの例外はあるが）の中では非常に珍しく、ヨーロッパ的だと言われるのは主にこのような点からである。

映像の問題に加えて、物語の内容においても、コックスの作品はその他の多くのオーストラリア映画と一線を画している。例えばTom O'Regan は、『花の男』の翌年に作られた『私の最初の妻』を例に取り、ロシアからの移民である音楽評論家の夫と、オーストラリア人の妻との不和の物語の中に、ヨーロッパの教養を身につけた中流階級と、オッカー的な要素を持ったオーストラリアの労働者階級という対比を見る。(2) そして、文化的で誠実なヨーロッパ人の夫が、快楽主義的で不実な「オッカー」の妻の不貞によって裏切られるという物語から分かるように、明らかに『私の最初の妻』という作品はそのヨーロッパ人の方に対してシンパシーを表明している。このヨーロッパとオーストラリアとの対比に関する態度は、まさに一般的なオーストラリア映画と逆のベクトルを指すものであり、類似するものと言えばオーストラリア人に差別されるヨーロッパ移民を描いた『愛をゆずった女』ぐらいのものだろう。ヨーロッパ的教養とオッカー性の対比は、『花の男』でも活かされている。主人公チャールズは深い教養を身につけ、一人豪邸に住み、ドニゼッティの歌曲に身を浸しながら、花を愛し、女性の裸体を愛するという奇癖に耽溺している。およそ一般的なオーストラリア映画の主人公らしからぬ男である。その対極をなすのが、リサのヒモである前衛芸術家デヴィッドだ。クリス・ヘイウッド演じるデヴィッドは強いオーストラリア訛りを持ち、がさつで強欲な男である。金に困ったデヴィッドがリサを通じてチャールズに画を買ってくれと頼む（半ば脅す）場面がある。デヴィッドの工房を訪れたチャールズはデヴィッドの前衛的な作品群を前にして「ここには画など一枚もない」と言い切る。チャールズは、ヨーロッパの伝統や古典の優雅さを持ったものしか芸術として認めない一貫した審美眼を持っており、故に若いオーストラリア人の前衛芸術などまったく無価値なのだ。デヴィッドは徹頭徹尾ネガティブに描かれ、結局殺されてしまうが、ここにあるようなヨーロッパの伝統を顧みない者への冷たい視線は、『私の最初の妻』でロシア人クラッシック音楽評論家の主人公が、パブでオーストラリア人たちが聞いているがさつなロックに苛立つ場面にも見られる。結局チャールズの孤独は、ヨーロッパ的な文化や伝統の顧みられない若くてがさつな国オーストラリアにおける、ヨーロッパ教養人の孤独を象徴しているようにも見えるのである。『花の男』と『私の最初の妻』が作られたのが、八〇年代初頭にオーストラリア映画に沸騰したナショナリズムが終息した後という時期、そしてヨーロッパ人移民の視点を持った『愛をゆずった女』『引っ越し』（一九八三）などオーストラリア映画に最初のマルチカルチュラリズムが台頭してくる時期であることを考えれば、両作品におけるオーストラリアを非オーストラリア人的な視線からネガティブに見るというスタンスは、とても時機を得ているとも言える。

『花の男』を含めてコックスの映画でよく扱われるテーマは、コミュニケーション能力の不全に苦しむ人々の姿である。その屈折には性的な問題が加わることもある。『花の男』ではチャールズはストリップを愛好していたが、『金髪の束』（一九九一）では中年の時計修理人の主人公が、人間の髪の毛の束に愛を感じるという異常な性愛の形を見せる。『ロンリー・ハーツ』（一九八二）では、五〇歳まで独身でいた主人公が禿頭にカツラを載せて若い女性と「お見合い」をするが、デートの途中で女性に車の中に隠したポルノ写真を見つけられてしまう。各作品の主人公の中年男たちは、すべて長く深い孤独が原因で、性に対して屈折や不満を抱えている。そして彼らは、年齢を超えて、何十年も心に秘めてきた様々なトラウマを越えて、他人とのコミュニケーションを確立しようと必死でもがくのである。コックスのこのような作品は、盲人と家政婦と青年の三人がトラウマを抱えながら人とのコミュニケーションの確立に苦闘する、ジョスリン・ムアハウス監督による九〇年代の作品『証拠』と、とても似通ったものがある。特に『証拠』の主人公マーティンの母への思慕と抑圧は、『花の男』のチャールズの母への偏愛と通じている。その他にも『証拠』の「ヨーロッパ映画的だ」と「批判」された薄暗い映像はコックスのそれに近いものがあるし、盲人が人を煙に巻くという設定、動物病院の待合室の光景などが『ロンリー・ハーツ』にも似たようなものが見られる。ムアハウスがどれほどコックスに傾倒していたのかは分からないが、コックスの八〇年代前半の作品のテーマや傾向が、九〇年代に『証拠』というよりポップで分かりやすい作品に受け継がれているのは、興味深いことである。

『花の男』で主人公チャールズを演じたのは、コックス映画には欠かすことの出来ない俳優、ノーマン・ケイである。彼は『ロンリー・ハーツ』で主役の滑稽な五〇男ピーターを演じたのを始め、『欲望と復讐』と『私の最初の妻』

を除くコックスのすべての作品に出演している。ケイは『花の男』で、ＡＦＩ主演男優賞を受賞した。デヴィッドを演じたクリス・ヘイウッドは七〇年代から九〇年代に至るまで、オーストラリア映画において最も露出度の多い俳優の一人だが、やはりコックスとは非常に縁深い。『金髪の束』で屈折したセクシャリティを持つ主人公の時計修理人を演じたほか、『ある老女の物語』『ロンリー・ハーツ』など多くのコックスの作品に出演している。その他に、ほんの脇役だが、郵便配達人の役に、メルボルン・ラ・ママ小劇場出身の劇作家バリー・ディケンズ、チャールズのかかる精神科医に劇作家・脚本家で、『花の男』の脚本も手がけているボブ・エリス、銅細工師に漫画家・諷刺作家のパトリック・クックなどの、オーストラリア文壇おける著名人がゲスト出演している。コックス周辺の人脈が窺い知れて、興味深いところだ。

『花の男』は、アートハウス系映画としてはオーストラリア内外での成績に優れ、とくにコックスの作品としては、日本で唯一公開され好評だった『ある老女の物語』を遙かに凌ぐ最高のヒット作となった。『花の男』は前述のＡＦＩ賞主演男優賞の他、アメリカのシカゴ映画祭でグランプリを受賞している。

（1）O' Regan, Tom. 'The enchantment with cinema: film in the 1980s', in *The Australian screen.* pp. 130–34.

（2）O' Regan, T. p. 131.

ファー・ラップ
Phar Lap 1983

監督：サイモン・ウィンサー
製作総指揮：リチャード・デーヴィス
製作：ジョン・セクストン
脚本：デヴィッド・ウィリアムソン
撮影：ラッセル・ボイド
編集：トニー・パタソン
美術：ラリー・イーストウッド
衣装：アナ・シニア
音楽：ブルース・ロウランド
録音：ギャリー・ウィルキンズ
出演：トム・バーリンソン（トミー・ウッドクック）
　マーティン・ヴォーン（ハリー・テルフォード）
　ジュディ・モリス（ビー・デーヴィス）
　セリア・ドゥバーグ（ヴァイ・テルフォード）
　ロン・ライブマン（デイヴ・デーヴィス）
　ヴィンセント・ボール（ラクラン・マキノン）
　ジョン・スタントン（エリック・コノリー）
　ピーター・ウィットフォード（バート・ウルフ）
　ロバート・グラブ（ウィリアム・ニールソン）
　リチャード・モーガン（キャシー・マーティン）
　ジョージア・カー（エマ）
製作会社：ジョン・セクストン・プロダクション、マイケル・エジリー・インターナショナル
上映時間：一一八分

ストーリー

一九三二年、アメリカ・カルフォルニアの牧舎で、オーストラリアの競馬界で無敵を誇った名馬、ファー・ラップが急死する。オーストラリアの新聞はただ一言「彼は死んだ」という見出しを付し、不世出の名馬の突然の死を悼んだ・・・。

ニュージーランド生まれのファー・ラップは、ハリー・テルフォードの厩舎で、ハリーの徒弟トミーの愛情を受けながら暮らしていた。馬主のデイヴ・デービスは、シドニーの地元レースで頭角を現してきたファー・ラップを売却しようとするが、ハリーに乞われて思いとどまる。ファー・ラップのあまりの強さにオーストラリア・ジョッキー・クラブは様々な工作を仕掛けるが、その圧倒的な強さは誰にも止められない。メルボルンに移ったファー・ラップは、何十キロもの重石を背負うというハンディキャップをものともせず一九三〇年のメルボルンカップで圧勝、オーストラリアの国民的ヒーローとして迎えられる。一九三二年、馬主デーヴィスは、史上最高の金が動くメキシコのレースに出場させるべく、ファー・ラップとトミーをアメリカへ送る。ファー・ラップは蹄を負傷していたものの、やはり得意の逆転劇で勝利を収めた。

ファー・ラップのアメリカでの客死はオーストラリアで大きな衝撃として受け止められ、毒殺説まで流布する。マスコミはハリーにファー・ラップの死についてコメントを求めるが、彼は一言「ただの馬だ。最高のな」という言葉を残すのみだった。

269　ファー・ラップ　1983

解説

この『ファー・ラップ』という作品のタイトルは、アメリカでの公開にあたって『ファー・ラップという馬』に変更されている。『ファー・ラップ』だけでは、アメリカ人には何のことだか分からないからだろう。ところが、アメリカではこのようにまったく知名度のない競走馬が、オーストラリアにおいては、人々は誰でもその「伝説」を知っている。現実にファー・ラップの亡骸は、客死したアメリカから大切に南半球に持ち帰られ、心臓をオーストラリア国立博物館が、皮をヴィクトリア州立博物館が、そして骨格をニュージーランド国立博物館が、それぞれ分割して大切に保管しているという。これだけ見ても、オーストラリアにとってこの馬がいかに特別な存在か分かるだろう。ファー・ラップは、一九世紀のブッシュ・レンジャーであるネッド・ケリーと伍して、オーストラリア文化における国民的英雄と言っても良い。それにしても、「泥棒」や「馬」が国民的英雄になってしまうオーストラリアの文化的土壌というのは、それだけでとても興味深いものだ。これにオーストラリアで最も愛され、オーストラリア文化の象徴とも言える歌、『ウォルシングマチルダ』の例を加えても良い。『ウォルシングマチルダ』は陽気なメロディとは裏腹に、農場から農場へと渡り歩く極貧の労働者（スワッグマン）が、羊を盗んでしまったために農場主と警官隊に追いつめられ、入水自殺するもの悲しい物語を唱っている。ネッド・ケリー、ファー・ラップ、『ウォルシングマチルダ』のスワッグマン・・・これらのものが象徴するオーストラリア文化は、例えばアメリカ文化と比較するとはっきりした対照を示すだろう。アメリカにおける文化的象徴や国民的英雄といったものは、いつもアメリカ国家の建設と統合のために存在する。ヒーロー達はいずれも、前進するアメリカという国と自らを重ね合わせるように、常にポジティブな世界を生きる。ところがオーストラリアの英雄達はいつも、国家に反逆するアウトローや、富裕層に抵抗する労働者というネガティブな世界の住人だ。唯一ポジティブなヒーローであるファー・ラップも、物言わぬ「馬」に過ぎず、国家を統合するようなメッセージを放つことは決してない。むしろファー・ラップは、アメリカの巨大な資本に振り回されてアメリカに渡ることとなり、最後は無為に「毒殺」されたからこそ、伝説となったのである。その悲劇性の中に、常に大国に振り回され、裕福な支配層に振り回されてきたことに対するルサンチマンという、オーストラリアのほとんどの文化的象徴が有しているテーマが、はっきりと見てとれるのである。

　オーストラリア文化史上の伝説を映画化する方法は、すでにオーストラリア映画創成期から『ケリー・ギャング物語』『ユリーカ砦』などが連綿と撮られてきており、オーストラリア映画における一つのジャンルと見て良い。ただ、このファー・ラップの伝説が八〇年代の半ばのオーストラリアで初めて映画化されたのは、前年、ジョージ・ミラー監督が国民的詩人バンジョー・パタソンの詩を映画化した『スノーリバー』が記録した大成功が、当然視野に入ってのことだろう。『スノーリバー』は一九八七年に続編も撮られ、今日ではテレビシリーズにもなっている。オーストラリアの文化史上の伝説を映画化するというこのジャンルが、興行的にも成功が見込めるという確信が深められたのがこの八〇年代半ばであった。その意味で、このジャンルの確立期と重なる『ファー・ラップ』は、オーストラリア映画史上でも重要な作品であると考えていい。

　作品自体は、極めて冒険の少ない映画だ。もちろんこの作品の中心にあるファー・ラップの描き方に関しては、雄大な肉体を持った馬（実際のファー・ラップは、並外れて大きな馬だったという）が全力で走る時の圧倒的な躍動感を、カメラは良くとらえている。だが、オーストラリアでもっとも売れっ子の劇作家デヴィッド・ウィリアムソンによる脚本は、ファー・ラップのまわりにいる人間模様に、より多くの関心を払っている。いつも金のことばかり考えて腰の据わらない馬主のデーヴィス、無骨な頑固者の厩舎のボス、ハリー、そして心優しく、ファー・ラップに常に惜しみない愛情を注ぐ厩舎の徒弟トニー。この明確な個性を持った三人の男が、ファー・ラップを巡って時に反発し、時に友情と信頼を深める。ごく当たり前の人間たちと、彼らが織りなす人間模様を描かせたら右に出る者のいない「風俗喜劇作家」ウィリアムソンの、最も得意とする世界が展開している。ただ、人物描写に力を入れすぎて、二〇、三〇年代のオーストラリアという時代背景についての言及がほとんど見られない難点はある。だが、むしろファー・ラップの伝説を現代に蘇らせることがこの映画の目的と考えるなら、映画の中の力強いファー・ラップは、時代を超えたヒーローとしての魅力を十分備えている。そして、オーストラリア人の文化的アイデンティティにファー・ラップという馬が大きな位置を占めていることを、観る者に改めて気付かせる力を持っているのである。

　興業に関して言えば、『ファー・ラップ』は総利益九二五万八千ドルの総利益をあげ、オーストラリア映画歴代一三位（一九九六年現在）の大ヒットとなった。ＡＦＩ賞は編集、音楽、音響の三賞を受賞した。

少年の瞳
Sumner Locke Elliott's Careful He Might Hear You　1983

監督：カール・シュルツ
製作：ジル・ロブ
脚本：マイケル・ジェンキンズ
撮影：ジョン・シール
編集：リチャード・フランシス＝ブルース
美術：ジョン・キャロル、ジョン・ウィングローヴ
衣装：ブルース・フィンリソン
音楽：レイ・クック
録音：シド・バターフアース
出演：ウェンディ・ヒューズ（ヴァネッサ）
　　ロビン・ネヴィン（ライラ）
　　ニコラス・グレッドヒル（ＰＳ）
　　ジョン・ハーグリーヴズ（ローガン）
　　ジェラルディーン・ターナー（ヴィア）
　　イザベル・アンダーソン（アグネス）
　　ピーター・ウィットフォード（ジョージ）
　　コリーン・クリフォード（エティ）
　　エドワード・ハウエル（判事）
　　ジャクリーン・コット（パイル嬢）
　　ジュリー・ナイヒル（ダイアナ）
　　マイケル・ロング（フード氏）
　　レン・ロンドン（ジェントル氏）
　　ベス・チャイルド（グリンデル夫人）
製作会社：サイム・インターナショナル・プロダクションズ（ニューサウスウェールズ映画公社協力）
上映時間：一一〇分

『少年の瞳』ウェンディ・ヒューズ（ヴァネッサ）、ニコラス・グレッドヒル（PS）、
ロビン・ネヴィン（ライラ）

ストーリー

一九三〇年代、大恐慌時代のシドニー。母を亡くしたＰＳと呼ばれる六歳の少年は、父ローガンも彼を捨てて行ったために、労働者階級のライラおばさん夫婦とともに暮らしていた。彼がＰＳと呼ばれるのは、亡母から彼の存在が彼女の人生の「追伸」にすぎないと言われていたからだ。

ある日、イギリスから、亡き母やライラの姉妹であるお金持ちのヴァネッサがやって来て、ＰＳを引き取りたいと言い出した。イギリスでいい教育を受けさせるために、ＰＳはヴァネッサの元に預けられるが、ＰＳはイギリス風の上流の暮らしが馴染まず、彼はライラの元に返りたいと泣いて訴える。

放蕩者の父ローガンがふらりとシドニーに現れる。ローガンはＰＳの母の他に、ヴァネッサとも愛し合った過去があることが明らかになる。ヴァネッサは今なお思い切ることの出来ないローガンの面影をもったＰＳの親権を、自分に譲るようローガンに迫る。が、ローガンは上流階級の躾の中で萎縮しきったＰＳの姿を哀れみ、ヴァネッサの申し出を拒んで、また旅に出る。

ライラの元に戻ってしまったＰＳを取り戻すため、ヴァネッサは法廷に訴え出る。裁判でライラに勝ったヴァネッサはＰＳを再び屋敷に連れ戻すが、ＰＳはやがて荒んだ表情を見せ始める。まるで復讐するかのように、ＰＳは手ひどい悪戯でヴァネッサを精神的に苦しめ、ついにヴァネッサはＰＳを手放すことを決意する。だが、それもつかの間、ヴァネッサは海難事故で不慮の死を遂げる。

ＰＳは晴れてライラの家に戻るが、自分の本当の名前がウィリアムであることを知ると、大人達に、本当の名前で呼んでくれと要請する。

解説

『少年の瞳』は、サムナー＝ロック・エリオット（一九一七—九一）の、少年時代を描いた自伝『気をつけて、あの子に聞かれるかも』Careful He Might Hear You（一九六三）を映画化したものである。エリオットは、自らの体験を元に書いた、退屈な軍隊生活を笑う喜劇『錆びたラッパ』（一九四八）で、オーストラリア演劇史上に重要な位置を占めている劇作家である。彼は実際に『少年の瞳』に描かれるような少年時代を送った後、一九三九年から九年間をシドニーの有力劇団「独立劇場」で過ごし、『錆びたラッパ』を含め七つの戯曲を執筆・上演している。一九五五年にはアメリカに移住し、テレビの人気放送作家として活躍、米国人として一生を終えた。

原作は当初アメリカで米国人監督による映画化が検討されていたというが、結局オーストラリアにおいて映画化された。そうして生まれた『少年の瞳』だが、期せずして、多くのオーストラリア映画に共通する要素を内包している。それはオーストラリア的価値観とヨーロッパ的価値観の衝突という構図である。大恐慌の波を受けて夫のジョージが失業するなど、ライラおばさんの家は常に貧しさがつきまとってはいるが、ＰＳにとってその家はとても暖かく、のびのびとした自分でいられる場所である。一方のヴァネッサの家は、物質的に満たされてはいるものの、その上流階級の厳しい躾や抑圧は、ＰＳをたちまち萎縮させる。労働者階級のライラおばさんの家が典型的なオーストラリア人家庭を体現しているとすれば、イギリス帰りのヴァネッサの大邸宅や上流の暮らしぶりは、イギリス的なもの、ヨーロッパ的なものを表している。そして作品の中では明確に、ライラの家がヴァネッサの家よりも、肯定的に描かれていることが分かる。このあたりは、上流嫌い、イギリス嫌いという、オーストラリア人の典型的なメンタリティに則った価値観が、そのまま投影されていると見ていいだろう。だが、ふらりと帰ってきた父ローガンは、上流の暮らしで荒んだＰＳの有様を見て哀れと思うが、結局ライラにもヴァネッサにのどちらにも、Ｐ

Ｓを与えると言明することはない。結果、ＰＳは宙ぶらりんのまま、再び両家の間をさまようことになる。このあたり、イギリスの文化的な血脈を受け継ぐオーストラリアの、嫌いながらもイギリスとの関係を断ち切れない、まったく煮え切らない姿のメタファーと見ることもできるのである。

一方で、『少年の瞳』は他のオーストラリア映画とはっきり違う要素も持ち合わせている。ヴァネッサの家に代表される見事なセット類、ロマンティックな音楽、ヴァネッサを演じるウェンディ・ヒューズの優雅な演技など、その独特のエレガンスは、同時代のオーストラリア映画と比べてあまりにユニークで、むしろアメリカなど外国のメロドラマ映画のイミテーションにも見えるのである。監督カール・シュルツは、これ以外の作品でも、「ノスタルジー」というテーマを常に基調に据えながら、既成のジャンルの引用を試みてきた。例えば長編第二作『グッドバイ・パラダイス』は、古き良きクィーンズランド、サーファーズパラダイスへの郷愁をたっぷりと漂わせながら、激変していくかの地を彷徨う私立探偵の軌跡を描いている。その語り口は明らかに、アメリカの古い探偵映画のような雰囲気が引用されているのである。『少年の瞳』でシュルツが創造したエレガンスは、シュルツの次作『北行き』（一九八七）での、クィーンズランドの別荘地の美しさをしっとりと描くやり方や、優雅な末期を全うしようとする老人の生き様の描写に役立てられているようだ。

俳優人の顔ぶれは豪華だ。ヴァネッサ役のウェンディ・ヒューズは『わが青春の輝き』『ニュースフロント』『私の最初の妻』など、重要な作品に数多く出演して、一九八八年にアメリカに移るまで、八〇年代オーストラリア映画を代表する女優だと言っていい。ＮＩＤＡ（国立演劇学校）第一期生としてヒューズの先輩に当たるロビン・ネヴィンは、そのオーストラリア演劇への多大な貢献でオーストラリア勲章（ＡＭ）をうけた程の大女優で、現在はクィーンズランドシアターカンパニーの芸術監督をつとめる演劇・映画界の重鎮である。映画にも、例えば七〇年代の『キャディー』から九〇年代の『エンジェル・ベイビー』まで、この人ほど息の長い、そして主役級から端役まで幅広い演技を見せる役者は、オーストラリアでは他にほとんど例がない。一九九六年に惜しまれつつ死去した、ローガン役のジョン・ハーグリーヴズも、七〇年代、八〇年代を通じて、オーストラリア映画で第一の男優だった。ＰＳで天才的な子役ぶりを見せたニコラス・グレッドヒルは、『悪魔の遊び場』に出演していた実力派俳優アーサー・ディグナムの息子である。

ＡＦＩ賞では、ウェンディ・ヒューズが主演女優賞、ジョン・ハーグリーヴズが助演男優賞を受け、作品自体も最優秀作品賞、最優秀監督賞をうけるなど、極めて高い評価を受けた。興業では、二四三万ドルの総利益をあげ、オーストラリア映画歴代三八位（一九九六年現在）を占めている。

愛をゆずった女
Silver city 1984

監督：ソフィア・ターキビッチ
製作：ジョーン・ロング
脚本：ソフィア・ターキビッチ、トマス・キニーリー
撮影：ジョン・シール
編集：ドン・ソーンダーズ
美術：イーゴー・ネイ
衣装：ジャン・ハーリー
音楽：ウィリアム・モジング
録音：マーク・ルイス
出演：ゴーシャ・ドブロヴォルスカ（ニーナ）
アイバー・カンツ（ジュリアン）
アナ・ジェミソン（アナ）
スティーヴ・ビズリー（ヴィクター）
デブラ・ローレンス（ヘレナ）
エイワ・ブロク（ブロノブスカ夫人）
ジョエル・コーエン（ダニエル）
ティム・マッケンジー（ロイ氏）
ハリナ・アブロモビッチ（エラ）
デニス・ミラー（マックス）
製作会社：ライムライト・プロダクションズ
上映時間：一〇一分

『愛をゆずった女』アイバー・カンツ(ジュリアン)、アンナ・ジェミソン(アンナ)、
ゴーシャ・ドブロヴォルスカ(ニーナ)

ストーリー

一九六二年、シドニーへと向かう夜行列車の中で、かつての恋人同士であったニーナとジュリアンは一二年ぶりに再会する。二人の立場は昔とは大きく異なり、ニーナは女教師に、ジュリアンは店員になっている。ニーナはジュリアンに、「あの《シルバー・シティ》を覚えている?」と語りかける。そこは、二人が出会った思い出の場所だった。

一九四九年、戦争の惨禍とソビエトの占領など戦後の混乱で家を失ったポーランド人が、続々とオーストラリアに移民として到着していた。彼らは、職を得て独立できるまで、銀色に光るカマボコ型のバラックに押し込められ、懸命に新しい土地と格闘していた。その殺風景なバラック群が、皮肉を込めて「シルバー・シティ」と呼ばれていたのである。

二一歳のニーナも、両親を失い、ポーランドから一人でオーストラリアにやって来ていた。そして彼女はシルバー・シティでジュリアンと出会い恋に落ちる。だがジュリアンには、けなげな妻アンナと子供がいた。不倫の恋に心を乱しながら、ニーナは家政婦の仕事に就くためにシルバー・シティを離れるが、やがて長続きもせずに戻ってくる。ジュリアンはついに妻と子を捨てる決心を固め、シルバー・シティを出て、一軒家でニーナと一緒に暮らし始める。友人のヴィクターやその仲間がいつも押し掛け、そこはニーナとジュリアンにとって楽しく幸福な愛の巣だった。

ところがある日、ジュリアンは法律の試験を受けるために家を出て、それっきりニーナのもとに帰らなくなる。途方に暮れたニーナがアンナを訪ねると、ジュリアンはそこにいた。なじるニーナに、ジュリアンはアンナが自分の子を妊娠したことを告げる。

一二年後の夜行列車。シドニーに着いたジュリアンは、アンナや、大きくなったあの時の子供に取り巻かれる。ニーナはそっと身を隠し、幸せそうな彼らを遠くで見つめている。

解説

オーストラリアは、移民が作り上げた国である。入植ごく初期に囚人がこの地に送られたのを除けば、時代時代に訪れた移民たちが国の礎となってきた。だが、いつの頃からかオーストラリアを新しく訪れた移民は「ニュー・オーストラリアン」と呼ばれ、微妙な差別感情を持って遇されるようになった。彼らはイギリス・アイルランド系ではなく、政情不安で貧しいヨーロッパの国々からの移民である。そしてこの映画の主人公ニーナも、ポーランドから来たニュー・オーストラリアンの一人だ。映画の冒頭ではニーナと同船した女性がちょうど一〇万人目の移民だと言ってコアラを抱かされ、人々に祝福されるシーンがあるが、この映画の描く時代は、第二次世界大戦直後のヨーロッパの荒廃と混乱を受けて、オーストラリアが一九四七年から一九五一年にかけて、五〇万人もの大量の移民を受け入れた時期と重なる。

『愛をゆずった女』はよく、ニーナとジュリアンの不倫の恋の物語に重点が置かれ、移民問題を扱った社会性が薄められているという指摘をされることがある。確かにニーナにとってのシルバー・シティでの数々の苦難は、不倫の恋に突き進み、燃え上がるためのロマンチックな装置として機能しているかも知れない。だがそれでも、作品に描かれる様々なエピソードは、それまでのオーストラリア映画には決して見られなかった種類のものだ。それらの最大の特徴は、オーストラリア人が極めてネガティブに描写されていることである。シルバー・シティで移民たちを管理するオーストラリア人はひどく官僚的で、血の通わない人間のようである。強圧的に管理し、移民者たちの文化を認めず、またコミュニストへの病的な恐怖感にとらわれている。ナチス・ドイツに辛酸をなめさせられてきたポーランド人をはじめとするヨーロッパ人移民たちが、オーストラリアで再びシルバー・シティという殺風景な銀色のバラックに閉じこめられ、それがまるで新たなアウシュビッツのようにも見えてくるという皮肉がある。移民者はそんなオーストラリア人管理者への抗議を込め、管理者側がイギリス国歌を斉唱させようとすると（もちろん一九四九年当時オーストラリア国歌はまだ存在しなかったからだが）、人々はそれを拒否して、それぞれ自分が残してきた故国の国歌を歌い始める。これはオーストラリア映画の歴史の中でイギリス系以外の移民が自分のルーツを毅然と主張した記念すべき瞬間ともいうべきであり、とても印象深いシーンになっている。だが悲しいことに、ニーナたちがシルバー・シティを離れて一歩普通のオーストラリア人の生活区に足を踏み入れると、そこにはさらなる差別が待ち受けている。カフェに入ってウォッカを頼めばボーイに冷笑されて、果てはポーランド人であることを口汚くののしられる。街を歩けばオーストラリア人の若者に絡まれ、あやうく強姦までされそうになる。ニーナとジュリアンの新居の隣に住むオーストラリア人夫婦だけは好意的に描かれているものの、それを除けば、この映画に登場するオーストラリア人は皆、移民に対して甚だしい差別感情をむき出しにするのである。そしておそらく映画の世界だけではなく、それにちかい現実はこの時代確かに存在していたのだろう。

　オーストラリア映画史の観点で見れば、この映画は一つの時代の区切りだと位置づけることもできる。八〇年代前半がオーストラリア映画におけるナショナリズム高揚の時期に当たり、オーストラリアの国柄を象徴する文化的神話や史実が盛んに映画化された時代なら、この映画が撮られた一九八四年は、それが一段落し、オーストラリアという国柄のネガティブな側面にも初めて目が向けられた時期なのである。そしてその側面とは、オーストラリアが建国されてからまさに今日においてもなお、果てなく格闘し続けている「人種差別」という最もやっかいな病巣である。それを直視し、またオーストラリア映画に多元文化主義の新風を吹き込んだという意味で、この映画の果たした役割は極めて大きい。九〇年代、われわれはオーストラリア映画の中にもはやほとんどネガティブな要素を感じずごく当たり前の光景として、移民たちが築き上げてきたエスニック社会を見ることが出来る。『ブランズウィックに死す』『ダンシング・ヒーロー』『ハートブレイク・キッド』『ハーケンクロイツ　ネオナチの刻印』等々。だが、それらの作品が「当たり前」になる前に、『愛をゆずった女』というエポックメイキングとしての作品が八〇年代に存在していたことを忘れてはならないだろう。ただし、それは「ヨーロッパ系移民」に限った話であるのも確かだ。現実のオーストラリア社会においてヨーロッパ人移民に対する差別よりもさらに根深いアジア人への差別に考えを致すとき、われわれは八〇年代が終わるまでアジア系のコミュニティーが中心的に描かれた作品がオーストラリア映画に全く存在してこなかったことに、やりきれない思いを感じずにはいられない。九一年にオーストラリア社会に適応しようとする日本人妻を描いた『ＡＹＡ』があるが、これはオーストラリア人と結婚して単身永住する若い女性が多いという日本人の特殊事情が材となっているもので、オーストラリア国内に形成されるアジア系エスニックグループとは関連がない。一九九六年に、オーストラリアに移民した中国人家族の葛藤を題材にした『フローティング・ライフ』という作品が、中国人をステレオタイプから脱却して初めて血肉の伴った「人間的な」キャラクターとして描いたことで、高い評価を得た。つまり、オーストラリア映画においてアジア系移民が、偏見の介在しない、肉声に近い言葉で語り始めることが出来るようになるのは、『愛をゆずった女』からさらに一〇年以上の年月が必要だったということになるのである。

『愛をゆずった女』はキャスティングにおいても、「エスニシティ」を多分に意識している。ニーナを演じたゴーシャ・ドブロヴォルスカは実際にポーランド生まれ、そしてジュリアンを演じたアイバー・カンツは、ラトビア出身だという。唯一、生粋のオーストラリア人で演技派のスティーブ・ビズリーが、軽薄で憎めないポーランド人・ヴィクターを愛嬌溢れる演技で巧みに演じきり、ＡＦＩ賞助演男優賞を受賞している。すべてを非イギリス・アイルランド系の役者で固めずに、八〇年代を代表するオーストラリアの映画スターであるビズリーをポーランド人役に配置したことで、オーストラリア人の否定的な描写の多いこの作品の、緩衝剤のような役割を果たさせたふしもある。

女性監督ソフィア・ターキビッチ自身もポーランド人の母を持つ。豪州映画テレビ学校を卒業したが、その間ポーランド留学の奨学金を得てポーランドへ渡った。その時取材した題材が、『シンドラーのリスト』の原作で国際的に知られるオーストラリア作家トマス・キニーリーと、『キャディー』『旅の活動屋』などを製作してきた重鎮の女性プロデューサー、ジョーン・ロングと共に練り上げられ、この作品が生まれた。ターキビッチは極めて寡作で、他に短編映画Letters from Poland（一九七七）、テレビのみの上映によるI've Come about the Suicide（一九八六）しか作品がないのが惜しまれるところだ。

『愛をゆずった女』は批評的には当時から非常に高い評価を得ていたにも関わらず、興行成績は振るわなかった。それは、オーストラリア人が人種差別者としてネガティブに描かれているからだと言われている。これもまた、映画の中の世界と通底する、感慨深いエピソードと言えるだろう。

ブリス
Bliss 1985

監督：レイ・ローレンス
製作：アンソニー・バックリー
脚本：レイ・ローレンス、ピーター・ケアリー
原作：ピーター・ケアリー
撮影：ポール・マーフィー
編集：ウェイン・ルクロス
美術：オーエン・パタソン
音楽：ピーター・ベスト
録音：ギャリー・ウィルキンズ
出演：バリー・オト（ハリー・ジョイ）
リネット・カラン（ベティーナ・ジョイ）
ヘレン・ジョーンズ（ハニー・バーバラ）
ジャー・カリーズ（ルーシー・ジョイ）
マイルズ・ブキャナン（デヴィッド・ジョイ）
ジェフ・トルーマン（ジョエル）
ティム・ロバートソン（アレックス・デュヴァル）
ブライアン・マーシャル（エイドリアン・クルーンズ）
ジョン・ユーイング（オールドウ）
ケリー・ウォーカー（アリス・ドルトン）
ポール・チャブ（デズ牧師）
ロバート・メンジーズ（ダミアン）

製作会社：ウィンドウⅢプロダクションズ、ニューサウスウェールズ映画公社
上映時間：一一〇分

『ブリス』バリー・オト(ハリー・ジョイ)

ストーリー

シドニーの都会。ハリー・ジョイは広告代理店の社長で、善人で通っている。仕事はうまく行っているし、家庭でも、医者を目指す息子、ソーシャルワーカーを目指す娘、そして愛する妻ベティーナに囲まれて、何一つ不満はなかった。

だがハリーはある時心臓発作に襲われて、四分間だけ「死んだ」。何とか蘇生したものの、ハリーの目には世界がまるで違って映るようになっていた。様々な奇怪な幻想が交錯する中、ハリーは自分の家族に疑念を抱き、一人で家を這いずり回りながら調査を開始。やがて家族の恐るべき実態が明らかになる。息子はドラッグの売買をしており、ニューヨークのマフィアになるのが夢。娘はドラッグ中毒で、兄の扱うドラッグ欲しさに、兄のオーラルセックスの相手までしている。妻ベティーナは、ハリーの代理店のパートナーのアメリカ人ジョエルと不倫関係にあり、二人でハリーの代理店を乗っ取ろうとしている。

絶望したハリーは家を出て、ホテルに居を構える。彼は自分の代理店の得意先である化学薬品会社が発ガン性物質をまき散らしていることを知り、その薬品会社との契約を破棄する。そして薬品会社から手に入れたガン分布地図を見て、都会がいかに汚染されているかを知る。ハリーがきまぐれにホテルに呼んだ娼婦ハニー・バーバラは、山奥にあるコミューンから通ってきている「八〇年代のフラワーチャイルド」で、ハリーに汚れた都会を捨てて森に暮らそうと誘う。だが、妻ベティーナの陰謀で、ハリーは精神病院に軟禁されてしまう。

自ら広告を製作しニューヨーク進出を目論んでいた妻ベティーナだったが、うまく行かない。また愛人ジョエルへの愛もさめてきたこともあって、彼女はハリーの力を借りるために、夫を精神病院から出し、再び家に呼び寄せる。ハニー・バーバラも、ハリーの家に同居することになるが、ハリーはすぐに元の都会生活に没頭するようになり、ハニー・バーバラは怒って森へ帰る。やがてベティーナは、自分がガンで余命幾ばくもないことを知って自殺。ハリーはハニー・バーバラの後を追って、森へはいる。

だが、頑固なハニー・バーバラの許しはなかなかおりない。ハリーは、「届くのに八年かかるラブレター」を書く。すなわち、森に木を植え、それが育ち、蜂がその香りを運び、ハニー・バーバラの作るハチミツに甘みをもたらすのだ。八年後ハチミツを味わったハニー・バーバラは、ハリーを許す。二人は再び結ばれ、やがて子を成す。老いたハリーは、自分の植えた木の下敷きになって、ついに安らかな死を迎える。

解説

『ブリス』は、ピーター・ケアリー（一九四三―）の一九八一年に出版された同名ベストセラー小説を原作にしている。ピーター・ケアリーは一九四三年ヴィクトリア州生まれで、オーストラリアでは同世代の中で最も高い評価を受けている作家だ。現在はニューヨーク・マンハッタンに居住し、国際的にも知名度が高い。『ブリス』に続いて、ケアリーの長編小説『オスカーとルシンダ』も、一九九七年にジリアン・アームストロング監督により、豪米合作映画として映画化された。

小説の映画化という観点で興味深いのは、七〇年代から八〇年代の『ブリス』までの間に、オーストラリアにおいて小説を映画化するという行為の背景が、大きく変動していることだ。『ストーク』のような小劇場の荒削りな喜劇を原作にした作品や『バリー・マッケンジー』シリーズのように漫画を原案にしていたオッカーフィルムの隆盛期を経て、七〇年代後半からオーストラリア映画はいわゆる「芸術映画」が台頭するようになる。その際原作に用いられたものは、一九世紀末から二〇世紀初頭に書かれた古典的名作、あるいはその時代を舞台に設定した小説群だった。『ピクニックａｔハンギングロック』『ローラの歌』『虐殺の儀式』『わが青春の輝き』など多くの作品が、この範疇に入る。だが一方で、こういう皮相な見方もある。オーストラリア映画の再生が始まった七〇年代にはまだオリジナル脚本を執筆する優れた人材を輩出することが出来ず、またいたとしてもそれを評価する審美眼も無かった。そこで映画人たちはオーストラリアのクラッシックと言われる小説の書籍棚をあさり、評価の定まった古典文学に同時代的な価値を見つけ出して、頻繁に映画化するようになった。七〇年代後半にオーストラリア映画で「時代物」が隆盛となったのは、そういう側面があったと言うのである[1]。確かにそれはその通りで、七〇年代後半の一連の映画の原作小説は、中等教育における教科書に設定されていたものも多く、映画作品の公開が教育関係の官庁の後援を受けるなどという例も良くあったという。こうした状況が変わって来たのが八〇年代で、『渚のレッスン』や『モンキー・グリップ』など、現代を扱った小説群が映画の原作として取り上げられるようになる。もっぱら現代社会の病理を告発する『ブリス』の物語も、そうした八〇年代的な流れの中で小説から映画へと生まれ変わった作品である。

　この映画で最もすぐれた点は、原作の小説の場面を忠実に再現した、あるいは映画のために新たに付け加えられた、多くのイマジナティブな映像だ。小人に引かれたサーカスの象がハリーの車の上に腰を下ろすシーン。ハリーを見舞いに来るベティーナのヴァギナの臭いが具現化され、彼女の股間からこぼれ落ちる何匹もの鰯。妹にオーラルセックスをさせる息子は、いつの間にかナチスドイツの制服姿になっている。レストランの真ん中でセックスを始めるベティーナとジョエルと、何事もないかのようににぎわう店内の光景。そして、何よりも印象的なのが、作品の冒頭、ハリーが自らの出生にまつわる物語を語る際に登場させる、「輝ける未来」と呼ばれる母のイメージだ。雨乞いをし、溢れる水の中、小船に乗り、中世風のフードを被り大きな十字架を抱える神々しい女性の顔。この美しく超然とした映像は、『ブリス』だけに留まらず八〇年代オーストラリア映画全体における記念碑的なシーンとして、非常に有名なものになっている。

体の傷口から湧き出るゴキブリなど、アメリカのホラー映画ではおなじみの仕掛けも、そういったジャンルが八〇年代まで殆ど発展してこなかったオーストラリア映画では珍しい。シュールリアリズム的な手法自体、全般的にソーシャル・リアリズム的な映画の極めて多いオーストラリア映画において、新鮮なものだった。九〇年代の作品で、ラジオＤＪがエラを持った魚になってしまう『ラブ・セレナーデ』は、この作品の血脈を少なからず引くものと見て良いだろう（奇しくもハリー役のバリー・オトの娘、ミランダ・オトが主演している）。

いったん死んだハリーが再び蘇り、自分の生きてきた道をもう一度見つめ直し、その虚構に満ちていた人生をきれいに洗浄して安らかな死につくという物語は、恐らく世界の多くの宗教的逸話やフォークロアの中に、その類型が認められるものであろう。この死と間近いところに立たせられた男の魂の遍歴の物語は、オーストラリア映画では一九九一年の『ブランズウィックに死す』に共通するものがある。ハリーが「届くのに八年かかるラブレター」を書き、ハニー・バーバラと再び結び合うエピソードを、Scott Murray は「オーストラリア映画において、最も素晴らしくロマンティックな結末の一つ」と評している[2]。

ハリーがハニー・バーバラを追って森へ来てからの出来事は、殆どナレーションだけで進行し、時間の軸も自由に超越して、あたかもお伽話を聞いているような風情がある。実際、全編を通してのナレーターは実は年老いたハリー自身であり、ハニー・バーバラとの間に出来た娘に、母との出会いと出生の物語を語って聞かせていたのだということが最後に明らかになる。そしてその直後ナレーションは娘に引き継がれ、老ハリーの最期の瞬間が語られる。こうして、作品の冒頭でハリーの出生にまつわる神秘的な物語が語られて以来、ハリーの血を受けた者の出生の物語は繰り返し語られるのだという「輪廻のイメージ」が、作品の結末によって強く印象づけられている。

代理店を乗っ取ろうとするアメリカ人と、人体に害をもたらす企業との決別を断行するハリー。この対比に、オーストラリア映画の常套的な構図である、アメリカの冷徹な資本主義とオーストラリアのイノセントで効率を優先しない価値観とのせめぎ合いという、社会的な題材も多少顔を覗かせている。

広告マンのハリー・ジョイと同じく、原作者のピーター・ケアリー、監督のレイ・ローレンス共に、広告業界の出身である。ケアリーは小説家として既に大成したこの時点（一九八五年）で、まだ現役の広告マンとして活躍していたし、ローレンスもずっとコマーシャル・フィルムを製作してきて、『ブリス』は彼の初めての劇場用映画ということになる。残念なことに、現在までのところローレンスは『ブリス』以外の劇場用映画の製作をしてはいない。

主演のバリー・オトは舞台と映画双方の第一線で活躍する、現在オーストラリアで最も高い評価を受けている演技派の役者である。特にエキセントリックな役をやらせると、恐らく右に出るものはいない。『ダンシング・ヒーロー』で「ニューステップ」を編み出したばかりに自滅していく（悪役ダンス協会長の言った嘘を再現する場面ではあるが）父ダグの役などまだまともな方で、最近ではニール・アームフィールド演出の舞台『禿げ山の一夜』（一九九六）で若い看護婦を冒涜して自殺に追いつめたり、ジェジ・ドマラズキ監督の映画『リリアンの物語』（一九九六）で娘を犯して精神異常にさせたりと、壮絶な役柄を相次いでこなしている。『ブリス』は映画におけるオトの初の主演作で、映画俳優としての評価を不動のものにしたのも、この作品である。

『ブリス』は内容の難解さ、暗さから、当初オーストラリア国内の三大配給チェーンから配給を拒否されてしまい、七〇年代のオーストラリア映画と同じようにプロデューサーのアンソニー・バックリーがみずから配給を行わなければならなかった。だが大方の予想を裏切って、映画は公開されるや見る見る売り上げを伸ばし、結局オーストラリア歴代六七位に当たる一一四万豪ドルの総利益を稼ぎ出すヒット作となった（一九九六年現在）。同じ年に公開されたアメリカの娯楽映画『ランボー』よりも、良い成績を収めたという。カンヌ映画祭に出品された際は元々約二時間の長い映画をずたずたに切って編集してしまったせいもあって不評だったが、オーストラリア国内の批評家には非常に評価が高く、その年のＡＦＩ賞では最優秀作品、監督、脚本の三賞を受賞した。

(1) Barber, Lynden . "Great Expectations" *The Weekend Australian.* January 3-4. (1998)
(2) Murray, Scott. 'Bliss', in *Australian film 1978-1994.* p. 164.

クロコダイル・ダンディー
Crocodile Dundee　1986

《クロコダイル・ダンディー》
監督：ピーター・フェイマン
製作：ジョン・コーネル
脚本：ポール・ホーガン、ケン・シャディー、ジョン・コーネル
撮影：ラッセル・ボイド
編集：デヴィッド・スティーヴン
美術：グレアム・グレイス・ウォーカー
衣装：ノーマ・モリソー
音楽：ピーター・ベスト
録音：ギャリー・ウィルキンズ、ビル・デーリー
出演：ポール・ホーガン（ミック・ダンディー）
リンダ・コズラウスキー（スー・チャールトン）
ジョン・メリアン（ウォル）
デヴィッド・ガルピリル（ネヴィル・ベル）
リッチー・シンガー（コン）
マギー・ブリンコ（アイダ）
スティーヴ・ラックマン（ドン）
ジェリー・スキルトン（ナゲット）
マーク・ブルム（リチャード・メイソン）
マイケル・ロンバード（サム・チャールトン）
アーヴィング・メッツマン（ドアマン）
製作会社：ライムファイアー・フィルムズ
上映時間：一〇二分

《クロコダイル・ダンディーII　1988》

監督：ジョン・コーネル
製作：ジョン・コーネル、ジェーン・スコット
製作総指揮：ポール・ホーガン
脚本：ポール・ホーガン、ブレット・ホーガン
撮影：ラッセル・ボイド
編集：デヴィッド・スティーヴン
美術：ローレンス・イーストウッド
衣装：ノーマ・モリソー
音楽：ピーター・ベスト
録音：ギャリー・ウィルキンズ、テリー・アンズリー、トム・ブランドー

出演：ポール・ホーガン（ミック・ダンディ）
リンダ・コズラウスキー（スー・チャールトン）
ジョン・メリアン（ウォル）
アーニー・ディンゴ（チャーリー）
スティーヴ・ラックマン（ドンク）
ジェリー・スキルトン（ナゲット）
ガス・マーキューリオ（フランク）
マギー・ブリンコ（アイダ）
ヘクター・アーバリー（リコ）
製作会社：ライムファイアー・フィルムズ
上映時間：一一二分

『クロコダイル・ダンディー』ポール・
ホーガン（ミック・ダンディー）

ポール・ホーガン（ミック・ダンディー）とクロコダイル

ストーリー

《クロコダイル・ダンディー》

ニューヨークの新聞記者のスーは、オーストラリアの奥地に取材に来ている。彼女が探しているのは、ワニに片足を食いちぎられながらも生存し、現在観光ガイドをしている通称ミック「クロコダイル・ダンディー」であった。

現地で出会ったミックは、ワニの剥製を抱かえた、粗野なオージーで、足の傷も大したことはなく、ワニの話は武勇伝に尾ひれがついたものだとわかる。スーは人なつこいミックに興味を持ち、ブッシュでの取材を続け、ミックにワニのいる川へと案内してもらう。

どこかうさんくさい点（ワニの密猟をしているという噂、同僚のガイドの腕時計を見ておきながら太陽の向きで時間を当てるふりをする、シェイバーでひげを剃りながらスーがそばを通りかかると大型ナイフに持ちかえるなど）もあるが、スーを襲ったワニを一撃で倒すなど、自然を知り尽くした力強いミックに、スーは惹かれる。ミックもスーに好意を寄せる。スーは、ミックにニューヨークへ一緒にいこうと誘う。

ニューヨーク。オーストラリアの奥地とは何もかも異なる大都会。戸惑うこともあるが、ミックはミックの流儀で過ごす。スーは、そんなミックのニューヨーク暮らしを取材し、彼は新聞でも話題になる。

ミックはスーの父親である新聞社の社長の招待で、スーの帰国祝いパーティーに出席する。そこで、スーと編集長との婚約発表がある。失意のミックは、ニューヨークを出、ウォーカバウト（放浪の旅。アボリジニの風習の一つ）に出ようとする。

地下鉄のホーム。人混みの中電車を待つミックに駆けつけたスーは「愛している」と告げる。

《クロコダイル・ダンディーII》

スーと一緒にニューヨークで暮らすミックは、相変わらず、大自然の中と同じ流儀で魚をとったり、子供に石投げを披露したりしている。しかし、故郷への思いは断ち難く、退屈を持て余し、ミックは仕事を探し始める。彼はパブでワルぶっている配達屋のリロイと知り合いになる。

一方、スーの前の夫がジャーナリストとしてコロンビアの麻薬王リコの悪事の証拠となる決定的瞬間をカメラに収め、スーにフィルムを送った直後に殺される。

麻薬王はスーを追ってニューヨークにやって来て、スーを拉致する。ミックはリロイとその仲間の助けを得て、リコの屋敷に潜入してスーを救出する。警察は二人を護衛するというが、リコは容赦なく攻めてくる。ミックは身の安全のために、スーと共にオーストラリアのブッシュに身を隠すことにする。

叔父の遺産の広大な土地と金鉱を持ち、そして自然と共生しているミックの姿を見て、スーはこの土地が気に入る。

リコたちは、オーストラリアまで追いかけてくる。ミックの親友ウォルを人質にとり、道案内をさせる。ミックは幼い頃アボリジニの養子となりブッシュのことを知り尽くしている。アボリジニの協力を得、次々とリコの手下を捕らえ、ウォルを救出、リコを倒す。

「うちに帰ろうか」とミックに語りかけられたスーは、「ここが家よ」と答える。

解説

主要な登場人物が海を越え、異文化と摩擦を引き起こす中で、「オーストラリア」という国の性質が見えてくる。こういった趣向を持ったコメディの先駆けとなったのは、オーストラリア映画ルネッサンスのまだ少し前の六〇年代に作られた、豪英合作『彼らは奇妙な人たちだ』（一九六六）である。『彼らは奇妙な人たちだ』は、イタリア人のニノという男がシドニーへやって来て、オーストラリア独特の言葉や習慣に戸惑いながらも順応し、やがてオーストラリア人女性と結婚する物語である。そして七〇年代には、純正オージー青年バリー・マッケンジーがイギリスへ渡って、文化摩擦から騒動を起こす『バリー・マッケンジーの冒険』（一九七二）が、その血脈を受け継いでいる。両作品とも外国という比較の視点からオーストラリアニズムを浮かび上がらせようとするのは同じだが、前者は外国人がオーストラリアへ行き、後者はオーストラリア人が外国へ行くというベクトルの違いがある。八〇年代に登場した『クロコダイル・ダンディー』は、この六〇年代、七〇年代の「祖先」を、ミックスさせた構造になっている。つまり、作品の前半はアメリカ人スーがオーストラリアへやって来て、オーストラリアニズムを見聞し、後半はミック・ダンディーがアメリカへ渡って、ニューヨークの都市文化と対比させることでオーストラリアニズムを浮き立たせるのだ。もちろん九〇年代にもこの系譜の後継者はいる。ヤフー・シリアスの『レクレス・ケリー』（一九九三）では、現代に蘇ったネッド・ケリーがハリウッドへ乗り込むという構図が描かれている。それではなぜ、オーストラリア映画にはこのような系譜が脈々と続いているのだろうか？。恐らくそれは、外国との対比の中で自国を確認せざるを得ないオーストラリアという国の宿命から来ているのだろう。そもそもイギリスの植民地で、文化的に多くのものをイギリスに依存し、アメリカのように戦争で独立を勝ち取ったわけでもなく、また「ガリポリ」神話に象徴されるようにイギリスに裏切られてきた被害者意識が国家概念の中枢にあるオーストラリアは、自らの内部から国のアイデンティティーを産み出す力を著しく欠いてきた。オーストラリアを意識するということは、言うならば「イギリスと比べてこう違う」「アメリカと比べてこう違う」というものを列挙することに他ならない。そこが、日本を含めた長い歴史と文化を持つ国々とも、アメリカのような強固なアイデンティティーを中心に据えながら成立した国とも全く違う点だ。

『クロコダイル・ダンディー』は一般的に、非常にアメリカのマーケットを意識して作られた映画だと言われている。だから「アメリカにおいて史上最大のヒットを記録した外国映画」の地位を勝ち得たのだ、と。それでも、少なくともシリーズの第一作目は、いくつかの点でオーストラリア映画の鉄則を踏んでいることが分かる。まず、ミック・ダンディーのキャラクターである。彼はオーストラリア映画によく登場する二つのキャラクター、「粗野なオッカー」、「ブッシュマン」に当てはまる。同時に、彼は『誓い』のフランク、『旅の活動屋』のピムなどに代表されるオーストラリア映画史上のもう一つの重要なキャラクター「ラリキン」でもある。それは相棒ウォルと胡散臭い観光ツアーを運営し、アメリカ人スーに様々なコケ脅かしを見せて、金をせしめようとしているミックの山師的な要素に表れている。一方、オーストラリア映画において頻繁に見られるホモセクシャリティの要素は、『クロコダイル・ダンディー』にはあまり感じられない。というのも、作品にはミックとスーという異性間のロマンスが中心に据えられているからであるし、Debi Enker が言う[1]とおり、男女のロマンスがハッピーエンドで終わる、非常に数少ないオーストラリア映画の一つでもあるからだ。だが、恋敵にスーを奪われそうになると黙って身を退いたり、結局スーから愛の告白をさせるなど、ミックの異性に対する際だったナイーブさは、『ストーク』の主人公ストークや、バリー・マッケンジーなどと言ったオッカーたちの異性に対するナイーブさを思い起こさせる。ミックが女性の愛を手に入れるのは、男性同士のメイトシップによる協力があって初めて可能になる。Enker は、『クロコダイル・ダンディー』の一番最後のシーンで、ミックが片方の手でスーを抱きしめながら、もう片方の手で男性同士のチームワークの勝利を宣言する意味で、がっちりと近くの男性と握手をしていることを指摘している。このように、『クロコダイル・

リンダ・コズラウスキー（スー・チャールトン）とポール・ホーガン（ミック・ダンディー）

ダンディー』の物語は、男女のロマンスがその中心にあるように見えて、実はオーストラリア映画の王道である男同士のメイトシップの物語でもあるのだ。

一方『クロコダイル・ダンディーII』では、ミックはオーストラリア映画のヒーローとしての資質をかなり減じさせている。確かに続編でも、ニューヨークの黒人、アボリジニや白人などブッシュの仲間とのメイトシップによって、団結し、困難を乗り切るという要素はある。だがミックからはすでにラリキンらしい、いかがわしい要素が消え失せ、単純な正義の味方になってしまっている。すでに恋愛関係にある女性を守り抜き、それで二人の絆がより深まるというパターンは、オーストラリア映画では純粋な娯楽作品においても、殆ど見られない性質のものだ。しかも、ミックは前編に比べて、圧倒的に「強く」なっている。そもそもオーストラリア映画のヒーローたちは、『サンデー・トゥー・ファーラウェー』の主人公フォーリーをはじめとして、多くの場合が「敗者」であった。前作『クロコダイル・ダンディー』でもミックは超人的な力を発揮するが、ニューヨークの悪漢に二人がかりで襲われれば簡単にKOされてしまったりする。その「弱さ」が、後編には片鱗もなくなっている。これはミック・ダンディーが、すでにある種のペーソスを背負ったオーストラリア映画のヒーローではなく、完全にハリウッド映画の強いヒーローになってしまったことを物語っている。

一つのシリーズの前編と後編の比較によって、はからずもオーストラリア映画とハリウッド系映画の違いを浮き彫りにすることになった。ところで、ミックが続編であっさりとオーストラリア的なペーソスを捨て去った理由は、『バリー・マッケンジーの冒険』との比較で明らかに出来るかも知れない。ミック・ダンディーとバリー・マッケンジーは、共に極端に戯画化されたオーストラリア人の姿である。だが、ミックは英雄であり、バリーはただのお騒がせ屋に過ぎない。両者の資質の大きな違いの一つに、アボリジニ的要素の有無がある。ミックは幼少時アボリジニに育てられたという経歴を持ち、彼が発揮する超人的な能力の多くは、アボリジニの文化に由来する。一方バリーはアボリジニとは無縁の白人社会で生きてきた人間で、ロンドンではアボリジニに殺されそうになる悪夢まで見る。

だが現実のオーストラリア社会に目を向けると、白人とアボリジニの関係は、むしろバリー・マッケンジーとアボリジニの関係に近い。『バリー・マッケンジーの冒険』は、オーストラリア大陸への侵略者である白人の原罪と不安定なアイデンティティーを意識しながら、そうした不安定さの上でバリーにナショナリズムという虚勢を張らせて、オーストラリアニズムに対するシニカルな笑いを引き出す構造になっている。一方の『クロコダイル・ダンディー』は、アボリジニ的な気質を持った白人という全く非現実的な設定で、ミックに白人社会とアボリジニ社会のつなぎ目の役割を負わせている。ミック・ダンディは、現代のオーストラリア人にとって果たし得ない理想を体現するものなのである。バリー・マッケンジーも含めてオーストラリア映画の主人公たちのペーソスは、根本的に、自分たちの原罪とアイデンティティーの不安定さを見つめることから始まっている。だが現実とは全く無関係な理想の中の主人公ミック・ダンディには、そのようなペーソスは本来必要がなく、だからこそ、第二作目では容易にアメリカ的な完全無欠のヒーローへと変容することも出来たのであろう。

『クロコダイル・ダンディー』は、ポール・ホーガンが自分のキャラクターを全面に出した、純粋な娯楽映画を作りたいという企画から生まれた。ホーガンはシドニー・ハーバー・ブリッジの整備工から、テレビの新人発掘番組を経てオーストラリアのテレビ界に入った異色の経歴を持つ。七〇年代を通して、『ポール・ホーガン・ショウ』というお笑い番組で、様々な扮装で物まねをするコメディアンとして活躍した。『クロコダイル・ダンディーII』では日本人観光客がミック・ダンディーを見て、「クリント・イーストウッドだ！」と言って大騒ぎするシーンがあるが、「クリント・イーストウッド」は『ポール・ホーガン・ショウ』で、ホーガンの物まねの十八番の一つだった。一九八四年からはアメリカ向けのオーストラリア観光のコマーシャルシリーズの人気キャラクターとなり、『クロコダイル・ダンディー』のコンセプトもそこから生まれた。『クロコダイル・ダンディー』ではホーガン自身が共同脚本に加わり、続編では自分の息子と二人で脚本を書いている。第一作目の監督は、長くテレビの娯楽番組の演出に携わり、また『ポール・ホーガン・ショウ』も手がけていたピーター・フェイマンが起用された。またプロデュースのジョン・コーネルは、長くポール・ホーガンのマネージャーをしていた人物で、『ポール・ホーガン・ショウ』では「ストップ」というキャラクターで出演もし、ホーガンと名コンビを組んでいた。このジョン・コーネルは、続編では監督になっており、彼にとって初めての演出をこなしている。

役者陣では、第一作目でガルピリル、第二作目でアーニー・ディンゴと、オーストラリアで最も著名な二人のアボリジニ俳優が、入れ替わりで登場してくるのが面白い。また、ミックの相棒のウォルの役には、『彼らは奇妙な人たちだ』やピーター・ウィアーの『パリを食べた車』、フィリップ・ノイスの『ヒートウェーブ』など、六〇年代から八〇年代にかけてのオーストラリア映画に重要な足跡を残したオーストラリアの名優ジョン・メリアンが演じている。彼の代表作『旅の活動屋』の主人公ピムの、気が小さく、どこか胡散臭くて、しかし憎めないキャラクターは、この作品のウォリの役にも通じるところがある。メリアンは一九八九年に死去し、『クロコダイル・ダンディーⅡ』は彼の遺作になった。

興業に関しては、誰もが知るとおり『クロコダイル・ダンディー』はオーストラリア映画史上空前の大ヒットとなった。オーストラリア国内では四千七七〇万豪ドルを売り上げ、アメリカでは一億七千万米ドルという途方もない数字を稼ぎ出した。続編も、第一作には及ばないものの大きな成功を収め、オーストラリアでは二四九一万豪ドルの総利益で、九〇年代半ばに『ベイブ』に抜かれるまでは、第一作目に続いてオーストラリア映画史上二位をキープしていた。アメリカでは一億九三〇万米ドルの総利益で、『ベイブ』よりも良い成績を収めた。

（1）Enker, Debi. 'Australia and the Australian', in *Australian cinema*. p. 218.

犠牲　ある兵士の死
Death of a Soldier 1986

監督：フィリップ・モーラ
製作：デヴィッド・ハネイ、ウィリアム・ネイグル
脚本：ウィリアム・ネイグル
撮影：ルイス・アービング
編集：ジョン・スコット
美術：ジェフ・リチャードソン
衣装：アレグザンドラ・タイナン
音楽：アラン・ザボド
録音：ジェフ・ホワイト
出演：ジェームズ・コバーン（ダネンバーグ少佐）
　ビル・ハンター（アダムズ）
　リーブ・ブラウン（レオンスキー）
　モーリス・フィールズ（マーティン）
　マックス・フェアチャイルド（フリックス）
　ベリンダ・デイヴィ（マーゴット）
　ランダル・バージャー（ギャロ兵卒）
　マイケル・ペイト（サザーランド少将）
　ジョン・シドニー（マッカーサー将軍）
　ジョン・マクティアナン（ウィリアムズ大佐）
製作会社：ウィリアム・ネイグル＝デヴィッド・ハネイ・プロダクションズ
上映時間：一〇五分

『犠牲〜ある兵士の死』ベリンダ・デイヴィ（マーゴット）とジェームズ・コバーン（ダネンバーグ）

アメリカ軍と交戦するオーストラリア軍

ストーリー

一九四二年、日本軍への反撃の機を窺うべく、マッカーサー率いるアメリカ軍はオーストラリアに駐留している。そんな中、メルボルンで若いオーストラリア女性の連続絞殺事件が発生。米兵の犯行との見方が強まり、オーストラリア警察のアダムズとマーティン、そして米軍ＭＰのダネンバーグ少佐が、互いに微妙な距離をとりながら捜査を開始する。

やがて容疑者として、酒乱で性格異常者の米兵レオンスキーが、米軍ＭＰによって逮捕される。米軍に対するオーストラリア国民の反発は一気に高まるが、オーストラリア政府は事件の処理を米軍の軍事裁判に預けてしまう。ダネンバーグ少佐は軍事裁判で自ら弁護人となり、レオンスキーが精神異常であることを理由に無罪を主張。レオンスキーを救うために奔走するが、果たせず、レオンスキーは有罪判決を受けて処刑される。

解説

まず一般的な日本人の歴史観からみて少なからぬ驚きを覚えるのは、第二次大戦中同じ連合国であったオーストラリアとアメリカの、決して盤石とは言えない関係である。オーストラリアの婦女子が米兵によって殺害されて、また国民の反米的機運にも関わらずオーストラリアの司法が手を出せないという構図は、まるで今日の日本における沖縄米軍基地問題を思わせる。また映画の中では一エピソードとして描かれているが、オーストラリア軍と米軍との間で緊張が高まり、銃撃戦にまで発展、双方に多数の死傷者を出すという事件がある。この事件は米軍司令部のもみ消しによって隠蔽される。われわれは今日まで、アメリカに取り繕われた歴史を受け入れてきたに過ぎないことを痛感させられる。同時に我々はオーストラリアのような小国が自ら紡いできた歴史に対しては、徹底して無関心を決め込んできた。日本の世界史の教科書にオーストラリア史に関する記述がほとんど一行も見あたらないということをとってみても、それはよく分かる。だが、西欧世界の中で、日本人が想像もしないような微妙なスタンスを取り続けてきたこの国の視点は、歴史を相対化し客観化する上でこの上ない効果を発揮する。この映画の描く「知られざる史実」は、そのことをわれわれに教えてくれるのである。

大国とオーストラリアの間の微妙な「軋轢」は、オーストラリア映画が最も好んで描いてきたテーマだと言える。それは、これまでおもに旧宗主国イギリスとの関係を描くときに取りあげられるのが常だった。例えば『英雄モラント』は、イギリスの植民地軍として出兵したボーア戦争で、イギリスの犠牲になって死んでいくオーストラリア軍人の「英雄」を描いた。また『誓い』も、第一次世界大戦の激戦地ガリポリで、アンザックがイギリス軍の捨て石となり壊滅したという史実に基づく国民的ルサンチマンが、背景に流れている。また広義に考えれば、大国との文化的衝突によって、初めて自国の存在を確認するという手法は、戦争に関する映画に限らずともいくつも見受けられる。例えば『バリー・マッケンジーの冒険』はイギリスとの、そして『クロコダイル・ダンディー』はアメリカとの文化的摩擦を通して浮かび上がってくるオーストラリア自身の姿をとらえようとしている。

ところが『ある兵士の死』は、同じような題材を扱いながら、このようなオーストラリア映画の伝統とは遥かにかけ離れた、まったく独特のスタンスを持っている。この映画で最も注目されることは、主役はあくまで米軍のダネンバーグ少佐であり、米兵レオンスキーであるということだ（二人ともアメリカ人の俳優が演じている）。事件はあくまでオーストラリアを舞台にしたアメリカ自身の問題として描かれ、『英雄モラント』との相似を思わせる後半の軍事裁判場面でも、米軍の軍事裁判であるから当然ではあるが、オーストラリア人は全く出る幕がない。この映画でオーストラリア人の役回りと言えば、殺される女性達、反米ビラをまく運動家、事件を米軍に委ねた政府の責任を問うて紛糾する国会、そして捜査を続けながら結局米軍に立ちはだかれ為す術もないオーストラリア警官ぐらいのものだ。そこに、他の映画にあるようなオーストラリア人のヒロイズムなどかけらも存在しないのである。一方、レオンスキーの描き方も不思議だ。レオンスキーは歌が大好きな男で、被害者となる女性たちに「歌を歌ってくれ」と言いながら絞殺を繰り返す。逮捕後の取り調べで「歌が好きか？」と問われたレオンスキーは、喜々として歌を歌い始める。それが何とも無垢なボーイソプラノであり、人の良さそうな外観とも相まって、彼はむしろ「犠牲者である」という印象が強まってくる。実際、主人公ダネンバーグ少佐の、被告の人権を尊重した無罪の主張は、非常な説得力を持って法廷に響きわたるのである。

　このような構造から、この不思議な「オーストラリア映画」がその製作意図を含めて、非常に混沌とした印象を受けるのは事実だ。Neil Rattigan は、アダムズとマーティンという二人のオーストラリア警官を、ギリシャ悲劇のコーラスのような役回りだと評した[1]。つまり彼らは常に舞台に現れて動き回りながら、ついに物語（この場合ではアメリカの軍事犯罪と司法の歴史）に何の影響も及ぼさないのである。ラティガンは「アメリカの司法史上の出来事に、オーストラリアの観客がどんな興味をもちえるのか」と作品に対して疑問を呈しているが、確かにそのとおりであろう。しかし、オーストラリア映画が八〇年代に入り、イギリスへのルサンチマンを喚起する『誓い』『英雄モラント』という名作を世に送った後、この映画を産み落としたという事実は興味深い。「ガリポリ」が醸成したイギリスへのルサンチマンはオーストラリアの思想や文学に多くの題材をもたらしたが、はたしてアメリカに対しても同じ意識をもてるのだろうか?。奇しくも映画全編に溢れるアメリカ生まれのジャズや流行歌が暗示しているように、戦中・戦後から始まったアメリカ文化の流入はすでに圧倒的なものとなり、すでにイギリスとの伝統的な文化的つながりはアメリカによって取って代わられた。文化的にも政治的にも、もはやオーストラリアはアメリカに依存することなしにはすまなくなっている。「アメリカ人によるアメリカ人のための法廷劇を遠巻きに眺めるオーストラリア人」という図式は、テレビから無尽蔵に垂れ流されるアメリカのソープオペラを漠然と眺めるオーストラリア人という図式とまったく変わりないのではないのか。老いた国イギリスに対する場合とは全く異なり、戦時中から今日に至るまでオーストラリアにとっての「アメリカ」は、あまりに巨大すぎる。オーストラリアは、アメリカが実現するヒューマニズムや豊かな文化を、ただ黙って享受する立場でしかなかった。アダムズとマーティンの無力な役どころは、そんな米豪関係の過去と現在の力学を暗示していると見たら、それは穿ちすぎであろうか。

（1）Rattigan, Neil. *Images of Australia.* pp. 105–08.

辺境に住む人々
The Fringe Dwellers 1986

監督：ブルース・ベレスフォード
製作：スー・ミリケン
原作：ニーン・ゲアー
脚本：ブルース・ベレスフォード、ロージン・ベレスフォード
撮影：ドン・マカルパイン
編集：ティム・ウェルバーン
美術：ハーバート・ピンター
衣装：ヘレン・ワッツ
音楽：ジョージ・ドレイファス
録音：マックス・バウリング
出演：クリスティーナ・ネム（トゥリルビー・カマウェイ）
ジャスティン・ソーンダーズ（モリー・カマウェイ）
カイリー・ベリング（ヌーナ・カマウェイ）
ボブ・マザ（ジョー・カマウェイ）
アーニー・ディンゴ（フィル）
マルコム・シルヴァ（チャーリー）
マーリーン・ベル（ハナ）
ミシェル・トーレス（オードレナ）
ミシェル・マイルズ（ブランチー）
キャス・ウォーカー（エヴァ）
製作会社：フリンジ・ドウウェラーズ・プロダクションズ、ＯＺフィルム
上映時間：九八分

ストーリー

クィーンズランド州の田舎町マーゴンのさらにはずれ、ほったて小屋の集落に、アボリジニの家族カマウェイ一家は住んでいた。父ジョー、母モリー、看護婦になるべく教習中の長女ヌーナ、ハイスクールに通う次女トゥリルビー、そして弟のバーティ。思春期の多感な少女トゥリルビーは、白人にバカにされるみじめな生活を向上させたいと願い、町の新築の公営住宅に引っ越すことを両親に説得する。

新築の住宅に引っ越した一家の元には、すぐに元の集落の親戚や仲間達が居着く。また母モリーは隣の白人家庭の主婦から施しを受ける。こうしたことがトゥリルビーにはどうしても許せず、彼女は一人苛立ちを深めていく。

父ジョーはカード賭博で大負けして家賃分の金をすってしまい、一家はもう新しい家にはいられなくなってしまう。そんな中、トゥリルビーは、牧童のフィルとの間に、望まない子供が出来る。フィルは求婚するがトゥリルビーは断り、一人で子を産む決心をする。

集落に住んでいる呪術的な力を秘めたアボリジニの老婆は、トゥリルビーに死にまつわる不吉な予言をする。トゥリルビーは病院で子供を出産したものの、老婆の予言に突き動かされるように、子供を故意に死なせてしまう。

トゥリルビーも退院し、またほったて小屋の集落に、一家で気楽に暮らすときがやってきた。フィルもまたトゥリルビーに会いに戻ってきた。だが、トゥリルビーは翌朝早く、一人長距離バスに乗って大都会シドニーへと旅立つ。

解説

この作品は、オーストラリアの白人女性作家ニーン・ゲアー（一九一九―九四）が一九六一年に発表した同名の小説を映画化したものである。また、ベレスフォード監督にとっては、一九八三年よりハリウッドに進出して三本のアメリカ映画を撮ってから、ひさびさにオーストラリアに戻って撮った映画である。

一見ベレスフォードは何でもないテーマを選んだようにも思える。だが、オーストラリア映画においてそもそも肉付きを持ったキャラクターとしてのアボリジニが登場することは少なく、さらにそれが主役級の役柄として、となると、本当に数えるほどしかない。本作と『マンガニー』（一九八〇）、『虐殺の儀式』（一九七八）、『道の逆側』（一九八二）、『釣り銭詐欺』（一九八六）、九〇年代に入って『ビーデビル』（一九九三）、『ブラックフェラ』（一九九三）、『デッド・ハート』（一九九六）などがそれに付け加えられるものの、それでも圧倒的少数である。

こんな状況の中で、家族の悲喜こもごもの日常を淡々と追ったこの映画も、「アボリジニを扱っている」ということに目を向ければ、オーストラリア映画史の中では「異色」の存在となってしまう。だが、物語の主軸であるトゥリルビーのような生き方は、実はオーストラリア映画において、よく描かれる女性像でもある。『わが青春の輝き』のシビラ、『ローラの歌』のローラ、そして九〇年代では『ミュリエルの結婚』のミュリエル。彼らは皆、Neil Ratigan が言うように「自分の可能性や独立した生き方の芽を摘んでしまいそうな社会的、あるいは経済的抑圧にからめ取られることから逃れようともがく思春期のオーストラリアの少女[1]」という言葉で言いあらわすことが出来るだろう。

それではトゥリルビーが抱えている「抑圧」とは、何なのであろうか。作品は、トゥリルビーとニーナという姉妹を、極めて対照的に描き出している。ニーナはひたむきに看護婦見習いの仕事で稼いだ金で少しでも家計を助けようとし、また、入院してきたアボリジニの少女に対して、同じアボリジニであることを語りかけて心を開かせ、それが白人の上司にも評価される。ニーナは家庭環境や「自分がアボリジニであること」に対して、ポジティブな姿勢を崩さない。と同時に、彼女はそれについて深く考えることもない。一方、トゥリルビーにとっては、「貧困」と「アボリジニであること」は、白人の嘲笑を受けるだけの耐えがたい要素でしかなかった。だが、白人に負けまいという、いわば社会的な意識を駆り立てるだけであった自分がアボリジニである事実を、多感なトゥリルビーはやがて、より複雑な宿命として受け止めるようなる。集落からやってきて、マカウェイ一家の新しい家にたむろするアボリジニの老人と老婆は、トゥリルビーにとってアボリジニの貧困を象徴するような腹立たしい存在でしかなかった。だが、老人はある時何も言わずふいに家を出、洋服を脱ぎ捨て、町を捨て、アボリジニの伝統的な装束で奥地へと戻る。老婆には呪術的な力があることが分かり、その力はトゥリルビーの運命に大きな影響を及ぼす。このように、白人社会の片隅でボロ切れのように横たわっているかのように見えた老人達が、実は神話や呪術が支配するアボリジニ本来の世界から来た者たちであったことが、トゥリルビーにも見えてくる。一方で母モリーは、自分の世代が既に父祖の言葉をほとんど忘れていることを、悲しげにトゥリルビーに語って聞かせる。つまりそのさらに下の世代であるトゥリルビーにとっては、アボリジニの伝統は既に遠い彼方のものなのである。トゥリルビーは、世代のギャップの中で宙ぶらりんの状態にあったのであり、白人社会の中でアボリジニとして生きていかなければならないことへの苛立ちは、そこから発生しているものなのだ。だが、トゥリルビーは結局、老婆の予言によって、生んだばかりの子を死に至らしめる。それはトゥリルビーの血脈の中に、まだアボリジニの呪術的世界が生きていたことを示しているのかも知れない。しかしまたそれは、アボリジニの子をそのような形で奪われることでアボリジニの呪術的な世界から解き放たれ、彼女がまったく新しい、自由な世界へと踏みだそうとする瞬間なのかも知れない。それがトゥリルビーに、家族を捨て、故郷を捨て、一人の自立した「自由人」として大都会へと旅立つ決心をつけさせたとも考えられるのである。

（1）Rattigan, Neil. *Images of Australia.* pp. 133–35.

マルコム
Malcolm　1986

監督：ナディア・タス
製作：ナディア・タス、デヴィッド・パーカー
製作総指揮：ブライス・メンジーズ
脚本：デヴィッド・パーカー
撮影：デヴィッド・パーカー
編集：ケン・サロウズ
衣装：ルシンダ・マクガイガン
音楽：サイモン・ジェフズ
録音：ポール・クラーク

出演：コリン・フリールズ（マルコム）
　ジョン・ハーグリーヴズ（フランク）
　リンディ・デーヴィス（ジュディス）
　クリス・ヘイウッド（ウィリ）
　バーヴァリー・フィリップス（T夫人）
　ジュディス・ストラットフォード（ジェニー）
製作会社：カスケイド・フィルムズ
上映時間：九〇分

『マルコム』コリン・フリールズ(マルコム)

マルコムが発明した自動車

ストーリー

メルボルンのトラム（路面電車）に修理工として勤める青年マルコムは、手作りの「自家用」トラムで街中を走り回るほどのトラム好きだったが、鉄道会社をクビになってしまう。彼は一年前に母に死なれてからは、一軒家に一人暮らしだ。人とのコミュニケーションが苦手で家に閉じこもっているが、彼には類い希な発明の才能がある。家の中には、大がかりなトラムの模型を始め、自動餌付け鳥かご、自動ポスト、自動買い物機など、マルコムの発明品がひしめいている。

近所の世話を焼いてくれるおばさんの薦めで、マルコムは家の空いている部屋を貸しに出す。早速部屋を借りにやってきたのが、フランクとその恋人ジュディス。フランクは見るからに怠惰で荒っぽいが、実際彼の職業は泥棒である。マルコム、フランク、ジュディスの三人暮らしが始まる。フランクはマルコムの純真さが次第に気に入る。ジュディスはマルコムに母性をくすぐられ、まるで母のように彼を庇護するようになる。マルコムも徐々に二人に心を開いていく。

ある時フランクは盗んだテレビをマルコムにやる。マルコムは大喜びし、テレビのお礼にとフランクに特製自動車を作ってやる。二人はそれでドライブに出かけるが、途中でフランクがどさくさに紛れて金を盗み、パトカーに追跡される。すると車は真ん中からぱっくり裂け、おかげで細い道をすり抜けて悠々とパトカーを巻く。

次にマルコムは、フランクとジュディスに銀行強盗を提案。フランクから貰ったテレビでリモコン銀行強盗マシーンの試作機を製作する。最初の強盗実験は失敗に終わったが、マルコム、フランク、ジュディスの銀行強盗計画は現実味を帯びてくる。

ついに三人はアングロ・スイス銀行を襲撃することに決め、決行前夜、銀行内に三つのゴミ箱を設置する。翌日、リモコン操作でゴミ箱が動き回り、警備員をホールドアップ、現金を奪うことに成功する。追ってきたパトカーにはリモコン操作の巨大ネッド・ケリー人形が応戦。最後にはマルコムお手製の「自家用」トラムに乗って、三人はまんまと逃亡に成功する。

三人は、盗んだ金を持ってポルトガルに高飛びしている。その街は三人が後にしたメルボルンに良く似ていて、街中をトラムがいそがしく走り回っている。

解説

メルボルンという街の最大の特徴は、なんと言っても市街地を縦横無尽に走り回る緑色のトラム・カーだ。『マルコム』を見てまず感じることは、メルボルンの街の光景への作り手の愛情と思い入れである。マルコムたちが金を奪って高飛びをしたヨーロッパのある街は、メルボルンと同じように、トラムが街を走っている。メルボルンがオーストラリアにありながらどこかヨーロッパを感じさせるのは、このようにヨーロッパの街に似た面影を持っているからなのであろう。そのことを分かりやすく見せてくれたのは、ギリシャ生まれでメルボルン生活も長いナディア・タス監督の作品ならではの着想なのかも知れない。

マルコムが作る数々の発明品は非常に魅力的だが、これらはタス監督の夫で共同製作者、脚本を担当したデヴィッド・パーカーがすべて開発したものだという。タス監督の初期の作品は、『マルコム』と同様に、男性、とくに少年の、機械への崇拝が中心的なモチーフになっていることが多い。例えば『リッキーとペイト』（一九八八）にもメカ好きの男が登場し、自動新聞配達機などを開発するし、『ビッグ・スチール』（一九九〇）ではベン・メンデルソン演じる少年の、車とそのメカへの執着が物語の柱になっている。

タスがオーストラリアのその他の女性監督と違うところは、彼女が女性を主人公にした物語を決して描かないことだ。タスの物語の中心には必ず男性がいて、彼はメカ狂いだったりどこか抜けているところがあるが、その純粋さを女たちが愛する。『マルコム』でジュディスがマルコムに示したような母性的な情愛も、その一つの例である。タスの最近の作品『ミスター・リライアブル』（一九九七）でも、似たような例を引くことが出来る。コリン・フリールズ演じる少し頭が悪いが無垢な心を持った男が、ひょんなことからジャクリーン・マッケンジー演じる子連れの女を人質に、丘の上の一軒家に立て籠もることになってしまう。だが、男は女に純朴な愛を注ぎ、警官隊に包囲され籠城している家に、牧師まで呼んで結婚式を挙げてしまう。女もその愛に応え、人質であるという立場を忘れて、彼を見守り、慰めるのである。このようにタスの物語に登場する女性は、母のような愛情で男性を庇護するという役割をいつも負わされている。これはジリアン・アームストロングの『わが青春の輝き』を始め、女性を主人公とする多くのオーストラリア映画に描かれてきた、男性の庇護をさしのべる手を打ち払って、一人で立って進んでいこうとする女性像と比べると、極めて異質である。

もう一つ、タスの作品の特徴は、オーストラリア文化の扱い方である。『マルコム』においてアングロ・スイス銀行への襲撃作戦が開始され、三つのリモコン操作のゴミ箱が動き出したとき、観客はここで作り手の用意したパロディに気付くことになる。ゴミ箱は円筒形で、前面部に細長い穴があいてあり、そこがマルコムたちが銀行内をモニターできる目となっている。この形は、一九世紀の盗賊で国民的英雄であるネッド・ケリーの被っていた兜に他ならない。ネッド・ケリーの兜は、オーストラリアを代表する芸術家シドニー・ノーランの一連のネッド・ケリーの絵画に見られるように、省略化・図形化されて、オーストラリア文化における重要な記号になっている。さらに、イギリスの国旗を掲げる警官隊と闘う姿が国民に英雄を感じさせたネッド・ケリーと同様に、マルコム以下の盗賊団も、「アングロ・スイス」という名の銀行に襲撃を仕掛ける。『マルコム』ではついに、巨大なゴミ箱を頭に載せ、両手に拳銃をもった人形が登場して警官隊と銃撃戦を繰り広げるが、これは観客に対してパロディの元ネタがネッド・ケリーであることをダメ押すのに十分であろう。

一九〇六年にオーストラリアで二番目に古い長編映画である『ケリー・ギャング物語』が製作されてから、二〇年代、三〇年代にそれぞれネッド・ケリーの映画が作られ、一九七〇年にはローリング・ストーンズのミック・ジャガー主演で、米英合作の『ネッド・ケリー』という作品もあった。だが、七〇年代ルネッサンス以降のオーストラリア映画においては、『マルコム』に登場したネッド・ケリーは非常に数少ない事例の一つである。その他に目につく例と言えば、一九九三年、ヤフー・シリアスがネッド・ケリーが現代に蘇ったという設定で作った『レクレス・ケリー』ぐらいだろう。タスはしかし、過去のすべてのネッド・ケリー映画のようにネッド・ケリーの伝記をなぞるのではなく、ネッド・ケリーを「銀行強盗」「ゴミ箱のような兜」「二挺拳銃」という各記号に分解して、パロディとして用いた。七〇年代以降の、オーストラリアという国を扱った映画の多くが、オーストラリアニズムの内面に迫り、その本質を解明しようとする意志を持っているのに対して、『マルコム』は決して本質に立ち入ることをせず、記号としての文化的アイコンを作品に散りばめる。『マルコム』で重要な位置を占めるメルボルンのトラムについても、メルボルンという街の内面に触れることなく、トラムという記号をもって表象的にメルボルンという街を表している。このような資質は、唯一『ヤング・アインシュタイン』『レクレス・ケリー』のヤフー・シリアスに近いものを感じるぐらいで、非常にオリジナリティを感じさせる

主演のマルコムを演じたコリン・フリールズは、四年前の『モンキー・グリップ』でドラッグ中毒者を演じた役者と果たして同一人物かと思われるほど、今回の少年のような心を持った男の役を巧みに演じている。このどんな役でもこなせる幅の広さは、フランクを演じたジョン・ハーグリーヴズも同じで、二人のオーストラリア映画への出演数は、この年代の役者の中では群を抜き、ほとんど双璧のようになった（ハーグリーヴズは残念なことに九六年に五〇歳で死去）。

作品は批評家の評価も高く、ＡＦＩ賞では最優秀作品、監督、脚本、男優、助演男優、助演女優、編集、音響の

各賞を受賞した。またこの軽快で楽しい作品は興行成績も良く、三四八万豪ドルの総利益をあげ、オーストラリア映画では歴代二三位の好成績を収めた（一九九六年現在）。

君といた丘
The Year My Voice Broke　1987

《君といた丘》

監督：ジョン・ダイガン
製作：テリー・ヘイズ、ダグ・ミッチェル、ジョージ・ミラー
脚本：ジョン・ダイガン
撮影：ジェフ・バートン
編集：ニール・サンプストン
美術：ロジャー・フォード
衣装：リン・アスキュー、フィオナ・ニコルズ
音楽：ヴォーン・ウィリアムズ
録音：ロス・リントン
出演：ノア・テイラー（ダニー）
ローエン・カーメン（フレア）
ベン・メンデルソン（トレヴァー）
グレアム・ブランデル（ニルス・オルソン）
リネット・カラン（アン・オルソン）
マルコム・ロバートソン（ブルース・エンブリング）
ジュディ・ファー（シーラ・エンブリング）
ティム・ロバートソン（ボブ・リーシュマン）
ブルース・スペンス（ジョナ）
ハロルド・ホプキンズ（トム・オールコック）
アーニャ・コールビー（ゲイル・オールソン）
カイリー・オースターラ（アリソン）
ケリー・ディングウォル（バリー）

製作会社：ケネディ・ミラー・プロダクション
上映時間：一〇五分

《ニコール・キッドマンの恋愛天国　1991》

監督・脚本：ジョン・ダイガン
製作：ジョージ・ミラー、ダグ・ミッチェル、テリー・ヘイズ
撮影：ジェフ・バートン
編集：ロバート・ギブソン
美術：ロジャー・フォード
衣装：フィオナ・ニコルズ、リン・アスキュー
録音：ロス・リントン
出演：ノア・テイラー（ダニー）
　サンディ・ニュートン（タンディウエ）
　ニコール・キッドマン（ニコラ・ラドクリフ）
　バーソロミュー・ローズ（フライヤー）
　フェリックス・ノービス（ジョック・ブレア）
　ジョシュ・ピッカー（バーク）
　ジェフ・トルーマン（モリス・カッツ）
　マーシャル・ネーピア（ルパート・エリオット）
　ジョン・ディックス（ニコルソン神父）
　キム・ウィルソン（メリッサ・マイルズ）
　ナオミ・ワッツ（ジャネット）
　マルコム・ロバートソン（ブルース・エンブリング）
　ジュディ・ファー（シーラ・エンブリング）
　カート・フレイ（ジャン＝ポール・サルトル）
製作会社：ケネディ・ミラー・プロダクションズ
上映時間：九九分

『君といた丘』ノア・テイラー(ダニー)とローエン・カーメン(フレア)

ベン・メンデルソン(トレヴァー)、ローエン・カーメン(フレア)、ノア・テイラー(ダニー)

ストーリー

《君といた丘》

一九六二年、ニューサウスウェールズ州の荒涼とした田舎町。幼なじみのフレアとダニーにとって、町外れのウィリー丘は、二人の思い出の場所だ。

ダニーは思春期を迎えても、ＵＦＯやテレパシーや催眠術に興味を持つ子供じみた一面があるが、年と共に美しさを増すフレアに、恋心を抱くようになる。

やがてフレアの前に、フットボール選手で少し年上のトレヴァーが現れる。二人は急速に親密になり、ダニーはそれが気になって仕方がない。トレヴァーは粗暴なところもあるが、ダニーがいじめられているときに助けてくれたこともあり、ダニーにとっては恋敵であっても、フレアを奪い返すことなど出来ない。

フレアのことが気になるダニーは、両親が経営している町で唯一のパブ「パーマストン」に来る客から、彼女の出生の秘密を聞き出す。フレアの母親が元娼婦だったこと。ウィリー丘にある廃屋で、フレアを生んですぐになくなったこと。フレアは今の両親に引き取られたこと――。フレアの重すぎる過去は、ダニーを子供じみた世界から引き離す。

ある日ダニーはフレアから、トレヴァーの子供を身ごもったことを打ち明けられる。狭い町では、フレアの妊娠がたちまち噂になってしまう。

そんな時、車を盗んだ罪で追われていたトレヴァーが、警察とのカーチェイスの末に事故死。フレアも流産してしまう。

フレアは町を出ることになり、ダニーと別れを告げる。

《ニコール・キッドマンの恋愛天国》

三年後の一九六五年。一七歳になったダニーは、家を出て寄宿制の男子校に入学している。一方学校の湖を隔てた向こう側には、寄宿制の女子校がある。ダニーは、そこにいる知的で可愛いアフリカ人の女生徒、タンディウェを知る。二人は互いに気になる存在となる。

両校交流のダンスパーティーでセント・アルバンズを訪れたタンディウェは、ダニーのクラスが授業中なのを知り、大胆にダニーを教室から誘い出す。ダニーは彼女にこっそり男子校の中を案内し、彼女を喜ばせる。

タンディウェのラブレターがダニーのもとに届くが、ダニーの同級生たちがそれを奪って大声で朗読。それを伝え聞いたタンディウェは怒り、ダニーを無視する。誤解を解くため、今度は彼が女子校の寮に潜り込み、タンディウェと会う。女子校の優等生ニコラに見とがめられ、二人の逢瀬はすぐに終わる。

両校合同の演劇発表会が迫る。タンディウェの着替えているところをダニーの同級生が写真に撮ろうとしたので、ダニーは彼を殴る。喧嘩は公開のボクシングで決着を付けることになるが、ダニーはあえなくＫＯされ、飛び込んできたタンディウェに抱きかかえられる。

ある夜、ダニーとタンディウェはお互いの体に触れ合い、初めて性を垣間見る。タンディウェが寮に帰ると、ニコラに呼び止められる。だが優等生のニコラも自分の男性への想いを口にし、彼女たちの間には友情が芽生える。

タンディウェの故国の政情が急変し、帰国していた彼女の父親が逮捕されたとの知らせが届く。タンディウェは国へ帰る決意をする。だが彼女は、教師や同級生に出国の日を一日偽り、出発したふりをしてモーテルでダニーと落ち合う。二人は結ばれるが、教師たちがその場に踏み込み、引き離される。

ダニーは学校を終え、実家のパブを手伝っている。故国でタンディウェの身には多くの困難が降りかかる。長い間彼女を案じていたダニーのもとに、タンディウェから無事を知らせる手紙が届く。

解説

ジョン・ダイガン監督によるこの二部作を通して描かれるのは、ダニーという一〇代の少年の成長の過程である。ダニーは、その一風変わったところが災いして、常に集団から浮き上がった位置にいる。その集団とは、『君といた丘』では小さな田舎の町で、そして『恋愛天国』では寄宿制の男子校である。この二部作は登場人物の相関関係としても似通ったところがあり、ダニーの前には必ずダニーと同じように、いや、さらに過酷な宿命によって、集団から疎外されることになる女性がいる。『君といた丘』のフレアは、丘の上の小屋で一人寂しく彼女を産み落とした売春婦の母の運命を再びなぞり、乱暴者のトレヴァーの子を宿して町からいられなくなる。『恋愛天国』のタンディウェは、アフリカ人であるがために同級生から差別されて、さらに群を抜いたその知性と情熱のために、やはり学校では浮き上がった存在である。ダニーはフレアとは恋愛関係にならないが、タンディウェとはなる。どちらの場合にしても、ダニーと少女たちの関係はありきたりの男女の間柄ではなく、環境から孤立してしまっている者同士が、互いに信じ合うことができる相手を求めて手をさしのべ合う姿に似ている。ダニーがまず第一に学んだことは、人との信頼関係の大切さだっただろう。

『君といた丘』ではまだ自分と周りの世界しかみえていないダニーが、『恋愛天国』では自分の外の世界が存在することに気付かされるのも、重要だ。タンディウェがアフリカ人であることから、ダニーは乏しい知識の中で「アフリカ」のイメージを探し、ターザンを思い浮かべる。そして、白人しか住んでいないオーストラリアの田舎町で育ったダニーが、タンディウェを通して世界に様々な人種が存在することを知る。さらに、タンディウェの故国での苦境を目の当たりにして、ダニーの目はさらに広く、社会へ、政治へと広がっていく。実はダイガン監督とケネディ・ミラー・プロダクションはこのダニーの物語を三部作にしようという構想を持っており、三作目ではダニーは共産主義者の父を持つタンディウェに触発されて、一九六八年のパリの学生運動に身を投じることになっていたという。未だこの三作目は実現されていないが、このような六〇年代の左翼運動へのノスタルジーや、主人公が徐々に社会的・政治的な目を開かされていく過程は、『私たちの夢の冬』にも共通する、ダイガンの得意のテーマだ。『君といた丘』と『恋愛天国』は、少年の成長を特に性の目覚めを取り上げながらノスタルジックに描いているという意味で、数あるアメリカの青春映画と似通っているが、もし三作目で外国へ渡り六〇年代の政治の季節の中に踏み込んだダニーの姿が描けたら、このシリーズは他と一線を画した面白いものになっただろう。

『君といた丘』と『恋愛天国』は、その他のキャラクターも対の関係になっているのが面白い。『君といた丘』のトレヴァーと『恋愛天国』のニコラも、対の関係にある。トレヴァーは元々町の普通の家の息子で、彼の父親もごく普通に地域社会にとけ込んでいる。トレヴァー自身はフットボールの花形選手であり前途は明るいはずだったが、心の内にある乱暴な衝動を抑えきれず、ついに破滅する。一方ニコラは誰もが認める優等生で、学校にも問題なく適合しているが、やはり心の内には自由への衝動が渦巻いており、自由に振る舞うタンディウェを羨ましいと感じている。このように、トレヴァーとニコラは、優れた資質を持ち、集団の中に適合する要件も備えながら、自由を希求する心の衝動を押さえ込もうとして苦しむ人々として描かれている。

ジョン・ダイガン監督と、プロデューサーとしてのジョージ・ミラーの協力関係は、『君といた丘』と同年の、ダイガンが監督したテレビドラマ『ヴェトナム』が最初だ。『君といた丘』『恋愛天国』の主要製作スタッフは、殆ど同じである。現在のところシリーズ第三作目が製作されていない一方で、ダイガンとミラーのコンビによる作品も、『恋愛天国』以後一作もない。その後ミラーは『ロレンツォのオイル』など監督業も続ける一方で、『デッドカーム』『ベイブ』などプロデューサー業でも華々しい活躍を遂げている。ジョン・ダイガンは『恋愛天国』の後は、イギリスを本拠とし、ヒュー・グラントやサム・ニールなどのスターを集めた豪英合作映画『人魚』(一九九四)をオーストラリアで撮っただけで、あとは専らアメリカ映画、イギリス映画を撮っている。

このシリーズで特筆すべきことは、今日のオーストラリア映画界を代表する二大青春スターのノア・テイラーとベン・メンデルソンを世に送り出したことだろう。ベン・メンデルソンは正統派の二枚目だが、ノア・テイラーは決してハンサムではなく、線が細く感受性の鋭そうな、独特の風貌を持っている。こうした違いが二人のその後のキャラクターの違いにも反映されているようで、メンデルソンが完全なフィクションの中で生きるキャラクターなのに対し、テイラーは、芸術家の自叙伝的な映画でその繊細な少年時代を演じるなど、よりリアルな役柄が与えられることが多い。それは例えば、オーストラリアの著名な劇作家ボブ・エリスのシドニー大学での青春を描いた『ノストラダムス・キッド』（一九九三）の主人公や、『シャイン』での伝説のピアニスト、デヴィッド・ヘルフゴットの青年時代の役などに見られる。『恋愛天国』ではニコラ役にニコール・キッドマンが出演しているが、この作品はキッドマンが出演した、現在のところでは最後のオーストラリア映画となった。カレッジの生徒（高校生）の役柄だが、その二年前に『デッドカーム』で子供を亡くした人妻の役を演じていたことを思えば、キッドマンの演技の幅の広さを感じさせる。

両作品は、オーストラリア映画にかつてない上質の青春映画として、高く評価されている。ＡＦＩ賞では『君といた丘』は最優秀作品、監督、助演男優、脚本の各賞を受賞し、『恋愛天国』は最優秀作品、美術、編集の各賞を受賞した。このシリーズは興行的にも成功し、『君といた丘』が総利益一五一万三千豪ドルでオーストラリア映画歴代五五位、『恋愛天国』は一六五万五千豪ドルで歴代四八位の結果であった（一九九六年現在）。

サンディ・ニュートン(タンディウェ)とニコール・
キッドマン(ニコラ・ラドクリフ)

『ニコール・キッドマンの恋愛天国』<ビデオ発売
元：ワーナー・ホーム・ビデオ>

クライ・イン・ザ・ダーク
Evil Angels 1988

監督：フレッド・スケプシ
製作：ヴェリティ・ランバート
脚本：ロバート・カズウェル、フレッド・スケプシ
原作：ジョン・ブライソン
撮影：イアン・ベイカー
編集：ジル・ビルコック
美術：ウェンディ・ディクソン、ジョージ・リドル
衣装：ブルース・フィンリソン
音楽：ブルース・スミートン
録音：ギャリー・ウィルキンズ
出演：メリル・ストリープ（リンディ・チェンバレン）
サム・ニール（マイケル・チェンバレン）
ブルース・マイルズ（バーカー）
ニール・フィッツパトリック（フィリップス）
チャールズ・ティングウェル（ミューリヘッド判事）
モーリス・フィールズ（バリット）
ニック・テイト（シャーウッド）
ルイス・フィッツジェラルド（ティップル）
ローレン・シェパード他（アザライア）
デニス・ミラー（スタージス）
ケヴィン・マイルズ（カメロン教授）
ジム・ホルト（ジョン・エルドリッジ）
ジョン・ハワード（ライル・モリス）
フランク・ホールデン（レズリー・トンプソン）

製作会社：キャノン・エンターテイメント、ゴーラン＝グロバス・プロダクション
上映時間：一二一分

『クライ・イン・ザ・ダーク』サム・ニール(マイケル・チェンバレン)とメリル・ストリープ(リンディ)

ストーリー

一九八〇年八月。クィーンズランド州マウント・アイザに住む安息日再臨教団（キリスト教の一小派）の牧師、マイケル・チェンバレンとその妻リンディは、二人の幼児と生後九週間の女の赤ん坊を連れて、エアーズロックへキャンプ旅行に出かける。エアーズロックでは、彼らはなぜかしきりにディンゴにつきまとわれる。

夜のキャンプ場で、リンディはほんのしばらくの間、赤ん坊をテントの中に一人で寝かせる。リンディがテントに戻ってみるとディンゴが中に入り込んでおり、次の瞬間、ディンゴは姿を消す。そしてリンディは、テントの中の赤ん坊が消えていることに気付く。「ディンゴが娘を連れ去った」とチェンバレン夫婦は叫び、キャンプ場は大騒ぎになる。大人数で徹底的に捜索が行われるが、赤ん坊は見つからない。翌日、マスコミがチェンバレン夫婦に殺到して豪州全土に事件を報道。国民的議論の口火が切られる。

チェンバレン一家はクィーンズランドへ帰り、一方エアーズロックでは赤ん坊のベビー服が発見される。リンディは自己の信仰に基づいて気丈すぎるほど冷静にマスコミの取材に応じるが、それが「子を失った母らしくない」と視聴者に疑念を抱かせ、チェンバレン夫婦は恐ろしいカルトの信者だなどという心ないデマまで広まる。発見されたベビー服の鑑識の結果、ディンゴが噛みついた形跡はないとの結果が出されるが、法廷では、リンディの主張通り「赤ん坊がディンゴに殺された」との結論が下される。

しかし証拠のベビー服は新たに鑑識に回され、その結果成人女性の手の痕がついている、という結果が出る。新たな法廷がダーウィンで開始される。裁判の様子は中継されて全豪の各家庭や職場のテレビに流れ、国民の間の議論は沸騰する。マスコミの煽動によってリンディが偽証していると疑う者が大勢を占め、彼女は多くの嫌がらせを受ける。一九八二年一〇月、最終的に陪審員はリンディを有罪と認め、彼女には終身刑が、マイケルには殺人ほう助で執行猶予刑が下る。マイケルは泣き崩れるが、リンディは毅然と刑務所に送られる。この時リンディは臨月で、やがて刑務所内で女の子を出産する。赤ん坊はマイケルに預けられる。マイケルは、無罪を勝ち取るために闘うことをマスコミに宣言する。

一九八六年、エアーズロックで新たな証拠となる赤ん坊のマチネーコートが発見され、リンディは釈放される。彼女は家へ帰り、刑務所で産んだ娘や、息子たちと再会を果たす。チェンバレン一家を支援し続けた安息日再臨教団の教会で、家族は祝福を受ける。マイケルはこれからも、冤罪を受けて苦しむ人々のために活動すると、マスコミに語る。

解説

「ディンゴが子供をさらった」という話のリアリティは、おそらくオーストラリア人にしか感じ取ることの出来ないものかも知れない。ディンゴは白人入植者にとっては牧場の家畜を殺して回る害獣として恐れ、疎まれてきたが、さらに遡ればアボリジニの民話の中で、ディンゴは人間やその他の動物をさらい、喰い、呪う魔性の動物として語り継がれてきた。「ディンゴが子供をさらった」という話は、人々にそうしたアボリジニの神話世界まで想起させる、オーストラリアの文化的コンテクストの深淵を突く物語なのである。

映画で描かれている話は、すべて現実にあった出来事である。映画の原作であるジョン・ブライソンによる『エヴィル・エンジェルズ』Evil Angels（一九八五年出版）はこの有名な「チェンバレン事件」を追ったドキュメンタリー小説だが、映画も限りなくドキュメンタリーに近い形で、チェンバレン事件の出来事を正確に辿っている。映画はひたすら客観的で、実際にあった事象を、細部まで徹底的に再現しようとする。作中にあるとおり、裁判はあのような経過を辿り、マスコミはセンセーショナルな報道でデマや憶測を垂れ流し、オーストラリアの国民は猫も杓子も事件について議論しあった。それは八〇年代のオーストラリア社会において、九〇年代のアメリカにおけるO・J・シンプソン事件に匹敵する、あるいは恐らくそれ以上の関心を集めた事件だった。現実には事件は九五年に最終的な司法的決着がつけられることになったが、法廷で検死官はこう締めくくった。「アザライア（赤ん坊の名）の死の原因や方法は確定することが出来ず、また、分からないままにしておかなければならない」。チェンバレン事件はこうして、現代オーストラリア社会の神話の域にまで達したのである。

　ではなぜ、このチェンバレン事件はオーストラリア社会に過剰な反応をさせる大事件になったのだろうか。そしてこの映画はなぜつくられなければならなかったのだろうか。**John Slavin** はこう言う。「チェンバレン一家の事件は、オーストラリア人の心の底にある、アウトバックやブッシュや先史時代の風景（我々はそのはじっこの緑地にしがみついているに過ぎない）に対する強い畏れを、顕わにした。オーストラリアの都市とブッシュとのギャップ、国土獲得にまつわる国家的神話と植民地支配の悪しき信念とのギャップを、これほどはっきりと強調するものはなかった。センセーショナリズムだけのマスコミに煽られて、この悪しき信念は、「畏れ」の根元にあるものから甚だしくズレてしまい、深く悩むこの夫婦を、異質な他者として（夫婦はキリスト教の少数派の宗派に属しているために）、嘘つきとして、非人間として、何か違うものとして見なす心理に投影されることになったのである[1]」。

　Slavin の言う「畏れ」の根元にあるものは、何万年もの間アボリジニが守り続けてきた土地を蹂躙し、植民地支配の下においたことへの後ろめたさから来るものである。またそれは、アボリジニの神話が支配する神聖な場所であるアウトバックやブッシュが、侵入者に対して復讐をするのではないかという不安感である。七〇年代以降のオーストラリア映画でも、この不安と畏怖はたびたび描かれてきた。一九世紀にオーストラリア大陸を縦断しようとしてアウトバックの中に呑み込まれていったバーク遠征隊の悲劇の物語は、『バークとウィルズ』（一九八五）と『ウィルズとバーク』（一九八五）で二度も映画化されたし、多くの白人の女子学生がブッシュの中に忽然と消えてしまう

『ピクニックａｔハンギングロック』、九〇年代後半にはアウトバックで白人警官がアボリジニの呪術的な力によって復讐される『デッド・ハート』などの作品もある。チェンバレン事件は、一九世紀から入植者によって畏怖と共に語り継がれてきた負のブッシュ神話、アウトバック神話を、現代の都市に住むオーストラリア人に直視するよう迫るものだった。だがそれは自らの侵略者としての歴史と直面することも意味し、現代オーストラリア社会は耐えられずに、内なるアウトバックへの畏怖の裏返しとして、チェンバレン一家への攻撃に血道を上げることになる。オーストラリアの歴史と精神文化の根本部分に起因するこの社会のゆがんだ構造こそ、映画が指弾しているものに他ならない。この意味で、映画は普遍的なマスメディア批判や冤罪問題を扱った作品というだけでは収まらないテーマを含有していることになる。

　フレッド・スケプシ監督はオーストラリアで一九七八年に『虐殺の儀式』を撮ってから、しばらくアメリカで『アイスマン』、スティーヴ・マーチン主演『いとしのロクサーヌ』などの娯楽作品を製作し、約一〇年後にオーストラリアに戻り、『クライ・イン・ザ・ダーク』を撮った（その後はアメリカに戻り、ショーン・コネリー主演スパイ映画『ロシア・ハウス』、高倉健が出演した『ミスター・ベースボール』などを撮っている）。思えば約一〇年前の『虐殺の儀式』も、差別的な白人社会への復讐のために連続殺人を犯す哀れなアボリジニ青年の物語で、オーストラリアの歴史と社会を告発する極めて社会性の強いドラマであった。アメリカでの商業映画製作の合間を縫うように、オーストラリアでこのような社会派のドラマを撮るというスケプシ監督のスタンスは、アメリカとオーストラリア両国の映画産業と監督の作家性の関わりを比較する上でも興味深い。

　リンディ・チェンバレンを演じたのは、アメリカの大女優メリル・ストリープである。メリル・ストリープは言葉までオーストラリア英語に変えて熱演し（ただしオーストラリアの観客からみると、このアクセントはニュージーランド訛りに他ならず、従って不評だったという）、ＡＦＩ賞最優秀女優賞を受賞した。マイケル・チェンバレンはサム・ニールが演じたが、達者なニールはチェンバレンの癖まで完全に模倣し、チェンバレンの実像に強いこだわりを示す演技を見せた。サム・ニールもＡＦＩ賞最優秀主演男優賞を獲得している。作品は主演の二人の賞の他に、ＡＦＩ賞最優秀作品、監督、脚色の各賞を受賞した。また、オーストラリアでは誰もが知る事件を扱っているだけあって、興行的にも成功し、三〇〇万豪ドルの総利益をあげて、オーストラリア映画歴代二九位（一九九六年現在）の好成績を収めた。

（1）Slavin, John. 'Australian cinema: the eighties', in *Australian future films* CD-ROM.

ヤング・アインシュタイン
Young Einstein　1988

監督：ヤフー・シリアス
製作：ヤフー・シリアス、ウォリック・ロス、デヴィッド・ローチ
製作総指揮：グレアム・バーク、レイ・ビーティ
脚本：ヤフー・シリアス、デヴィッド・ローチ
撮影：ジェフ・ダーリング
編集：ヤフー・シリアス、デヴィッド・ローチ、ニール・サンプストン、ピーター・ウィズモア、アマンダ・ロブソン
美術：スティーヴ・マー、ローリー・フェイン、コリン・ギブソン、ロン・ハイフィールド、スチュアート・ウェイ
衣装：スーザン・ボウデン
音楽：ウィリアム・モジング、マーティン・アーミガー、トミー・タイコウ
録音：ジェフ・グリスト、マックス・ヘンサー、ポール・ブリンカット
出演：ヤフー・シリアス（アルヴァート・アインシュタイン）
オーディル・ルクレジオ（マリー・キュリー）
ジョン・ハワード（プレストン・プレストン）
ピーウィー・ウィルソン（アルヴァート父）
スー・クルックシャンク（アルヴァート母）
ジョナサン・コールマン（ウルフガング・バヴァリアン）
ジョニー・マコール（ルーディ・バヴァリアン）
製作会社：シリアス・フィルム
上映時間：九一分

「ヤング・アインシュタイン」ヤフー・シリアス（アルバート・アインシュタイン）と
オーディル・ルクレジオ（マリー・キュリー）

ヤフー・シリアス（アルバート・アインシュタイン）

ストーリー

アルバート・アインシュタインは、タスマニアのリンゴ農園に生まれ育った青年で、科学の才に溢れている。ある日アルバートは、代々アインシュタイン家で開発されていた「ビール」という飲料に、泡を入れる方法を見つけるよう父に頼まれる。実験の結果、ビールの原子を分解して泡を入れることに成功、同時に原子力エネルギーの方程式を手に入れる。この方程式の特許を取るため、アルバートはシドニーへと向かう。その途中彼は、フランスからシドニー大学へ研究に来ていた若き日のキュリー夫人と出会い、二人は恋に落ちる。

アルバートは特許庁へ方程式をもって行くが、特許庁の役人の悪人プレストンにそれを取り上げられる。プレストンはその方程式を使って泡入りビールの量産をし、大儲けをたくらんでいた。プレストンのたくらみを知ったアルバートは、そんなことをしたら核爆発が起きると危惧し、ビール工場を訪れるが、捕まって精神病院に送り込まれてしまう。

プレストンは原子力エネルギーで作るビール製造機を、パリの科学アカデミーで発表しようとしている。キュリーからそのことを聞いたアルバートは、精神病院を脱走して、小舟でフランスまで渡り、キュリーと共に気球で科学アカデミーの会場まで駆けつける。プレストンが動かしたビール製造機はすぐに制御不能となり、一個の原子爆弾と化す。会場がパニックになる中、アルバートは自分が発明したエレキギターとロックンロールの力で、ビール製造機の原子力エネルギーを放出させ、危機を救う。

科学アカデミー賞を得たアルバートは、キュリーをつれてタスマニアへ錦を飾る。彼の故郷でのスピーチは、まさしくロックンロールで、歓迎の場は熱狂的なロックコンサートと化す。

解説

ヤフー・シリアスはこの作品で、プロデュース、監督、脚本、編集（助言）、主演を受け持っており、まさにシリアス一人の個性でもっている映画と言っていい。この作品は、それまで映画産業とほとんど関わりがなかったシリアスにとって最初の長編作品だ。それまでの彼は美術学校に通いながら自主ドキュメンタリー映画を何本か製作し、またテレビのコマーシャルを製作していた。

この種のワンマン色の強い映画というのはこの世にいくらでもあろうが、『ヤング・アインシュタイン』が非常に特殊な例だと思われるのは、そんな彼の処女作が、いきなりオーストラリアはおろか世界的な大ヒットとなったことである。

作品が完成するまでには次のような経緯があった。シリアスはプロモーションのために一六ミリの短編作品を製作し、それをＡＦＣに持ち込む。ＡＦＣから部分的な投資を得て、一時間の作品が作られたのが一九八四年三月。それからアメリカの配給会社フィルム・アコードから二〇〇万豪ドルの投資を受け、最初のヴァージョンが完成。作品はＡＦＩ賞に出品され、最優秀音楽賞を受ける。しかし一九八六年には、そのフィルム・アコード社から、できあがった作品が契約と異なることを理由に訴訟を起こされる。裁判は、オーストラリアの配給会社ロードショウがフィルム・アコードから権利を買い取ることで決着し、ロードショウはさらに資金を投入して、約一時間分の取り直しをさせた。こうして最終的なヴァージョンが完成し、公開されたのが一九八八年暮れ。しかも海外配給権は世界最大手のワーナーブラザーズが取得した。このように作品は、一アマチュアの作ったプロモーション用短編が、徐々にヴァージョンアップされて最終的に世界的なドル箱作品として完成されるという、オーストラリア映画史上においても非常に例外的で幸運な道を辿ったのである。

興行的には、国内では総利益一千三三八万豪ドルを計上して、オーストラリア映画歴代八位（一九九六年現在）、アメリカでも一千三五万米ドルの総利益をあげるなど、世界的な大ヒットに結びついた。

ヤフー・シリアスは経歴的にもオーストラリアの監督の中で毛色が変わっているが、その資質も非常にユニークなものである。彼の作品はオーストラリアでは希にみるポップな感性に貫かれている。全編ナンセンスなギャグが溢れ、また「アインシュタインは相対性理論と同時にロックも発明していた」というプロットにふさわしく、作品の使用音楽にもこだわり、アイスハウスICEHOUSE、モデルズMODELS、メンタル・アズ・エニシングMENTAL AS ANYTHING、ポール・ケリーPAUL KELLYなど、八〇年代のオーストラリアン・ロックを数多くフィーチャーしている。八〇年代においてオーストラリア映画で自国のポピュラーミュージックを映画音楽に使用する事例は非常に少なかったから、こうしたことも目新しい。

興味深いのは、作品のギャグにはオーストラリア映画へのいくつかのパロディも含まれていることだ。例えば、アルバートがタスマニアからシドニーへと向かう道すがら、オーストラリアの奥地の断崖絶壁を登るシーンは、チャールズ・ショーヴェルの豪州初のカラー映画『ジェダ』の有名なシーンの引用だろう。また作品中には八〇年代オーストラリア映画の大ヒット作『スノーリバー』からの引用も見て取れる。かつてオーストラリア映画が自国の映画をパロディとして扱ったことはおそらく無かった（九〇年代には、『ハーモニー』など、オーストラリア映画のモチーフをリミックスする手法の映画も出現する。『ハーモニー』の項参照）。八〇年代の映画産業の急成長で、オーストラリア映画がパロディの対象となり得るだけの存在感を身につけたこと、そして一アマチュアから突如躍り出たシリアスが、オーストラリア映画産業を客観的な目で見られたこと、などの理由が考えられるかもしれない。

もう一つ、シリアスが描くオーストラリアのイメージも、映画史の中で極めてユニークなものだ。オーストラリア映画の中に表れるオーストラリアニズムは、七〇年代のルネッサンスから時代時代の変容を遂げてきた。七〇年代におけるそれは、一連の「オッカー映画」で、オーストラリア人の卑俗さや滑稽さを自嘲するかたちで表れた。八

○年代初頭からは、オーストラリアの歴史や神話、文化史上の伝説などを壮大なスケールで描いた、国の正史としての物語が隆盛を極めた。そして八○年代半ばに現れた『クロコダイル・ダンディー』は、オーストラリア人自身にはすでに無縁で、しかし他の国の人々が勝手にイメージしているオーストラリアのイメージ（野生動物や原野、そこで生きる自然児など）が描かれた。それらの潮流の後に登場したシリアスが描くオーストラリアニズムは、各時代のいずれにも属さない。

それは、前述のオーストラリア映画のパロディと同様、オーストラリア的事物のパロディ化である。タスマニアに住む有袋類タスマニアデビルが本当に悪魔（デビル）の容姿をしていたり、コアラやカンガルーや羊が、むやみやたらに、とんでもない場違いな場所をうろつき回ったりしている。アインシュタインがタスマニアの生まれだという構想も、タスマニアがリンゴ農園が盛んで、またリンゴの形をしていることから「アップルアイランド」と呼ばれており、それとニュートンが引力を発見した時の落ちたリンゴのエピソードをひっかけた連想と洒落によるものだろう。アルバートが世界で最初にビールに泡を入れたというエピソードも、ビールというオーストラリアの一つの文化的記号から連想されているものだ。

コアラやカンガルーなど多くの「オーストラリアの事物」と、そのくだらないパロディ、そして観光ビデオに出てくるようなありきたりのエアーズロックの映像などが、繰り返し流され、作品中に散りばめられていく。その背景では、オーストラリアに関する思想性は一切排除され、まるでテレビのＣＭのような、ジャンク的なおもしろさが狙われている。これまでオーストラリア映画が取り組んできた最も大きなテーマである「オーストラリアニズム」は、シリアスによってポップアート化されたような趣である。

彼はそのユニークなオーストラリアニズムの表現手法を、五年後の彼の次作『レクレス・ケリー』（一九九三）においても、徹底して強調する。『レクレス・ケリー』でシリアスは、一九世紀オーストラリアのブッシュレンジャー（山賊）で、国民的なヒーローでもあるネッド・ケリーを、眉目端麗な銀行強盗として現代に蘇らせ、オーストラリアの自然を日本資本に売り渡そうとするイギリス人の悪徳銀行家と対決させる。七〇年代、八〇年代にオーストラリア映画が問いかけてきた「オーストラリア人とは何か」という命題を、シリアスはポップカルチャーという手法で軽やかにはぐらかして見せた。ところが皮肉にも『レクレス・ケリー』は、オーストラリア映画産業が成熟し、素朴なナショナリズムが姿を消して国際的に違和感無く受け入れられるような作品が数多く作られるようになった九〇年代において、むしろ過剰に「オーストラリア」への意識が発露しているのである。それ自体シリアスの映画の強烈な個性と言うべきだが、ただし、『レクレス・ケリー』の興行的失敗を見ると、彼のつきつめた「オーストラリアニズム」が時代のニーズに合ったものなのかどうかは疑問が残るところだ。

セリア
Celia 1989

監督・脚本：アン・ターナー
製作総指揮：ブライス・メンジーズ
製作：ティモシー・ホワイト、ゴードン・グレン
撮影：ジェフリー・シンプソン
編集：ケン・サロウズ
美術：ピータ・ローソン
衣装：ローズ・チョン
音楽：クリス・ニール
録音：ロイド・カリック
出演：レベッカ・スマート（セリア）
　ニコラス・イーディ（レイ）
　メアリ＝アン・フェイー（パット）
　ヴィクトリア・ロングリー（アリス・タナー）
　マーガレット・リケッツ（おばあちゃん）
　アレグザンダー・ハッチンソン（スティーヴ・タナー）
　エイドリアン・ミッチェル（カール・タナー）
　コーリ・グレイ（メリル・ターナー）
　マーティン・シャーマン（エヴァン・タナー）
　アミーリア・フリード（ステファニ・バーク）
　ウイリアム・ザッパ（ジョン・バーク巡査）
　フィオン・キーン（ソーピー・バーク）
製作会社：セイオン・フィルムズ
上映時間：一〇二分

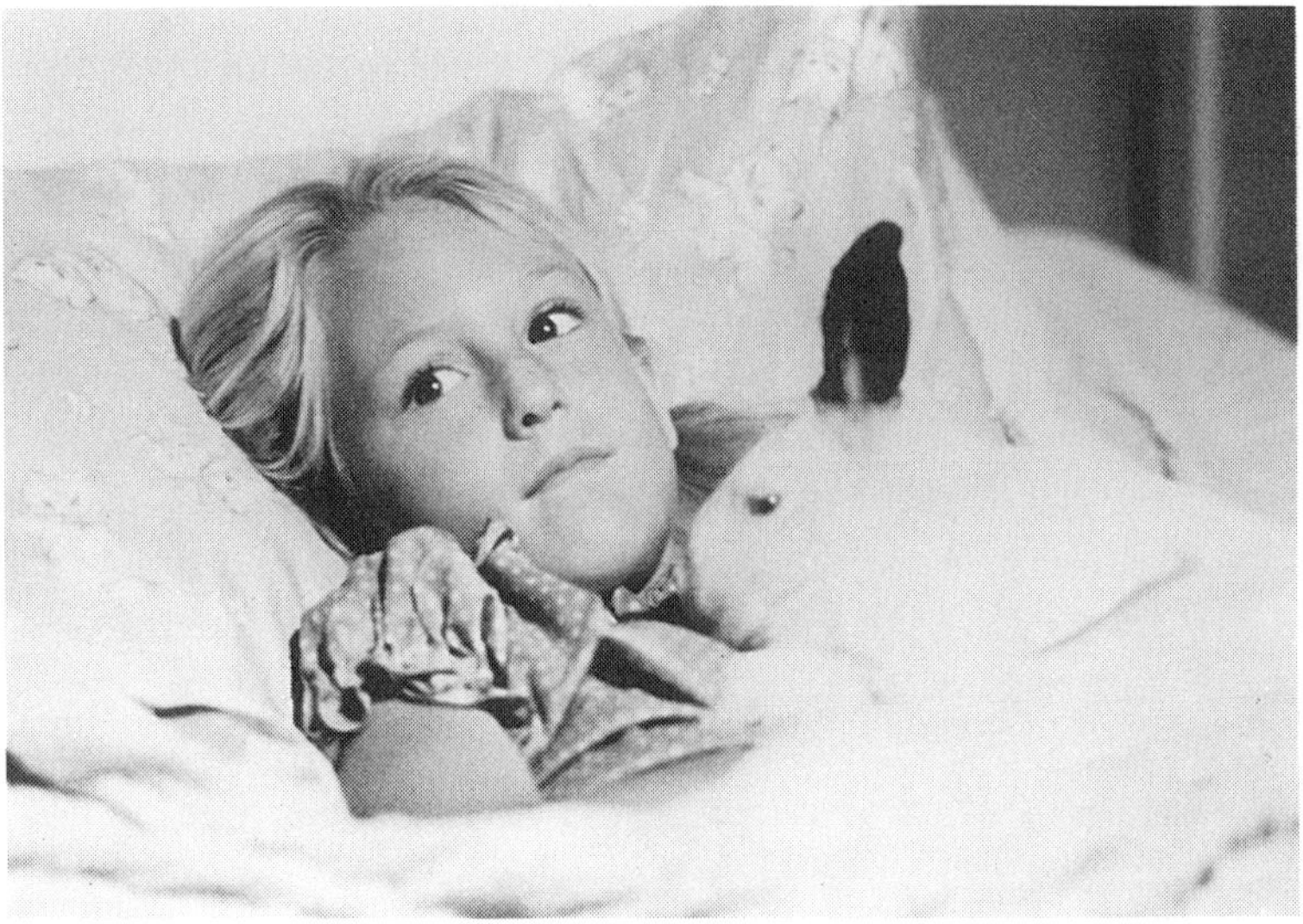

『セリア』レベッカ・スマート(セリア)

ストーリー

一九五七年のメルボルン、新興のサバーブ。

八才の少女セリアは、ある朝大好きな祖母の部屋を訪れると、老いた祖母は既に息を引き取っていた。その頃からセリアは、得体の知れない怪物が徘徊する、悪い夢をみるようになる。

セリアの家の隣には、タナー一家が住んでいる。セリアは、その家の三人の子供達と実の兄弟のように遊び、また彼らの美しい母アリス・タナーにも、深い敬慕を寄せている。タナー夫妻はオーストラリア共産党のメンバーである。だが、セリアの両親は平凡で保守的なサバービアン（郊外の住人）で、共産主義者を嫌悪している。セリアの父は、セリアがずっと欲しがっていたウサギを買い与える代わりに、セリアにタナー家への出入りを禁じるが、彼女は断固拒否する。

学校ではセリアは、警察官ジョン・バークの娘ソーピーと、激しく対立している。セリアとタナー兄弟は、ソーピーが率いるグループとつかみ合いの乱闘を重ねる。

その頃ヴィクトリア州は害獣であるウサギを駆逐するために、ペットとして飼われているウサギもすべて没収する法律を定める。ジョン・バーク巡査はセリアにウサギを手放すよう説得するが、セリアは聞き入れず、ついにバーク巡査はセリアのウサギを黙って持ち去る。

タナー一家はシドニーへと引っ越し、もう慕っていたアリスもいない。ウサギの没収は間もなく解除され、セリアは自分のウサギを受け取りに行くが、すでにウサギは死んでいた。セリアはバーク巡査への復讐を誓う。セリアの目にはバーク巡査は、既に彼女のまわりをいつも徘徊していた怪物にしか見えず、彼女は何のためらいもなく彼をライフルで本当に射殺してしまう。そして、その娘ソーピーに裁判・死刑ごっこを見せつけた後、セリアは、何事もなかったかのように無邪気に遊び続ける。

解説

まだ夢と現実の境目にいる少女と、そのまわりをうろつく怪物。この構図は、一九七二年のスペイン映画『ミチバチのささやき』[1]を彷彿とさせる。実際、少女が映画館で映画を見る場面、そしてその画面と現実が混沌としてくるイメージなど、この映画との共通するものは多い。だが『セリア』には、ただ多感な少女の目を通したファンタジーという、今日では多少手垢の付いた趣向だけでは、到底説明できないものを持っている。

　まず挙げられるのが、この映画が実は五〇年代のオーストラリアの世相を描き出そうという強い意図をもっていることである。そもそも、セリアの住むようなサバーブは、中産階級の増大と共に、五〇年代にメルボルンやシドニーで広がっていったものだ。作品の中で描かれるような、庭でバーベキューをしたり、庭仕事をしたりというサバーブのライフスタイルも、それに伴って定着した。そしてセリアの両親のような、思想的に保守的で共産主義に恐怖を抱くのも、五〇年代のサバーブに住むミドルクラスのごく当たり前の姿であった。

　かくも凡庸な世の中で、極めて異質なものとしてのセリアの想像力は、むくむくと成長を続ける。共産主義者のアリスの存在は、まるで絵に描いたように平和なサバーブにおけるセリアの感性の異質さを象徴しているようにも思える。セリアの父は、アリスの政治的な思想を知って激しい拒否反応を示すが、また同時に人妻のアリスに対して抑えきれない劣情を抱き、混乱する。平凡な男が葛藤するその姿は、セリアの父に対する嫌悪もかき立てる。このようにアリスは、平和なサバーブの秩序を乱すものでしかないのだ。さらに、アリスのような共産主義者と同じように、社会の平穏を脅かし、それゆえ迫害されようとしていたものが、ウサギである。大量に発生して牧草を食い荒らし、牧畜に打撃を与えるウサギとの格闘は、一九世紀から続いてきたものであり、まさにオーストラリアの歴史的な問題とも言える。とくにヴィクトリア州はウサギによる害が甚大で、長大なフェンスを囲ってウサギの進入をくい止めたり、細菌をばらまいてウサギに病気を蔓延させたりと、ウサギ撲滅のためにさまざまな試みがなされていた。セリアが両親と映画館で見るニュース映画も、常にこのウサギ撲滅作戦の報道である。そしてセリアには、なぜウサギが迫害されなければならないのか、理解できない。それは、両親がアリスの家には近づいては行けないというのと同じように、セリアにとっては理不尽な話なのだ。だが、五〇年代のオーストラリア社会が、まったく違うレベルにおいてではあるが共産主義者とウサギを「平和」を脅かすものととらえているのは確かである。セリアはそのかけ離れたレベルをつなぎ合わせられる存在であり、しかも両者に対して深く心を寄せている。セリアの世界観、そして現実の世界との「ずれ」は、すべてここから生じてくるものであり、その点で彼女は『ミツバチ・・・』の主人公とは違って非常に社会的、政治的な存在なのである。

　だが、アリスはセリアのもとを去る。そしてセリアのウサギもジョン・バーク巡査に奪われ、二度と帰っては来ない。愛するものを奪われたセリアの憎悪は、ジョン・バークに収斂されていく。セリアはタナー兄弟達と、常日頃火を焚いて怪しげな呪術のまねごとをしていたが、セリアはその火に向かって、ジョン・バークへの呪詛の言葉を吐く。このセリアが持っている呪術的な世界にも、子供の遊びとだけは言い切れない何かがある。彼女はどこからか引っぱり出してきた日本の能面をとり、それに不思議な魔力が備わっているのだと主張する。そして彼女が自分の世界に浸るとき、その能面をかぶる。日本の能面など五〇年代のオーストラリアにおいていかに現実離れしたものであったかを考えれば（そして作品が作られた八〇年代末のオーストラリアは、急速に日本文化が流入した時期でもある）、我々が当時のメディアなどを見て知っている五〇年代のオーストラリアの平和なサバーブの光景が、セリアの生きる世界観と全く馴染んでいないことに気付かされるのである。セリアはその矛盾と恐怖を、ジョン・バークを世の邪悪を象徴する怪物に仕立て上げることで、回避しようとする。そしてその邪悪を討ち滅ぼした後、セリアはこの現実の世界で、何事もなかったかのように、そしてしぶとく生き残っていくことを選択するのである。

『セリア』は女性監督アン・ターナーのデビュー作であり、その後の『アーヴィルの上のハンマー』（一九九四）でも展開するような「子供の視点」へのこだわりが、すでに高い完成度を持って提示されている。このような社会性や政治と子供の世界観とのみごとな融合は、他にはあまり見られない独創的なものである。ただ映像は、大部分で幻想シーンなどはかなり抑制され、少女の行動を淡々と追う丹念な姿勢に重きを置いているのに、唯一セリアの目にジョン・バークと同一視される怪物だけが、ホラー映画のようなリアルな質感を持ったモンスターとして現れる。そのモンスターは、作品が基本的に保っている「詩情」や「リアリズム」とはあまりにかけ離れた、ありきたりのホラー映画のモンスターであり、その結果、社会派ドラマ、あるいは多感な少女の振る舞いを丹念に追った心理ドラマなどと、安っぽいホラーまでもが混合しているような印象を受け、曖昧さは残る。

特筆すべきは、セリアを演じたレベッカ・スマートの演技だろう。時にまるで大人のようなすれた表情を見せるこの子役は、少女期の幻想を脱して現実に踏み出そうとするセリアの成長過程を、巧みに表現している。

（1）ビクトル・エリセ監督作品。巡回映画で見た「フランケンシュタイン」を本当にいると思いこんだ六才の少女アナが、村はずれのあばら屋に負傷した兵士を見つけ、彼が死ぬまでひとときの交流を持ち、彼が死ぬとショックで病に伏せるという物語。八〇年代に日本のアート系劇場で上演されて高く評価された。

デッドカーム
Dead Calm　1989

監督：フィリップ・ノイス
製作：テリー・ヘイズ、ダグ・ミッチェル、ジョージ・ミラー
脚本：テリー・ヘイズ
原作：チャールズ・ウィリアムズ
撮影：ディーン・ゼムラ、ジェフ・バートン
編集：リチャード・フランシス＝ブルース
美術：グレアム・ウォーカー
衣装：ノーマ・モリソー
音楽：グレアム・レヴェル
録音：ベン・オズモ

出演：ニコール・キッドマン（レイ）
サム・ニール（ジョン）
ビリー・ゼーン（ヒューイ）
ロッド・マリナー（ラッセル・ベローズ）
ジョシュア・ティルデン（ダニー）
ベンジ（犬）
製作会社：ケネディ・ミラー・プロダクションズ
上映時間：九五分

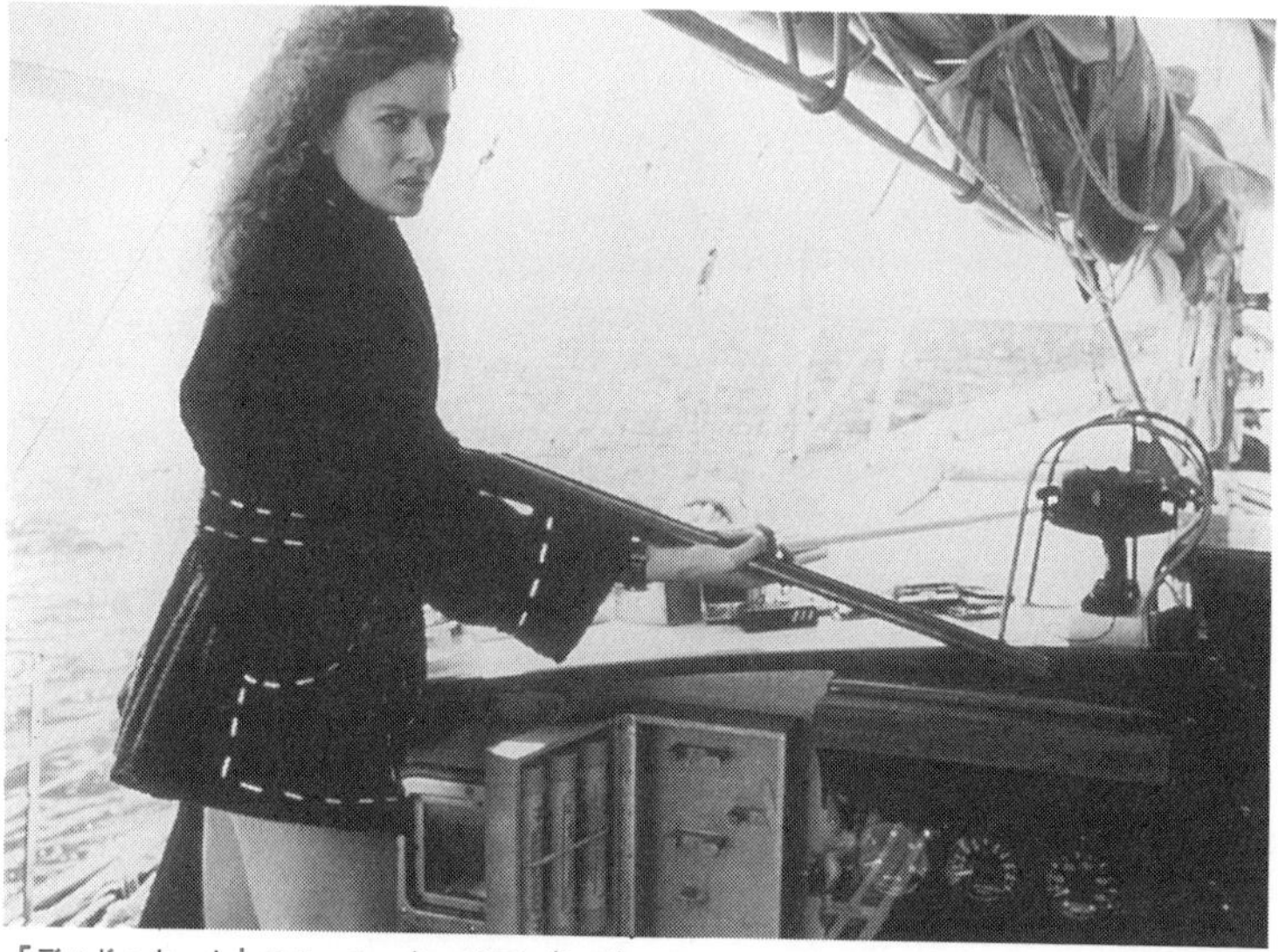

「デッド・カーム」ニコール・キッドマン(レイ)

ストーリー

クリスマス休暇で帰還した海軍軍人のジョンは、妻子が事故に遭い、息子は死んだと聞かされる。妻のレイは心に大きなショックを受け、退院してからも睡眠薬に依存する。心の傷を癒やすために、夫婦は南太平洋のヨットの旅に出かける。

ヨットで航行中、二人は不審な黒いスクーナーを発見する。やがてそこから、若い男が一人ボートを漕いでジョンたちのヨットにやってくる。ヒューイというその若いアメリカ人は、ジョンたちに保護を求める。二人は、ヒューイを船室で休ませることにする。

不審を抱いたジョンは、一人スクーナーに渡り、船内を調査。船室に隠してあった複数の死体を発見し、慌てて自分のヨットに戻ろうとする。だがヒューイはレイを殴って昏倒させ、舵を奪ってジョンを置き去りにする。

意識を取り戻したレイは船を戻せと説得するが、ヒューイは聞かない。レイは、スクーナーに留まったジョンと無線がつながり、コミュニケーションが取れる。彼女は隙を見てヨットのエンジンを止め、鍵を海中に投げ捨てるが、彼女の飼い犬が拾ってきてヒューイに渡してしまう。

大嵐が訪れる。ジョンがいるスクーナーは浸水が増していく。無線も途絶え、レイは絶望に打ちひしがれる。レイに興味を持つヒューイに対して、隙を見て反撃するつもりが、彼女はつい体をまかせてしまう。だがレイは諦めず、ヒューイに偽って睡眠薬を飲ませる。昏倒したヒューイを縛り上げ、ヨットに帆を張り、レイは一人舵を切りながらジョンを捜しに向かう。

水中に没した船室を危機一髪で脱出したジョンは、スクーナーを爆破し、その炎でレイに居場所を知らせる。その時ヒューイが意識を取り戻し、デッキへ上がろうとするが、レイに銛で突かれる。レイは傷ついたヒューイをゴム筏に乗せて流してしまう。やがて、夜の波間にジョンの乗った筏を発見。二人は再会を果たす。

翌日、ゴム筏の上にヒューイの姿はない。デッキの上では夫婦の平和な時間が戻る。いつの間にかヒューイがヨット上に登り、レイを襲おうとする。だがジョンが発射した発煙筒を頭に打ち込まれ、ヒューイはついに死に、悪夢は終わる。

解説

『デッドカーム』は、チャールズ・ウィリアムズの一九六三年の小説『海原』を原作としている。実はこの小説は、アメリカの監督オーソン・ウェルズが、一九六八年にローレンス・ハーベイとジャンヌ・モローの主演で映画化に着手したが、完成せずに終わったといういわくがついている。ウエルズの死後、フィル・ノイスが映画化のアイディアを得、プロデューサーのジョージ・ミラーに持ちかけて映画化権を取得した。舞台をクィーンズランド沖グレートバリアリーフに設定し、サム・ニールとニコール・キッドマンという人気の高いオーストラリア俳優を用いて、初めて作品は完成した。

『デッドカーム』は海上での限られた登場人物（ジョン、レイ、ヒューイ）による非常にシンプルなスリラーだが、ニコール・キッドマン演じるレイの、生への執着心がもたらす強さが生き生きと描かれ、それまでオーストラリア映画が純粋なスリラー映画にあまり成功していない中にあって、出色の出来となっている。ＡＦＩ賞では音楽、音響、編集、撮影の四部門で賞を獲り、興業も総利益二四四万豪ドルで、同年のオーストラリア映画では『ヤング・アインシュタイン』に続く第二位という、まずまずの成績だった。そして、この映画の何よりの功績は、ワーナーが配給につくことでアメリカで広く公開されて（アメリカでの収益七〇三万米ドル）、監督のフィリップ・ノイスや主演のニコール・キッドマンがアメリカ映画に進出するきっかけを作ったことである。ノイスは公開された劇場用映画としては、八二年の『ヒートウェーブ』以来七年ぶりの作品となったが、この『デッドカーム』を境に拠点をアメリカに移し、今日までオーストラリア映画の製作に携わることはない。そして、八〇年代オーストラリア映画では中堅女優だったニコール・キッドマンは、『デッドカーム』の後、ジョン・ダイガン監督『ニコール・キッドマンの恋愛天国』（一九九一）を最後に、アメリカ映画界へと飛躍していく。

シドニー生まれのニコール・キッドマンは、子供の頃からオーストラリア青年劇団（ＡＴＹＰ）のメンバーとして役者としてのキャリアを始め、一五歳の時ヘンリ・サフラン監督『ブッシュ・クリスマス』（一九八三）、ブライアン・トレンチャード・スミス監督『ＢＭＸアドベンチャー』（一九八三）のあどけない少女役でオーストラリア映画界にデビューをした。その後一九八五年から一九八六年にかけて、テレビ映画も含めて五本の映画に出演したが、ヒット作には恵まれなかった。『デッドカーム』と同年、デヴィッド・ウィリアムソンの戯曲をマイケル・ジェンキンズが映画化した『デヴィッド・ウィリアムソンのエメラルドシティ』（一九八九）に出演したが、この作品と『デッドカーム』『ニコール・キッドマンの恋愛天国』の三作が、キッドマンにとってのオーストラリア映画での代表作ということになる。劇場用映画では、『デッドカーム』はキッドマンが名実共に主役を演じた最初の作品であり、これによって一気にオーストラリア映画界のトップスターに躍り出た感があるが、その後のアメリカ俳優トム・クルーズとの結婚、ハリウッドへの進出によって、彼女は今日までオーストラリア映画には出演していないし、今後も恐らくそうだろう。このように、いったんハリウッドへ進出したら二度とオーストラリア映画に戻ってくることがないのはメル・ギブソンなどと同じで、古くはエロル・フリンなどにも当てはまる、オーストラリア出身俳優の一パターンだ。

それと対照的なのが、『デッドカーム』でキッドマンと共演するサム・ニールであろう。元々ニールはニュージーランド映画界の出身で、一九七九年の『わが青春の輝き』でオーストラリア映画界における評価を確立していたが、

ニコール・キッドマン（レイ）とサム・ニール（ジョン）

『デッド・カーム』＜ビデオ発売元：ワーナー・ホーム・ビデオ＞

八〇年代後半以降ニールの活躍はまさに八面六臂だ。『デッドカーム』と同年、フレッド・スケプシ監督『クライ・イン・ザ・ダーク』でＡＦＩ最優秀男優賞を獲り、一九九一年の『ブランズウィックに死す』でコミカルな面を見せ、一九九三年にスピルバーグ『ジュラシック・パーク』の主演や『ピアノ・レッスン』というハリウッドや国際的映画の大舞台に立っていたかと思えば、一九九四年にはオーストラリア映画、マイケル・ブレイクモア監督『田舎の生活』に出演していたりする。また、オーストラリアが関係する国際的な映画製作の場に出演が多く、『ピアノ・レッスン』の他に、ビム・ベンダース『夢の涯てまでも』（一九九一）（豪日米独仏合作）ジョン・ダイガン監督『人魚』（一九九四）（豪英合作）などに出ている。このように、サム・ニールはオーストラリアとハリウッドを慌ただしく往復するが、これはニールに限ったことではなく、ジュディ・デーヴィス、ブライアン・ブラウン、ジャック・トンプソンなどの著名俳優にも当てはまるパターンである。

このように、少なくとも経済的規模では「弱小」と言えるオーストラリア映画は、監督俳優共に、ハリウッド映画と絶妙なバランスを取りながら、独自のスタンスを保とうとしている。アメリカとオーストラリアを股にかけ、オーストラリアの才能を盛んにアメリカと世界のマーケットへ紹介しようとするプロデューサーのジョージ・ミラー。アメリカ映画界に根を張ることになるフィル・ノイス監督とニコール・キッドマン。一俳優として国際的な舞台を駆け回るサム・ニール。『デッドカーム』に集ったオーストラリア映画人のそれぞれの活動形態は、どれもオーストラリア映画の現状を端的に表しているようで、興味深い。

アンボンで何が裁かれたか

Blood Oath　1990

監督　スティーブン・ウォレス
製作総指揮　グレアム・バーク、グレッグ・クート、ジョン・ターノフ
製作　チャールズ・ウォーターストリート、デニス・ウィットバーン、ブライアン・A・ウィリアムズ
脚本　デニス・ウィットバーン、ブライアン・A・ウィリアムズ
撮影　ラッセル・ボイド
編集　ニコラス・ボウマン
美術　バーナード・ハイズ
衣装　ロジャー・カーク
音楽　デヴィッド・マクヒュー
出演　ブライアン・ブラウン（クーパー大尉）
ジョージ・タケイ（高橋中将）
テリー・オクィン（ベケット少佐）
塩屋俊（田中中尉）
ジョン・クラーク（シーディ）
デボラ・アンガー（リテル）
ジョン・ポルソン（ジミー・フェントン）
ラッセル・クロウ（コーベット中尉）
ジェイソン・ドノヴァン（トールボット）
テツ・ワタナベ（池内大尉）
ソーキュー・フジタ（松枝）
レイ・バレット（裁判長）
デヴィッド・アーギュー（フェントン中尉）
製作会社　ソヴリン・ピクチャーズ
上映時間　一〇八分

359　アンボンで何が裁かれたか　1990

『アンボンで何が裁かれたか』塩屋俊（田中中尉）とブライアン・ブラウン（クーパー大尉）

ストーリー

第二次世界大戦終結直後、インドネシアのアンボン島。日本軍の捕虜収容所があったこの島で、オーストラリア兵捕虜に加えられた虐殺の罪を問う、オーストラリア陸軍法務部による裁判が開始されていた。検察側としての任務を負ったクーパー大尉は、オーストラリア軍偵察機搭乗員処刑事件を立証することに焦点を絞る。処刑された搭乗員フェントンの実弟が事件の真相を知っていると見て、クーパーは実弟を聴取しようとするが、実弟は過酷な収容所生活によって瀕死の状態にあり、証言を行えない。

アメリカ軍の保護下に置かれていた高橋中将が、事件当時の最高司令官として、裁判に召還される。だが、高橋中将はその責任を、収容所長の池内大佐以下、部下たちに押しつける。日本占領政策に彼を利用しようと目論むアメリカ軍の思惑により、高橋は、無罪となって東京へと戻る。

日本から新たに、田中中尉がアンボンに送られてくる。クリスチャンで誠実な田中は、「過去から真に自由になるために」自首し、送還されてきたのだった。池内は、多くを知っている田中に口止めをする。

フェントンの実弟の体力は一時的に回復し、彼は兄の遺体の埋葬現場や、兄が処刑場へ連行されていくのを目撃したことなどを証言した後、力つきる。それでも、池内らは、日本軍による軍法会議の結果、その偵察機が偵察ではなく空爆したのだと断定され、適法に処罰されたものだと主張。だが、その裁判の記録は空襲で失われているともいう。

処刑の執行役だった田中は、軍法会議が存在していたと信じており、だから処刑したのだと主張。加えて命令はすべて池内から出されていたと証言して、池内を自決へと追い込む。証言台に立った田中の親友カムラは、クーパーに誘導されて、軍法会議が実は存在していないにもかかわらず、処刑を実行させるために田中を騙したことを自白する。

田中は、軍法会議が存在したかどうかの確認を怠り、命令に盲従してオーストラリア軍偵察機の搭乗兵を斬殺したとして、銃殺の判決が下る。クーパーは、結局一番末端の兵が罪をかぶらざるを得ない戦犯裁判のむなしさを痛感し、あくまで日本軍上層部の庇護を続けるアメリカ軍将校に、法廷で抗議の意見陳情をする。

解説

『アンボンで何が裁かれたか』は、日本との戦後処理というオーストラリア映画においては目新しい題材を扱っているが、そのテーマは、『英雄モラント』や『ある兵士の死』など過去の作品と共通するものを持っている。もちろん、舞台が戦時の法廷であるという表面上の共通点もあるが、何よりも重要なのは、三作に共通する「常に強大な外国の力に翻弄されるオーストラリア」というテーマである。『英雄モラント』が『誓い』と同様、イギリスという宗主国の圧力に踏みにじられるオーストラリア軍人の姿を描いているなら、『ある兵士の死』では、時代が移りイギリスに変わって台頭してきた大国アメリカが、オーストラリアを政治力で沈黙させる様が描かれる。そして『アンボンで何が裁かれたか』でアメリカは、オーストラリア人が追求しようとする真実を強権によって曲げ、闇に葬り去ろうとする。この理不尽をクーパーはアメリカ軍人の前で訴えるが、結局、結論が覆ることはなく、オーストラリア人たちは無力感に苛まれるのである。

おそらくオーストラリアの観客が感情移入するであろうクーパーの言動からは、極めて伝統的なオーストラリア的思考が見て取れる。それは、反権威、反権力、上流嫌い、外国嫌いという、労働者階級のメンタリティとも重なるものである。例えば、日本人弁護士・松枝が高橋中将を弁護する際、判事の心証を好転させるために中将が英国オックスフォード大学で学んだという経歴を披露するが、クーパーはそれを吐き捨てるようにクサす。カメラは得意満面の高橋と松枝の顔をとらえるが、彼らはどう見ても英国の権威をかさに着た、スノビッシュで滑稽な日本人としか見えない。クーパーの目から見れば、「英国」も「オックスフォード」も、みな権威と上流のにおいがする、鼻持ちならないものなのである。アメリカがごり押しする日本上層部の温存政策に対しても、クーパーは、権力者・権威者が力を持たない者の犠牲の上に生き残っていく卑劣さを感じ取る。そこにもまた、反権力・反権威主義が裏打ちされている。そして結局、権威の象徴「イギリス」、権力の象徴「アメリカ」に対する根深い不信という、最も典型的なオーストラリア人のメンタリティである「外国嫌い」という考え方が、その基底にあることも分かる。

　そしてオーストラリアにおける「外国嫌い」の究極のものが、作品でも最も主要な題材として扱われている「日本への脅威」である。実は、多くのオーストラリア将兵が命を落とした捕虜収容所があったというアンボン島は、オーストラリア北端の都市ダーウィンからわずか六五〇キロしか離れていない。そしてそのダーウィンも日本軍から何度も爆撃を受けた都市であるという事実は、日本ではあまり知られていない。イギリスの植民地として、唯一の西欧の国として、アジアに囲まれた太平洋で孤立してきたオーストラリアにとって、「日本の南進」が、歴史的に最も深刻な脅威だった。第二次大戦ではその憂慮が現実のものとなり、日本軍はオーストラリアのすぐ手前まで迫り、本土を爆撃した。それは同盟国のアメリカやイギリスが、決して経験しなかったものである。戦後処理をめぐってオーストラリアは天皇の処罰を含む最も過酷な処置を日本に対して求め（作品でも、クーパーが天皇の罪が問われないことに落胆する場面がある）、そのために日本でも終戦後しばらくはオーストラリアが世界で最も嫌いな国の一つに挙げられるほどだったというが、それもオーストラリアが日本に対し、長い間蓄積された潜在的な怯えと、本土攻撃や捕虜虐待での現実的な恐怖に晒され、英米とは全く異質な感情的な反応をとらざるをえなかったという背景がある。こうしたメンタリティは、時に人種偏見を目覚めさせる。九〇年代終わりの今日でも、オーストラリアで人種差別は新たに勢いを得ている。作品の中で、田中の処刑についてオーストラリアの新聞記者が、「皮肉にも、彼は英語をしゃべるクリスチャンだった」と打電する。記者はその場で「皮肉にも」という言葉を削除するが、オーストラリア一般大衆の感情は、まさにここに集約されている。「英語をしゃべるクリスチャン」というキーワードは今日においてもオーストラリアの移民制限論者が自分たちにとって理想的な移民を選別するための基準としてかかげるものであるからだ。今日のオーストラリアの人種差別論においても、それは人種選別のキーワードとして用いられている。

結局、『アンボンで何が裁かれたか』で、クーパーの心の軌跡を通して描かれているのは、アメリカに不信を抱き、日本に恐怖を抱きながら、それらを自力で断ち切る力を持たずに苦悶するオーストラリアの姿なのである。この歴史的なトラウマは、オーストラリアの文学作品や映画で何度も取り上げられてきたテーマだが、『アンボンで何が裁かれたか』もそれを踏襲した作品であると言えるだろう。

この作品のストーリーは、脚本を共同執筆をし、プロデュースもつとめたブライアン・ウィリアムズの、検察官だった実父の体験が原型となっているという。監督のステファン・ウォレスは国営映画製作会社フィルム・オーストラリアで、長くドキュメンタリーを製作していた人で、おそらくその経験が、『アンボンで何が裁かれたか』の史実に忠実であろうとするドキュメンタリー的な側面に活かされている。年をおかずに撮った『タートルビーチ』（一九九二）もマレーシアを舞台にしており、ここのところアジアに目を向ける傾向が認められる。

この作品の魅力の多くを負っているのが、やはりクーパーを演じたオーストラリアを代表するスター、ブライアン・ブラウンだろう。ブラウンという役者は、オーストラリアでしばしば「典型的なオーストラリアの男性を体現している」と評される。野性味のある無骨な魅力が、その理由かもしれない。前に論じたようなオーストラリア的メンタリティを表現するのに、最もふさわしい役者とも言える。この作品でも、法律家であるにも関わらず直情に訴え、不敵な日本軍将校を叩きのめしたりしているが、その荒々しさは、法廷で対決する日本人弁護士松枝の物静かさと極めて対照的で面白い。

　日本軍将兵は、すべて日本人俳優が演じている。映画製作における日豪のこれほどの協力体制は、おそらく史上初めてのことだろう。日本人俳優たちは製作時も積極的にオーストラリア側に意見を述べ、日本に対する文化的な誤謬を一つ一つ解消していったという。まるで殉教するキリストのように毅然と死地へと赴く田中を演じた、塩谷俊の演技も評価が高く、日本人として初めてＡＦＩ賞助演男優賞にノミネートされた。

リターン・ホーム
Return Home 1990

監督：レイ・アーゴール
製作：クリスナ・ポザン
脚本：レイ・アーゴール
撮影：マンディ・ウォーカー
編集：ケン・サロウズ
美術：カリス・ホームズ
衣装：ルシンダ・クラタバク
音楽：ディーン・ガーウェン、レックス・ワッツ
録音：ブロンウィン・マーフィー
出演：デニス・コウド（ノエル）
　フランキー・J・ホールデン（スティーヴ）
　ベン・メンデルソン（ギャリー）
　ミッキー・カミレリ（ジュディ）
　レイチェル・レインズ（ウェンディ）
　ジプシー・ルークウッド（クレア）
　ライアン・ローリングズ（ウォリ）
　ポール・ネストー（ブライアン）
　アラン・フレッチャー（バリー）
　ミシェル・スタンリー（ゲイル）
製作会社：ミュージカル・フィルムズ
上映時間：八七分

『リターン・ホーム』デニス・コウド(ノエル)、フランキー・J・ホールデン(スティーブ)、ベン・メンデルソン(ギャリー)

ストーリー

メルボルンの保険会社でバリバリに働く三〇代後半のビジネスマン、ノエルは、思うところあって会社を休職し、アデレードのサバーブへと向かう。そこは彼の生まれ故郷であり、現在も、ガソリンスタンド兼自動車修理工場を営む兄スティーヴが、妻ジュディや子供たちと共に住んでいる。

ノエルはスティーヴ一家のところにやっかいになる。自動車修理工場の若い徒弟ギャリーとも、世代を越えた友情で結ばれる。実直な職人気質のスティーヴ、賢明なその妻、可愛い子供たちに囲まれて、ノエルは修理工場を手伝いながら、一〇年ぶりの故郷での穏やかな生活に充足する。

しかしメルボルンの会社から即刻帰るようにという命令を受け、ノエルはスティーヴ一家に置き手紙を残し、家を去る。その後、スティーヴ一家には淡々とした時間が流れる。ガールフレンドのウェンディとの恋に悩んでいたギャリーも、彼女と心を通じ合えるようになる。ノエルはまた仕事に忙殺される日々を送っている。だがそのオフィスには、車の模型と、一〇代の頃に彼とスティーヴ夫婦とノエルの別れた妻の四人が一緒に映ったスナップが、大事そうに飾られている。

そしてある日、一台の車がスティーヴの店の前へ停まる。それは仕事を捨て、また戻ってきたノエルであり、スティーヴは彼を暖かく迎え入れる。

解説

『リターン・ホーム』は、オーストラリア映画の中では少し毛色の変わった作品だ。過去の、あるいは同時代の他の作品と比べて際だって特徴的なのは、役者たちの非常に抑制されたリアリスティックな演技、そしてほとんど劇的なアクションの起こらない、非常にもの静かなストーリー展開である。やり手ビジネスマンのノエルが、都会での仕事に疲れて故郷へ帰り、自分の過去と未来を見つめ直して、やがてそこに骨を埋める決心をするという、いわば「放蕩息子の帰郷」タイプのどこにでもありそうな物語が、何の飾り気もなしに提示されている。

　思えば八〇年代のオーストラリア映画は、いくつかの大きな流れを経てきた。『誓い』などに代表される自国の歴史と文化的神話の映像化、そして『クロコダイル・ダンディー』のような国際的マーケットをねらった大予算での映画作り、等々。『リターン・ホーム』のこの淡々としたリアリズムは、まるで日本の現代演劇がポスト・バブル以降に辿った道筋と同じような、八〇年代的な華やかな喧騒が一段落した後の、リアリズムへの揺り戻しを感じさせる。実際『リターン・ホーム』以降、九〇年代後半の今日まで、これらの「静かな映画」はより勢いを増す。『証拠』や『人生は上々だ』『ホテル・ソレント』などがその系譜を踏襲しているのかも知れない。

　別の観点から見れば、ある種のナショナリズムが高揚した時期でもある八〇年代が終焉を迎えた後、九〇年代に入ってからのオーストラリア映画は、国際的なマーケットをねらえる普遍的なテーマを選ぶ「国際化」の傾向と、自国文化に執着を続ける（ただし、それは八〇年代のような歴史と神話の記述ではなく、現代オーストラリア社会という条件の元で生きる人間を深く掘り下げる方に様変わりしている）傾向の二つを併せ持っている。九〇年代の幕開けを告げた『リターン・ホーム』の場合は、われわれには一見、よくある題材をテーマに選んだ、きわめて普遍的な要素を持つ作品に見える。「故郷への帰還」という題材の他に、例えば兄スティーヴを取り巻く環境についても、同じことが言える。スティーヴのガススタンド兼修理工場の経営は思わしくなく、アメリカ資本の大手チェーンのフランチャイズ店になるという選択が迫られている。だが、スティーヴは昔気質の職人で、個人経営で可能になる細やかなサービスを絶やしたくないという意志から、フランチャイズに頑なな姿勢を取り続ける。ノエルが最終的にスティーヴのところに帰って来るという結末は、観る者に、今後ノエルのビジネスの才覚によってこの小さな工場は守られていくという予想を抱かせる。小規模な商売や地元に根付いた血の通ったサービスなどのものが、次々に大資本に呑み込まれていき、それに古き良きモラルが抵抗を示すという姿は、何もオーストラリアに限った話ではなく、われわれ日本人にも十分にその悲哀を理解することが出来る。だが、『リターン・ホーム』をより注意深く見ていくと、そのような構図以上の何か、つまり今日のオーストラリア社会の様相の一面が、色濃く描かれていることにも気付かされる。作品は、言葉やいくつかのエピソードから見て恐らく故意に、「地域性」という要素を明確に印象づけている。「メルボルンから帰ってきた」ノエルと、「アデレードのサバーブで暮らすスティーヴ」。Tom O'Reganによれば、作品の中で明確に描かれる図式は、クィーンズランド州とウェスタンオーストラリア州の経済的台頭と、経済中心地であるメルボルンとシドニーの影で、地盤沈下するアデレード、サウスオーストラリア州という構図だという。そしてこの作品は、一度は大都市へと去ってしまった息子や娘たちがその地に戻ってきて、再びアデレードがユートピアとして再建される物語だという[1]。この視点は非常に面白い。東京という巨大な都市が何もかも吸収してしまう日本と異なり、オーストラリアではシドニーとメルボルンという事実上の二つの経済中心都市があり、また各州が首都を持ち、それぞれの都市が拮抗しながら国を形成している。メルボルンはかつて豪州連邦の首都ではあったが、メルボルンとアデレードの関係は、日本における東京と地方都市の関係よりはるかに対等なものだ。実際、この種の物語ならばわれわれは舞台を都会的なものの対極にある田園だろうと思いこみがちだが、スティーヴの住むサバーブは、いくらノエルの目にノスタルジックに映ろうとも、メルボルンでも一歩都市部を出ればすぐにお目にかかれるような普通の住宅地に他ならない。商業都市としての機能を肥大させ続けるメルボルン、そしてその背後に控える巨大なアメリカ資本に直面せざるを得ない中規模都市アデレード、という図式を思い描けば、

我々はこの映画が現代オーストラリアの「地政学的な」状況を描きだしているのだと知ることが出来る。

この作品に経済的なレベルでユートピアの再建が描かれているのだとすれば、それは「家族」という人間関係のレベルでも、同じことが言える。ノエルのユートピアとしての故郷のイメージは、彼のオフィスに飾られている古

いスナップ写真だ。そのスナップは、作品の冒頭で若き日のスティーヴ夫妻、ノエルと後に別れた妻が一緒に撮った写真だ。そしてスナップには映っていないが、この時カメラにぶつかりそうになったのが、新聞配達の少年だったギャリーだ。ノエルは、スティーヴが素晴らしい家族を持ち、またギャリーとの信頼篤い徒弟関係を築いていることに、まぶしさを覚える。そしてノエルは、自分が最も必要としているのは、古いスナップ写真の中のにあるユートピアを蘇らせることだと気付く。それは一人で孤独に生きることをやめ、大きな意味での「家族」という集団の中に戻り、その結びつきを強固なものにすることである。このように、『リターン・ホーム』の中に描かれる理想としての人間関係は、非常に伝統的なモラルに裏打ちされていることが分かる。

　ただそのような読みで一つ引っかかるのは、ノエルとギャリーの関係である。歳も、趣味もまるで違う二人はなぜか意気投合し、ヒマさえあれば二人で街をあてなく周遊し続ける。不思議なことにノエルは、スティーヴとよりも多くの時間をギャリーと共に過ごしている。Scott Murray は、二人の関係を『証拠』におけるマーティンとアンディと同じような、セックスレスのホモセクシャル関係だと見ている[2]。確かに注意深く見てみると、ノエルが一時町を離れると、ギャリーと彼のガールフレンド、ウェンディの関係はみるみる好転している。このようなノエルのセクシュアリティーは、都市の生活、離婚、古いモラルの崩壊しつつある時代など、さまざまなものを背負わされたノエルの彷徨える魂を、明瞭に描き出すために与えられたものだという見方もできる。だが、ノエルが再び戻ったとき、ギャリーがガールフレンドとおさまるべき鞘に収まったことで、彼らは普通の関係に戻っていくのだろう。恐らく、伝統的なモラルに守られたユートピアに、同性愛的な関係はそぐわないからである。

　レイ・アーゴール監督にとって、この作品は処女監督作品である。長く撮影監督としてのキャリアをつんできただけあって、詩情を感じさせる映像が美しい。キャストの中では、素朴な、しかし豊かな感性を秘めた青年ギャリーを演じたベン・メンデルソンが印象深い。ベン・メンデルソンはこの後、『スポッツウッド』『メタル・スキン』『ハーモニー』などで「青春スター」としての地位を確実に固めていくことになる。

(1) O'Regan, Tom. 'Beyond "Australian film"?: Australian cinema in the 1990s', in *Australian feature films* CD-ROM.
(2) Murray, Scott. 'Return Home', in *Australian film 1978-1994*. p. 302.

ブランズウィックに死す
Death in Brunswick 1991

監督：ジョン・ルーアン
製作：ティモシー・ホワイト
製作総指揮：ブライス・メンジーズ
脚本：ジョン・ルーアン、ボイド・オクスレイド
原作：ボイド・オクスレイド
撮影：エラリー・ライアン
編集：ニール・サンプストン
美術：クリス・ケネディ
衣装：ヴィキ・グリードマン
音楽：フィリップ・ジャッド
録音：ロイド・カリック

出演：サム・ニール（カール・フィッツジェラルド）
ゾウイ・カリディズ（ソフィー）
ジョン・クラーク（デイヴ）
イヴォン・ローリー（カールの母）
ニコ・ラソーリス（ムスタファ）
ニコラス・パパデミトリオー（ヤーニ・ヴールガーリス）
ボリス・ブルキク（ローリー）
デボラ・ケネディ（ジューン）
サーキズ・ドラゴナス（ソフィーの父）
製作会社：メリディアン・フィルムズ
上映時間：一〇〇分

『ブランズウィックに死す』サム・ニール（カール・フィッツジェラルド）とジョン・クラーク（デイヴ）

ストーリー

カールは気の弱い三九歳の白人の失業者。結婚に失敗し、妻とは別居。メルボルンのサバーブ、ブランズウィックで、母親と二人暮らしているが、小うるさい母親に全く頭が上がらない。

カールはコックの仕事を見つける。そこはギリシャ人が経営するショーパブで、調理場にはゴキブリが這いずり回り、女性従業員にはセクハラが当たり前、さらに凶暴な用心棒のローリーが暴れ回るなど、まったく最低の店だ。だがバーテンには、一九歳の可愛いギリシャ人の娘ソフィーがいる。カールとソフィーはすぐに惹かれ合い、最初のデートで結ばれる。

ある夜カールは店で、同僚のコックでトルコ人のムスタファが、ローリーたちにリンチを加えられているのを目撃する。ドラッグがらみのトラブルらしいが、カールは怖くて何もできない。仕事が終わり、カールがひとり帰り支度をしていると、調理場に傷ついたムスタファが現れ、カールに「ローリーに密告しただろう」と食ってかかる。もみ合っているうち、あやまってカールはムスタファを刺し殺してしまう。おろおろするばかりのカールは、親友のデイブに助けを求める。デイブの指示に従い、二人でムスタファの死体を墓地に埋める。

翌日店にムスタファを案じてその妻子が訪ねてくるが、カールはローリーたちに脅され、何も言えない。その直後、カールは突如店を首になる。カールはせめてもの罪滅ぼしに、ムスタファの妻子にその退職金を渡す。

カールはソフィーに会いにまた店に行くが、訳の分からないうちにふられてしまい、おまけに、ムスタファの仲間のトルコ人たちが火炎瓶で店を爆破するところに遭遇する。彼らが逃げ去った後呆然とするカールはローリーに目撃され、爆破犯人と思いこまれてしまう。復讐を恐れたカールは、母と夜逃げをする。

ソフィーが別の男と結婚すると聞いて、カールは彼女に会いに行くが、とりつく島もない。その帰り、カールはトルコ人グループに拉致され、彼らに殴られて思わず「ムスタファを殺ったのはローリーだ」と言ってしまう。

解放されたカールはソフィーを店から連れて逃げようとするが、追ってきたローリーと対決せざるを得なくなる。果敢に立ち向かうが歯が立たない。だがそこにローリーへの復讐に燃えるトルコ人グループが現れ、カールとソフィーは難を逃れる。かくまわれたデイブの家で、デイブの妻にカールが結婚していることをバラされ、カールはまたソフィーと大もめにもめる。

母と出かけた教会で、神々しい光や死んだはずのムスタファの姿を見たカールは、何かが変わる。ローリーが首なし死体で見つかったニュースにもカールは驚かない。帰宅し、カールは母のお茶に薬を入れ、彼女を毒殺しようとするが、毒を飲まないうちに母は心臓発作を起こす。病院の母の病床で、カールはこれまでのすべてを告白する。

ある晴れた日、ショックで廃人のようになった母を連れて、カールとソフィーは、ソフィーの父に結婚の許しを請いに行く。が、ソフィーの父に殴り倒されてしまう。それでムチウチとなった痛々しい姿で、カールはめでたくソフィーとの結婚式を迎える。

解説

メルボルン中心地と隣接した現実のブランズウィックは、ギリシャ人とトルコ人の移民が多く、アングロ系のオーストラリア人の方が少ないほどである。バルカン半島からの移民がひしめき合うこの町の風景が、ブラックコメディ『ブランズウィックに死す』の舞台だ。アングロ系以外の移民を扱ったオーストラリア映画は、八〇年代以降数多い。代表的なところでも、『愛をゆずった女』でポーランド人、『ダンシング・ヒーロー』でスペイン人、『ハートブレイク・キッド』でギリシャ人、『フローティング・ライフ』で中国人などが、主役、または重要なキャラクターとして登場する。だが、この『ブランズウィックに死す』がそれらの映画と明らかに印象を異にする点は、多民族文化がせめぎ合う小さな町の中で、アングロ系オージーの文化もその一つの構成要素として、対等な価値を与えられているということだ。具体的に言えば、白人であるカールと親友のデイヴの関係が、それにあたる。デイヴは、オーストラリア人の誰から見ても典型的なオージーという他はない人物である（演じているジョン・クラークはニュージーランド人だが）。半ズボンにランニングというそのお得意の服装はもとより、妙に小器用なところ、女房子供にはいつも頭が上がらないが、カールとの男同士の友情関係においては、腕っ節も強く非常な頼りがいを発揮するところなど、そのオージー的習性は見事に集約されている。このデイヴとカールの強い結びつきこそ、オーストラリアの伝統的な「メイトシップ」に他ならない。それは、死体に驚きながらも、一緒になって必死に死体を埋める場面にあらわれている。そして彼らの伝統的「メイトシップ」は、ギリシャ人やトルコ人など各民族の「濃い」文化の中で、あるいはメイトシップ文化形成の歴史に関わって来ず、しかし今日大きな力を持つことになったオーストラリア女性―ここではデイヴの妻―の覚めた視線の中で、非常に滑稽な印象を漂わせながらも、くっきりとした形を持って浮かび上がっている。そのカリカチュアのされ方は、トルコ人、あるいはギリシャ人に対するステレオタイプと、ほとんど変わりはないのである。このような作品のスタンスは、オーストラリア映画全体の中で非常なオリジナリティを感じさせる。九〇年代半ば以降、新白豪主義ともいうべき勢力の台頭、保守政権の成立、先住民土地帰属法改正の動きなどの中で、これまで国民が支持してきたはずの多元文化主義のある種の偽善性が顕わになったが、オーストラリア映画の中で多民族文化が扱われるとき、やはりそれは「何はともあれ尊重されなければならないもの」という位置づけで、アングロ・オーストラリア人の文化との衝突を避ける、ある意味での「隔離」が行われてきた感がある。また一方で、歴史に裏付けられた各民族の濃厚な文化に比肩するようなものを、アングロ・オーストラリア人は持っているだろうかという疑念と引け目もあった。オーストラリアの白人文化が全く対等な土俵で他のエスニック文化と衝突を見せるこの作品は、その意味でオーストラリア映画における新しい方向性を見せているのである。

作品のもう一つのテーマが、人間の生と死である。映画の中に描かれるカールのまったくついていない数日間は、まるで中世の宗教画の中に描かれたような、人間と生と死のくっきりとしたコントラストを、絵解きをされながらめぐる旅でもある。ムスタファやローリーのあっけなく無惨な死、そして死体を埋めに行った墓地で見た腐敗した死体の姿などの死の諸相と、若くて健康的なソフィーとのセックスや結婚に象徴される生の歓喜を、カールは一度に経験し、何か宗教的ともいえる達観に至る。ラストシーンの結婚式でのカールの笑顔は、煩悩が消え去ったような、すっきりとした顔をしており、また結婚式の構図自体が、キリストの最後の晩餐を思わせるものになっている。『ブランズウィックに死す』とよく似た物語に、ロルフ・デ・ヘイア監督『バッド・ボーイ・バビー』（一九九三）がある。この作品でも同じように主人公バビーは中年にさしかかるまで母の支配下にあり（こちらの方は、実際に監禁された上、近親相姦まで強要されている異常な世界だ）、そこから脱出して外の世界に飛び込み、子供そのままのまっさらな心で社会の様々な様相を見て歩く。近似した物語だが、『バッド・ボーイ・バビー』が母の束縛が生みだした異常児バビーの目を通して社会を批判するのが主目的で、実際最終的にバビーは極めて社会的な存在（パンクバンドの人気スター）になるわけだが、『ブランズウィックに死す』では、母の束縛を逃れようとする苦闘は、すべて主人公の内面に向かい、結局カールは一人悟りのようなものを開くことになるという違いがみられる。

この作品で出色の演技を見せているのは、カールを演じたサム・ニールである。コメディは彼にとってめずらしい。ニールは非常に達者な役者で、『わが青春の輝き』（一九七九）、ＡＦＩ最優秀男優賞を取った『デッドカーム』（一九八八）、『クライ・イン・ザ・ダーク』（一九八八）、『ピアノ・レッスン』（一九九三）、『ジュラシック・パーク』（一九九三）など、彼の演じる役はすべてまったく違う印象を与える。また彼はハリウッド映画にも主役級で出演する売れっ子ながら、この作品も含めて定期的にオーストラリアへ戻り、オーストラリア映画に出演するというスタンスを持っている。また作品の出演者は明らかに、ニュージーランド映画界とのコネクションで集まっているらしく、ニュージーランド出身のサム・ニールを始め、ジョン・クラーク、イヴォン・ローリーなどニュージーランドの俳優が主要な役を固めている。

監督のジョン・ルーアンにとって、この作品は長編第一作目である。『ブランズウィックに死す』は二七二万五千豪ドルの総利益を得てオーストラリア映画の中で歴代三三位（一九九六年の時点で）に位置する上々の興行成績をあげたが、このように長編第一作で大きな成功を収めることは、ジョスリン・ムアハウス監督『証拠』、ジェフリー・ライト監督『ハーケンクロイツ　ネオナチの刻印』、バズ・ラーマン監督『ダンシング・ヒーロー』、ポール・J・ホーガン『ミュリエルの結婚』など、九〇年代オーストラリア映画界において極めて顕著な傾向である。ルーアンはこの後の二作目として、オーストラリア現代文学を代表する作家ティム・ウィントンの小説を元に『あの目あの空』（一九九五）を撮ったが、これは批評的にも興行的にも成功せずに終わった。

証拠
Proof 1991

監督・脚本：ジョスリン・ムアハウス
製作：リンダ・ハウス
撮影：マーティン・マクグラス
編集：ケン・サロウズ
美術：パトリック・リアドン
衣装：チェリ・バーネット
音楽：ノット・ドラウニング、ウェイヴィング
録音：ロイド・カリック
出演：ヒューゴ・ウィーヴィング（マーティン）
ジェネヴィヴ・ピーコウ（セリア）
ラッセル・クロウ（アンディ）
ヒーサ・ミッチェル（母）
ジェフリー・ウォーカー（少年時代のマーティン）
フランキー・Ｊ・ホールデン（ブライアン）
フランク・ガラハー（フェト）
製作会社：ハウス＆ムアハウス・フィルムズ
上映時間：八六分

「証拠」ヒューゴ・ウィーヴィング(マーティン)

381　証拠　1991

ジェネヴィヴ・ピーコウ(セリア)、ヒューゴ・ウィーヴィング(マーティン)、ラッセル・クロウ(アンディ)
Reprinted with the kind permission of Roadshow Film Distributors.

ストーリー

メルボルンの都会の片隅。レストラン従業員のアンディは、店の勝手口で何気なく野良猫を世話していたが、ある日全盲の青年マーティンが通りかかり、過ってゴミ箱を倒して猫を押しつぶしてしまう。アンディにそれを指摘されたマーティンは、グッタリした猫を獣医へ連れていく。アンディもついていくと、マーティンはおもむろにカメラを取り出し、獣医へ行った一部始終を写真に収める。

数日後、アンディの店に来たマーティンは、現像した写真をアンディに、詳細に言葉で描写してくれと頼む。生まれながらの盲目であるマーティンは、子供の頃に母にカメラを買い与えられて以来、自分がそこにいた証拠、自分が何かを感じた証拠として、写真を撮り、それに記録を付して保存する習慣があるのだという。

マーティンは自宅に一人暮らしだが、セリアという三〇歳ぐらいの家政婦を雇っている。彼女は冷たい美しさを持った底意地の悪い女だが、マーティンにぞっこんに惚れている。セリアはしきりに彼を誘惑するが、マーティンは彼女を全く信用しておらず、むしろ嫌っている。マーティンはいつも、若くして死んだ母とのもの悲しい思い出を心に蘇らせる。

アンディは頻繁にマーティンから写真の説明を頼まれるようになる。二人はある晩ドライブインシアターに行き、そこで不良に絡まれたりスピード違反で警察に追われたりして、散々な目に遭う。だがそんなドタバタで、二人の親密さはさらに増していく。マーティンは死んだ母親の昔の写真まで、アンディに説明させる。

一方セリアはマーティンの写真を盗み見て、写真の中に断片的に写る人物の姿を継ぎ合わせ、アンディの存在を知る。ある日アンディがマーティンを訪ねると、セリアが出てきて「マーティンは公園に行った」と言う。アンディが公園に行ってマーティンに声をかけようとすると、マーティンの飼い犬がアンディの脇を走り抜けていく。アンディが振り返るとそこにはセリアがいて、無言で犬を押さえつけ、マーティンがいくら犬を呼んでも犬を放そうとしない。その不可解な情景を呆然と見ていたアンディは、マーティンに急にカメラを向けられ、思わず身を隠そうとする。だが、カメラにはセリアと、逃げようとするアンディの姿がはっきり収められていた。後日その写真の描写をマーティンから頼まれたアンディは困惑し、犬しか写っていないと嘘をつく。

セリアはマーティンがトイレに入っているのを無理矢理写真に撮り、それをネタに彼を脅して、デートに連れ出す。コンサートで音楽に感動したマーティンはセリアに心を開きかけるが、セリアの家で強引に裸体を押しつけられ、動揺して彼女を拒絶する。セリアは「アンディではなく、自分を信じて欲しい」と懇願する。

別の日、マーティンが外出中にアンディが訪ねてくる。応対に出たセリアは、彼女に惹かれ始めているアンディを誘惑、関係を結ぶ。セリアは次にマーティンの犬の首輪に、アンディが嘘をついた例の写真を挟む。獣医がその写真を見つけて、アンディの嘘はついにマーティンにばれる。マーティンが家に帰ると、アンディとセリアがベッドを共にしている。気まずい思いをしながらアンディはマーティンに「セリアを愛している」と告げる。ショックを受けたマーティンは、アンディとセリアを家から追い出す。セリアの部屋にやってきたアンディは、部屋中至る所にセリアが撮ったマーティンの写真が飾ってあるのを見て、憤然として立ち去る。

明くる日、マーティンはセリアに、心尽くしの推薦状を書いてやり、彼女を解雇する。セリアは最後まで彼に嫌がらせをして抵抗するが、ついに泣きながら出ていく。

アンディがマーティンを訪ねてきて、「セリアのこと以外では嘘をついたことはなかった」と言い、また「仕事が多忙になった」と告げる。マーティンは最後の一枚だと言って、ある男性の写った古い写真をアンディに説明させ、それをアンディに託す。二人の信頼関係は修復へと向かう。マーティンの心の中で、幼い頃からわだかまっていた何かが溶解し始める。

解説

『証拠』の主題は非常に明確で、それは人間同士のコミュニケーションのあり方である。登場人物は皆孤独な人々だ。マーティンは盲目というハンディキャップ以外にあるトラウマを抱えており、それが彼にこれまで孤独な人生を歩ませてきた。セリアは家族に死なれて以来、天涯孤独で生きてきた。唯一平凡に見えるアンディも、家族や友人など彼のプライベートな人間関係が作中に全く見えてこない。そういった孤独が、彼らの、対人関係の結び方や距離感の取り方を狂わせている。セリアの、マーティンを支配したい、肉体的に結びつきたい、信頼を勝ち得たいという激しい欲望はすでにエキセントリックな域に達している。アンディはいともあっさりとセリアに手玉に取られ、最も大事なはずの友情を、無為な情欲のために簡単に明け渡してしまう。そしてマーティンの場合、他人への不信感は、特に今まで最も近いところにいたセリアに向けられ、彼女に嫌悪感を募らせている。さらに自分が通り過ぎたあらゆる場所、あらゆる人間を写真に撮り証拠として残しておきたいと思う彼の欲望は、人間同士のコミュニケーションに対しての非常な警戒感から来るものと見て取れる。それは、裏切られぬように物証を残しておきたい、唯一の真実を映し出す写真で、人間関係という曖昧なものを物理的に確かなものに変換したいという、臆病な考え方に基づくものである。

マーティンのこのような性癖は、彼に長い孤独の半生を強いた幼少時のトラウマに根ざしている。作中では明らかにされていないが、彼は母に突然先立たれ、取り残されたことを「裏切られた」と感じたようである（母の思い出を蘇らせるフラッシュバックで、母は幼いアンディに、さして体も悪くなさそうなのに突如、自分はもうすぐ死ぬ、と理不尽に言い渡している）。また母には自分に対して、いくつもの「嘘」があったと彼は感じている。母の身近な男性、恐らく彼の父である男性の存在さえ、嘘によってマーティンから覆い隠されていた。最後に近い場面でマーティンがアンディに説明をさせた古い写真の男性は、作中で明確にされることはないが、恐らくマーティンの父親だろう。これをアンディに語って聞かせて貰うことで、マーティンの出生と幼少時を暗く塗りつぶしていた嘘が氷解し、彼のトラウマは癒やされていくことになる。

過度に繊細な心を持った登場人物は、傷つけ合いながら、人間同士のコミュニケーションのあり方を徐々に学んでいく。アンディの裏切りとその後の信頼関係の修復は、人間関係とはマーティンがそれまで信じてきたような確実不変なものでは決してなく、むしろ欠点や変化があるからこそそれを互いに補い合うよう努力して初めて成立するものだということを、マーティンに教えた。一方、マーティンとセリアは結局肉体的に結ばれることはないが、しかし彼はそれまで拒絶していた彼女の存在を、肉体を通して確かに「感じる」ことが出来た。マーティンがセリアのために書いた推薦状に、「彼女は素晴らしい胸も持っている」などと書き足すところからも、それが分かる。幼少時母に「人に触れて人を《見て》はならない」と戒められて以来、カメラという物質でしか人を「見る」ことが出来なかったマーティンが、最後にはセリアによって心の目を開かされる。これも、彼のコミュニケーション能力がまた一歩目覚めていくことを意味しているのだろう。

『証拠』の登場人物たちの抱えるコミュニケーションの不全は、都会に住む現代人が多かれ少なかれ患っている病でもある。オーストラリア映画を振り返ってみれば、八〇年代はじめの『私たちの夢の冬』に出てくる左翼くずれのインテリ男、ロウというキャラクターに、そうした現代人特有の症状がかいま見える。だが『証拠』には、人間が協調して生きていくための思想も社会規範も知恵もとっくに失われてしまった九〇年代という時代に、モラトリアムのインテリに限らず大多数の人々がまさにマーティンのように視野を奪われ、手探りでさまよい歩かなければならない哀しさが、くっきりと描かれている。

一人では弱々しく、立っていられない人間同士が、手探りでコミュニケーションを確立しようとする物語は、『エンジェル・ベイビー』『ハーモニー』などを含むオーストラリア映画九〇年代の潮流の一つである。『証拠』はオーストラリア映画史において、八〇年代と九〇年代との分岐点を構成する重要な作品であると考えて良い。この作品の公開当時には、現代という時代を軸にしたテーマの普遍性が、八〇年代にオーストラリア映画に花開いた、自国の神話や風土に根ざすオーストラリアニズムとあまりに無縁なところにあったため、オーストラリア国内の批評にある種のとまどいが見て取れた。この現象に関連してKarl Quinnは興味深い一文を書き記している「私は、この作品の資質は殆どヨーロッパ映画のものだ、といういくつかの批評に異議を唱えたい。私自身はメルボルン生まれではないが、作品を見れば作品がどこで生まれたかがはっきりと分かる。建物、路地、公園、ドライブイン、様々な人種、どれをとってもメルボルンのものであり、決してヨーロッパのどこにでもあるような都市のものではない。ムアハウス（監督）自身は、《作品が作風においてヨーロッパ的だと見られがちなのは、室内の暗さと、作品を貫く閉所恐怖症的な感覚（これはマーティンの盲目の世界を視覚的に象徴したものだ）によるもので、何か特定の作風との共通点があると言っているわけではない》と語っていた[1]」。当時の批評に対するQuinnのこのような反論は、実際のところ、『証拠』におけるオーストラリアの風景、あるいはオーストラリアの精神風土との距離の取り方が、ヨーロッパ映画的ではないにしても、これまでのオーストラリア映画には見あたらないものであることを逆説的に示している。

女性監督ジョスリン・ムアハウスにとって、『証拠』は長編第一作に当たる。彼女の夫は『ミュリエルの結婚』を撮ったＰ・Ｊ・ホーガン監督であり、『ミュリエルの結婚』も『証拠』を共同プロデュースしたムアハウスとリンダ・ハウスの二人が製作している。『証拠』はムアハウスのオリジナル脚本によるものだが、彼女は友人から「盲目の写真家を見た」という話を聞いて、着想を得たという。

作品において特筆すべきは、主要登場人物を演じた三人の役者の、演技の素晴らしさである。マーティンを演じてＡＦＩ賞主演男優賞を獲ったヒューゴ・ウィーヴィングは、九〇年代のオーストラリアで最も露出度の高い人気俳優の一人で、『証拠』の後には彼の代表作となる『プリシラ』でその地位を完全なものにした。またウィーヴィングは、舞台にも映画と同等の比重を置いており、シドニーの人気小劇場ベルボアストリート劇場で、ニール・アームフィールド演出によるステファン・シーウェルの『盲目の巨人が踊っている』（一九九五）、ベン・ジョンソンの『錬金術師』（一九九六）など優れた舞台に出演し、演技派の実力を見せつけた。アンディ役でＡＦＩ賞助演男優賞を与えられたラッセル・クロウは、一九九〇年の『アンボンで何が裁かれたか』の端役などでデビューしてからこの時期急速に台頭してきた役者で、『証拠』の翌年には『スポッツウッド』『ハーケンクロイツ　ネオナチの刻印』に出演。とくに『ハーケンクロイツ』ではアンディの優しいイメージと一八〇度異なる凶暴なネオナチの首領ハンドーを演じ、芸域の広さをアピールした。底意地の悪さの中に美しさが光るセリアを演じたのは、ジェネヴィヴ・ピーコウ。ムアハウス監督によれば、台本の草稿段階ではセリアはほんの脇役に過ぎなかったものが、製作過程で人物像がどんどん膨れ上がってきたという。そのセリアをピーコウは、意地悪の裏にある女性のいじらしさを感じさせるような、個性的な魅力溢れる人物として完成させた。ピーコウは本作で、主演作のデヴィッド・スティーヴンズ監督『アンダーカバー』（一九八五）に続き、ＡＦＩ賞に二度目のノミネートをされた。

『証拠』はＡＦＩ賞ではウィーヴィング、クロウの賞の他に最優秀作品、監督、編集、脚本賞を受賞。海外でも評価は高く、カンヌ映画祭の監督週間に公式に選ばれたのをはじめ、イギリス映画協会（ＢＦＩ）賞、東京国際映画祭などで賞を獲得した。

（1）*Cinema Papers.* no. 85 (1987) p. 60.

ある老女の物語
A Woman's Tale 1991

監督：ポール・コックス
製作：ポール・コックス、サンサナ・ナイドゥ
製作総指揮：ウィリアム・マーシャル
脚本：ポール・コックス、バリー・ディキンズ
撮影：ニーノ・マルティネッティ
編集：ラッセル・ハーリー
美術：ニール・アングウィン
衣装：アフロダイティ・コンドス
音楽：ポール・グラボウスキー
録音：ラッセル・ハーリー
出演：シーラ・フローランス（マーサ）
ゴーシャ・ドブロヴォルスカ（アンナ）
ノーマン・ケイ（ビリー）
クリス・ヘイウッド（ジョナサン）
アーネスト・グレイ（ピーター）
マートル・ウッズ（ミス・インチリー）
ブルース・マイルズ（コン1）
アレックス・メングレッド（コン2）
モニカ・モーン（ビリーの娘）
マックス・ギリーズ（ビリーの義理の息子）
デヴィッド・リード（ドン）
ドーン・クリンバーグ（ドンの妻）
マリーナ・フィンレイ（娼婦）
製作会社：イルミネーション・フィルムズ
上映時間：九三分

「ある老女の物語」シーラ・フローランス（マーサ）とゴーシャ・ドブロヴォルスカ（アンナ）

マートル・ウッズ（ミス・インチリー）とシーラ・フローランス（マーサ）

ストーリー

七八歳のマーサは、メルボルンのアパートで一人暮らしをしている。彼女の息子ジョナサンはホームに入って貰いたいと望んでいるが、気丈なマーサは、実の母娘のように心の通じ合う地域看護婦のアンナの世話になり、自分の家を離れるつもりはさらさらない。マーサの明るい性格は隣の部屋に住む孤独な老人ビリーも元気づけているし、彼女は他の老人たちの交遊にも忙しい。何よりも人とふれあうことを望んでいるマーサは、ラジオの人生相談で孤独な女性の話を聞けば、ラジオ局に電話して必死に手をさしのべようとする。また、アンナが恋人と逢い引きするのに自分の部屋を提供していて、若いカップルの姿に目を細めている。一方でマーサは、戦争中ヨーロッパで空襲を受けて乳飲み子の娘を失った悲しい記憶を拭うことが出来ないでいる。

　ある日、いつものようにビリーを訪ねたアンナは、彼が部屋で冷たくなっているのを見つける。実の娘にも全くかえりみられず、過去の栄光の記憶にしがみつきながら寂しい余生を送った末の死だった。ショックから抜けきれないマーサは、家の中で誤って転倒し、動けなくなる。いつも喧嘩していた階下のホモのカップルに助けられて、病院へ送られる。

　アンナは医師から、マーサが肺ガンにかかっており、余命幾ばくもないことを知らされる。アンナは苦しみながらも結局マーサにそれを告知するが、マーサはにこやかにそれを受け入れる。息子ジョナサンはもう母を家には住まわせないと決心していたが、マーサの家に帰りたいという切なる希望にほだされて、アンナと二人でマーサを家に連れ帰る。

　マーサの家は、大家が別の店子を入れるために鍵を付け替えていた。ジョナサンは大家と喧嘩を始める。マーサはアンナに見守られながら、自分のベッドに横になり、少女時代に父に連れられて見た神秘的な森を回想しながら眠りに落ちる。アンナはモルヒネをマーサに注射する。目覚めたマーサは、アンナに人生の素晴らしさ、愛の大切さを言い残す。

解説

死を目前にした老人の尊厳と、周囲の人間たちとの心の交流を描いた『ある老女の物語』は、一般に「高度に芸術的」だと評されるポール・コックス監督の他の殆どの作品と比べて、非常に素直で分かりやすい。特に同年に公開された、人間の髪の毛に性愛を覚える時計修理職人の物語『金髪の束』と比べれば、『ある老女の物語』の物語や倫理の上での「まともさ」は歴然としている。だがそれでも注意してみれば、コックスの常套的なテーマは、『ある老女の物語』にもきちんと盛り込まれていることが分かる。コックスの重要な主題である人間の孤独とコミュニケーションの模索は、これまで肉体的に健康な中年・壮年の男性を主人公にして描かれてきた。この作品ではそれが老人に当てはめられたわけだが、多くの老人にとってはそれは避けようのない現実として立ちはだかる問題であり、コックスの物語のいつもの「ひねり」が今回に限っては非常にストレートなものにならざるを得なかった一面があるようだ。もう一つに、性の問題がある。コックスが常に描く、孤独によって抑圧されノーマルな形とは違った形態で表出してくる性は、『ある老女の物語』では、老人ビリーがアンナの肉体に関心を抱く場面に表現されている。そしてコックス映画の多くの主人公と同じくその欲望は実を結ぶことが無く、ビリーはアンナににべもなく拒絶される。また、マーサのベッドで、若く健康なアンナと恋人のピーターが愛し合い、その間マーサとビリーが外で散歩を楽しむ場面がある。若いカップルと老カップの明確な対比になっているシーンだが、ビリーと愛し合うことの出来ないマーサは、恐らく自分のベッドで若い人たちに愛し合って貰うことで、ある種の充足を得ているのだろう。

マーサのベッドは若者から老人へ、性の伝達媒体となっているわけだが、このように無機的な物質が性と密接に結びつくイメージは、『花の男』の花や『金髪の束』の頭髪など、コックスの作品でよく見られるものだ。

土着的なオーストラリア性に対してネガティブな視線を持っているか、あるいはすっぱりオミットしてしまうのも、オーストラリア映画総体の中で見たコックスの映画の特徴の一つである。メルボルンのトラムが印象的なぐらいで、作品中にオーストラリア的な要素は殆ど見られない。むしろアンナのヨーロッパ訛り、近所に住むフランス人のホモカップル、そしてマーサのヨーロッパでの戦争体験など、ヨーロッパに関する要素の方が多い。特にロンドン空襲の話などはオーストラリアの観客にはあまりぴんとこない話だ。作品は一九九七年に日本の岩波ホールで公開されたときには、少なくとも本国における以上の注目を浴びた。マーサの戦争体験も、むしろ日本の観客の方が共感を持てたのではないだろうか。

オーストラリア映画史の上で見れば、『ある老女の物語』の題材は全く新しいというわけではない。例えば、老人が周囲の無理解にもめげずいかに充実した余生を全うするかという問題は、カール・シュルツ監督の『北行き』（一九八七）が扱っている。人気劇作家デヴィッド・ウィリアムソンの戯曲を映画化した作品で、地味な内容ながら興行的に非常な成功を収めた。また一九八四年のジル・ブリアリー監督『愛の奇跡』（一九八四）では、患者（知恵遅れ）を病院に押し込めず、尊厳を認めながら介護すべきだと主張するセラピスト、ジェシカが主人公になっている。だが、患者のために社会的に闘争するジェシカと異なり、『ある老女の物語』のアンナはより自然な形で患者の側に立った看護に努めており、この相違は医療をめぐるオーストラリアの社会制度の成熟をも反映している。

『ある老女の物語』は、作品それ自体より、製作までのいきさつについて言及されることの方が多いかも知れない。マーサを演じたシーラ・フローレンスとポール・コックス監督は三〇年来の旧知の間柄であり、彼女はコックスの長編第一作にあたる『イルミネーションズ』（一九七六）と『カクタス』（一九八六）に、脇役として出演していた。コックスはフローレンスがガンで余命数週間であると聞き、以前から彼女を主演に映画を撮ることを約束していたこともあって、急遽、劇作家のバリー・ディキンズと共に台本を書き上げ、二週間を資金繰りのために費やし（資金は最終的にＡＦＣ、ＦＦＣという公的機関から賄われている）、四週間で撮影を終えたという。ところがそれからフローレンスは気力を持ち直して、六ヶ月間も生き、ついにＡＦＩ賞最優秀主演女優賞を受賞した。そして、そのすぐあとに亡くなった。

　フローレンスはメルボルンの舞台、そしてオーストラリア映画に長い間出演し続けた女優だが、常に脇役で、決して重要な俳優だったというわけではない。フローレンスは、まだオーストラリア映画のルネッサンスが始動する前の停滞期に製作された数少ない作品の一つ『土』（一九六五）で映画デビューを果たした。七〇年代には前述の『イルミネーションズ』、そして『マッドマックス』『悪魔の遊び場』などを含め五本の作品に出演したが、八〇年代にはコックスの『カクタス』の他には、『ルビー・ローズの物語』（一九八八）に出演したのみだった。そして九〇年代に入り、フローレンスは三本の映画に出演しているが、期せずしてそれらはすべて一九九一年に公開された。『ある老女の物語』、同じくコックス監督の『金髪の束』、そして『ニルヴァーナ・ストリートの殺人』である。『金髪の束』ではほんの脇役に過ぎない。一方『ニルヴァーナ・ストリートの殺人』の方が、フローレンスは印象的な役を演じている。作品は、屠殺場で働きながら鬱屈したエネルギーを蓄積している荒々しい兄弟がやがて人殺しに手を染めるというブラックコメディだ。兄弟の片割れ（オーストラリア映画若手スターの筆頭であるベン・メンデルソンが演じている）は実は優しい心根を持っているという設定で、フローレンス演じる病身の老婆を親身になって介護し、まるでマーサとアンナを想像させる心温まる交流をする。同時に、老婆がもう一人の兄弟にウォーターベッドに顔を押しつけられ殺されそうになるなど激しい場面もあり、それに挑んだ老俳優フローレンスの気迫が感じられた。

　『ある老女の物語』は、かなり近接して撮影されたコックス監督の『金髪の束』と、主要なキャストを共有しており、フローレンス以外にも、ゴーシャ・ドブロヴォルスカヤ、クリス・ヘイウッド、ノーマン・ケイなどが両作品に出演している。そもそもコックスには気に入った役者を長きに渡ってとことん使う傾向があり、これらの役者もいわばコックス・ファミリーとでもいうべき人たちである。コックスの代表作『ロンリー・ハーツ』(一九八二)、『花の男』で主演を演じたノーマン・ケイは、実年齢(当時六四歳)より多少老けた役、孤独な死を迎える老人ビリーを演じている。『金髪の束』(一九九一)で人の髪の毛に執着する狂気の主人公を演じたクリス・ヘイウッドは、この作品ではいたってノーマルなマーサの息子ジョナサンを演じている。作品でアンナを演じたゴーシャ・ドブロヴォルスカは、一九八〇年代始めにポーランドから移住してきた女優で、代表作には彼女の映画デビュー作でもある、戦後のポーランド移民の辛苦を描いた『愛をゆずった女』がある。『ある老女の物語』以降、コックスのすべての作品に登場するようになった。最近の彼女についての話題は、シドニーの「超」小劇場(狭いアパートの部屋の一室が舞台と客席になっている)ルックアウト劇場で、一九九八年にチェコの劇作家パヴェル・コホウトの芝居を演出し、極めて高い評価を得たことである。

ハーケンクロイツ　ネオナチの刻印

Romper Stomper　1992

監督・脚本：ジェフリー・ライト
製作：ダニエル・シャーフ、イアン・プリングル
撮影：ロン・ヘーゲン
編集：ビル・マーフィー
美術：スティーヴン・ジョーンズ＝エヴァンズ
衣装：アンナ・ボーゲージ
音楽：ジョン・クリフォード・ホワイト
録音：デヴィッド・リー
出演：ラッセル・クロウ（ハンドー）
　ダニエル・ポラック（デイヴィ）
　ジャクリーン・マッケンジー（ゲイブ）
　アレックス・スコット（マーティン）
　リー・ラッセル（ソニー・ジム）
　ダニエル・ワイリー（カクルズ）
　ジェームズ・マケナ（バブズ）
　サマンサ・ブレイドン（トレイシー）
　ジョゼフィーン・キーン（ミーガン）
　ジョン・ブランプトン（マグー）
　エリック・ミク（チャンプ）
　フランク・マグリー（ブレット）
　クリストファー・マクレーン（ルーク）
　ドン・ブリッジズ（ハロルド）
　ジェーン・アンダーソン（ジャクイー）
製作会社：セイオン・フィルムズ
上映時間：九四分

『ハーケンクロイツ　ネオナチの刻印』ラッセル・クロウ（ハンドー）

ストーリー

メルボルン都心部フットスクレイ。ベトナム人のカップルが駅の地下道で、白人のスキンヘッドの一団に取り囲まれる。「ここはお前らの国ではない。出ていけ」と言いながら、スキンヘッドの若者たちはベトナム人に一方的なリンチを加える。このスキンヘッドのネオナチグループを率いているのが、強靭な肉体と強烈な威圧感を身につけたハンドーであり、その腹心にデイヴィがいる。彼らは常に、盗みや暴力や乱交パーティーなど、まるで猛獣のように荒れ狂い、鬱積したエネルギーを爆発させている。

ネオナチグループがたむろするパブで、ハンドーは一人で飲んでいる少女ゲイブを見初める。ハンドーはゲイブを、グループの根城にある自分の部屋に連れ込み、関係を持つ。ハンドーの部屋にはハーケンクロイツが飾っており、ハンドーはゲイブに、ヒトラーの民族浄化の思想を語って聞かせる。

ベトナム人たちが、ネオナチグループのテリトリーだったパブを買収することになった。これに怒ったハンドーたちは、ベトナム人の若者たちがパブでくつろいでいるところを急襲する。だが、まもなくベトナム人の仲間が救援に駆けつける。ベトナム人の数は膨れ上がる一方で、ネオナチを圧倒し、スキンヘッドたちは一人また一人と倒されていく。ハンドーは仲間に突撃を命じるが、士気は低下し、すでに誰もハンドーの命令を聞く者はいない。やむなくハンドーは、ゲイブやデイヴィなど無傷の数人と共に、屋根づたいに逃走する。ネオナチの根城は、怒り狂うベトナム人たちに破壊され、放火される。

ハンドーたちは倉庫のような場所に入り込み、住んでいたゲイのカップルを締め上げて、そこを新たな根城に決める。ゲイブは皆に食事を作ってやったりするが、いちいちハンドーの気に障り、二人の関係は急速に冷え込む。代わりにデイヴィが、ゲイブに惹かれていく。

ゲイブは、略奪をさせるためにハンドーたちをある豪邸へと導く。だがそこは、ゲイブ自身の家であった。ゲイブは父の性的な愛情の対象となっており、また母親の自殺を父のせいだと思いこみ、父に激しい憎悪を抱いている。ゲイブの父を縛り上げると、ハンドーらは家中を略奪し、乗用車を破壊して逃げ去る。

根城でゲイブはハンドーと口論し、彼女は憤ってそこを出ていく。デイヴィも、それに続く。憤りの収まらぬゲイブは、警察に密告の電話をし、根城の居所を告げる。すぐに警察が根城に踏み込み、銃を構えたローティーンのメンバー、ボブズは警官に射殺される。他の仲間も皆捕まり、ハンドー一人が難を逃れ、逃走する。

ゲイブは家に帰ったデイヴィの自室を訪ね、二人は結ばれる。だが翌朝目覚めると、そこにはハンドーが立っている。ハンドーは二人を連れだして車で走り回り、スーパーの強盗を働く。すでにたがの外れたハンドーは、容赦なく店員を絞殺する。

三人は海岸に降り立つ。ハンドーはゲイブに聞かれないように、デイヴィにゲイブを切り捨てるよう説得する。だがそれを盗み聞きしていたゲイブは、怒って三人が乗ってきた車に放火し、加えて自分が警察に密告したとハンドーに言う。激高したハンドーはゲイブを殺しにかかる。デイヴィはゲイブを救うため、泣きながらハンドーの首にナイフを突き立てる。この修羅場を、観光で海岸を訪れた日本人ツアー客の一団が、ざわめきながら遠巻きに見守っている。

解説

レイシズムと暴力という、衝撃的な要素が大半を占めているこの映画は、当然のようにオーストラリアのメディアで賛否両論を呼び起こした。代表的な反対論者はマルチリンガル放送ＳＢＳテレビの「ムービーショウ」という番組での映画評論で知られているデヴィッド・ストラットンで、「このような作品は作られるべきではなかった」と言い、作品に星をつけることさえ拒絶したという。だが、作品がレイシズムや暴力を賞賛しているのではない、というライト監督の主張を理解し、作品の持つスピード感、重量感、パンク系音楽の絶妙さ、役者たちの高度な演技を評価する批評もあり、評価はほぼ二分されたと言っていい。

『ハーケンクロイツ』は『ダンシング・ヒーロー』とほぼ同時期に封切られ、その年のオーストラリア映画では『ダンシング・ヒーロー』に次ぐ収益をあげた（三二八万豪ドル）。共に「青春映画」というカテゴリーでくることができるオーストラリア映画だが、『ダンシング・ヒーロー』が陽だとすれば、『ハーケンクロイツ』は陰、見事な対称をなしているのが面白い。しかも、民族問題に目を向けてみれば、『ダンシング・ヒーロー』のストーリーでは、移民（スペイン）の文化が大切に扱われるのに対し、『ハーケンクロイツ』では登場人物たちが「民族浄化」を声高に叫んでいる。このギャップには、民族問題に対して現代オーストラリア社会が持っている分裂した態度が読みとれる。人は、『ハーケンクロイツ』の物語は、現実には起こり得ないし、実際あってはならないことだ、と言うかも知れない。それを言うなら『ダンシング・ヒーロー』の物語も、現実には起こり得ないファンタジーの世界であるだろう。七〇年代以降、オーストラリアが事実上の国是として掲げてきた「多元文化主義」の、美しい理想像が『ダンシング・ヒーロー』には描かれている（『ダンシング・ヒーロー』の項参照）。だが、そのような理想とは裏腹に、九〇年代半ばの新たな「白豪主義」の台頭を見るまでもなく、レイシズムは確実にオーストラリア社会の一角に存在しており、それはいくら良識ある人びとがかき消そうと思ってもかき消せるものではない。むしろ、九〇年代はじめに『ダンシング・ヒーロー』と『ハーケンクロイツ』という対照的な作品がオーストラリアに揃って生まれたという事実によって、美辞麗句が問題を隠蔽してしまうことを避けるために、きちんと現実を直視しようというバランス感覚を見ることが出来る。その意味でこれは、九〇年代オーストラリア映画の重層性を示す現象ととらえて良い。

『ハーケンクロイツ』は、何人かの論者からキューブリックの『時計仕掛けのオレンジ』からの引用を指摘されている。特に相似が顕著なのは、ゲイブが父の豪邸に仲間を導き、父を縛り上げて略奪と破壊をするシーンである。だが、この場面は、実はキューブリックの映画におけるような全く理不尽な暴力ではなく、自分を性的対象にした父親への憎悪という非常にわかりやすい動機付けがある。この点でこの場面は、『時計仕掛けのオレンジ』の該当場面の持つ衝撃度から、数段後退している。

　ゲイブの心の屈折の原因を心理学的に探ろうとすれば、よくありそうな話で終わってしまうかもしれない。だがゲイブという存在は、実際には、心に傷を負ったがために神経に変調をきたしつつあるか弱い被害者とだけは言い切れないものがある。というのも、後半の、ネオナチグループが崩壊していく過程での陰惨な物語の中心にあるのは、ゲイブとハンドーの権力闘争だと見ることが出来るからである。ハンドーがベトナム人との抗争の中で次第にグループ内の指揮力を低下させていく中で、代わりに台頭してくるのがゲイブである。彼女は皆が落ち延びた先で皆に料理を作ってやるなどの行為で信頼を獲得し、グループを元気づけようとするが、それが落ち目のハンドーには何より気に入らなく、二人の対立は明確化する。だがすでに、ハンドーが最も重要に思っていた副官のデイヴィは、ゲイブの信奉者として彼女の手に落ちている。結局ゲイブはグループを離脱することになるが、デイヴィを連れ去ることによってハンドーの力をさらに減退させ、警察への密告電話でハンドーにとどめを刺そうとする。ハンドーは自分の力を回復させるためにデイヴィとゲイブの分断を図る（ここにはすでに嫉妬や愛情の要素はなく、展開されているのはまさに政治である）。だがゲイブとデイヴィを引き離すことに失敗し、ハンドーはついにゲイブの政治的勝利によってその命運を絶たれるのである。オーストラリア映画は数多くの自立していく女性像を描いてきたが、『ハーケンクロイツ』においては、このように男性との権力闘争の末に勝利を収める、さらに「強い」女性が登場したということができる。

　ゲイブを演じたジャクリーン・マッケンジーは、現在、映画と舞台に対等の比重を置いている女優で、ＮＩＤＡ

401　ハーケンクロイツ　ネオナチの刻印　1992

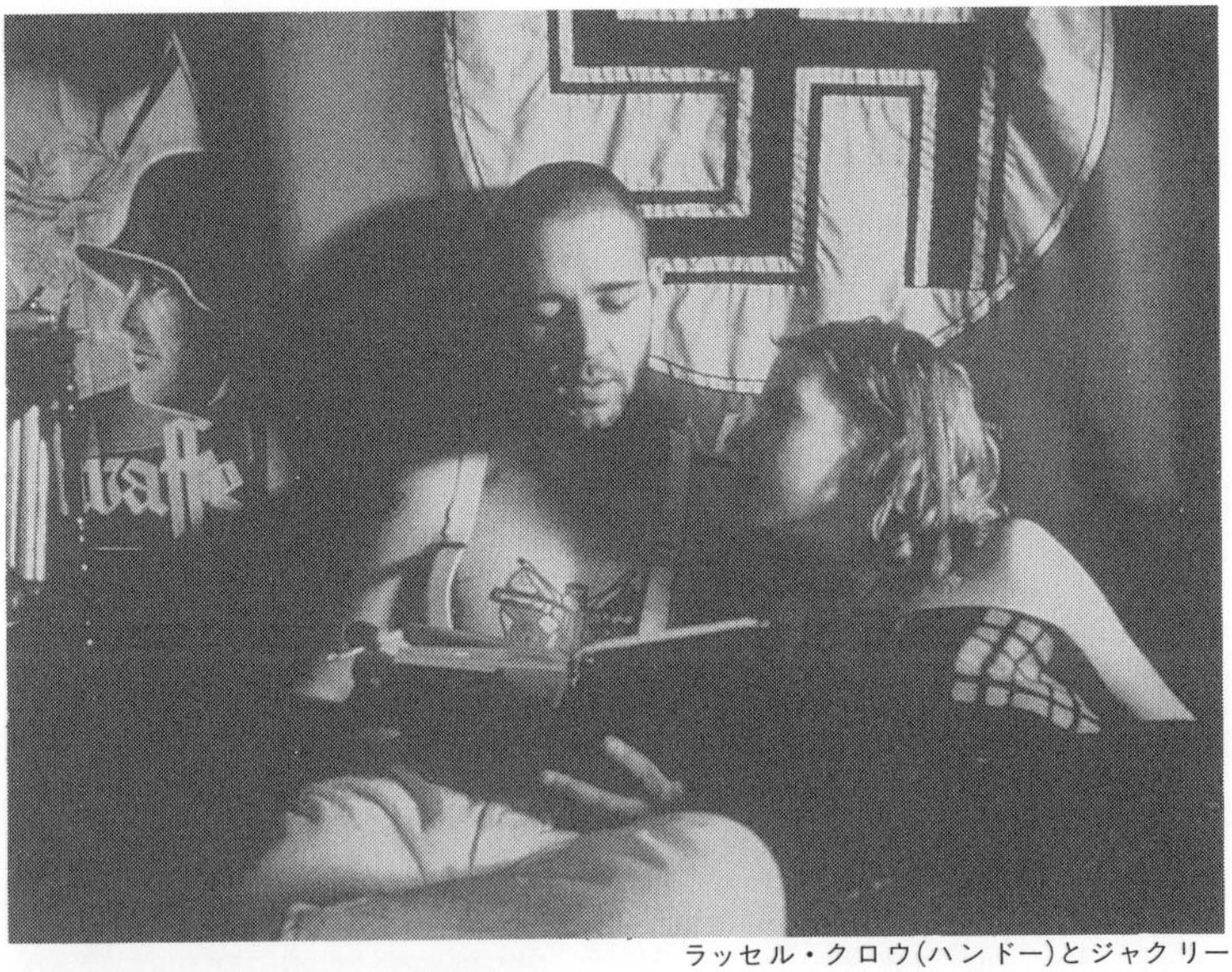

ラッセル・クロウ(ハンドー)とジャクリーン・マッケンジー(ゲイブ)

『ハーケンクロイツ　ネオナチの刻印』<ビデオ発売元：マグザム(問い合わせ：03-3358-6241)>

卒業後、元々舞台から女優としてのキャリアを始め、『ハーケンクロイツ』は彼女の映画デビュー作となる。今日彼女は、トニ・コレットと共にオーストラリアの人気女優の双璧をなしているが、その原点は『ハーケンクロイツ』でのすさまじいほどの集中力を伴った演技にある。

ハンドー役のラッセル・クロウも、この役で『証拠』に続いて二度目のＡＦＩ賞（主演男優賞）を受賞した。クロウのこの作品での圧倒的な迫力を見初めたハリウッドスターのシャロン・ストーンが、自身が出演するアメリカ映画『クィック&デッド』（一九九五）にクロウを招いたというエピソードが残っている。以降クロウは活動の拠点を完全にアメリカに移しており、『Ｌ．Ａ．コンフィデンシャル』での荒々しい刑事役で世界的にその名を知られた。

監督のジェフリー・ライトはもともと映画評論家で、『ハーケンクロイツ』は彼の劇場用映画デビュー作となる。ライトは八六年に構想をＡＦＣに持ち込んで以来、五年がかりでこの作品を完成させた。ラッシュの次の作品は『メタル・スキン』で、ベン・メンデルソン、『ハーモニー』のエイデン・ヤング、『ダンシング・ヒーロー』のタラ・モリスを起用して、やはり陰惨きわまりない青春の世界を描いたが、『ハーケンクロイツ』ほどの成功はしていない。『ハーケンクロイツ』はクロウの前述の賞以外に、ＡＦＩ最優秀音楽賞、音響賞を受賞。海外ではストックホルム国際映画祭で新人監督賞（ジェフリー・ライト）と最優秀女優賞（ジャクリーン・マッケンジー）、シアトル国際映画祭で最優秀男優賞（ラッセル・クロウ）を受賞している。

原題"Romper Stomper"は、オーストラリアの古い子供向け番組「ロンパールーム」に由来する、子供をあやす語呂合わせの言葉だという。[1]

（1）Reid, Mary Anne. *Long shots to favourites.* (AFC, 1993) p. 76.

スポッツウッド
Spotswood　1992

監督：マーク・ジョフィ
製作：リチャード・ブレナン、ティモシー・ホワイト
脚本：マックス・ダン、アンドリュー・ナイト
撮影：エラリー・ライアン
編集：ニコラス・ボウマン
美術：クリス・ケネディ
衣装：テス・スコフィールド
音楽：リッキー・ファター
録音：ロイド・カリック
出演：アンソニー・ホプキンズ（ウォレス）
ベン・メンデルソン（キャリー）
アルウィン・カーツ（ボール氏）
ブルーノ・ローレンス（ロバート）
ジョン・ウォールトン（フィン）
レベッカ・リグ（チェリル）
トニ・コレット（ウェンディ）
ラッセル・クロウ（キム）
アンジェラ・パンチ＝マグレガー（キャロライン）
ダニエル・ワイリー（フレッチャー）
ジョン・フロース（ゴードン）
ギャリー・アダムズ（ケヴィン）
ジェフ・トルーマン（ロン）
トニ・レイモンド（ボール夫人）
製作会社：メリディアン・フィルムズ
上映時間：九〇分

『スポッツウッド』ベン・メンデルソン(キャリー)とアンソニー・ホプキンズ(ウォレス)

ストーリー

六〇年代後半のあるとき。メルボルン南西にある小さな港町スポッツウッド。

モカシン工場の経営者ボール氏が、経営コンサルタント会社に、会社の近代化を依頼する手紙を書いたのがきっかけで、やり手のコンサルタント、ウォレスが工場にやって来る。

ウォレスは早速、工場のあらゆる無駄について断固とした調査に着手すべく、人の良い工員ロバートの息子で、やはり工場で働いているキャリーに片腕になるよう請う。キャリーは渋るが、彼が憧れているボール氏の娘チェリルも一緒に仕事をすると聞くと、その仕事に飛びつく。

ウォレスの指示を受けたキャリーは、工員たちの仕事ぶりを徹底的にチェック。工員たちの昼食の憩いの時間さえ分割してとるよう要求し、工員たちの反発を買う。その間キャリーは積極的にチェリルにアタックするが、振られてばかり。同じ工場で働く幼なじみのウェンディという素晴らしい娘がいることに、彼は全く気がつかない。一方ウォレスにも工員たちの反発は高まり、たびたび嫌がらせに遭う。だが、キャリーの父ロバートやゴードンなどの工員は、ウォレスにあくまで好意を寄せている。

野心的な青年キムは、工場が数年来まったく利益をあげておらず、ボール氏が密かに私財で赤字を補っている事実を掴み、ウォレスに工場を乗っ取ってしまおうとしきりに持ちかけるが、ウォレスはキムをあえて遠ざける。

チェリルはキムとつき合っているが、彼と喧嘩をして、気まぐれにキャリーを誘う。キャリーは有頂天になる。

ウォレスは工場の再建案をボール氏に提出する。それはロバートやゴードンなど工員の半分を解雇するという厳しいものだった。工員たちを愛するボール氏は苦悩する。一方、ウォレスの私生活は、妻との関係が完全に冷え切っている。出ていこうとする妻に、ウォレスはコンサルタント会社のパーティーに一緒に出るときまでいてくれと懇願し、妻はますます愛想を尽かす。そんな時、ロバートたちが、ウォレスをミニカーのグランプリレースに誘う。ミニカーのレースは長年に渡って工場の人たちの楽しみになっている行事で、ウォレスは勧められるままミニカーの操縦に参加するが、たちまち熱くなり、ウォレスとロバート、キャリーのチームは優勝を果たす。ウォレスは初めて工員たちと心を通わし、彼ら一人一人の生活を深く理解する。

だが、まもなくボール氏はウォレスの提出した提案通りにロバートたちの解雇を告知する。深く後悔したウォレスは、コンサルタント会社でのパーティーで、スポッツウッド一帯を買収したいと持ちかけてきたアメリカの資本家を追い払い、妻と共にボール氏の家へ急行する。ウォレスはボール氏に最初の提案を撤回し、工員切り捨ての必要のない新たな再建案を提示。ボール氏は驚喜する。

一方、キャリーはチェリルとデートをするが、チェリルはすでにキムとよりが戻っており、キャリーはキムに殴られて失意のどん底に落とされる。彼はウェンディのもとを訪れ、チェリルと別れたと告げるが、ウェンディは激怒し、姿を消してしまう。

再び活気の戻った工場を、キャリーはウェンディを探して駆け回る。埠頭で二人は再会し、和解する。工場の屋根から、彼らは仲良くスポッツウッドの町を見下ろす。

解説

『スポッツウッド』は、イギリスのアカデミー賞受賞俳優アンソニー・ホプキンズを主演に招いているせいもあり、同時期のイギリスの社会喜劇映画と似ているという評価も多い。だが、その構造やテーマは、むしろ一九八九年のレイ・アーゴール監督『リターン・ホーム』と驚くほど酷似している。『スポッツウッド』はメルボルン郊外の同名の町、『リターン・ホーム』はアデレード郊外の田舎町が舞台。前者は六〇年代半ば、後者は現代（八〇年代末か）と時代は異なるが、同じように、アメリカ資本がこの二つのへんぴな町の産業に忍び寄っている。片やガソリンスタンドや一帯の商店街がアメリカのチェーンのスーパーマーケットに、片やボール氏のモカシン工場は、アメリカの化学製品の貯蔵庫に、それぞれ塗り変わろうとしている。都市からやってきた現代的なビジネス感覚を身につけた主人公（『リターン・ホーム』ではノエル、『スポッツウッド』ではウォレス）が、前時代の遺物である行き詰まった地域やその産業に身を置き、やがてそこで暮らす人々に敬意を抱くようになるという物語も共通している。さらに、主人公が新しい価値観と古い価値観の間を彷徨うのを、主人公に付き従いながら凝視している、おそらく次世代を担うであろう若者が配置されているというのも同じである。それは『リターン・ホーム』ではギャリー、『スポッツウッド』ではキャリーということになるわけだが、両者ともに同じベン・メンデルソンが演じているものだから、二作品はますます似たような印象をもたされる。ちなみに二作品はベン・メンデルソン以外人材は重複しておらず、また『スポッツウッド』が『リターン・ホーム』の影響下に製作されたという証言は見あたらない。

　思えばオーストラリア映画において、技術革新や産業革新、それに付随する冷徹な市場原理は、つねに外国からもたらされる。前期の二作品しかり、オーストラリア人の固執するサイレント映画をアメリカ人がもたらしたトーキー映画が駆逐しようとするジョン・パワー監督『旅の活動屋』なども、その手の典型的な作品と言えるだろう。経済以外の問題にまで視野を広げるならば、七〇年代以降のオーストラリア映画は、外国に翻弄されるオーストラリアという国の姿を描いた物語が無数にあり、もはやオーストラリア映画の最も重要なテーマの一つと言って良い。常に外国との関係性から自らの姿を描き出すことに執着するこの姿勢は、それがたとえネガティブなものであっても、世界の他国の映画と比べても極めてユニークなのではないだろうか。

　主人公ウォレス役に、イギリスからアンソニー・ホプキンズを招いたことについて、製作者のティモシー・ホワイトはこう語っている。「オーストラリア人ではないということは、彼がアウトサイダーであるということを強調する。異邦人であるということはまた、戦後の、六〇年代半ばの、外から来たものは何でも正しい考え方のように見えた時代のオーストラリアに、ある種の無邪気さがあったという考え方を際だたせることが出来る」[1]。確かに、ホプキンズ演じるウォレス（あるいはラッセル・クロウ演じる悪役のキム）を除くオーストラリア人の登場人物に共通するのは、「無邪気さ」である。ボール氏は、当初「近代化」の意味を良く理解しないまま、何か優れたものに違いないという素朴な信仰だけで、それを取り入れようとし、やがて愛する工員たちを切り捨てなければならないことを知り、愕然としている。ロバートたち工員も、ウォレスによるリストラが自分たちの身にも及んでいることを知らず、無邪気にウォレスを仲間に迎え入れようとしている。ウォレスが「アウトサイダー」として直面したのはこのオーストラリア人の天真爛漫さであり、やがて彼もそれを愛し、近代の合理主義よりもオーストラリア人の純粋さを優位に置くようになる。この、オーストラリア人特有の情や純粋さや仲間意識は、合理主義にも打ち勝つ、という理想論が、この映画の核心であろう。マックス・ダンとアンドリュー・ナイトによるオリジナル台本[2]では、最後のノートに「ボールズ・モカシンは二年後に閉鎖された。アーサー・ボールはその三ヶ月後に死んだ。モカシン工場は現在、美術品が置かれている」とある。少なくとも台本の上では、ウォレスがリストラを回避するために打ち出した第二の再建案は挫折したことになるわけだが、映画では結局このあたりの事情は一切触れられなかった。旧世代の価値観や仲間意識では、結局時代の波に太刀打ちすることは出来なかったという現実を、映画はあえて削除した。伝統的な価値観に則った労働者たちの暖かいコミュニティは、美しい理想のまま作品の中に生き残るという方を、監督は選択したことになる。

　マーク・ジョフィ監督にとって、ニコール・キッドマン主演のテレビ上映用作品『シャドーダンスを見ろ』（一九八六）、コリン・フリールズ主演『ボディ・クロス　殺しは危険な香り』（一九八八）に続いて、『スポッツウッド』は三作目になる。美術、衣装、撮影の三部門でＡＦＩ賞を受賞している。この監督は全作品に言えることだが、成長著しい若手のベン・メンデルソンやラッセル・クロウ、ベテランのブルーノ・ローレンス（ニュージーランドを代表する俳優。代表作『ウツ（復讐）』『スマッシュ・パレス』やアンジェラ・パンチ＝マグレガー（『愛の奇跡』『奥地の私たち』）を起用するなど、キャスティングがいつも注目に値する。とくに、九〇年代における若手女優ナンバーワンのトニ・コレット（『ミュリエルの結婚』）は、この作品でデビューを果たした。ジョフ監督は、一九九五年、『スポッツウッド』を製作したメンバーの何人かと（製作者のリチャード・ブレナン、役者のベン・メンデルソン、トニ・コレットなど）で、『ハーモニー』を撮っているが、『ハーモニー』の最後のクレジットには、『スポッツウッド』でロバートを渋い演技で演じ、一九九四年に急逝したブルーノ・ローレンスに対する献辞がある。

（1）*Cinema Papers.* no. 83 (1991) p. 6.
（2）Dann, Max. & Andrew Knight. *Spotswood.* (Currency, 1992) p. 82.

ダンシング・ヒーロー
Strictly Ballroom 1992

監督：バズ・ラーマン
製作総指揮：アントワネット・アルバート
製作：トリストラム・マイアル
脚本：バズ・ラーマン、クレイグ・ピアス
撮影：スティーヴ・メイソン
編集：ジル・ビルコック
美術：キャサリン・Ａ・マーティン
衣装：アンガス・ストラシー
音楽：デヴィッド・ハーシュフェルダー
録音：ベン・オズモ
出演：ポール・マルキューリオ（スコット・ヘイスティングズ）
タラ・モリス（フラン）
ビル・ハンター（バリー・ファイフ）
パット・トムソン（シャーリー・ヘイスティングズ）
ピーター・ウィットフォード（レズ・ケンダル）
バリー・オト（ダグ・ヘイスティングズ）
ジョン・ハナン（ケン・レイリングズ）
ソニア・クルーガー（ティナ・スパークル）
クリス・マクエイド（チャーム・リーチマン）
レイオーニ・ペイジ（ヴァネッサ・クローニン）
アントニオ・ヴァーガース（リコ）
製作会社：Ｍ＆Ａプロダクション
上映時間：九四分

『ダンシング・ヒーロー』タラ・モリス（フラン）とポール・マルキューリオ（スコット）

ストーリー

スコットは、六歳の時からボールルームダンスを始め、今ではダンス・スタジオの期待を一身に集めるホープになっている。だが意欲的な彼は、旧来のダンスに飽きたらない。ダンスの地区大会では新しいステップを取り入れて踊るが、それが不評で試合には敗退、パートナーにまで嫌われ決別されてしまう。パン・パシフィック大会で勝つため、スコットはパートナー探しを始めるが、そのとき、スタジオに来てまだ二年目の地味な少女・フランが、スコットのパートナーを申し出る。しかたなくスコットは彼女に特訓を施すが、二人のキャリアの差は大きく、気持ちもなかなか一つにはならない。

実はフランはスペイン系移民の娘で、スペインのダンスのステップを会得していた。ひょんなことからスコットはフランの家族と対面し、彼らから情熱的な「パソ・ドブレ」のステップを教えられる。スコットはたちまちこのステップに魅せられ、パン・パシフィック大会では勝敗にとらわれず、この新しいステップで踊ることを決意する。だが、オーストラリア・ダンス評議会会長のバリー・ファイフは、スコットが新しいステップをダンスに持ち込むことを憎んでいる。ファイフはスコットの野心的な母シャーリーをけしかけて、スコットに別なパートナーを押しつけ、新しいステップを封印しようと画策する。また、スコットの父ダグの過去をねつ造、「昔ダグもスコットのような優れたダンサーだったが「新しいステップ」に溺れて、パン・パシフィック大会を逃し、破滅した。父の無念を思い、新しいステップは捨てて大会に勝て！」とスコットをだます。

真に受けたスコットは結局フランとは違うパートナーとともに大会に臨むが、その最中、スコットとフランが練習し心を結びあわせてきた過程をそっと見守ってきた父ダグが寡黙な口を開き、ファイフの嘘と陰謀をスコットに告げる。真実を知るやいなやスコットはフランを会場に探し出して舞台に立ち、パソ・ドブレの華麗なダンスで会場を圧倒、ファイフのこそくな妨害をものともせずに自分たちのダンスを踊り切る。

解説

シドニーのニューサウスウェールズ大学の構内に、ＮＩＤＡと呼ばれる国立演劇学校がある。一九五九年に、役者を育成するために開校したＮＩＤＡは、これまでオーストラリアの演劇・映画界に人材を供出してきた。国際的スターになったメル・ギブソン、ジュディ・デーヴィス、コリン・フリールズなどから、オーストラリア演劇の大御所ロビン・ネヴィン、そして若手のヒューゴ・ウィーヴィング、ジャクリーン・マッケンジーまで、その顔ぶれと数はオーストラリア演劇・映画界を席巻すると言っても決してオーバーではないほどだ。ＮＩＤＡはまた歴史的に、オーストラリア舞台芸術の重要な発信源としての役割を負ってきた。シドニーにおける七〇年代小劇場運動を始動させた記念碑的芝居『キング・オマリーの伝説』（ボブ・エリス作、一九七〇年初演）は、ＮＩＤＡの卒業公演から生まれた。そしてもう一つ、オーストラリア映画史において最も重要な作品の一つである『ダンシング・ヒーロー』も、このＮＩＤＡから生まれたのである。

Strictly Ballroom（『ダンシング・ヒーロー』の原題）の原型は、一九八〇年代初期に、ＮＩＤＡの学生だったバズ・ラーマンが、同級生と二年生のプロジェクトとして製作した、ダンスを取り入れた芝居だった。やがてその芝居は何年もかかってＮＩＤＡで五〇分のダンス・ドラマに練り上げられ、劇団シドニー・シアターカンパニーによってプロの舞台に載せられる（この舞台は後にチェコスロヴァキアでも上演され、いくつかの賞を受賞している）。シドニーのワーフ劇場でその舞台を見た一人に、オーストラリアの著名な音楽出版会社を率いるテッド・アルバートがいた。彼は映画産業とはまったく無縁だったが、この舞台をオリジナルキャストのまま映画化したいという希望にとりつかれ、トリストラム・マイアルと共に映画製作会社Ｍ＆Ａを設立、三〇〇万豪ドルという少ない予算ながら映画製作にこぎ着けたのである。

ＮＩＤＡで演劇を学んだタラ・モリスには、ダンスの素養があり、シドニー・シアターカンパニーの舞台に出演したのに引き続き、映画版のヒロインにも起用された。またポール・マルキューリオもシドニー・ダンスカンパニーで活躍する本格的なダンサーであり、同じくオリジナルの舞台から、映画版の主役に抜擢された。現在映画界で活躍するモリスもマルキューリオも共に、この作品が映画進出のきっかけとなったのである。

さらに、原作舞台の作・演出のバズ・ラーマンが映画版の監督も務めることになったが、ラーマンにとっても、映画監督はまったく初めての試みであった。ラーマンは今日、映画のみならずオーストラリアの舞台芸術の世界で、マルチな才能を発揮する希有な芸術家と見なされている。彼の演出によるオーストラリアン・オペラの『ラ・ボエーム』（一九九二年初演）は、ヴェルディの原曲が『ダンシング・ヒーロー』や彼のアメリカ映画第一作『ロミオとジュリエット』を彷彿させるような若々しい青春ドラマにアレンジされて、オーストラリアにおけるオペラ史上空前の大ヒット作となり、オリジナルキャストのまま一〇年近くロングランが続けられている。このように、バズ・ラーマンの『ダンシング・ヒーロー』はＮＩＤＡという学校を母体にして成立し、そのバックグラウンドの多くは、映画産業とは直接関係ないところから成立している。このことが、この映画に非常に新鮮な魅力を与えている。

このようにして成立した『ダンシング・ヒーロー』であるが、作品の魅力は多くをマルキューリオのしなやかな肉体、そしてハイテンポのストーリーテリングと随所に散りばめられたギャグなどに負うており、物語自体は実にシンプルでありふれたものである。現代オーストラリア映画の歴史の中に照らして、物語に目新しい要素があるとすれば、スコットがフランの家族である、スペイン人移民の一家から、伝統的なステップ、パソ・ドブレを伝授されるくだりだろう。一九八四年の『愛をゆずった女』では、ポーランド人移民のオーストラリアにおける苦難の歴史が描かれた。その中で移民たちは差別的な社会への抵抗として自国の文化を主張した。だが、一九九二年の『ダンシング・ヒーロー』では、移民が主張する独自の文化は、さげすまれるどころか、何か新しい価値観、新しい力を呼び起こすものとして、尊重されるまでになっている。映画の中で移民文化を扱うことが、差別社会を批判する抵抗の手段から、ごく自然な、しかし尊重すべきバックグラウンドへと変化していることに、オーストラリアの多元文化社会の成熟の過程を見ることも可能だろう。一九九一年の『ブランズウィックに死す』や一九九三年の『ハートブレイク・キッド』のように、九〇年代前半のオーストラリア映画には、移民が独自の文化を保ちつつごく自然に社会にとけ込んでいる有様を描いた「多元文化主義的」作品が多く見られたが、『ダンシング・ヒーロー』もその一角を占めるものである。

『ダンシング・ヒーロー』は国内で総利益二千一七六万豪ドルを計上、オーストラリア映画歴代四位に相当する大ヒットとなり（一九九六年現在）、またニュージーランド、アメリカ、イギリス、ドイツ、日本の五カ国で、合計三千六五〇万豪ドルの総利益をあげ、国際的にもドル箱作品となった。

タラ・モリス(フラン)、ポール・マルキューリオ(スコット)、アントニオ・ヴァーガース(リコ)

『ダンシング・ヒーロー』<ビデオ発売元：日本ヘラルド映画　15800円(税抜き)※ビデオのデーターは本書発行日現在のものです>

ピアノ・レッスン
The Piano　1993

監督・脚本：ジェーン・カンピオン
製作：ジャン・チャップマン
製作総指揮：アラン・ドパルデュー
撮影：スチュウワート・ドライバラ
編集：ヴェロニカ・ジェネット
美術：アンドリュー・マカルパイン
衣装：ジャネット・パタソン
音楽：マイケル・ナイマン
録音：トニー・ジョンソン
出演：ホリー・ハンター（エイダ）
　ハーヴェイ・カイテル（ベインズ）
　サム・ニール（スチュアート）
　アンナ・パキン（フローラ）
　ケリー・ウォーカー（モラーグ伯母）
　ジェネヴィヴ・レモン（ネシー）
　トゥンギア・ベイカー（ヒラ）
　イアン・ミューン（牧師）
　ピーター・デネット（水夫）
　テ・ワッタヌイ・スキップウイズ（ニヘ酋長）
　ピーター・スミス（ホネ）
　ブルース・オルプレス（盲目のピアノ調律師）
　クリフ・カーティス（マナ）
製作会社：ジャン・チャップマン・プロダクション
上映時間：一一五分

サム・ニール(スチュアート)とホリー・ハンター(エイダ)

『ピアノ・レッスン』＜ビデオ発売元：CIC・ビクタービデオ　2893円(税抜き)＞

ストーリー

一九世紀半ば。口のきけない未亡人のエイダは、スコットランドから、娘と共に、ニュージーランドにいるまだ見ぬ男の許に嫁ぐ。

到着した浜辺で、エイダは愛用のピアノを置き去りにするよう夫に命じられる。

エイダはピアノをあきらめきれず、夫の通訳を務めるマオリの男ベイソンに、ピアノのある浜辺まで案内させる。ピアノに興味を示したベイソンに、夫はエイダのピアノを売り飛ばし、エイダには、ベイソンにピアノを教えるよう命ずる。

やがてベイソンが興味があるのは、ピアノよりもエイダであることが明らかになってくる。ベイソンはエイダに、「黒い鍵盤の数だけ自分の家にピアノを弾きに来てくれ。そうすればピアノを返す」と言う。ベイソンの家に通うようになったエイダに、ベイソンは鍵盤の数と引き替えに性的な要求を重ね、ついに二人は関係を結ぶ。

まもなくベイソンは、「あなたを淫売にするわけにはいかない」と、鍵盤の数が終わらぬうちにピアノをエイダに返す。だがベイソンのことが忘れられないエイダは、ピアノなど関係なく彼を訪ね、愛し合う。夫は偶然、その現場を目撃してしまう。

夫はエイダがベイソンのもとにいくのを阻み、彼女を犯そうとするが果たせない。エイダも情欲の高まりを持て余し、初めて夫を愛そうとするが、愛せない。

夫はエイダを信用して、彼女を家に残し仕事に出かける。だがエイダはそれを裏切り、恋文を書き込んだピアノの鍵盤を、ベイソンのところへもっていくように娘に頼む。母とベイソンの関係に疎外感を感じていた娘は、意地悪な心に駆られ、それを夫のもとに届け、密告する。夫は激高し、エイダの指を斧で切り落とす。夫はその指を娘にベインズのもとへ届けさせ、ベイソンは衝撃を受ける。

夫はエイダとどうしても結ばれることはないことを理解し、エイダの「ベイソンと一緒に行かせて」という声を心の中で聞く。ついに夫はそれを認める。

エイダはベイソンと共に旅立とうと、船に乗り込んだとき、ピアノを海に捨てるよう請う。ピアノが海へ落とされたとき、エイダは故意にロープに巻き込まれ、海底へ沈む。だが、自らの意志でまたロープをふりほどき、ピアノを海底に残して水面に浮上し、蘇生する。

新しい土地で、エイダは言葉をしゃべる訓練も始め、ベインズと幸せな生活を始める。

解説

この、日本を含めた世界的な大ヒット作については、オーストラリア映画としては極めて例外的に世界中で無数の批評や作品論が飛び交っているから、ここではあえて内容的なことには触れない。そのかわり、日本においては『ピアノ・レッスン』をニュージーランド映画とする見方が強い現状を鑑みながら、見落とされがちな「オーストラリアとこの作品の関係」について考えてみよう。

『ピアノ・レッスン』は、極めて国際的な作品である。主演のホリー・ハンターやハーベイ・カイテルはアメリカ人であるし、子役のアンナ・パキンやサム・ニールはニュージーランド人、ロケ地やその内容はニュージーランド、直接的な製作資金はフランスから出ている。

では何をもってこの作品は「オーストラリア映画」とされているのだろうか?パルムドール賞を獲ったカンヌ映画祭ではオーストラリア映画としてのエントリーであったが、その公式の理由はこうである。ＡＦＣが、脚本を練るための資金をカンピオン監督に助成したこと、カンピオンのプロダクションカンパニーがシドニーにあること、である。公的でない理由としては、そもそもカンピオンは一〇数年シドニーで暮らし、ＡＦＴＲＳで学んで監督としての下地を作った、紛れもなくオーストラリア映画界から巣立った才能だ、ということもある。

Tom O'Regan は次のように言う。『ピアノ・レッスン』は単にオーストラリアが関わった国際的映画、というわけでなく、九〇年代におけるオーストラレイジア（オーストラリア・ニュージーランド地域を指す）の映画製作、両国の収斂・統合しつつある映画製作、公開、配給セクターをも代表しているのである。この新たに現れようとしている状況は、高度に統合されていたオーストラレイジアの映画の市場がテレビによって分断される以前の、統合されていたかつての市場に似ている[1]。」

　オレガンの言うように確かにオーストラリアとニュージーランドはかつて映画製作において密接に結びついていた。特にサイレントの時代にはレイモンド・ロングフォード監督『マオリ娘の愛』（一九一六）、同じく『バウンティ号の反乱』（一九一六）、ボーモント・スミス監督『裏切り者』（一九二二）などの作品のように、オーストラリア人の監督がニュージーランドで映画を撮るというようなことはよくあったのである。この伝統は長らく途絶えたが、その復活を告げる記念碑的な作品として、ニュージーランド・フィルム・コミッションとＡＦＣが共同出資で、ニュージーランドの監督ヴィンセント・ワードが撮った『ウィザード』（一九八八）がある。今日の俳優でも、サム・ニール、ブルーノ・ローレンス、ジョン・クラーク、イヴォン・ローリーなど、オーストラリア映画界に進出したニュージーランド出身の俳優は数多い。

　『ピアノ・レッスン』は、ニュージーランドではニュージーランド映画として解されているようである。一九九七年にオックスフォードより出版された初の網羅的ニュージーランド映画リストNew Zealand Film 1912–1996 でも、『ピアノ・レッスン』はニュージーランド映画としてエントリーされている。一方、オーストラリアにおいても、この作品は当然のように自国のものととらえられている。Adrian Martinが、興味深い報告をしている。「カンピオンの『ピアノ・レッスン』とその国際的な驚くべき成功に対する、オーストラリア国内の批評の反動は苛烈なものだった。この映画は、だれも良く分からないまま、傑作として盲目的に評価するか、あるいはぞっとするほどの憎悪を向けるかどちらかという、昔からのオーストラリアの映画文化における典型的なパターンをなぞった作品である。事実、ある外国人（『カイエ・ド・シネマ』のサージ・グリュンバーク）は、何人かのオーストラリア人が作品に対して与えた「過剰な侮辱」について言及をしたが、彼はこういったものの中に、わが国特有の文化的マゾヒズムと、自国のあらゆるものに対する国民的な軽蔑を見いだしている[2]」。オーストラリアにおいては、インテリ階層を中心に自国文化を軽んじる傾向が伝統的に極めて顕著だが、この報告によれば、『ピアノ・レッスン』は自国のものという前提のもとに、高い国際的評価に対する揺り返しのような、近親憎悪的批評がオーストラリア国内から沸き起こった様が見えてくる。特に劇壇、文壇の重鎮で映画監督でもあるボブ・エリス、オーストラリア映画界に絶大な力を誇るプロデューサーで評論家のフィリップ・アダムズなどが、『ピアノ・レッスン』攻撃の急先鋒だった。それでもこの作品は、一九九三年のＡＦＩ賞で、最優秀映画賞、最優秀監督賞、最優秀男優賞、最優秀女優賞、脚本、撮影、編集、音楽、美術、衣装、音響の各賞を受賞するという圧倒的な賞賛を、オーストラリアにおいて与えられたことも事実である。

『ピアノ・レッスン』はオーストラリア映画でもあり、ニュージーランド映画とも言え、「国際映画」ということもできる。国の色分けをするのもいいが、何よりも「ジェーン・カンピオンの映画」という色合いが強いことを忘れてはなるまい。『ピアノ・レッスン』を機に、九〇年代のオーストラリア映画は一気に国際化が加速する、という声もオーストラリア国内にはあった。だが、『ベイブ』を除いては、今のところ『ピアノ・レッスン』に匹敵する国際的作品は出現していない。この点からも、『ピアノ・レッスン』が人的・経済的に国際的たりえたのは、カンピオンの監督としての、突出した力量に負うところが大きいというきわめてあたりまえの結論に達することになる。が、オーストラリア映画の歴史からみれば、カンピオンを得て、改めてオーストラリア映画とは？という問題を浮き彫りにした作品と言えるだろう。

(1) O'Regan, Tom. *Australian national cinema.* (Routledge, 1996) p. 72.

(2) Martin, Adrian. 'The Piano', in *Australian Film 1978-1994.* p. 368.

プリシラ

The Adventures of Priscilla, Queen of the Desert　1994

監督・脚本　スティーブン・エリオット
製作　アル・クラーク、マイケル・ハムリン
製作総指揮　レベル・ペンフォルド＝ラッセル
撮影　ブライアン・J・ブレイニー
編集　スー・ブレイニー
美術　オーエン・パタソン
衣装　リジー・ガーディナー、ティム・チャペル
音楽　ガイ・グロス
録音　ガンティス・シクス
出演　テレンス・スタンプ（バーナデット）
ヒューゴ・ウィーヴィング（ミッツィ）
ガイ・ピアス（フェリシア）
ビル・ハンター（ボブ）
レベル・ラッセル（ロゴウーマン）
アラン・ダージン（アボリジニの男）
ジュリア・コーテス（シンシア）
ケン・ラドリー（フランク）
セイラ・チャドウィック（マリオン）
マーク・ホームズ（ベンジャミン）
製作会社　レイタントイメージ・スペシフィック・フィルム
上映時間　九九分

ヒューゴ・ウィーヴィング(ミッツィ)、テレンス・スタンプ(バーナディット)、ガイ・ピアス(フェリシア)

『プリシラ』<ビデオ発売元：日本コロムビア 2913円(税抜き)>

ストーリー

シドニーのショーパブの舞台に立つドラッグクィーン（女装するゲイ）のミッツィは、酒と腕っ節が滅法強い壮年の性転換者バーナデット、そしてマッチョな肉体の小悪魔的なゲイ、フェリシアを誘って、アリススプリングズへ向かうバスの旅に出る。アリススプリングズでショーの仕事があるということだったが、実はそこにはミッツィの妻子が待っているのだった。

道中はなかなか厳しい。最初に立ち寄った町では地元の人たちと打ち解けあったように見えたが、バスにゲイに対する差別的な落書きをされ、今度はバスが砂漠の真ん中でエンコ。立ち往生した三人は、偶然出会ったアボリジニに誘われ、彼らのコミュニティに招かれる。そこで三人はショーを披露し、アボリジニの楽器や歌謡とセッションをする。

三人組は砂漠で壮年の男ボブと出会う。ボブはバスを直してやり、彼らに地元のパブのステージに立つよう勧める。だが、ボブのセクシーなフィリピン人妻シンシアは対抗心に燃え、三人組の舞台に猥雑なショーをひっさげて割り込み、観客の男たちの目を奪ってしまう。ボブはシンシアを舞台から引きずりおろし、怒ったシンシアはボブのもとを去る。一人になったボブは三人のバスの旅に同行することになる。やがてバーナデットとボブは惹かれ合う。

バスはアリススプリングズのカジノに到着しミッツィは妻子と感激の対面をする。ミッツィの妻のマネージメントで三人組は舞台に立つが、ミッツィは息子が観客席にいて自分の女装姿を見て喜んでいるのに気付き、気絶する。

三人はステージ衣装を付けてアリススプリングズの山を登り切り、雄大な自然を眺めながら「シドニーに帰ろうと」と決意する。

ミッツィの息子もシドニーについていくことになるが、バーナデットはボブと別れがたく、ここに残ると言い出す。結局ミッツィ親子とフェリシアだけがシドニーに帰る。ミッツィはフェリシアと共に以前の通りショーパブの舞台に立つが、前と一つだけ違うのは、舞台の向こうに可愛い息子の応援があることである。

解説

『プリシラ』は、非常に同時代的な作品である。タスマニアの同性愛を禁じる法律に対しての全国レベルでの抗議運動、国勢調査でゲイのカップルも家族と認められるようになったこと、ゲイが軍隊に公式に受け入れられることになったことなど、『プリシラ』が公開された一九九四年は、オーストラリアで同性愛者の地位が飛躍的に高まった年でもあった。また同性愛者の祭典、シドニー・ゲイ＆レズビアン・マルディグラパレードが、テレビ中継されて国民的なイベントとなったのも、ちょうどこの頃である。『プリシラ』と、同じくゲイが中心的テーマを占める『人生は上々だ』の二作品は、オーストラリア社会が同性愛に対して目に見えて寛容になった時期にシンクロするようにして、登場した作品なのである。

　このように、オーストラリア社会の新しい動向を敏感に捉えた『プリシラ』は、また別の面でオーストラリア映画史に新風を吹き込んでいる。それは、オーストラリアのアウトバックの扱い方だ。オーストラリア映画においてアウトバックは、これまで例えば『クライ・イン・ザ・ダーク』のような、どんな不条理が起こっても不思議ではない、畏怖の対象となるべき地であり、また『サンデー・トゥー・ファーラウェー』のように、荒々しいブッシュマンたちが生き残るためにしのぎを削る過酷な環境であり、そのためにアウトバックはオーストラリアの神話の舞台となり得てきたのだ。だが『プリシラ』が提示するアウトバックは違う。もはや非常に有名なシーンとなった、アリススプリングズへとひた走る銀色に輝くバスから、ドラッグクィーンたちがあざやかな布をたなびかせる場面。そして原色の衣装に身を包んだドラッグクィーンたちが、アリススプリングスの山の頂へ登り、広大な大地を見下ろす場面。Marcus Breen は、オーストラリアの赤茶けた中心に、女性的な感覚を持ち込んだのは、オーストラリア映画にこれまでなかったことだ、と指摘している。[1] 常にオーストラリア映画の代表的なテーマとして取り上げられてきたアウトバックが、全く新しい解釈に塗り替えられたという意味で、『プリシラ』に現れるアウトバックは、九〇年代オーストラリア映画の新展開を象徴する記念碑的な場面と言っても良いだろう。

　だがこのように新しい感覚が指摘される一方で、『プリシラ』には次ような議論もある。ボブのフィリピン人妻、シンシアの描き方が、オーストラリア国内で問題となった。シンシアはボブの押しかけ女房で、自分のセクシーさを男たちにアピールしたくてたまらない。ついに夫に禁じられているのにも関わらず地元のショーパブの舞台に立ち、アウトバックに暮らす性に飢えた男たちの前で、卑猥極まりないピンポン玉ショーを披露する。作品公開後、シンシアのエキセントリックな言動やセックスの過剰な強調のされ方などが、オーストラリアにおけるフィリピン人女性の最悪のステレオタイプであるとして、国内のアジア系女性側から作品に対する強い抗議の声が上がった。シンシアというキャラクターは、下卑た女装によって「女性的なもの」をカリカチュアするドラッグクィーンたちに、本家本元の女性が反撃を企てるという趣旨で登場してくる。それにしても、作品はゲイというマイノリティを持ち上げようとするあまり、別のマイノリティ、「アジア人」「女性」を傷つけるという、皮肉な話になってしまったわけである。『プリシラ』に指摘された性差別・アジア人差別的な傾向について、Tom O'Regan は、『プリシラ』が「ゲイや性転換者でもいいという風にわずかにルールが変わっただけで、結局は白人男性のメイトシップの物語だ。彼らは結局依然として「男性」なのだ」という意見を紹介している。[2] 確かにその意見はある程度当たっている。この作品は先に述べたようなドラッグクィーンと本物の女性との「女性的なもの」をめぐる対立を際だたせるために、常に本物の女性に攻撃的で滑稽な役どころを与えている。田舎のパブで最初にバーナデットたちに絡んでくるのも男勝りの女性で、しかも彼女は「女性らしさ」「男性らしさ」の両方でバーナデットに屈服する。このように女性たちはゲイより劣等の地位に甘んじ、ゲイたちの前で笑いものにされ、バスの旅路は男だけの結びつきがどんどん強固なものになっていく。元々オーストラリアは、男同士の友情を第一義とするメイトシップの強い影響で、ホモ・セクシャルではないが、同性同士で固まるホモ・ソーシャルな社会だと言われることが多い。そしてオーストラリア映画が、他の国の映画と比較して、男女の恋愛や和合を描くことを非常に苦手にしているということは、Debi Enkerなどが指摘している。[3]『プリシラ』の物語はまさにこれらオーストラリア的な要素を明らかに内包している。結局作品は、オーストラリアでこれまで頻繁に作られてきた、同性同士が結束を固め異性を排除しようとする一連の映画の、一つの変種に他ならないという見方もできるのである。

監督のステファン・エリオットにとって、『プリシラ』は『詐欺師たち』（一九九三）に次いで二本目の劇場用映画である。この作品では多くの新鮮な感覚の他に、バーナデット役としてイギリスの名優テレンス・スタンプを起用したキャスティングの妙も評価されているが、前作『詐欺師たち』でもイギリスのロック歌手フィル・コリンズを主役に起用するなど大胆な手腕を見せたことがある。妻子がいるなど性的にはストレートであるドラッグクィーン、ミッツィを演じたヒューゴ・ウィーヴィングは、『詐欺師たち』に続いての起用。フェリシアを演じたガイ・ピアスは、オーストラリアの人気テレビ連続ドラマ『ネイバーズ』『ホーム&アウェイ』の出身。彼は一九九七年にはアメリカ映画に進出し、ラッセル・クロウと「オージー・コンビ」で『L．A．コンフィデンシャル』の主役を張り、好評を得ている。ボブを演じたビル・ハンターは『ニュースフロント』などで主演した七〇年代から、継続してオーストラリア映画の顔であり続けているだけではなく、一九九四年だけでも『プリシラ』の他に、『ミュリエルの結婚』を含め四作品に出演するという圧倒的な大活躍ぶりを見せている。

作品は国際的に高い評価を集め、一九九四年カンヌ映画祭において人気投票のトップに選ばれ、一九九五年にはアカデミー賞衣装デザイン賞を受賞した。国内のＡＦＩ賞では、美術、衣装の二賞を獲得するに留まった。一方興行成績はめざましく、オーストラリア映画歴代六位（一九九六年現在）に位置する、一六四四万豪ドルの総利益を計上した。

（1）Breen, Marcus. 'The Adventures of Priscilla, Queen of the Desert', in *Australian film 1978-1994*. p. 376.

（2）O'Regan, Tom. *Australian national cinema*. p. 155.

（3）『サンデー・トゥー・ファーラウェー』の註（1）参照。

ミュリエルの結婚
Muriel's Wedding 1994

監督・脚本：P・J・ホーガン
製作：リンダ・ハウス、ジョスリン・ムアハウス
撮影：マーティン・マクグラス
編集：ジル・ビルコック
美術：パトリック・リアドン
衣装：テリー・ライアン
音楽：ピーター・ベスト
録音：デヴィッド・リー
出演：トニ・コレット（ミュリエル）
ビル・ハンター（ビル）
レイチェル・グリフィス（ロンダ）
ソフィー・リー（タニア）
ロザリンド・ハモンド（チェリル）
ベリンダ・ジャレット（ジャニーン）
ピパ・グランディソン（ニコール）
ジーニ・ドライナン（ベティ）
ダニエル・ワイリー（ペリー）
ギャビー・ミルゲイト（ジョーン）
ジェニー・ネヴィンソン（ビルの愛人）
マット・デイ（ブライス）
クリス・ヘイウッド（ケン・ブランデル）
ダニエル・ラペイン（デヴィッド）
製作会社：ハウス&ムアハウス・フィルムズ・プロダクション
上映時間：一〇一分

『ミュリエルの結婚』ダニエル・ラペイン(デヴィッド)とトニ・コレット(ミュリエル)

ストーリー

海辺にある中規模の観光の町、ポーポス・スピット（イルカ岬）。ミュリエルは太めのさえない女の子。流行に鈍感で七〇年代のＡＢＢＡが大好き。ボーイフレンドもいないのに結婚に憧れている。ある日、ミュリエルは友達のタニアの結婚式に出席。タニアの投げたブーケを掴んで大喜びするが、ミュリエルを仲間外れにしているタニアとその取り巻きには罵倒され、しかも着ていたドレスが万引きしたものだと発覚し、警察に付き添われて帰宅する。ミュリエルの父ビルはポーポス・スピットのやり手の市会議員、母ベティは専業主婦、ミュリエルは五人兄弟の一人だが、子供たちは皆ごろごろしている。ミュリエルも無職で、父ビルは愛人に頼んで、ミュリエルに化粧品販売の仕事を与える。商品の仕入れのためにと、ベティは白紙の小切手をミュリエルに預ける。

タニアは新婚の性生活がうまく行かず、ハイビスカス島で取り巻きと一緒に遊んでいる。タニアたちは島にミュリエルも来ているのを発見し、怒ってミュリエルをさんざんコケにする。ミュリエルは、高校の中退仲間で遊び人のロンダと久しぶりに再会し、すぐに意気投合する。ロンダはミュリエルの仇を討つためにタニアに会い、取り巻きの一人が結婚式当日にタニアの夫とセックスをしていたと暴露して、タニアたちの内紛を誘発する。ミュリエルとロンダはリゾートのショーの舞台に上がり、ＡＢＢＡを熱唱して見物人の喝采を浴びる。

島から帰ったミュリエルは、預かった小切手で金を使い込んだことがばれて父ビルが激怒していると聞いて、ロンダと共にシドニーへ逃走する。レンタルビデオ店の店員になったミュリエルは、今まで友人や親にバカにされてきた自分から脱皮する意味で、「マリエル」と勝手に改名している。そんな時、ロンダが足に腫瘍が出来、歩けなくなってしまう。

ロンダがリハビリに苦しんでいる傍らで、ミュリエルは密かにシドニー中のブライダルショップで、ウェディングドレスを着た写真を撮って貰い、コレクションにしている。それがロンダにばれ、二人の仲にはひびが入る。一方父ビルは日本の開発会社から賄賂を受け取ってポーポス・ピットにリゾートを建設する便宜を図ったことが発覚し、苦境に陥っている。シドニーにミュリエルを訪ねたビルは、母を捨てて愛人と一緒になるとミュリエルに宣言する。

　ミュリエルは、雑誌で結婚相手を捜す男性の広告を見つける。南アフリカの水泳選手デヴィッドは、オーストラリア国籍を取得してオリンピックに出場するために、誰でも良いからオーストラリア女性と結婚をする必要があった。ミュリエルは即座にデヴィッドとの結婚を決める。

　ポーポス・スピットでのミュリエルの結婚式。タニアたちをブライドメイドに従え、マスコミの注目も浴び、ミュリエルは絶頂にある。だが車椅子のロンダは寂しげに立ち去り、母ベティもビルと愛人のむつまじい姿にショックを受ける。母ベティは崩壊していく家庭に絶望感を募らせ、ついに睡眠薬を飲んで死んでしまう。母の葬式でもビルは元首相から忌電が届いているのを自慢し、ミュリエルはそんな父に嫌気がさす。デヴィッドに慰められ、二人は初めて結ばれるが、翌朝、ミュリエルはデヴィッドに「愛していない」と告白し、結婚を清算する。ミュリエルはロンダと和解し、二人でポーポス・スピットに別れを告げて再びシドニーへと向かう。

解説

　『ミュリエルの結婚』は、オーストラリア映画史上最も重要な作品の一つである。それは、オーストラリア映画が七〇年代のルネッサンスから九〇年代までに綿々と描いてきたテーマの集大成が、この作品に見られるからに他ならない。

まず、少女が閉塞的な故郷を捨て、外の世界に羽ばたこうとするテーマは、オーストラリア映画で最も顕著に取り上げられる題材で、七〇年代以降『ローラの歌』『わが青春の輝き』『ハイスクール・グラフティ　渚のレッスン』『辺境に住む人々』などの名作がある。その中でもミュリエルというキャラクターの起源は、『ローラの歌』のローラだと言える。ミュリエルの言動は、ローラと似た部分が多々ある。ミュリエルもローラも、男性との恋愛を勝手に創作して同性の友人に吹聴するが、この虚言癖は共に「同性の中で」地位を確立したいという欲望から来ている。ローラはレズビアン的傾向が強く、男性を全く必要としていない。そしてミュリエルの場合も、「結婚」という行為自体への興味が極端に肥大しており、本質的に男性を必要としていないことが分かる。このようなある種のホモセクシャリティは、『わが青春の輝き』のシビラが自らのヘテロセクシャルな欲望と格闘するのとは一線を画した、ローラとミュリエルだけが共有する特性である（『わが青春の輝き』参照）。『ミュリエルの結婚』に九〇年代的な新味があるとしたら、ローラは才気煥発の女性なのに、ミュリエルは高校を中退し無職でうだつの上がらない女性という違いだろう。ローラの少女時代である一九〇〇年代は勿論のこと、『ローラの歌』という作品が生まれた一九七〇年代でさえも、ローラのような特別な資質に恵まれた女性だからこそ、男性なしで生きていこうという意志に説得力があった。それは当時はこうしたある種のフェミニズムが知的エリート階層の独占物にすぎなかったからに他ならない。しかし、九〇年代ではそのような考えかたはすでに普遍化している。ミュリエルのように何の能力もない平凡な女性も、ローラやシビラなど一〇〇年前の女性文学者と同じように、外の世界へ踏み出したいと希求するようになったのだ。

次に注目されるのが、作品に描かれるオーストラリア人の「醜悪さ」である。それは、『ドンのパーティー』など七〇年代のオッカー・フィルムが描いた醜く滑稽なオーストラリア人像が起源と見て良い。『ミュリエルの結婚』ではそのようなオーストラリア人の代表格が、田舎の三流政治家で、地域の中の仲間意識（メイトシップ）のぬるま湯につかりきって汚職にも手を染めているビルである。ビルのキャラクターは、七〇年代以来まさにオッカーのキャラクターを体現してきた役者、ビル・ハンターが演じている。ビルの犯した最も大きな愚行は、家庭を全く顧みず妻を死に追いやったことである。このような夫婦間、家庭間のネガティブな光景は、数あるオーストラリア映画に通底する要素であるが、『サンデー・トゥー・ファーラウェー』でまともに家庭を維持できず寂しく死んでいく老毛刈り職人の姿に象徴されるように、メイトシップという風土がもたらす男女の隔絶がその基底にはある。

また、五〇年代の社会ではバラ色に見えた郊外の一軒家暮らしが、すでに色あせ、人々の退屈と心の空洞を押し広げている光景は、八〇年代の『ブリス』や『セリア』でも描かれているものである。さらに、タニアという「醜い」キャラクターも、注目に値する。『ローラの歌』でローラが闘うのは、上流階級の子女たちのスノビズムであったが、『ミュリエルの結婚』ではタニアたちの行動原理になっている「結婚が人生のゴールである」という幸福のビジョンがそれに相応する。フェミニズムが広がっていき、性もより開放的になった時代に逆行するようなこの保守的なビジョンは、日本と同様、女性雑誌など大衆メディアの発達によるところが大きい。さらに日本ではあまり知られてはいないが、オーストラリアは今日、イギリスやドイツにも『ネイバーズ』や『ホーム＆アウェイ』などの青春テレビドラマを供給しているソープオペラ大国であり、タニアのような若い女性はそういったドラマが喧伝する幸福観の完全な影響下にある。この「醜悪さ」は、『ミュリエルの結婚』の中では極めて今日的な種類のものである。

さらに、作品中に散見されるオーストラリア人の「外国嫌い」のメンタリティも、重要なものだ。ロンダは行きずりのアメリカ人たちと奔放な性を楽しみ、その見返りとして足を患うことになった（と、少なくともロンダ本人はそう思っている）。タニアの夫は日本人観光客をレイプした罪で刑務所に入れられており、その困難は逆に夫婦の絆を強める（タニアは夫が自分の友達と寝たときにはあれほど激高したのに）。このように、作品中のオーストラリア人の外国人への視線にはいつも、偏見と憎悪が見え隠れしている。こうした「外国嫌い」は、オッカーの典型的な資質の一つに数えられるものだ。さらに、オーストラリア映画が数多くの作品で執拗に描いてきた「外国資本が、弱々しい自国の産業、そして国土を破壊していく」というイメージが、やはりここにも再現されている。作品でやり玉に挙がっているのは日本企業であるが、彼らはアボリジニの居住区を破壊してリゾートを作るという非道ぶりを見せている。悪役としての日本は、バブル経済を経た九〇年代には決定的なイメージになり、以前からの悪役であったアメリカから、すっかりバトンタッチをされた感もある。

　以上述べてきたように、『ミュリエルの結婚』は、映画界における七〇年代のルネッサンス以後四半世紀のオーストラリア映画のテーマを、九〇年代に置き換えて再現していることが分かる。過去の系譜を受け継ぐこの作品は一方で、オーストラリア映画の新たなスタイルも産み出している。それが七〇年代アメリカのポップチューンを作品の中心に据える手法である。これは『プリシラ』や『ラブ・セレナーデ』など、九〇年代半ばのオーストラリア映画のトレードマークにもなった。『ミュリエルの結婚』でＡＢＢＡが取り上げられるようになったのは、ホーガンが妻で本作の共同製作者でもあるジョスリン・ムアハウスをつれてクィーンズランドの実家に帰ったとき、昔聴いていたレコードを漁っていてＡＢＢＡのレコードを発見し、「主人公ミュリエルはＡＢＢＡのファンであらねばならない」と確信したからだという[1]。だがこのようなきっかけがあったとしても、同年に作られた『プリシラ』でも同時発生的にＡＢＢＡが用いられている（重複する曲もある）のを見ると、七〇年代ポップスがオーストラリア映画で脚光を浴びたのは必然の感もある。オーストラリアはよく、国をひとまとめにして「巨大な田舎」になぞらえられることが良くある。イギリスの植民地だった時代は文化的に卑屈な態度に徹してヨーロッパの進んだ文化を渇望し、イギリスの影響から解き放たれた後はアメリカの圧倒的な文化支配の下におかれ、アメリカの「賞味期限の切れた」ポップカルチャーを際限なく押しつけられてきた。英米と比較してみて、「田舎っぽさ」「時代遅れ」はオーストラリアの専売特許であり、だからこそ流行とは無縁の七〇年代ポップスがふいに浮上し得たのだ。製作者たちはモードの先端を走るために七〇年代音楽の再評価を試みた訳ではなく、ミュリエルが体現しているオーストラリアの田舎っぽさと時代遅れを強調しようとしたのだろう。もしミュリエルが最先端の音楽にかぶれて都会を目指したのだとしたら、それはまた違った物語になるはずである。

監督・脚本をつとめたＰ・Ｊ・ホーガンはＡＦＴＲＳを卒業し、その卒業製作で作った短編Getting WetがＡＦＩ賞最優秀短編賞を受賞して認められた。『ミュリエルの結婚』はホーガンの最初の劇場用映画となった。『ミュリエルの結婚』の後、ホーガンは製作者・監督のジョスリン・ムアハウス（『証拠』）と共にアメリカへ渡り、九〇年代後半ではジュリア・ロバーツ主演の『マイ・ベスト・フレンズ・ウェディング』や、『エンジェルズ・イン・アメリカ』など、ハリウッドの第一線で活躍している。

ミュリエルを演じたトニ・コレットは『スポッツウッド』でデビューし、『ミュリエルの結婚』での大成功した後、『ハーモニー』『リリアンの物語』『ダイアナと私』（一九九七）などオーストラリア映画の話題作に立て続けに出演し、ミランダ・オトやジャクリーン・マッケンジーと並んでオーストラリア映画界のトップ女優の一人となった。ロンダを演じたレイチェル・グリフィスは『ミュリエルの結婚』でデビューし、その後は『ハーモニー』でトニ・コレットと恋敵の役を演じたのを始め、『革命の子供たち』（一九九六）『持つことと支えること』（一九九六）などに出演して、売れっ子の一人となった。

『ミュリエルの結婚』は一九九四年のカンヌ映画祭監督週間で上映されたほか、エジンバラ国際映画祭、アジア太平洋映画祭などで賞を受賞し、またＡＦＩ賞では最優秀作品、主演女優、助演女優、音響の各賞を受賞した。また国内で一五七六万五千豪ドルの総利益をあげてオーストラリア映画歴代七位（一九九六年現在）に躍り出るなど、興行的にも大ヒットを記録した他、イギリス、ドイツ、アメリカなどでも好成績を収めた。

（1）Moorhouse, Jocelyn. 'From the Co-Producer', in *Muriel's Wedding.* (Currency, 1995) p. 9.

レイチェル・グリフィス(ロンダ)とトニ・コレット(ミュリエル)

『ミュリエルの結婚』＜ビデオ発売元：ビームエンターテインメント＞

人生は上々だ
The Sum of Us 1994

監督：ケヴィン・ダウリング、ジェフ・バートン
製作：ハル・マケルロイ
製作総指揮：エロル・サリヴァン、ハル・マケルロイ
脚本・原作：デヴィッド・スティーヴンズ
撮影：ジェフ・バートン
編集：フラーンス・ヴァンデンバーグ
美術：グレアム・ウォーカー
衣装：ルイーズ・スパーゴウ
音楽：デイヴ・フォークナー
録音：リーオ・サリヴァン
出演：ジャック・トンプソン（ハリー・ミッチェル）
　ラッセル・クロウ（ジェフ・ミッチェル）
　ジョン・ポルソン（グレッグ）
　デボラ・ケネディ（ジョイス・ジョンソン）
　ジョス・モロウニー（少年時代のジェフ）
　ミッチ・マシューズ（おばあちゃん）
　ジュリー・ハーバート（メアリー）
　レベッカ・エルマログロウ（ジェニー）
　サリー・カーヒル（グレッグの母）
　ボブ・ベインズ（グレッグの父）
製作会社：ハル・マケルロイ・サザンスタースター・
　プロダクション
上映時間：九二分

441　人生は上々だ　1994

『人生は上々だ』ラッセル・クロウ(ジェフ・ミッチェル)

ストーリー

シドニー湾フェリーの船長ハリーは妻に先立たれ、一人息子で配管工のジェフと、バルメインの男所帯で暮らしている。その昔、ジェフの祖母（ハリーの母）は、夫に先立たれてから同年輩の女性と同性愛の関係を結んでいた。その影響かどうかは分からないが、ジェフはゲイである。ハリーは息子が男女どちらに興味があろうと関係なく、息子が幸せになることだけを一番に願っている。ジェフもそんなハリーの愛情を受け止めており、細々としたことではお互い不満もあるけれど、親子は本当に仲良く暮らしている。

ある日ジェフがゲイバーで知り合ったボーイフレンド、庭師のグレッグを家に連れてくる。ハリーは何とか息子の恋路を成就させようと、ジェフとグレッグにお節介を焼く。だがそれは逆効果で、厳格な家庭の息子であるグレッグは、友達同士のようなハリーとジェフの仲の良さにあてられ、「その気にならない」と言ってジェフとの肉体関係を拒否し立ち去ってしまう。

一方、再婚相手を捜していたハリーは、結婚相談所で夫と別れた中年女性ジョイスと知り合う。二人はたちまち意気投合し、ハリーはジョイスにプロポーズするが、ジョイスは同じ過ちを繰り返したくないから三ヶ月間試しにつき合ってみようと提案する。

ハリーがジェフに紹介するためにジョイスを家に招いたとき、ジェフは不在だったが、彼女はジェフの部屋でゲイ雑誌を見つける。しかもそれはハリーがジェフに買い与えたものだと聞いたジョイスはショックを受け、息子がゲイだとまだ打ち明けていなかったハリーを「恥ずかしくないの？」となじり、家を飛び出す。「恥ずかしくはない。ただ息子が子供を持てないこと、私に孫を見せてくれないことが残念なだけだ」と自問自答するハリーは、直後、心臓発作に襲われて倒れる。一命は取り留めたものの、ハリーは全身不随になってしまう。

一方グレッグは、ゲイ仲間と共にゲイ&レズビアン・マルディグラパレードに参加しているところを厳格な父にテレビで目撃され、家から追い出される。グレッグは偶然、ハリーを乗せた車椅子を押すジェフとスーパーで再会する。が、お互い一緒に暮らそうとは言い出せず、それを車椅子から見上げているハリーも気が気ではない。

ジョイスがハリーの見舞いに来る。彼女は初めてジェフに会い、その献身的な看病に親子の強い絆を見て、自分がハリーに言ったことを深く後悔する。

ハリーは心の中で、昔兄弟と共に、母と女性の間を強引に引き裂いてしまったことを悔いている。ある日ジェフから「グレッグをまた家に招こうと思っている」と聞いたハリーは、心から喜び、不自由な体で精一杯、息子を励まそうとする。

解説

この作品は、デヴィッド・スティーヴンズの『私たちの和』The Sum of Usという戯曲を原作としている。しかしスティーヴンズは、演劇よりむしろ映画の仕事でその名を知られており、監督作品としては『診療所』（一九八三）、『アンダーカバー』（一九八四）などの秀作があり、他にブルース・ベレスフォード監督『英雄モラント』の共同脚本にも加わっている。戯曲の『私たちの和』はスティーヴンズがメルボルンにいるときに執筆され、物語の舞台はメルボルンの都市部フットスクレイに設定されていた。この戯曲はスティーヴンズの仕事の都合でアメリカのプロデューサの許に持ち込まれ、オフ・ブロードウェイのチェリー・レーン劇場で舞台化された。一年にわたるロングランで舞台は成功し、映画化へ向けて企画が動き出したが、ハリウッドでは恐らくゲイを扱っているという理由で、この企画はことごとく却下されたという。結局オーストラリアの製作会社サザンスターとＦＦＣから資金を得て、作品はオーストラリアで製作されることになった。

　このような過程を経て出来上がった映画『人生は上々だ』を見ると、演劇作品だった名残が色濃く残っていて、それは例えば頻繁に挿入されるモノローグに見て取れる。ハリーとジェフは度々、リアリスティックな演技の合間にカメラに向かってモノローグを語る。特にハリーは指先しか動かせない重度の障害を持つようになっても、ふいに普通の状態に戻ってカメラに向かって語りかけるので、病というエピソードも悲惨さが減じられ、作品を貫く明るく暖かなトーンはそのまま持続されている。

　舞台でメルボルンだった設定を映画ではシドニーに変更したのには、大きな理由があった。製作者のハル・マケルロイはその理由を、シドニーには都市中心部に強固なホモセクシャル・コミュニティがあり、地域全体においてゲイに対する寛容さがあるからだ、と述べている[1]。実際、シドニーは近年、世界でも屈指の華やかなゲイ・レズビアン文化を抱える都市になっている。シドニーの最もファッショナブルな地域と言われるオックスフォードストリートは、同性愛関係の店が建ち並び、ゲイたちが闊歩する「メッカ」でもある。毎年三月にその通りで大々的に行われるのが、作品中にも登場するゲイ・レズビアンたちの祭典、シドニー・ゲイ&レズビアン・マルディグラパレードだ。ゲイやレズビアンがけばけばしく飾り立てた山車を繰り出して、大規模なパレードを行い、それを見に世界中の同性愛者や観光客が集まってくる。同性愛に対する風当たりが激しかった七〇年代に、同性愛者たちが反体制的なデモ活動として開始したマルディグラも、当初の当局からの暗い弾圧の歴史も今では見る影はなく、シドニーの一年を通じての最大の見物人動員を誇るフェスティバルとして成長している。同性愛を取り巻くシドニーのこのような環境が、『人生は上々だ』にとっては絶好の舞台となったし、またその風俗は『プリシラ』などの映画にも強い影響を与えているのはいうまでもない。

　だが、作品が描き出しているのは、ゲイ・レズビアン文化の都・シドニーのイメージだけではない。この作品は、まさに現在のシドニーを象徴するありとあらゆるアイコンや色彩を散りばめている。ハリーが船長として乗り込むシドニー湾巡回フェリー。シドニー・ハーバーブリッジ。高級住宅地である美しいノースショアの岸辺。そして古くからのテラスハウスが建ち並ぶ文化の香り高い住宅地バルメイン。この映画の映像に貫かれる非常に明るく澄み切った色彩については、Jan Epstein が「ケン・ドーン・カラー」と表現している[2]。ケン・ドーンは外国人観光客向けの土産物などで良くデザインを使われるアーティストで、青い空と海、明るい日差しに恵まれたシドニーを象徴するカラフルな色彩を用いることで知られている。このようなシドニーの美しさ、明るさが前面に押し出された映像は、実は意外なことに、オーストラリア映画では極めて少ない。というのも、オーストラリアの都市生活者を描いた九〇年代の映画は、『ブランズウィックに死す』『証拠』『スポッツウッド』『ハーケンクロイツ　ネオナチの刻印』『エンジェル・ベイビー』『ハートブレイク・キッド』『ビッグ・スチール』など、殆どがメルボルンを舞台にしているのである。雨がちなメルボルンの「暗い」色彩が九〇年代オーストラリア映画の主流を占める中で、対極にあるシドニーの「明るさ」を描ききった『人生は上々だ』は、それだけで希少な価値さえ持っているのである。

さらに、この極めて九〇年代的なシドニー文化を背景にした作品において、もう一つ大きなオーストラリアの文化的アイコンが存在していることを忘れてはならない。それがハリーであり、彼を演じたジャック・トンプソンである。ハリーという人物は、昔ながらの典型的な「オッカー」である。船から下りると地元のパブでいつもビールを飲み、初対面の人に開口一番「ハリーと呼んでくれ」と言うのが癖だ。だがオーストラリアの大部分の観客にとっては、それ以上のものをハリーの姿に見る。ジャック・トンプソンはこの作品の一九年前に、『サンデー・トゥー・ファーラウェー』で牧場の毛刈り職人という、オーストラリアの文化的神話の一角を担う「ブッシュマン」を演じた。『サンデー・トゥー・ファーラウェー』はオーストラリア映画史の最も重要なクラッシックの一つとなり、オーストラリア人男性の典型的なイメージは、ジャック・トンプソンという役者にそのまま投影された。すなわちこの映画は、オーストラリアの伝統的なオッカー文化を背負ったハリー＝ジャック・トンプソンが、九〇年代のゲイ・カルチャーという新しいオーストラリア文化にどのように接していくのかという、興味深いテーマを内包している。実際、オッカーとしてのハリーは、必ずしも息子がゲイであることを心から喜んではいない。彼は息子から「女性とも体験したことがある」と聞いて、「なぜそれを今まで言わなかった」と目の色を変える。本当は息子には普通に女性を愛して貰いたいし、子供ももうけて貰いたいという本音はあるが、レズビアンだった母に不幸な仕打ちをしたことへの後悔から、息子には愛を成就させて幸せになって貰いたいという願いを優先させている。このいたく物わかりの良くなってしまったオッカーの姿も、新しく台頭する文化を（少なくともこの映画を拒絶したハリウッドを擁するアメリカよりは）寛容に受け入れていくオーストラリア社会の、象徴なのかも知れない。さらに、作品の「時代のギャップ」への意識的なアプローチは他にもある。ジェフは配管工の傍らフットボール選手でもあるが、フットボールこそ、七〇年代はじめの『ストーク』に見られるように、オッカーたちの男性的な文化にとって最も重要な要素であったはずだ。それが九〇年代半ばには、ゲイがフットボールをやる時代になっているのである。時代の変遷は、オッカー的価値観自体にも影響を及ぼしているのだ。

　監督は、舞台版『私たちの和』のプロデューサーだったアメリカのケビン・ドウリングと、ジョフ・バートンの共同演出になっている。バートンは『サンデー・トゥー・ファーラウェー』『君といた丘』『少年と海』『旅の活動屋』『デッドカーム』など、撮影監督として長いキャリアを誇る人物であり、『人生は上々だ』はこれが最初の監督作品になる。

　オーストラリアの誇る国際的名優ジャック・トンプソンの向こうを張って健闘したジェフ役のラッセル・クロウは今回、彼の代表的な主演作『ハーケンクロイツ　ネオナチの刻印』のネオナチの首領ハンドー役とはまったく異なった役を演じたが、むしろジェフは『証拠』で盲目の青年と同性愛的な香りのする関係を築くアンディの役に近いかもしれない。

　『人生は上々だ』は国内で賞にはあまり恵まれなかったが（ＡＦＩ賞では脚色賞。その他アジア太平洋映画祭の最優秀男優賞、モントリオール映画祭の最優秀脚本賞など）、興行的には成功を収め、三三二万豪ドルの総利益でオーストラリア映画歴代二五位の（一九九六年現在）ヒット作となった。

タイトル「私たちの和」The Sum of Usは、息子が子をなさないであろうことに一抹の寂しさを覚えるハリーが、それを打ち消すように「俺たちの子供は、ただの俺たちの合計だ。俺たち、親たち、祖父母、先祖みんなを足し合わせたものだ」と言ったセリフから来ている。

(1) McElroy, Hal. 'Uncomplicated, honest and right', in D. Stevens, *The Sum of Us.* (Currency, 1995) p. 12.

(2) Epstein, Jan. 'The Sum of Us', in *Australian Film 1978-1994.* p. 395.

『人生は上々だ』ジャック・トンプソン(ハリー・ミッチェル)とデボラ・ケネディ(ジョイス・ジョンソン)<ビデオ発売元：カルチュア・パブリッシャーズ(株) 15,800円(税抜き)>

ハーモニー

Cosi 1995

監督 マーク・ジョフィ
製作 リチャード・ブレナン、ティモシー・ホワイト
製作総指揮 ボブ・ワインスタイン、ハーヴェイ・ワインスタイン、フィードン・ヴァス
脚本・原作 ルイ・ナウラ
撮影 エラリー・ライアン
編集 ニコラス・ボウマン
美術 クリス・ケネディ
衣装 テス・スコフィールド
音楽 スティーブン・エンデルマン
録音 ジョン・シーフルバイン
出演 ベン・メンデルソン（ルイス）
バリー・オト（ロイ）
トニ・コレット（ジュリー）
パメラ・レイブ（ルース）
ジャッキー・ウィーヴァー（チェリー）
レイチェル・グリフィス（ルーシー）
エイデン・ヤング（ニック）
コリン・フリールズ（エロル）
ポール・チャブ（ヘンリー）
コリン・ヘイ（ザク）
デヴィッド・ウェナム（ダグ）
製作会社 スマイリー・フィルムズ
上映時間 一〇〇分

『ハーモニー』トニ・コレット（ジュリー）<提供：松竹富士(株)>

ストーリー

弁護士の卵のルーシーと同棲しつつ、定職につかずブラブラしていた青年ルイスは、精神病院で劇の上演を通してセラピーの指導をするという仕事にありつく。劇を上演するためにオーディションで選ばれた患者たちは、放火癖のあるダグ、夫に裏切られて自閉症になったルース、幼児退行した元弁護士ヘンリー、元気にルイスにアタックしてくるおばさんチェリー、麻薬中毒後遺症治療のために入院している美しい少女ジェリー。そして、モーツァルトのオペラ『コシ・ファン・トゥッテ』を上演するという悲願を抱く中年男ロイ。最初は簡単なショーでお茶を濁そうと思っていたルイスは、ロイの熱情に圧倒されて、患者たちによる『コシ』上演を決意する。

ルイスは、自宅に居候してきたセミプロの演出家兼俳優であるニックに助言を受けながら、『コシ』演出を進めるが、演劇に一家言も二家言もあるロイにことあるごとに小馬鹿にされ、また患者たちも当然奇人揃いで、練習はうまく行かない。そんなある日、稽古場がダグに放火され焼け落ちるという事件が起きる。院長は「監督不行届」とルイスを解雇し、指導員のサンドラが無難なバラエティショーを指導するよう指示を出す。

だが、患者たちとルイスは『コシ』への夢を捨てず、廃屋を占拠して密かに練習を続ける。また、放火の罪で拘置されたダグの代わりに、ルイス自身も役者の一人に加わる。だがダグはそれを恨みに思い、ある夜病院から脱走してルイスとルーシーの家へ押し掛け、大暴れする。この騒動に激怒したルーシーは、ルイスに『コシ』への執着をやめるよう迫るが、彼は聞き入れず、二人の不仲は深まる。ルイスは稽古を通してジェリーに惹かれ始めていた。

ついに『コシ』上演の夜、ルーシーはニックにエスコートされて弁護士会のパーティーに出かけてしまう。ルイスはニックがルーシーに急接近していることに気づき、劇場を訪れたニックをなじる。

患者や院長、政府の要人たちで満席になった劇場で、サンドラ演出のバラエティショーは上演されず、代わりに突然『コシ』が開幕する。サンドラや院長、観客たちは驚くが、やがて手作りの立派な『コシ』の舞台に引き込まれていく。不手際が勃発するが、ジェリーのアドリブによる美しい歌で切り抜けられる。舞台は大成功に終わり、ルイスはルーシーも劇場に駆けつけていたことを知る。仕事を終えたルイスは、患者たちとの友情をかみしめながら、病院を後にする。ジェリーに「退院する」と告げられ、彼はその後の協力を申し出る。

解説

この作品の原作は、ルイ・ナウラ作『コシ』という戯曲で、一九九二年、シドニーで最も注目されている劇団カンパニーBによって、小劇場ベルボア・ストリート・シアターで初演されたものである。映画脚本への翻案も、ナウラ自身が担当した。そして、舞台版のベン・メンデルソン、バリー・オトといった主な配役も、そのまま映画版に出演している。オーストラリア映画は近年、頻繁に舞台を映画化するという、他の国々の映画界と比較してもかなり特徴的な状況が見られる。七〇、八〇年代、映画化される戯曲は、オーストラリア演劇界を圧倒する巨大な劇作家デヴィッド・ウィリアムソンの寡占状態だったが、九〇年代に入ってから映画の原作となる戯曲が、かなりバラエティに富んできた。例えば、リチャード・バレットの『ハートブレイク・キッド』、ニコラス・パーソンズの『デッド・ハート』、ハニー・レイソンの『ホテル・ソレント』、ニック・エンライトの『ブラックロック』などといった戯曲が、九〇年代に次々の映画化されてきたのである。ルイ・ナウラは、ニック・エンライトなどと並んで、ポスト＝デヴィッド・ウィリアムソンの呼び声が高い、オーストラリアで現在最も人気のある劇作家の一人であり、彼の戯曲が九〇年代に入って映画化されることになったのも、まず順当なことだといえるだろう。

この映画は、そのあまりに豪華なキャスティングが、オーストラリア国内で大きな反響を呼んだ。ルイス役のべン・メンデルソンは『君といた丘』『スポッツウッド』『リターン・ホーム』『メタル・スキン』（一九九五）など多くの名作に出演してきた、オーストラリア若手俳優のホープ中のホープ。トニ・コレットはなんと言っても『ミュリエルの結婚』でタイトルロールを演じたことで知られており、九〇年代オーストラリア映画を代表する作品と目される『ミュリエルの結婚』に登場する彼女の顔は、オーストラリア映画の黄金時代を象徴するアイコンとして社会的に定着した感さえある。太めの不美人だったミュリエルと、今回のほっそりとした美しいジェリーとのあまりの肉体的な変化にも、誰もが肝を抜かれた。バリー・オトはオーストラリアで最も評価の高い舞台俳優であり、また『ブリス』の主演や、『ダンシング・ヒーロー』での好演など、映画での活躍も華やかだ。チェリー役のジャッキー・ウィーヴァーは、オーストラリア映画ルネッサンスの口火を切った作品『ストーク』でヒロインを演じた、七〇年代オーストラリア映画の代表的女優である。ちょっとした脇役たちも豪華にすぎるほどで、コリン・フリールズは無数の主役をこなしてきた現代オーストラリア映画の顔であり、本作での病院の警備員という脇役はもったいないぐらいだし、ニックを演じた若手のエイデン・ヤングも『メタル・スキン』や『ショットガン・ウェディング』（一九九四）などで主役を演じる若手スターだ。ルーシー役のレイチェル・グリフィスも『ミュリエルの結婚』が出世作で、彼女とトニ・コレット、それにジャクリーン・マッケンジーを加えた三人は、オーストラリアで最も注目される新進女優としてならび称されている。サンドラ役のケリー・ウォーカーは、ジョン・ロメリルの『フローティング・ワールド』、パトリック・ホワイトの『ハムの葬式』など、オーストラリア演劇史上最も重要な舞台に数多く出演したベテランの舞台女優。おまけにほんの一瞬だが、患者たちのオーディションのシーンでは、オーストラリア出身の国際派女優グレタ・スカッキまでが顔を出しているのである。

　さらに重要なことは、ルイス、ルーシー、ニックが暮らす家の近くに養豚場があるという設定で、ストーリーとはあまり関係なく、所々に豚が顔を出していることである。一番最後のシーンで、患者の一人が演奏するアコーディオンに唯一の観客として耳を傾けている豚の姿を見ていると、我々はどうしても『ベイブ』の子豚のことを思い出す。実際、この映画が製作された一九九五年は、『ベイブ』の国際的な大ヒットで、オーストラリア国内が大変な盛り上がりを見せていた時期であった。九〇年代に入ってからの『ピアノ・レッスン』『ミュリエルの結婚』『プリシラ』『ベイブ』『エンジェル・ベイビー』と立て続けの世界的ヒットで、「オーストラリア映画は、スポーツとならんで自国を代表する誇りである」という認識が浸透していった。

ついでに言うなら、自国の流行歌がテーマソングに用いられることがまれなオーストラリア映画において、トニ・コレットが唄うDon't Dream, It's Overというエンディングテーマも、印象に残る。これはオーストラリアで最大の人気を誇ったロックバンド、クラウデッドハウスの代表曲である。クラウデッドハウスは一九九六年、人気絶頂の時に解散しており、そのラストコンサートは新聞の一面を飾るなど社会現象にまでなった。

こう考えると、『ハーモニー』はまさに、九〇年代オーストラリア映画、オーストラリア文化の黄金時代を祝福するための、「祝祭劇」であったことが見えてくる。バリー・オト、ジャッキー・ウィーヴァー、コリン・フリールズなど、七〇，八〇年代からオーストラリア映画を引っ張ってきた名優たちと、トニ・コレット、ベン・メンデルソン、エイデン・ヤングなど、新しいオーストラリア映画の顔たちの、夢の競演というキャスティングの意図もはっきりしている。さらに、作品の重要なテーマである「精神障害」は、九〇年代オーストラリア映画にもっとも頻繁に登場する要素だ（『エンジェル・ベイビー』の項参照）。このように、九〇年代オーストラリア映画、大衆文化を象徴するさまざまな要素が引用され、リミックスされたこの作品は、オーストラリア映画産業における「メタ映画」とでも呼びうるものかもしれない。そして、その自己言及性が高度なエンターテイメントとして完成されているところに、今日のオーストラリア映画産業の底力と自信、国内における映画産業の地位の高さなど、黄金時代と呼ばれるにふさわしいものを感じ取ることが出来るのである。

エンジェル・ベイビー
Angel Baby　1995

製作：ティモシー・ホワイト、ジョナサン・シュタイナマン
監督・脚本：マイケル・ライマー
撮影：エラリー・ライアン
美術：クリス・ケネディ
衣装：ケリー・マゾッコー
編集：ダニー・クーパー
音楽：クリス・ゴウ
録音：ジョン・フィリップス

出演：ジョン・リンチ（ハリー）
ジャクリーン・マッケンジー（ケイト）
コリン・フリールズ（モリス）
デボラ＝リー・ファーネス（ルイーズ）
ダニエル・デイパリス（サム）
デヴィッド・アーギュー（デイヴ）
ジェフ・ブルックス（ローワン）
ハンフリー・バウワー（フランク）
製作会社：アストラル・フィルムズ
上映時間：一〇五分

『エンジェル・ベイビー』シャクリーン・マッケンジー(ケイト)とジョン・リンチ(ハリー)

ジャクリーン・マッケンジー(ケイト)

シャクリーン・マッケンジー(ケイト)とジョン・リンチ(ハリー)

ストーリー

メルボルン。青年ハリーは兄モリス一家とともに暮らしている。ハリーは精神病を患っており、定期的に診療所へ通い、薬を服用している。ある日から診療所に、若い女性患者ケイトが通うようになる。ハリーはケイトに強く惹かれ、交際を始める。

ハリーは病歴を伏せてコンピューター会社に就職。ケイトをモリス夫妻にも紹介したハリーは、周囲の懸念をよそに同棲を始める。ケイトもアルバイトをしながら家事をするが、彼女には病気とも関連する奇癖があった。テレビのクイズ番組の正解のフレーズを、天使アストラルからの神託であると考え、それに従った行動をとらなければ気が済まないのだ。やがてハリーもそれに感化され、二人はアストラルのお告げに伺いをたてながら、ささやかだが幸せな生活を続ける。

やがてケイトは妊娠するが、医師やモリス夫妻は、母親の精神への悪影響や子供への病気の遺伝を心配し、出産に反対する。だがハリーとケイトは断固子供を産む決意をし、健康な子供を産むために精神病の薬の服用をやめてしまう。そのことによりやがて二人の精神は変調をきたし、アストラルの不吉なお告げと合致するようにハリーは会社を解雇されてしまう。ケイトも重度の症状に見舞われて重症患者用の隔離病院に収容される。

クイズの解答「逃げて隠れよ」を神託と思いこんだハリーは、ケイトを訪ねて彼女を病院から脱走させ、建設中のビルの一角にかくまう。診療所の患者仲間達に警護してもらい、そこは二人のつかの間の愛のすみかとなる。しかしケイトは突然大量出血し、モリスの助けで緊急入院することになる。

ケイトは子供を無事出産したが、出血多量で死亡する。ハリーは赤ん坊をモリスに託して、呆然と、ケイトとの思い出の場所である橋の欄干に立つ。

解説

ＡＦＩ賞七部門受賞（最優秀作品、監督、脚本、主演女優、主演男優、撮影、編集）などを見ても分かるとおり、九〇年代オーストラリア映画において最も良質な作品の一つである『エンジェル・ベイビー』は、九〇年代オーストラリア映画に特徴的ないくつかの要素を備えている。一つは、全くの新人監督の第一作が、国内はもとより世界的な大ヒットとなったということである。例えばバズ・ラーマン監督『ダンシング・ヒーロー』、シャーリー・バレット監督『ラブ・セレナーデ』、エマ＝ケイト・クロウアン監督『ラブ・アンド・カタストロフィー』など、多くの作品がこれに当てはまるだろう。七〇年代、八〇年代に活躍し、多くの名作を残した監督たちは、今日ほとんど根こそぎハリウッドへと流出したが、九〇年代はさらにそのサイクルが早まり、殆ど一、二作ほどオーストラリアでヒット作を手がけただけで、アメリカへと招かれる。こうした中にあっても、オーストラリアは次々と若い才能を輩出し続けている。彼らが、ほんの数作のヒット作ですぐに国際的舞台へと羽ばたいてしまうという状況は、まさに日本やアメリカや、その他の国でも見られないオーストラリア映画の特殊事情とも言える。

『エンジェル・ベイビー』の持つもう一つの要素は、題材に「精神に障害を持った人」を扱っている点である。不思議なことに九〇年代に入ってから、この題材はオーストラリア映画で最も頻繁に取り上げられるものとなった。『シャイン』『ハーモニー』『リリアンの物語』、それにジェーン・カンピオンのニュージーランドにおける秀作『エンジェル・アット・マイ・テーブル』（一九九〇）などを含めてもいいだろう。

例えば、アメリカ映画『フォレスト・ガンプ』なども、こうした範疇に入れられるかもしれない。では、この題材に関して、アメリカ映画が持っていなくて、上に挙げた一連のオーストラリア映画にある特徴は何だろうか？。『フォレスト・ガンプ』や『レナードの朝』では、「障害」や「狂気」というものが、例えば超人的な活躍を可能にするだけの特別な能力に結びついていたり、絶対に根治せねばならない闘いの対象だったりする。障害を持った人々は正常人とはまったく別の世界を生きる人々で、その意味で彼らは社会から隔絶されている。ところがオーストラリア映画ではどうだろう。確かに『エンジェル・ベイビー』においては、ハリーは病気が原因で会社を首になるなど、社会の風当たりはないではない。だがそれでも、ハリーとケイトはごくごく平凡な男女として、社会の一角で必死に生きようとしている。彼らの狂気にしても、現実にあるオーストラリアの人気クイズ番組の解答を神のお告げだと思いこむなど、狂気の中に我々と同じ日常が見え隠れしている。その「狂気」の日常性は、もちろんフォレスト・ガンプのような超人的能力とも、人々に疎まれ恐れられる悪病ともまったくかけ離れている。『エンジェル・ベイビー』では、その他の患者たちも、病院と社会とを自由に行き来し、まさに社会において障害を持った人たちと正常な人たちが、対等に暮らしている様子が描き出されている。これは、障害を持った主人公が街のちっぽけなカフェでピアノを弾きながら、客たちに愛されて幸せに暮らしていた『シャイン』や、患者たちが正常人の主人公と心を通わせながら、手作りで等身大の、ほのぼのとしたオペラの舞台を作り上げる物語『ハーモニー』とも共通している。オーストラリア映画におけるこのようなユニークな「狂気」の扱い方は、オーストラリアが、依然として「メイトシップ」の伝統を受け継ぐ、相互依存の社会であることを浮かび上がらせているという見方も出来るだろう。メイトシップとは、国造りの元となった流刑者や辺境の開拓者が結束して困難に打ち勝った歴史から来るオーストラリアの精神風土である。アメリカのような激烈な競争社会では、「狂気」もまた、他人を出し抜いて成功を掴むための特別な能力でなければ価値はなく、それ以外は根絶させられるべきだという考え方が見て取れるのだとしたら、オーストラリア社会では、狂人もまた、互いにもたれあい助け合う対象であり、したがって彼らは何か特別な存在である必要もなければ、特異な能力も必要ではない（最終的に成功を掴む『シャイン』の主人公さえ、決して「狂気」自体が彼を成功へと導いていったわけではないのだ）。「競争に勝ち抜くか庇護の対象とするか」という二者択一ではない、「普通の、対等の人間として扱う」という社会的土壌が、確かにオーストラリアにはある。

このように、普遍的な純愛物語を描いているように見える『エンジェル・ベイビー』も、背後にオーストラリア的な要素が横たわっているのが分かる。むしろ、日本も含めた国際的なマーケットにとっては、それこそがアメリカ映画にはないオーストラリア映画の「新鮮さ」であるとも言える。作品はＡＦＩ賞の他にも国際人権メダルなどの賞も獲得し、国際的にも高い評価を受けた。

主役のケイトを演じたジャクリーン・マッケンジーは、前出演作『ハーケンクロイツ　ネオナチの刻印』の役と同じく、研ぎ澄まされた神経と破滅的な資質をもった少女を見事に演じたが、『エンジェル・ベイビー』に続く『ミスター・リライアブル』（一九九六）では、度胸の据わった子連れの主婦という、『エンジェル・ベイビー』のケイトとは一八〇度変わった演技を見せてくれている。

ベイブ
Babe 1995

監督：クリス・ヌーナン
製作：ジョージ・ミラー、ダグ・ミッチェル、ビル・ミラー
脚本：ジョージ・ミラー、クリス・ヌーナン
原作：ディック・キング＝スミス
撮影：アンドリュー・レズニー
編集：マーカス・ダルシー、ジェイ・フリードキン
美術：ロジャー・フォード
音楽：ナイジェル・ウェストレイク
キャラクター作成：ジム・ヘイソン

出演：ジェームズ・クロムウェル（農場主ハゴット）
マグダ・ズバンスキー（ハゴット夫人）
ゾウイ・バートン（娘）
ポール・ゴダード（義理の息子）
マーシャル・ネーピア（審査委員長）
声の出演：クリスティン・キャバー（ベイブ）
ミリアム・マーゴリーズ（フライ）
ダニー・マン（フェルデナンド）
ヒューゴ・ウィーヴィング（レックス）
ミリアム・フリン（マー）
製作会社：ケネディ・ミラー・フィルム
上映時間：九一分

463　ベイブ　1995

「ベイブ」

『ベイブ』<ビデオ発売元：CIC・ビクタービデオ　2900円(税抜き)>

ストーリー

養豚場で母親と生き別れ嘆き悲しんでいた子豚のベイブは、一匹だけ連れ出され、お祭りの「豚の体重当てゲーム」の賞品となった。酪農を営むハゴット氏がベイブの体重を当て、ベイブはハゴット氏の農場へと引き取られる。農場には様々な動物が生活しており、ベイブはすぐに羊のマーおばさんや、そそっかしいアヒルのフェルディナンドと仲良くなる。また牝の牧羊犬のフランは、ベイブの母親代わりになる。だが雄の牧羊犬で農場の動物たちのリーダー的存在でもある、気難し屋のレックスからはベイブはあまり気に入られない。

クリスマスがやって来て、ハゴット夫妻はディナーのメニューを、豚の丸焼きにしようかアヒルのオレンジソース添えにしようか悩んでいる。結局ディナーはアヒルとなり、フェルディナンドの友人のアヒルがローストダッグとなる。世をはかなんだフェルディナンドは農園を脱走、ベイブもつられて農場を出る。だがそこで、トラックに乗った見知らぬ人間たちが、ハゴット氏の羊を盗んでいるのを発見。ハゴット氏に知らせて、被害は最小で済んだ。ベイブの賢さに気づいたハゴット氏は、牧羊犬の仕事をベイブにもやらせてみようと思いつく。フランはベイブに、「馬鹿な羊たちを威嚇し、かみついて服従させよ」とアドバイスするが、マーと友達であるベイブは、友好的に話し合って羊の統率を取ることに成功する。

ある日、マーが牧場で、数匹の犬に襲われて死ぬ。犬を追い払ったベイブだが、ハゴット氏にベイブがマーを殺したと思われ、ハゴット氏は掟通りベイブを撃ち殺そうとする。フランはベイブを救うため、初めてそれまで敵対関係にあった羊たちと言葉を交わして真犯人を聞き出す。結局危機一髪でベイブの無実は晴れる。

ベイブが牧羊犬の仕事をすることに屈辱感を覚えたレックスは、フランと激しい喧嘩となり、拍子にハゴット氏の手を噛んでしまい、以降狂犬と見なされ鎖につながれる。ベイブはフランから、レックスが仕事中の事故で耳を悪くし牧羊犬コンテストで失敗を犯して以来、気難しくなったのだと教えられる。

　レックスもフランも故障を負った今、ハゴット氏はベイブと共に牧羊犬コンテストに出場する決意をする。意地悪な猫がベイブに、主人はおまえを喰おうとしていると讒言し、ベイブは衝撃を受け病気になるが、ハゴット氏の暖かい看病で心の傷は癒え、二人は心を通わせる。

　コンテスト当日。牧羊犬気取りの豚の登場に、人々はベイブとハゴット氏に嘲笑を浴びせる。見知らぬ羊たちも、ベイブの言葉が伝わらず、ベイブは苦戦する。それを救うべく、レックスがハゴット氏の農場へ戻り、ハゴットの羊たちに助言を請う。羊たちは、レックスにもう羊を手荒く扱わないことを誓わせた上で、羊の間だけで通用する暗号をレックスに伝授する。レックスから暗号を伝え聞いたベイブは、羊とのコミュニケーションに成功し、見事羊を引率、満点でハゴット氏を優勝に導く。

解説

一九九六年一月、アメリカで、『ベイブ』はゴールデン・グローブの最優秀コメディに選ばれた。ほかにも最優秀監督にメル・ギブソン（『ブレイブ・ハート』）、最優秀女優（ミュージカル・コメディ）にニコール・キッドマン（『誘う女』）というように、「オーストラリア勢」が八部門のうち三部門を占め、オーストラリア国内では、自国の映画とその人材がアメリカの権威ある賞を席巻したことに皆が酔いしれ、その興奮と期待は自ずと、続くアカデミー賞の賞レースにまで持ち越されることになった。

　アカデミー賞で『ベイブ』は七部門にノミネートされ、さまざまな希望的観測が飛び交ったのだが、結果としては「最優秀視覚効果」ただ一つの受賞にとどまった。直前まで『ベイブ』の賞獲りの期待に盛り上がっていたオーストラリアのマスコミは、賞の発表後、すかさずもう一人のオーストラリアの英雄メル・ギブソンがオスカーを独占したことの方へ話題を切り替え、各紙一面トップでこの郷土のスターの快挙を賞賛した。だが、その中で全国紙ジ・オーストラリアンはその日、「オーストラリアンズ・ゴー・トゥ・ハリウッド」と題する社説を掲げ、ギブソンへの賛辞より字数を割いて、「ベイブ」へのエールを送った。「確かにメル・ギブソンのオスカーの価値は高い。が、わが国の視点から見れば、一方の『ベイブ』の名誉の方が、イマジナティブでひと味違ったものへ挑戦する、クオリティの高い成熟したオーストラリア映画が、国際的なマーケットで十分通用するということを証明してみせてくれたのだ」。社説は、この日の受賞が、オーストラリア勢のさらなるアカデミー賞進出へのシグナルとなるかも、と予言して締めくくられていた[1]。

実際、オーストラリアでは、自国の映画界が生んだこの国際的大ヒット作に対して、その受け止め方にも一種特別なものがあった。それは「外国映画」である『ブレイブ・ハート』の場合とは、明らかに異なるものである。なにか、昔から弱小と言われ続けた自国の文化がようやく花開こうとしていることへのオーストラリア人の喜びと自信を、『ベイブ』が体現したようにも見える。オーストラリアでは、封切られる前から、先行したアメリカ公開での大きな反響が報じられ、その後もかなりの期間、あたかも新聞に『ベイブ』関連の記事が一面や芸術面トップを飾らない日はないほどだった。もはやそれは社会現象といってもよく、『ベイブ』を見てから豚肉を食べなくなった子供たちのせいで豚肉の消費量が落ち込んだとか、新聞の風刺マンガで、当時オーストラリアの新首相に就任したばかりのジョン・ハワードのキャラクターはベイブに定着したとか、そういう雑多な話題を取り込みながら、すっかり普段映画に関心のない向きまでもが「ベイブ」「ベイブ」と口にするまでになっていた。

だが、こんなエピソードもある。そのように『ベイブ』という映画がオーストラリア国内で広く一般化するにしたがって、人々の間からひとつの疑問が沸き上がってきた。「なぜあの豚は、アメリカ英語をしゃべるのか?」という問いである。オーストラリア映画が天下を取ったと聞いて、勇んで映画館に足を運んだにわか映画ファンのオーストラリア人の多くは、子豚の愛らしいセリフの中に、アメリカ英語特有のあの耳につく大げさなRの音を耳にし、当惑する。そして、作品の舞台である田園風景が、完全に異国のそれであることに気付き、また混乱する。「これはオーストラリア映画ではないのではないか？」こんな疑念は、ジ・オーストラリアンの投書欄でも紹介された。これに翌日のデイリー・テレグラフ紙が噛みつく。Miranda Devine による、「あの映画のロケ地は本当に豪州国内なのだ。ベイブの言葉は確かにアメリカ英語だが、犬のレックスはオーストラリアのアクセントでしゃべっている。『ベイブ』は《国際的な》映画なのだから、いろんな要素が混ざっているのは当然で、そんなにアメリカ色を毛嫌いするのは、古くさい反米主義の表れだ」という反論だ[2]。

確かに、『ベイブ』は「純正オーストラリア製」ではない。製作費は殆どが、アメリカのユニバーサルから賄われており、配役でもベイブ役の声優と、ベイブのご主人ハゴット氏役はアメリカ人。一方、ベイブの母親代わりの雌犬の声はイギリス人で、ハゴット夫人はメルボルンで活躍する喜劇女優、オージーアクセントでしゃべっているという犬のレックスは、『プリシラ』のミッツィ役だったヒューゴ・ウィーヴィングが声をあてている。音楽には、オーストラリア現代音楽界の巨匠ナイジェル・ウエストレイクが起用されている。このような、オーストラリアをベースにした「国際的な」映画作りというのは、ジョージ・ミラーが「マッドマックス」シリーズですでに先鞭を切り、ジェーン・カンピオンが『ピアノ・レッスン』で成功させてきたことでもある。

『ベイブ』は、イギリスの作家ディック・キング＝スミスの小説『シープ・ピッグ』を原作にしている。原作からのイメージをそのまま借用しているせいもあるだろうが、映画の舞台は、イギリスの田舎の田園地帯に共通する、おとぎ話にも出てきそうなかわいらしい農場として描かれている。だが、実際に撮影が行われたのは、Devine の言うとおり、オーストラリアのニューサウスウェールズ州ロバートソンの小さな町だという。オーストラリア映画史の視点から見れば、『ベイブ』という作品はこの点で、独自のスタンスをもっている。アメリカ映画の圧倒的支配への反抗として七〇年代から再生したオーストラリア映画は、中心的なテーマとして扱うか、あるいはただの舞台背景にすぎないかという違いはあっても、一貫して「オーストラリア」という国土をフィルムの中で描き出してきたことは事実である。もちろん例外はある。『危険な年』や『ピアノ・レッスン』のように外国が物語の舞台になる場合には国外で撮影がなされたし、また『オッド・アングリー・ショット』のようにベトナムの戦場をクィーンズランドのロケ地に再現することもあった。だが『ベイブ』のように、オーストラリアの国土をロケ地として用いながら、内容的にオーストラリア文化と何の関わりも持たず、またオーストラリアの風土の一端もかいま見せないという姿勢は、まったく新しいものである。

『ベイブ』の、純粋なオーストラリア映画と呼ぶには少し微妙とも言える立場は、むしろオーストラリア映画の新しい方向性を指し示している。つまりこういうことだ。オーストラリア映画がアイデンティティとして保ち続けてきた「オーストラリア性」は、九〇年代半ばに登場した『ベイブ』という作品においては全く見られない。一方でオーストラリアの風景は、いかなる国籍のものにも染め上げることが出来るという、オーストラリア映画の芸術上、商業上の大きな可能性を提示している。ここに、オーストラリア映画の新しいアイデンティティがある。つまり、オーストラリア映画産業はすでに、自国の風土やオーストラリアらしさを武器にしなくても、世界を制覇しているアメリカ映画のオルタナティブ的存在として、圧倒的存在感を持った産業に成長しているということであろう。

（1）*The Australian.* March 27. (1996)

（2）*The Daily Telegraph.* January 25. (1996)

ラブ・セレナーデ
Love Serenade 1996

監督・脚本：シャーリー・バレット
製作：ジャン・チャップマン
撮影：マンディ・ウォーカー
編集：デニース・ハラッジス
美術：スティーヴン・ジョーンズ＝エヴァンズ
衣装：アンナ・ボーゲージ
録音：ギャリー・ウィルキンズ
出演：ミランダ・オト（デイミティ）
　レベッカ・フリス（ヴィッキー＝アン）
　ジョージ・シェフツォフ（ケン・シェリー）
　ジョン・アランスー（アルバート・リー）
　ジェシカ・ネーピア（デボラ）
製作会社：ジャン・チャップマン・プロダクションズ
上映時間：一〇一分

『ラブ・セレナーデ』ミランド・オト(ディミティ)

レベッカ・フリス(ヴィッキー＝アン)とミランド・オト(ディミティ)

ストーリー

　マレー川沿いの小さな田舎町サンレイに、ヴィッキー＝アンとディミティという年頃の姉妹が二人で暮らしていた。ある時町に、ブリズベンの元ＤＪキングで三度の離婚歴がある渋い中年男ケン・シェリーが、地元のラジオ放送のＤＪをやるためにやって来る。もともとケン・シェリーのファンだった姉のヴィッキー＝アンは、彼氏を欲しがっていたこともあり、早速ケン・シェリーに料理を運んだりして攻勢をかける。一方おとなしいがどこか少し変わったところのある妹のディミティも、ケン・シェリーの、七〇年代ナンバーをバックに甘い声で人生を語るＤＪに聞き惚れる。

　ディミティは、アルバートというヌーディストの小男が経営する寂れた中華料理屋で、ただ一人のウェイトレスをやっているが、ケン・シェリーは頻繁にそこで食事をするようになる。主人のアルバートは、ケン・シェリーがいつも同じ牛肉料理しか食べないことに、不快感を抱いている。

　ディミティが自分の虜になっていることに気付いているケン・シェリーは、彼女を自分の部屋に招き入れる。壁に飾ってある大きなカジキマグロの剥製の前で、キスも経験したことのないディミティは好奇心に胸膨らませながら、服を脱ぎ出す。だがその時は、嫉妬に燃えるヴィッキー＝アンが邪魔に入ってディミティは家に連れ戻される。

　翌朝、ヴィッキー＝アンが美容師の仕事に行っている間に、ディミティはケン・シェリーとベッドインする。いつも姉妹が一緒にランチを食べることになっているお昼休み、ディミティはヴィッキー＝アンに、ケン・シェリーとセックスをしたと無邪気に報告。姉を激怒させる。

　ディミティの、ケン・シェリーとの関係は何回か続く。やがてディミティは、ケン・シェリーの首筋に、見たこともない何か妙なものが付いていることに気づく。

ある日、中華料理屋にケン・シェリーが、着飾ったヴィッキー＝アンを連れてやって来る。ディミティの動揺をよそに二人はケン・シェリーの家の中に消え、ケン・シェリーはヴィッキー＝アンにも手を出す。二人を追いかけてきたディミティは、ケン・シェリーの家の壁のカジキマグロが歓喜に悶えるのを見、また翌朝ケン・シェリーの首筋に明らかに「魚類のエラ」があるのを目撃する。ディミティは慌ててアルバートのところに行き、男の体には普通エラがあるものなのか質問。「ケン・シェリーは魚である」という結論に達する。

ヴィッキー＝アンはケン・シェリーと結婚の約束をしたと浮かれ、ディミティが止めるのも聞かずウェディングドレス姿でケン・シェリーの家へ押し掛ける。だがケン・シェリーに冷たく追い払われ、ヴィッキー＝アンは自暴自棄になって町外れの巨大なタンクのてっぺんに登る。ディミティはケン・シェリーに「姉を思いとどまらせてくれ」と頼み、二人はヴィッキー・アンの立つタンクのてっぺんに登る。だがケン・シェリーが得意の甘い声で説得を始めた直後、ディミティはニコニコしながら彼を突き落とす。

ディミティとヴィッキー＝アンは、ケン・シェリーの死体をマレー川に流す。ディミティが彼にプレゼントした、可愛らしい風船を付けた死体は、水に投げ込まれた途端魚のように身を翻し、マレー川をすいすいと泳いでいく。

解説

この作品の舞台になるサンレイは、実在する町ではない。監督・脚本のシャーリー・バレットが創った架空の町である。映画の中では、この町が、スノーウィー・マウンテンを源流にしてニューサウスウェールズ州とヴィクトリア州を区切りアデレードへと流れる大河、マレー川の近くにあるということだけは分かる。現実の地図を広げてみると、ヴィクトリア州内に、マレー川沿いでサウスオーストラリア州との州境に近い、通称「サンレイジア」と呼ばれる地域がある。そして映画のロケーションが行われたのは、そこからマレー川を一〇〇キロほど上流に行ったところにあるロビンベイルという町だという。サンレイジアでもロビンベイルでもいい、とにかくメルボルンからもアデレードからもシドニーからも遙か彼方にある内陸の小さな町「サンレイ」に、元ＤＪキングだった四十男ケン・シェリーが、クィーンズランド州ブリズベンから、砂埃にまみれたＲＸＬで九〇〇キロの距離を走破してたどり着いた。これが物語の導入である。

　この気の遠くなるような距離感覚は、オーストラリアに点在する多くの田舎町が常に直面しているものである（似たような田舎町の距離感を描き出している作品に『ニルへの道』（一九九七）がある。これはヴィクトリア州ニルという町の近郊で起きた交通事故の現場にたどり着くために、町の人々が延々と車で走り回るだけの映画だ）。ケン・シェリーという男は都会から来たＤＪとして渋く気取ってはいるが、彼はシドニーやメルボルンから来たのでもなければ、ましてニューヨークやロンドンから来たのでもない。シドニーやメルボルンより遙か遠い人口一五〇万弱の都市ブリズベンから、落ちぶれてこの田舎町までたどり着いたのだ。冷静になって見れば何のことはない、二流三流の芸人が流れてきただけの話なのだが、サンレイの町に住む姉妹は、「有名人」ケン・シェリーの来訪に心底有頂天になる。このどうにも田舎じみた、都会人から見ると侘びしいとしかいいようのない情景が、むしろ姉妹の生きるサンレイという町の現実を深く捉えている。シャーリー・バレットはこう言っている「（映画のロケーションは）何かひどく敵意を感じさせるような場所が良かった。そうすれば、女の子たちがどうしてそこを出ていきたくてたまらないかが分かるから。一〇メートル歩けば、靴下に毬がいっぱいくっつくような町。自転車に乗れば、家に帰るまでにタイヤが二五回パンクするようなところ。ノスタルジックな気分になるようなきれいな場所は必要なかった」[1]。

　確かにサンレイのひどく陰鬱な風景は、つねに画面に映し出されている。地元産業が破綻し、打ち捨てられた工業施設。町には何の娯楽もなく、レストランでさえディミティの働く中華料理屋ぐらいしか見あたらない。そこには九〇年代の景気の後退が地方産業へ与えた悪影響という、社会的な題材もちらりとかいま見える。作品にシュールリアリスティックな雰囲気を与えている、ケンがだんだん魚に変身していくというエピソードも、もしすべてディミティ一人の幻想なのだとしたら（実際ケンのエラを目撃しているのはディミティだけである）、彼女の幻想はやはり自分の住む土地に強く結びつけられている。ディミティの考えでは、その魚はもちろんサンレイの間近にあるマレー川からやってきたものであり、だからこそケン・シェリーの死体をそのマレー川に流すと、それは魚に戻って川をのぼっていったのである。ケン・シェリーに集約される男の身勝手さと、サンレイという土地の持つ何かネガティブな要素が、絡み合いながらディミティの妄想を助長している。少女が閉塞的な田舎町を嫌い、外の世界に飛びだそうとする物語は、『辺境に住む人々』や『ミュリエルの結婚』などの例がある。だが『ラブ・セレナーデ』は、その二つの映画よりも際だって、自分の住む場所の光景それ自体への憎悪が描き出されている。広大な空白の国土に、ぽつりぽつりと小さな芥子粒をまき散らしたようなオーストラリアの町々。それらを取り巻く荒野の圧倒的な空洞、そして社会的要因から徐々に寂れ朽ち果てていく町に口を開ける空洞は、この多感な少女の孤独感の象徴なのかも知れない。そういった意味で、ディミティやヴィッキー・アンが痛切に感じているのは、まさに現代オーストラリアの典型的な地方の風景がもたらした、オーストラリアならではの孤独と言えるものなのだ。

『ラブセレナーデ』は、九〇年代半ばのオーストラリア映画の典型と言っていい。もっとも端的な特徴が、作品中に七〇年代のヒットナンバーをフィーチャーすることだろう。これは『プリシラ』や『ミュリエルの結婚』などで確立されたスタイルである。また、九〇年代前半で都市に向けられた目を、新しい解釈で再びアウトバックや田園風景に向けた直したという意味でも、この時期の多くの映画に共通する特徴を備えている。

　内容以外のことでは、新人監督が劇場用映画第一作目で大きな成功を収めるというのも、九〇年代オーストラリア映画界に極めて頻繁に起こる現象である。シャーリー・バレット監督は一九八七年にＡＦＴＲＳを卒業した後、今回のケン・シェリー役のジョージ・シェフツォフも出演した『チェリス』（一九八八）など、数本の短編を撮って注目され、『ポリスレスキュー』や『ハートブレイク・ハイ』などの人気テレビドラマで監督をした後で、『ラブセレナーデ』を撮った。彼女はこの作品で、一九九六年カンヌ映画祭カメラ・ドール賞（新人賞）受賞という快挙をなしとげた。

　ディミティを演じたミランダ・オトは、九〇年代オーストラリア演劇・映画界で最も優れた役者と評価の高いバリー・オトの娘で、一九九〇年にＮＩＤＡを卒業した後、舞台、映画を均等に比重を置いて活動してきた。若いがすでに『デイドリーム・ビリーバー』（一九九〇）ジリアン・アームストロングの『我が家の最後の日々』（一九九一）でＡＦＩ賞にノミネートされたこともある。また、この作品は、ジリアン・アームストロング監督やヘレン・ガーナーなどフェミニズム色の強い女性アーティストたちと繋がりがあり、またジェーン・カンピオン『ピアノ・レッスン』の製作も手がけたジャン・チャップマンが、製作者となっているのも注目される。

（1）*Sydney Morning Herald: Metro.* October 4–10.（1996）

シャイン　輝き
Shine　1996

監督・原作：スコット・ヒックス
製作：ジェーン・スコット
脚本：ジャン・サルディ
撮影：ジェフリー・シンプソン
編集：ピップ・カーメル
美術：ヴィッキ・ニーハス
音楽：デヴィッド・ハーシュフェルダー
録音：トイヴォ・レンバー
出演：ジェフリー・ラッシュ（成年後のデヴィッド・ヘルフゴット）
ノア・テイラー（青年期のデヴィッド・ヘルフゴット）
アーミン・ミューラー＝スタール（ピーター・ヘルフゴット）
リン・レッドグレイヴ（ギリアン・マレー）
グーギー・ウイザース（キャサリン・スザンナ・プリチャード）
ソニア・トッド（シルヴィア）
ジョン・ギールグッド（セシル・パークス教授）
製作会社：モメンタム・フィルムズ
上映時間：一〇五分

『シャイン』ジェフリー・ラッシュ（デヴィッド・ヘルフゴット）

リン・レッドグレイヴ（ギリアン・マレー）とジェフリー・ラッシュ（デヴィッド・ヘルフゴット）

ストーリー

天才ピアニスト、デヴィッド・ヘルフゴッドの半生の物語。

少年時代のデヴィッドは、天才ピアニストの名声をほしいままにする。父親は、デヴィッドを深く愛するが、その愛は屈折し、時には厳しさになり、デヴィッドの心に重圧をかける。せっかくのアメリカ留学のチャンスも、父親は応援しつつも結果としては許さなかった。傷つくデヴィッドを慰めたのはパーティで出会った年輩の女流作家キャサリンだった。

青年になったデヴィッドは、ロンドン王立音楽学校から奨学金を得る。デヴィッドは今度は父親に反抗し、ロンドンへ。ロンドンでパークス教授に師事し、ラフマニノフのピアノ協奏曲三番に挑戦。成功するものの、体に変調をきたしてその場に倒れる。やがてオーストラリアに戻って精神病の療養をしながら、デヴィッドはワインバーでピアニストとして新しい人生を見出す。その人気が彼の所在を父に知らしめることになり、父親との微妙な和解につながる。

デヴィッドは、星占師のギリアンと出会い、彼女の支えを得て演奏家として再び脚光を浴び、成功へと向かう。

解説

オーストラリアきっての個性的な役者たちによる素晴らしい演技と、新鮮で美しい映像。『シャイン』は、オーストラリア映画の中で、いや世界の映画の中で見ても、かってない到達点に達している。

『シャイン』という映画の魅力を支える最も大きな要素は、やはり実在するオーストラリアのピアニスト、デヴィッド・ヘルフゴットという人物が放つ「輝き」であると言っていいだろう。年譜によれば、病院を出たり入ったりしていたヘルフゴットは、パートナー、ギリアンの助けによって一九八四年、コンサートのステージに復帰した。その翌々年の八六年、ヒックス監督はヘルフゴットの演奏に初めて触れてその波乱の人生と人間的魅力に圧倒され、映画化の計画に一〇年越しで没頭してきたという。また、ある批評家によれば、『シャイン』はオーストラリアのおとぎ話だという。例えるなら、ヘルフゴットという気高い貴公子が魔法によってヒキガエルに変えられたが、しかし彼を愛する女性の献身によって、魔法は払われ、再び王子の姿に戻るという物語だ。

確かにこのような逸話やおとぎ話になぞらえる夢のような物語が、現在も存命で活躍中の天才ピアニストの人生から生まれてきたものだということは、それだけでも驚嘆に値する。付け加えれば、彼がもしどこかヨーロッパの国、芸術の伝統の深い懐から生まれてきた男だったら、彼にまつわる物語もこれほど劇的ではない。芸術的辺境の地という偏見が世界にまだまだ根強いオーストラリアから、その天才は現れた。そしてロンドンへ出て世界の目を集めようというところまでいくが、その夢は病によって閉ざされる。しかし彼はオーストラリアの地で蘇り、今度はこの映画の力によって、再び世界に羽ばたいていく。『シャイン』はゴールデングローブ賞、アカデミー賞主演男優賞をはじめ、世界各国で絶大な評価を得たが、『シャイン』のこのような大成功もまた、ヘルフゴットのおとぎ話の一頁だとはいえないだろうか。そして彼を王子に変える魔法の杖は、「オーストラリア映画」である。恐らくハリウッド映画にこの芸術家の物語を語らせることは、商業的な理由から不可能だ。誰が神経を病み、オーストラリアの一都市でリハビリをしながら演奏会を開くピアニストを主人公に映画を作ろうとするだろう。オーストラリア映画は商業主義とはほとんど無縁で、しかも芸術的不毛の地と揶揄される自国が生んだ天才を、世間に知らしめようという使命感をもてたからこそ、ヘルフゴットは銀幕で華々しく蘇り、世界にその存在を知らしめることもできたのである。

デヴィッド・ヘルフゴットの青年期を演じたノア・テイラーは、「デヴィッドにまつわるあらゆるものは、ただならぬ詩情をたたえている。しゃべり、動き、しぐさ、どれをとっても皆、音楽だ」と語っている。[1]とくにヘルフゴットが病を得てからの奇矯なしぐさやしゃべりなどを、いかに無理なく、テイラーの言葉を借りれば「音楽的に」表現するかが、この映画の最も苦心した点であろう。その点で、ヘルフゴットの成人以後を演じたジェフリー・ラッシュは、卓越した演技を見せている。ここで興味深いのは、米国ゴールデングローブ賞及びアカデミー賞最優秀男優賞まで獲得した彼が、本格的な映画に出演したのは『シャイン』が初めてであるという事実だ（同時期にジョージ・ホウェイリ監督『俺たちの農場で』で、デイヴ役を演じている）。彼はシドニーのベルボア・ストリート・シアターをベースに活動する舞台俳優で、オーストラリアの二大舞台演出家、ジム・シャーマンとニール・アームフィールドのもとで、舞台のキャリアを積んできた役者だ。とくに愛嬌のあるエキセントリックな役柄を演じるのは定評がある。それが買われての起用となったのであろう。恐らく普通の映画専門の俳優にこの「音楽的な」演技を求めるのは難しい。ラッシュの演技が舞台で培われたものであるからこそ、本来生理的な神経の変調であるはずの挙動を、音楽的な、詩情溢れる豊かなしぐさに見せることに成功しているのだ。

ノア・テイラーのヘルフゴット青年の演技も素晴らしい。とくにラフマニノフに挑戦する若きヘルフゴットが、音のシャワーにもまれながら、どんどんテンションが高まっていき、最後にぷつりと糸が切れて倒れてしまうまでの、映像と音楽による大きな波のうねりのような盛り上がり方は、これまでの映画の表現には確かになかったものだ。

すぐれた映像美も見逃せない。とくに印象深いのが全編を通して現れる水のイメージである。父親に叱られて、風呂場で水しぶきをあげてぶたれるシーン。雨の中、ずぶぬれでかけていく場面や、プールで水に深々と体を浸す姿。汗をほとばしらせて演奏に没頭する姿とその水滴。ギリアンが温かく見守る中、大きな波に身を預けて戯れる姿。これら一連の水や水滴のイメージが、精神の清らかさ、純粋さなど、透き通った清廉な印象を与えている。そのとぎすまされた感性は、この映画を単なる伝記映画という範疇から大きく逸脱させ、芸術映画としての最高峰に到達させていると言えるだろう。

『シャイン』は九〇年代、『ベイブ』に続くオーストラリア映画の国際的大ヒット作品として、最も大きな注目を集めた。マスコミは、映画にもヘルフゴットのライバルとして登場するオーストラリア現代音楽の巨匠ロジャー・ウッドワードに作品について語らせたり、また実話ものの常として「現実は映画とは違う。療養中のヘルフゴットを見出して再起のきっかけを作ったのはこの私だ」などと言い出す人物を登場させるなど、話題提供にも事欠かなかった。そして何よりも、オーストラリアにもこのような天才がいたのだという発見が、映画の国際的名声と共にオーストラリア人にとっては嬉しい驚きだった。ヘルフゴットは映画公開後、オーストラリアの様々なメディアに登場し、その超絶的な技能を披露するようになった。アメリカでの賞レースが全国紙の一面を飾ってしまうほど、自国の映画作品に思い入れのあるオーストラリア社会に、『シャイン』は限りないほど多くのものを供することができたと言えるだろう。

（1）'Noah Taylor shines' (interviewed by Mark Cushway), in *On the Street*. August 12. (1996)

デッド・ハート
Dead Heart　*1996*

監督・脚本・原作：ニック・パーソンズ
製作：ブライアン・ブラウン、ヘレン・ワッツ
撮影：ジェームズ・バートル
美術：ブライアン・エドモンズ
衣装：エディ・クアザー
音楽：グレッグ・ホワイト
録音：フィル・ティペン
出演：ブライアン・ブラウン（レイ）
アーニー・ディンゴ（デヴィッド）
アンジー・ミリケン（ケイト）
エアロン・ペダーセン（トニー）
グナマヤラへ・ワイタイレ（ポピー）
ルイス・フィッツジェラルド（レズ）
アン・テニー（セーラ）
ジョン・ジャラット（チャーリー）
レイフ・チャールトン（ビリー）
ピーター・フランシス（マンガ）
スタンリー・ミリンド（トゥジュルプ）
製作会社：デッド・ハート・プロダクションズ
上映時間：一〇六分

483　デッド・ハート　1996

「デッド・ハート」ブライアン・ブラウン(レイ)とスタンリー・ミリンド(トゥジュルプ)

アーニー・ディンゴ(デヴィッド)

Reprinted with the kind permission of Roadshow Film Distributors.

エアロン・ペダーセン(トニー)とアンジー・ミリケン(ケイト)
Reprinted with the kind permission of Roadshow Film Distributors.

ストーリー

砂漠で、三人のアボリジニの男が座を囲んでトランプをしている。男たちは魔力を有しているようで、それぞれ自分のいた場所で行った恐ろしい行為について語る。その中の一人である老人ポピーは、ワラワラで自分がしたことを語り始める・・・。

ワラワラは、アリススプリングズの西方六〇〇キロ、砂漠の真ん中にあるちっぽけなアボリジニ居住区だ。アボリジニの部族の他には、ほんの数人の白人、そして駐在する白人警察官レイがいる。レイは荒々しく強情な男で、ワラワラを自分の信念に則って治めようとしている。そんなレイにとって目の上の瘤は、居住区を監督するために政府から派遣された、理性的なアボリジニの役人デヴィッドだった。

ある日、レイの駐在所に拘置されていたダニーというアボリジニの男が、首を吊って死ぬ。ダニーの父で、語り手ポピーの義兄弟に当たるマンガは、補償を受けたが、誰かに報復をしなければ怒りが収まらず、アボリジニ青年トニーを責め立てる。レイが間に入り、部族の慣習を考慮して「誰か一人を傷つけて怒りを収めろ」と命じる。マンガはレイの部下のアボリジニ警官ビリーを選び、槍でビリーの両足を突き刺す。

英語が流ちょうで肌の色も薄いアボリジニ青年トニーは、白人教師レズがアボリジニの子供たちを集めて開く学校の助手をしている。だがトニーは密かに、レズの白人の妻ケイトと肉体関係を結んでいる。トニーはケイトを、部族の神聖な場所へ導き、体を交える。これは部族の掟を破る行為で、トニーは部族の刺客に狙われることになる。

ケイトの三〇歳の誕生パーティーの翌日、彼女は自分の家の前に、トニーの死体が転がっているのを発見。人目もはばからず抱きかかえて慟哭する。ちょうどワラワラにはテレビ局の取材チームが入っており、その模様はカメラで撮影される。怪我から復帰した部下のビリーを従えて、レイは捜査に乗り出すが、現地の白人医師は死体に外傷を認めず、心臓発作と診断を下す。納得できないレイは、取材チームが撮ったビデオに、アボリジニの役人デヴィッドの不審な動きが映っているのを発見する。早速デヴィットを乱暴な尋問にかけたレイは、トニーを殺したのは死んだダニーの息子でマンガの孫、トゥジュルプだという証言を引き出す。レイとビリーはトゥジュルプを逮捕し、殺気立つアボリジニたちを威嚇する。

デヴィッドは拘置所でトゥジュルプと面会し、そっとロープを渡す。トゥジュルプはそのロープで狂言自殺を演じ、見張っていたビリーを逆に閉じこめて仲間と脱走する。ビリーの無能さに激怒したレイは、ビリーをそのまま牢に閉じこめておく。

トゥジュルプとポピーは、脱走に関与したデヴィッドに、一緒に砂漠を走破してアリススプリングズへ逃げようと言う。すでに白人に同化し砂漠で生存する知恵を失っているデヴィッドは尻込みするが、しかたなく砂漠に足を踏み入れる。

レイは上司から、トニーの死には事件性が無いから捜査を打ち切れと命じられる。だがレイは命令に背き、トゥジュルプとデヴィッドを追って一人砂漠に入り、強靭な体力と執念で過酷な旅を続ける。

レイは泉で、衰弱したデヴィッドを発見する。トゥジュルプの居所を問いつめると、伝統的装束のトゥジュルプとマンガ、そしてポピーが現れ、レイはトゥジュルプの放った槍に突き刺される。マンガがとどめを刺そうとするが、デヴィッドが必死でレイをかばう。

レイは救出され、送還される。ケイトとレズの夫妻を含め、ワラワラに住んでいた白人たちは皆荒み果て、この土地を離れる。

・・・ポピーの物語はこれで終わる。三人のアボリジニのトランプも終わる。ポピーはかねてからデヴィッドに「政府から貰ってくれ」とねだっていた新型のトヨタの４ＷＤに乗り込み、颯爽と砂漠を走り去る。

解説

アボリジニを扱ったオーストラリア映画はこれまでにもいくつかあった。その中で『デッド・ハート』は、非常に九〇年代的な視点を持った作品だ。それは、現代のアボリジニを取り巻く社会的状況が、見事に物語の中に盛り込まれいてるからである。例えば、今日アボリジニに関する社会問題の中で最も深刻な問題として良く言及されるものに、アボリジニの囚人が白人と比べて監獄で死亡する率が異常に高いという事実がある。それは、警察や刑務所でのアボリジニへの待遇を含めて、アボリジニの人権の扱いや福祉がまだまだ多くの問題を孕んでいることの象徴と見なされているが、『デッド・ハート』でも牢獄で自殺したダニー、狂言自殺を演じるトゥジュルプ、騙されて牢獄に入れられ死を意識するビリーなど、アボリジニと牢獄の問題は物語に繰り返し挿入されている。また、別の例としては、ワラワラ居住区に派遣されているアボリジニの役人、デヴィッドの存在も、非常に今日的だ。七〇年代以降オーストラリア社会において急速にアボリジニの地位は向上し、まだまだ微々たるものではあるが、政府機関の要職につく者も出てきている。これまでのオーストラリア映画の中では、アボリジニは虐げられた者、搾取された者、社会的に周縁に追いやられたものとして、白人とは線引きをし同情的に描かれるのが専らだった。だが九〇年代の『デッド・ハート』では、白人警官レイの首を政府への手紙一つで飛ばせる立場にあるデヴィッドのように、公権力の側になっているアボリジニもいることが示されている。これはアボリジニと白人を分ける図式が、現代では非常に複雑化していることの現れだろう。これと同時に、これまでのオーストラリア映画に多かった、アボリジニを絶対的な弱者の側において同情的な視線を向けるといった、単純な図式では決して見えてこなかったアボリジニの一面も、『デッド・ハート』には描かれている。白人や政府からはとにかく金を貰えるものだと思いこんでいるアボリジニ。この多少ネガティブではあるがユーモラスな彼らの価値観は、ポピーが結局政府から貰うことが出来た最新型のトヨタ４ＷＤによって象徴されている。

作品のもっと本質的な部分でも、『デッド・ハート』はとても新しい次元に足を踏み入れている。アボリジニ文化を扱ったピーター・ウィアーの七〇年代の『ザ・ラストウェーブ』と比較してみれば、それは明確になる。両作品はストーリーに似た部分がある。掟を破ったアボリジニの青年が同部族のアボリジニに殺されるが、死体には外傷が無く（アボリジニの呪術によって殺害されたのだ）、白人がその事件を捜査しようとする。だが基本ストーリーは似ていても、両作は違いの方が大きい。『ザ・ラストウェーブ』の項で論じたとおり、『ザ・ラストウェーブ』の白人弁護士デヴィッド・バートンは南米生まれで、アメリカ英語を喋っている。彼にはオーストラリア人らしさが明らかに除去されている。二〇〇年前からオーストラリア大陸に入植し、アボリジニから土地を奪って不平等な立場に押し込めたオーストラリアの白人の歴史を、デヴィッド・バートン弁護士は背負っていない。これは、アボリジニの窮境や白人文明への報復というような深刻なテーマについて、オーストラリア人の観客に第三者的な視点という逃げ道を与える機能を果たしている。恐らくそれは、時代的な限界から来るものなのかもしれない。一方九〇年代の『デッド・ハート』では、主人公のレイは強烈なオーストラリア訛りで喋る純然たる「オーストラリア人」だ。ブライアン・ブラウン演じるレイの強靭さと猛々しさは、ブラウン自身が七〇年代に演じた『英雄モラント』のハンコック少佐などを代表とする、オーストラリアの白人神話の中の「ブッシュマン」を連想させずにはおかない。つまり『デッド・ハート』は、オーストラリア映画が七〇年代から描き続けてきたオーストラリアの白人の神話と、アボリジニの存在感が共存する、恐らく初めての作品であるといえるのである。

作品の中で最も重要なテーマは、白人とアボリジニの文化の激しい衝突である。作品に登場する白人たちは既に、前世代の白人のように、アボリジニを人とも思わないような絶望的な人種差別者では決してない。激しくアボリジニと対立するレイでさえ、自分の父親が政府の同化政策に従って、アボリジニの子供たちを奪い彼らの文化を根絶やしにした（いわゆる「盗まれた世代」問題）行為を批判的に見ており、「俺はアボリジニたちが嫌いなんじゃない。ただ、相容れないだけだ」と言う。ワラワラに住むその他の白人たちもすべて、アボリジニの生活に何らかの貢献をしたいという熱意を持って、辺境にやってきた人々である。だが彼らは皆挫折する。結局レズの開いた学校はアボリジニに白人の教養を押しつけるものでしかなく、レイが貫こうとした法は、白人の法律も知らない人々に対する無理な押しつけだったのだ。白人とアボリジニの文化的衝突は、アボリジニ青年トニーと愛し合っていた人妻ケイトの挙動に象徴されている。愛するトニーを殺されたケイトは憔悴しきり、ワラワラに踏みとどまろうとする夫に、アボリジニへの人種差別的な口汚い言葉をまくしたてるようになる。トニーはすでに殆ど白人化しており、部族の掟も平気で破るようになっていて、アボリジニ社会から粛正を受けた。トニーを圧殺したアボリジニの過酷な掟に、ケイトは理性とは別のところで恐怖し、アボリジニの掟や文化を憎むようになったのだろう。一方、アボリジニの内部にも、文化の衝突は起き始めている。殺されたトニーと違ってデヴィッドは、白人社会に同化していながらも部族の掟を遵守しようとするが、レイがトゥジュルプやマンガに殺されそうになった時、デヴィッドはレイを守る。マンガに「お前はブラックフェラ（アボリジニ）か、ホワイトフェラ（白人）か」と問いつめられて、デヴィッドは苦渋に満ちながら「俺はただのフェラ（人）だ」と叫ぶ。このデヴィッドの叫びは、二つの文化の激しい衝突がついに終わりを告げようとしていることを示している。が、結局激しい摩擦の後でアボリジニと白人は水と油のように再び分離し、おそらくデヴィッドのような人間にとっての居場所は、本当になくなってしまうのだろう。

この作品は、監督のニコラス・パーソンズが自ら書いた同名戯曲を原作にしている。『マクベス』の三人の魔女を思い起こさせる三人のアボリジニの男たちも、やはり演劇のコンテクストで生まれたアイディアだろう。シドニー大学、ＡＦＴＲＳ、ＮＩＤＡでそれぞれ学位を取得したパーソンズは、芝居の作・演出、テレビラジオの台本執筆などの活動をしており、一九九三年のＮＩＤＡ学内公演のために戯曲『デッド・ハート』を書いた。その時のレイ役は、映画では白人人類学者チャーリーを演じているジョン・ジャレット『オッド・アングリー・ショット』『ピクニックａｔハンギングロック』だった。次に戯曲は、シドニーのベルボア・ストリート劇場で、今日オーストラリアで最も高い評価を受けている演出家ニール・アームフィールドの演出によって上演され、絶大な評価を得た。この時は、レイ役はスティーヴ・ビズリー『マッドマックス』『愛をゆずった女』だった。このベルボア・ストリート劇場の舞台を見に来ていたのが、オーストラリア映画の顔であり、国を代表するスターの一人、ブライアン・ブラウンである。彼はパーソンズの戯曲に魅了され、映画化の話が持ち上がるや、自ら共同製作を買って出た。もちろん、ブラウンにとってはそれは初めての仕事である。また、戯曲を一読してレイの役は他の誰にもやらせたくないと思ったという通り、舞台でジャレット、ビズリーという七〇年代からブラウンと共にオーストラリア映画を支えてきた役者たちの跡を継いで、三代目のレイ役に収まることになった。猛々しくも理性を備えたレイの役柄は、『アンボンで何が裁かれたか』でブラウンが演じたクーパー検事を彷彿とさせ、まさに彼のはまり役といえるだろう。

ケイト役のアンジー・ミリケンはオーストラリア演劇界で着々と力を付けてきた女優で、ベルボア・ストリート劇場の『デッド・ハート』でも、同じ役を演じた。彼女はシドニー・シアターカンパニーの女性新進演出家マリオン・ポッツ演出の二つのイギリス戯曲『ハーバル・ベッド』と『クローザー』、スティーヴン・バーコフの『デカダンス』などで、現在オーストラリアで最も高く評価される舞台女優の一人と目されている。

批評家David Strattonは、この作品を見たとき、そのストーリーの相似から一九六七年の豪米合作映画『暗闇からの旅路』という無名の作品を思い出したという。白人警官がアボリジニの部族内でおきた殺人の犯人を捕まえるためにアウトバックに派遣されるという、確かによく似た物語だが、アボリジニの役を黒塗りの白人オーストラリア人とスリランカ人が演じるという、見るも無惨な内容だったらしい[1]。それから『デッド・ハート』まで経過した三〇年という年月は、本当は一世紀ほども過ぎたのではないかと思わせるほど、オーストラリアの社会の意識も、芸能の世界も激変させた。アボリジニの役人で牧師でもあるデヴィッドを演じたアーニー・ディンゴは、現在国内を旅して様々なアクティヴィティに挑戦するバラエティ番組『ザ・グレート・アウトドアーズ』のホスト役として人気を集めるアボリジニ俳優である。ディンゴ以前にアボリジニがこういう形でテレビに登場する例は、あまりなかった。本作や『辺境に住む人々』などの出演を経て、今やディンゴはオーストラリア映画界最大のアボリジニ俳優ガルピリル（『少年と海』『ザ・ラストウェーブ』）と肩を並べたとも言われる。だが、ディンゴ自身は「もう一人のガルピリルにはなれない」と言う[2]。確かに七〇年代後半にガルピリルが醸し出した神秘的な雰囲気を、テレビバラエティのホスト役まで務めるディンゴに見ることは出来ない。だがディンゴのより人間味の深いキャラクターの浸透は、アボリジニの演技者を自然に受け入れる度量が、オーストラリアの中で醸成されつつあることを意味しているのである。

（1）Stratton, David. 'A plea for understanding', in Parsons, Nick, *Dead Heart: the screenplay.* (Currency, 1996) p. x.

（2）*Sydney Morning Herald: Metro.* November 22–28. (1997)

用語解説

オッカー

「オッカー」には、典型的な教養のないオーストラリア人労働者、がさつで野暮で愛国主義的なオーストラリア人男性、と言った意味がある。六〇年代後半のテレビ番組『メイヴィス・ブラムストン・ショウ』で、ビールをがぶ飲みする教養のないオッカーのキャラクターを、俳優ロン・フレイザーが演じたことから、「オッカー」のイメージが一般に浸透した。オーストラリア文学の上では、ジョン・ロメリルの戯曲『フローティング・ワールド』の主人公レズ・ハーディング、アレックス・ブーゾの戯曲『ノームとアーメッド』に登場するノーム・ギャラガーなどが、典型的なオッカーだと言われる。

カールトン

メルボルン大学を間近に見る、メルボルン都市部に隣接するサバーブの一つ。古くはユダヤ人街で、その後イタリア人街になった。そのため、街にはイタリア料理屋が軒を並べる。また、メルボルン大学の学生や教師、知識人などが多く居住する地域でもある。七〇年代には、ヘレン・ガーナーなどの文学者などを中心にシドニーのバルメインに相当するような文化的コロニーが形成されたこともあり、カールトンはメルボルンの文化的中心地としての役割を担い続けてきた。オーストラリア演劇史上、既に伝説的な存在にまでなったラ・ママ劇場が、現在でもこの地に健在であるほか、七〇年代にはラ・ママから巣立った劇団ＡＰＧが、やはりカールトンにプラム・ファクトリー劇場を開いたこともあり、演劇の発信地としても知られている。

キングズクロス

「クロス」の略称で全国的に知られる、シドニー都心部に近いサバーブの一つ。かつては瀟洒な住宅街であったが、第二次大戦中に駐留アメリカ兵が押し寄せ、五〇年代にはヨーロッパ系移民が流入してくることによって、そこは一種文化的解放区のような様相を呈し始めた。多くの芸術家や文学者もここに居を構えた。だが今日では、「南半球一の歓楽街」と呼ばれるとおり、メインストリートにはストリップ劇場やポルノショップが建ち並び、また近辺には娼婦や麻薬中毒患者が徘徊する騒々しい街へと変貌した。このような典型的「悪所」としての表情の一方で、キングズクロスには日系高級ホテルやバックパッカーズホテルなどの宿泊施設、観光客相手のおみやげ屋なども林立し、シドニーで最も重要な観光拠点となっている。

このようなキングズクロスの多面性は、その立地にも及んでいる。落ち着いた高級住宅地であるポッツポイントやエリザベスベイと隣接し、また一方で全くの下町であるウルムル（ここは軍港の街でもある）やダーリングハーストと隣接するというように、正反対の地域同士を繋ぐ、少々変わった位置関係にある。

クーロング海岸

サウスオーストラリア州にある国立公園。マレー川の河口から始まって、一四五キロにわたり細く長くのびるラグーンからなる。様々な水鳥の生息地になっており、ウォンバットの保護区もある。「クーロング」はアボリジニの言葉で、「細長くのびる所」とか「瀬戸」を意味する。

ゲイ＆レズビアン・マルディグラ・パレード

毎年、謝肉祭の最後の日（マルディグラ）に、シドニーで行われる、同性愛者たちの祭典。マルディグラ・パーティーとマルディグラ・パレードからなり、最近では演劇や映画上映などのイベントも数週間に渡って行われる。元々マルディグラは、一九七八年、ゲイ差別への抗議手段として、パレードを行ったのが始まりだった。当時は警官隊が出動し多くの逮捕者が出るなど、完全に反体制的な行動であったが、年々同性愛者に対する社会の理解が深まっていく中で、マルディグラ・パレードも規模を増していき、九〇年代にはいると、何十万人もの動員の見込めるシドニー最大のフェスティバルへと成長。同性愛の警察官などもパレードに参加するようになるなど、七〇年代とは完全にその意味合いが変化した。世界的にも名が聞こえるようになり、ニューサウスウェールズ州にとって重要な観光資源となっている。今日の形態は、きらびやかな衣装に身を包んだドラッグ・クィーンや、扮装したゲイ、レズビアンたちが、思い思いの山車を繰り出して、都心部からオックスフォードストリートを通って練り歩くものである。それらの山車の中には、ヘレン・デミデンコ（九四年、偽ウクライナ人として文壇スキャンダルを引き起こした女性作家。年表参照）が登場する山車、巨大なポーリン・ハンソン（九〇年代後半、「新白豪主義」とも言うべき過激な政策論をぶち、社会現象にまでなった女性政治家）の顔の山車など、その年のオーストラリア社会をにぎわせた人物や話題を敏感に取り入れているものもあり、世相を映し出す媒体としても非常に興味深い。

ディンゴ

日本犬によく似た、オーストラリアに住むほ乳類・イヌ科の野生動物。体長は平均一五〇センチほどで、色は茶色がかった黄色から、白、黒まで様々ある。アボリジニの祖先が東南アジアから渡来したときに、家畜として連れてきたものが野生化したとの説、四千年前に立ち寄ったアジア人が食料としてオーストラリア北部にもたらしたのが始まりという説がある。オーストラリア大陸唯一の肉食獣であったため、多くの有袋類の天敵として君臨し、白人が入植してからは家畜を襲う害獣として疎まれた。一方アボリジニにとっては食用であり、ペットとして飼い慣らされることもあった。決して吠えることがなく、また残忍な狩りの名人であるという性質から、アボリジニからも、そして白人にも神秘的な生き物と考えられ、ディンゴにまつわる民話や伝説は数多く存在している。

盗まれた世代

アボリジニを白人に同化させようという連邦政府の政策のもと、一九三七年から、多くのアボリジニの子供たちが、望む望まないにかかわらず、幼少時に母親から無理矢理引き離され、白人家庭に養子に出されることになった。若い世代の中でアボリジニ文化の継承が断絶されたばかりでなく、全く異なった文化の家庭や社会に適合できず、精神的ダメージを受けたり家出や犯罪に走るなど不幸な人生を送らざるを得なかったアボリジニの子供も後を絶たなかった。

このような行為は七〇年代まで継続され、その犠牲となったアボリジニの人々は今日「盗まれた世代」と呼ばれ、国内で問題化している。

バルメイン

シドニー湾に面する、シドニーのサバーブの一つ。一九世紀以来大きな造船所を擁するバルメインは、典型的な労働者の町であり、一九世紀末には、多くのパブが軒を連ねていた（バルメインの住人三六人に一軒の割合でパブがあったと言われている）。一八九〇年には、ここでオーストラリア労働党が産声を上げている。この町が伝統的に持つ左翼的な熱気は、ピーター・ダンカン監督の映画『革命の子供たち』（一九九六）で良く伝えられている。また一九七〇年代初め、デヴィッド・ウイリアムソン、ピーター・ケアリーなど多くの文化人が移り住んで、文化コロニーを形成。七〇年代を通して、文学的、文化的中心地としての役割を果たした。その頃のバルメインの様子は、作家フランク・ムアハウスの小説『酒と怒りの日々』（一九八〇）の中でまざまざと描かれている。今日でもバルメインの町並みは一九世紀から殆ど変わりはないが、かつての労働者や文化人に代わって住民の多くを裕福な階層が占め、高級住宅地としてのイメージが定着している。

フォスターズ・ビール

ビールはオーストラリアで最も愛されている飲料で、バーベキュー同様、オージーの日常生活に絶対に欠かすことの出来ないものである。数あるオーストラリア・ビールの中でも、フォスターズ・ビールは「F」のラベルが印象的な、オーストラリアを代表する銘柄。国産自動車ホールデンと共に、ごく「普通」のオーストラリア人の生活を戯画化して表現するために、必ず登場するアイテムである。

ちなみにフォスターズ醸造グループは、醸造会社としては世界で四番目に大きく、オーストラリアでは全業種あわせてもトップ一〇に入る大企業である。

ブッシュレンジャー

一八、一九世紀に、ブッシュや、時に田舎の町で追い剥ぎを働いた者たちのこと。オーストラリアに囚人が入植した一七八九年からすぐにブッシュレンジャーは登場しているが、一九世紀半ば以前には囚人としてオーストラリアに送られてきた者が、脱走してブッシュレンジャーとなるケースが殆どであった。一九世紀後半になると、貧しい小作農の子弟が生活苦からブッシュレンジャーになった。この頃の有名な者に、キャプテン・ムーンライト、キャプテン・スターライト、キャプテン・サンダーボルト、フランク・ガーディナー、ベン・ホール、狂犬モーガン、ネッド・ケリーなどがおり、彼らは殆どんがニューサウスウェールズとヴィクトリア両植民地内で活躍した。金持ちから金品を略奪して貧しい小作農に分け与えるなど義賊的な側面があったり、官憲と正面から対決姿勢をとる者がいたりしたことから、大地主や官憲の圧制に苦しむオーストラリアの一般大衆は、ブッシュレンジャーたちをむしろ英雄として見た。彼らの武勇談は、オーストラリアの民謡、小説・演劇・映画などで盛んに取り上げられている。その中でもネッド・ケリーは特に有名で、彼の独特の甲冑同様、処刑される際の辞世の言葉「人生はこんなもんさ」も、オーストラリアでは誰もが知るものとなっている。

「ブレティン」

オーストラリアの歴史上、最も重要な週刊誌。一八八〇年に、ジャーナリストのJ・F・アーチボルドとジョン・ヘイズによって創刊された。「ブレティン」は、オーストラリア国粋主義という明確な編集姿勢を持っていた。それはまず、反イギリス、反英国王室という形となって、舌鋒鋭く王室批判を繰り返す論調に反映された。また、オーストラリアの人種的な純粋性の尊重と孤立主義を提唱し、アジア人移民の増大に対する危機感を煽った。オーストラリア国内では、一八九〇年代に最初のナショナリズム高揚期を迎えるが、「ブレティン」はその思想的支柱としての役割を果たした。だが、「ブレティン」のさらに重要な役割は、一九世紀末のオーストラリア文学のメッカとも言うべき場所を提供したことだろう。レッド・ページと呼ばれた文芸特集号に掲載される誌や小説は、理想化されたブッシュマンの姿やメイトシップのかたちを描き出し、今日オーストラリアに浸透している文化的神話の源泉となった。

ヘンリー・ローソン、バンジョー・パタソンの両巨頭をはじめ、Ｃ・Ｊ・デニス、スティール・ラッドなど、文学史上重要な文学者たちが誌面を彩った。だが、文芸編集長のアルフレッド・ステファンが同誌を去ってから、「ブレティン」の文壇における影響力は程なく衰退していった。また雑誌全体を見ても、時代の流れと共に初期の若々しい先鋭的な論調も色あせたものとなり、保守的な色彩が強まっていった。第一次世界大戦でオーストラリアがイギリスに援軍を送ったことを「ブレティン」が支持したことで、同誌の保守的姿勢が露見し、後に残ったのは偏狭なレイシズムぐらいのものだった。例えば、まさに白豪主義の思想を体現する「オーストラリア人のためのオーストラリア」という同誌のスローガン（初期には「白人のためのオーストラリア」となっていた）は、六〇年代まで誌面に堂々と掲げられていたのである。第二次世界大戦が終わってから「ブレティン」の部数は激減し、一九六二年にオーストラリア合同プレスに身売りされた。現在は、アメリカの「ニューズウィーク」と提携し、総合ニュース雑誌として生まれ変わっており、かつてのオーストラリア文壇をリードした「ブレティン」の面影は、殆ど残されていない。

ホールデン

オーストラリアの国産自動車。一九三三年、当時イギリス連邦で最大の自動車部品メーカーだったホールデン社が、ＧＭオーストラリアと合併し、ＧＭ・ホールデンを設立。最初のモデルは一九四八年に発表されたが、これは大量生産によって作られた初めてのオーストラリア製自動車だった。以後、唯一の「オーストラリア車」として、ホールデンは国内で根強い人気を保ち、外国車と堂々渡り合っている。最も有名なモデルは五〇年代に発表されたＦＪホールデンであるが、例えば無軌道な自動車修理工の若者の生態を描いた一九七七年の映画『ＦＪホールデン』では、そのモデルは物語の上で重要な役割を占めている。

ラ・ママ

メルボルンの実験的小劇場。映画監督ティム・バーストルの妻ベティが、アメリカのオフオフブロードウェイの拠点「カフェ・ラ・ママ」と同じような場をオーストラリアに作りたいと希望を抱き、メルボルンのカールトンで古びた煉瓦作りの建物を入手した。かつては売春窟だったとも言われるこの二階建てのちっぽけな建物に、ベティは「ラ・ママ」と命名。程なく、音楽、パフォーマンス、自主映画上映など様々な前衛芸術を行う場所として利用され始めた。一九六七年頃からメルボルン大学のジャック・ヒバード、グレアム・ブランデル、モナッシュ大学のジョン・ロメリルなど、学生たちが芝居を上演しはじめ、やがてその集団が劇団ラ・ママとなり、さらにオーストラリアン・パフォーミング・グループ（ＡＰＧ）と名を変えた。一九七〇年には手狭となったラ・ママ劇場を離れ、プラム・ファクトリー劇場を本拠地とした。英米の戯曲ばかりを上演し、オーストラリア人独自の戯曲を上演することのほとんどなかった当時の劇界において、若いオーストラリア人劇作家の手による実験的な戯曲を上演し続けた同劇団の活動は、シドニーのジェーン・ストリート劇場、ニムロッド・ストリート劇場と並んで、オーストラリア演劇史の一大転換を意味する重要なものだった。ラ・ママとＡＰＧはオーストラリア演劇界、映画界に多数の人材を輩出したが、その中にはデヴィッド・ウィリアムソン、ブルース・スペンス、ピーター・カミンズ、ステファン・シーウェルなどがいる。劇団は一九八〇年に解散、プラム・ファクトリーも閉鎖されたが、ラ・ママ劇場は今日でも若いパフォーマーたちの様々な表現の場となっている。

ラリキン

「いつも博打と喧嘩ばかりしている、茶目っ気のある若いチンピラ」というようなものが、「ラリキン」という言葉のイメージである。この言葉はもともと、一九世紀前半のシドニー都市部で、初期入植者たちのオーストラリアで生まれた子弟たちが、徒党を組みながら往来で粗暴な振る舞いをしていたのを指して言われた言葉だった。一九世紀末から二〇世紀初頭にかけては、シドニーではグリーブやウォータールー、メルボルンではフィッツロイやリッチモンドなど、都市部のいくつかのサバーブに、それぞれ若い無頼漢たちが徒党（プッシュと呼ばれる）を組んで、その名をとどろかせていた。メイトシップの名の下に団結し、奇矯な服装をまとい、非行や犯罪を働く彼らラリキンたちは、当時の多くの文学作品の中で取り上げられ、そのイメージを決定づけた。また文学作品の中で描かれたラリキンたちの生態は、愛嬌を感じさせる、どちらかと言えば好感の持ってるような印象へと転化されていった。「ラリキン」はやがて、荒々しくも愛嬌のあるオーストラリア人男性の一典型を指す言葉として、一般に敷衍されていった。

オーストラリア史・映画関連年表

年	一般事項	映画関連
四～六万年前	東南アジアから人類がオーストラリア大陸に渡来し、アボリジニとなる。	
一七七〇	ジェームズ・クック、現在のシドニー郊外のボタニー湾に上陸。大陸東部をイギリス領と宣言。ニューサウスウェールズと命名。	
一七八七	英国軍艦バウンティ号乗組員、停泊中のタヒチで反乱。艦長ウィリアム・ブライ以下一八名は小舟に乗せられ海に流される。二ケ月の漂流後、ブライらはチモールに無事生還する。 クックと航海を共にした博物学者ジョセフ・バンクスの提案で、イギリス政府は、ボタニー湾に流刑植民地を建設することを決定。	
一七八八	アーサー・フィリップ総督率いる第一次四人護送船団がボタニー湾に到着。フィリップは初代総督に就任。	
一七九三	最初の自由移民が到着する。	
一八〇三	最初の新聞「シドニー・ガゼット」が創刊される。 マシュー・フリンダーズ、海路で大陸を一周する。	
一八〇六	ウィリアム・ブライがニューサウスウェールズ植民地総督に着任。 タスマニアに植民地が建設される。	
一八〇八	ラム酒をめぐる官吏の腐敗を引き締めようとしたウィリアム・ブライ総督が、不満分子の将校らによって逮捕、追放される。いわゆるラム酒の反乱。	
一八〇九	ラクラン・マックオリー、五代目の総督に着任。四人を積極的に起用するリベラルな政策によって、ニューサウスウェールズ植民地が軌道に乗る。	
一八一三	ブラックスランド、ウェントワース、ローソンが、シドニーを囲い	

	込むようにして立ちはだかっていたブルーマウンテンズを越え、広大な農牧地を発見する。
一八一七	最初の銀行、ニューサウスウェールズ銀行（今日のウェストパック銀行）が設立される。
一八二四	最初の商業新聞「オーストラリアン」が創刊される。 ブリズベン（のちのクイーンズランド州）に植民地建設。
一八二五	タスマニア植民地がニューサウスウェールズより分離する。
一八二八	チャールズ・スタートがダーリング、マレー河川の探検を開始。
一八二九	ウェスタンオーストラリアのスワン・リバー（のちのパース）に植民地が建設される。
一八三一	新聞「シドニー・モーニング・ヘラルド」が創刊される。
一八三五	ヴィクトリアのポート・フィリップ（のちのメルボルン）に植民地が建設される。
一八三六	トマス・ミッチェル、ヴィクトリア西部探険を開始する。 サウスオーストラリアのアデレードに植民地が建設される。
一八四〇	イギリスが、ニューサウスウェールズへの囚人輸送を廃止する。
一八四一	ニュージーランドがニューサウスウェールズから分離、独立する。
一八四三	最初の議会選挙がニューサウスウェールズで行われる。
一八四六	新聞「アーガス」が創刊。（一九五七年廃刊）。
一八四八	中国人移民が始まる。
一八五〇	シドニー大学創立。
一八五一	ヴィクトリアで金鉱発見。十年に亙るゴールドラッシュが始まる。 ポート・フィリップ地域がニューサウスウェールズより分離、ヴィクトリア植民地が成立する。
一八五三	メルボルン大学創立。
一八五四	メルボルンとポート・メルボルンの間に最初の鉄道が開通する。 メルボルンの新聞「ジ・エイジ」が創刊。

一八五五	ヴィクトリアのバララットで、高い徴税に憤った金鉱夫たちによる、ユリーカ砦の反乱が起きる。 メルボルンで鉄道建設が始まる。 中国人排斥運動の高まりを背景に、ヴィクトリア植民地で中国人移民制限法が制定される。 ニューサウスウェールズ、ヴィクトリア、タスマニアに自治政府が誕生する。	
一八五六	サウスオーストラリアに自治政府が誕生する。	
一八五八	人口が百万人を突破する。	
一八五九	クイーンズランドがニューサウスウェールズより分離、独立する。	
一八六〇	ロバート・バークとウィリアム・ウィルズら遠征隊が、メルボルンからカーペンタリア湾までの踏破に成功するも、その後一人を残して全員が死亡する。	
一八六一	ニューサウスウェールズのラミングフラット金鉱で、反中国人暴動が起き、首謀者は逮捕されるがすぐに釈放される。 第一回メルボルン・カップ開催。	
一八六四	ニューサウスウェールズのブッシュレンジャー、狂犬モーガンがヴィクトリアで包囲され、農場使用人によって射殺される。	
一八六五	ニューサウスウェールズのブッシュレンジャー、ベン・ホールが警察によって射殺される。	
一八六八	最後の流刑囚輸送船が、ウェスタンオーストラリアに到着する。	
一八七〇	ブッシュレンジャー、キャプテン・サンダーボルトがニューサウスウェールズで巡査によって射殺される。	作家マーカス・クラークが長編小説『命あるかぎり』連載を始める。
一八七四	アデレード大学創立。	
一八七六	最後の純血タスマニア・アボリジニが死亡する。	
一八七七	人口二百万人を突破する。	
一八七九	冷凍装置を持った最初の船が、ロンドンに食肉を運ぶ。食肉は、羊	

	毛に次いでオーストラリアの代表的な輸出品になる。	
一八八〇	シドニー国際博が開催される。 ブッシュレンジャー、キャプテン・ムーンライトがシドニーで絞首刑に処される。 文芸誌『ブレティン』が創刊される。 ブッシュレンジャー、ネッド・ケリーがメルボルンで絞首刑に処せられる。	
一八八一	クイーンズランド、ニューサウスウェールズ、ヴィクトリアで中国人移民制限法が成立する。	
一八八二		作家ロルフ・ホルダーウッドが長編小説『武装強盗団』の連載を「シドニー・メール」で開始する。
一八八三	シドニー・メルボルン間に鉄道開通。	
一八八七	アデレード・メルボルン間に鉄道開通。 ヘンリー・ローソン「ブレティン」で短編小説や詩を書き始める。	
一八八八	各植民地で中国人移民制限法を強化。	
一八八九	タスマニア大学創立。	
一八九〇	ウエスタンオーストラリアに自治政府誕生。 ウェスタンオーストラリアで第二次ゴールドラッシュ。	アルフレッド・ダンピア脚色の芝居『武装強盗団』初演。 バンジョー・パタソンの詩『スノーウィ・リバーから来た男』、「ブレティン」誌に掲載。
一八九一	ニューサウスウェールズで労働党が結成される	
一八九五	バンジョー・パタソン作詞による「ウォルシング・マチルダ」、クイーンズランド州ウィントンのホテルで初めて披露される。	スティール・ラッドの連載小説を「ブレティン」誌に連載開始。のちに『俺たちの農場で』となる。

一八九六		セスティアとバーネット『メルボルンカップ』。
一八九九	南アフリカのボーア戦争にイギリス側に立って義勇軍を派遣。初めての海外参戦。	アーノルド・デナム作の芝居『ケリー・ギャング、あるいはオーストラリアの装甲騎士ネッド・ケリー』初演。
一九〇〇	アボリジニ青年ジミー・ガバナーが、弟ジョー、その他一名と共にニューサウスウェールズ州内で七人の白人を殺害したとして逮捕。処刑される（『虐殺の儀式』参照）。	救世軍ジョセフ・ペリー『十字架の戦士』。
一九〇一	オーストラリア連邦成立。初代首相にエドマンド・バートンが就任。メルボルンが首都となる。連邦移民制限法が成立し、白豪主義政策が国是化される。	作家マイルズ・フランクリンの『わが青春の輝き』出版。
一九〇二	ボーア戦争の最中捕虜を無差別に殺害した咎で、ヘンリー・モラントとピーター・ハンコックが、南アフリカ・プレトリアにおける軍法会議で死刑判決を受け、同日処刑（『英雄モラント』参照）。 女性に参政権が与えられる。	
一九〇六	パプアを直轄地とする。	テイト兄弟『ケリー・ギャング物語』。
一九〇七	ウェスタンオーストラリアで、千八百キロに亙るウサギ防御フェンスが作られる（『セリア』参照）。	チャールズ・マクマホン『武装強盗団』。
一九〇八		チャールズ・マクマホン『命ある限り』。
一九一〇		オーストラリア映画最初の黄金時代始まる。救世軍ライムライト部門活動停止。
一九一一	ダグラス・モーソンがオーストラレイジアン南極遠征隊を率いて、一九一四年まで南極を探検する。	レイモンド・ロングフォードの第一作『不運な結婚式』。
一九一二		多数の映画製作会社が合併、オーストラレイジアン社誕生。

一九一三		バート・ベイリー、エドモンド・ダッガン脚色の芝居『俺たちの農場で』初演。 ニューサウスウェールズでブッシュレンジャー映画が上映禁止になる。 レイモンド・ロングフォード『オーストラリアが叫ぶ』。
一九一四	独領ニューギニアを占領。 インド洋で軍艦シドニーが、ドイツの軍艦エムデンを撃沈する。 第一次世界大戦に参戦。	
一九一五	アンザック軍によるトルコ・ダーダネルズ海峡のガリポリ半島で上陸作戦が行われる（『誓い』参照）。 C・J・デニスの韻文の物語『センチメンタル野郎の歌』出版。	アルフレッド・ロルフ『ダーダネルズ海峡の英雄』。
一九一七	大陸横断鉄道（ポートオーガスタ～カルグーリー間）が完成する。	ボーモント・スミス『我らが友人ヘイシード一家』。
一九一九	ロス・スミス、キース・スミスが初めてオーストラリア・イギリス間の飛行に成功	ウィルフレッド・ルーカス監督、キャロル＝ベイカー製作『カンガルーから来た男』。 レイモンド・ロングフォード『センチメンタル野郎』。
一九二〇	オーストラリア共産党が成立。 カンタス航空が設立される。	レイモンド・ロングフォード『俺たちの農場で』。 フランクリン・バレット『干ばつの終わり』。 ボーモント・スミス『スノーウィー・リ

一九二一		バーから来た男』。 DOI（連邦情報省）にコモンウェルス映画写真部門が設立される。
一九二二		レイモンド・ロングフォードと女優のロッティ・ライエルが、製作会社ロングフォード＝ライエル・オーストラリアン・プロダクションズを設立。
一九二三	ラジオ放送が開始される。	
一九二五	ベジマイト（パンにぬるペースト）が登場する。	レイモンド・ロングフォード、オーストラレイジアン社の監督権プロデューサーに就任。
一九二六		チャールズ・ショーヴェルのデビュー作『ムーンビの蛾』。
一九二七	メルボルンからキャンベラへ首都が移転。	ノーマン・ドーン『命ある限り』。 タール・オーデル『子ヤギの賭けレース』。
一九二八	フライングドクター制度が始まる。 キングズフォード＝スミス、サザングロス号で、アメリカ・オーストラリア間の太平洋横断飛行に成功する。	外国映画に圧倒された映画産業の適正化を目的に、国王任命調査委員会が連邦議会に答申。しかし、オーストラリア映画割当て率の制定は実現せず。 アメリカのトーキー映画『ジャズ・シンガー』がオーストラリア初公開。
一九二九	世界恐慌始まる。輸出品（羊毛、小麦）の価格が下落。失業率が高まる。	シドニーに豪華劇場ステイト・シアターがオープン。 ムービートーン社が初のトーキー・ニュース映画を公開。

一九三〇	ファー・ラップ、メルボルンカップで勝利する。	米国フォックス社、オーストラリアの映画館チェーンであるホイツ社を買収。ホイツの社長F・W・スリングはホイツを去り、エフティ社を設立。
一九三一		A・R・ハーウッド、二本のオーストラリア製長編トーキー映画を初めて公開。
一九三二	シドニー・ハーバーブリッジが開通する。 ファー・ラップ、アメリカ・サンフランシスコで急死する（『ファー・ラップ』参照）。 ABCが設立される。	F・W・スリング監督、エフティ社製作『センチメンタル野郎』。 オーストラレイジアン社、製作部門と配給部門に分裂。製作部門はシネサウンド社として生まれ変わり、ケン・G・ホールが統率する。 ケン・G・ホール監督、シネサウンド社製作『俺たちの農場で』。
一九三三		チャールズ・ショーヴェル『バウンテイ号の航跡』で、エロル・フリンが俳優デビュー。
一九三四		シドニーにナショナル・スタジオが設立される。 コメディアンのロイ・レーンをフィーチャーしたコメディ、ケン・G・ホール監督、シネサウンド社製作『こりゃ驚いたね！』。
一九三五	キングズフォード＝スミス、イギリスからオーストラリアへ飛行中、消息を絶つ。	ニューサウスウェールズ映画法成立。オーストラリア映画の割当て率を定めることで、映画製作者たちに希望を抱

一九三六		かせる。 ナショナル、シドニー・ペイジウッドに大スタジオを建設。 ナショナル、二本の映画を作ったのみで、活動停止。
一九三八		F・W・スリング急死に伴い、エフティ社活動停止。 コメディアンのジョージ・ウォレスをフィーチャーしたコメディ、ケン・G・ホール監督、シネサウンド社製作『ジョージにまかせろ』。
一九三九	オーストラリア政府、第二次世界大戦に参戦を発表する。	
一九四〇	オーストラリア軍、北アフリカでイタリア軍を破る。	チャールズ・ショーヴェル『四万の騎兵』。 シネサウンド社最後の長編映画『代議士ラッド父ちゃん』。
一九四一	対日宣戦布告。	
一九四二	オーストラリア軍、アンボン島で日本軍に投降（『アンボンで何が裁かれたか』参照）。 日本軍がダーウィンを爆撃する。 ダグラス・マッカーサー将軍、マニラからメルボルンへＧＨＱを移す。 日本軍の潜水艦がシドニー湾に侵入する。 アメリカ兵エドワード・レオンスキー、オーストラリア人女性三人を殺害した罪で、メルボルンで処刑される（『ある兵士の死』参照）。 オーストラリア軍とアメリカ軍の間で戦闘が発生、多数の死傷者が出る。いわゆる「ブリズベンの戦闘」（『ある兵士の死』参照）。	ニューギニアの対日戦線をとらえたドキュメンタリー『最前線ココダ』が米国アカデミー賞（ドキュメンタリー部門）受賞。

一九四四	オーストラリアがウェストミンスター憲章に批准。ニューサウスウェールズ・カウラ捕虜収容所で日本人捕虜の暴動。二三四人の日本人と三人のオーストラリア人が死亡。	
一九四五	第二次世界大戦終結。シドニー港の水辺労働者たちが、インドネシアの独立を支持、武器弾薬を積んだオランダ船のシドニー港入港を阻止。ハワード・フローリー、ノーベル化学賞受賞。	
一九四六	国連がオーストラリアのニューギニア信託統治を認める。	イギリスのイーリング・スタジオ製作、チップス・ラフティ主演『オヴァランダーズ』。ケン・G・ホール『スミシー』。
一九四七	国際難民機構と条約調印。ヨーロッパから大量の移住が開始される。	
一九四八	オーストラリアの自動車会社GM・ホールデンが自動車の生産を始める。	
一九四九	国民及び市民権法が施行される。「オーストラリア市民」の地位が確立する。メンジーズ政権発足。	チャールズ・ショーヴェル『マシューの息子たち』。
一九五〇	朝鮮戦争に参戦する。	
一九五一	東南アジアに対する経済援助などを盛り込んだコロンボ計画がスタート。アメリカ、ニュージーランドとのANZUS安全保障条約調印。共産党の非合法化を目的とする憲法修正案が、国民投票の結果、否決される。ノーザンテリトリーでウラニウムが発見される。最高裁が共産党解散法を無効との判断を下す。	
一九五二		イーリング・スタジオ、オーストラリ

		アでの映画製作を終了すると宣言。リー・ロビンソンとチップス・ラフティが製作会社サザン・インターナショナルを設立。ラフティ主演の冒険活劇を何本か製作。
一九五三	イギリスがサウスオーストラリアで核実験を開始する。	
一九五四	東南アジア条約機構に加盟する。	ジョン・ヘイアー『バック・オブ・ビヨンド』。
一九五五	ニューサウスウェールズ州でハンター川などいくつかの河川が氾濫。二二人溺死、一万戸が浸水し、特に同州メイトランドでは一人が死亡、一〇〇戸が流される（『ニュースフロント』参照）。	チャールズ・ショーヴェル『ジェダ』。
一九五六	毛刈り職人たちが、給料の引き下げに抗議して、四ヶ月のストライキに入る（『サンデー・トゥー・ファーラウェー』参照）。 チャンネル９によって最初のテレビ放送開始。 メルボルン・オリンピック開催。 ＤＯＩ映画部門が、コモンウェルス・フィルム・ユニットに改組。	ケン・Ｇ・ホール、シネサウンド社を退職。
一九五七		セシル・ホームズ『三つで一つ』。
一九五八	白豪主義政策の根幹である、ディクナーションテストを廃止する。	シドニー・ニューサウスウェールズ大学に、ＮＩＤＡが創設される。 ＡＦＩが設立され、ＡＦＩ賞がスタート。
一九五九	人口が一千万人を突破する。	サザン・インターナショナル、経営難により閉鎖。
一九六三		連邦議会において、オーストラリア映画産業振興の必要性を説いたヴィンセント・レポートが報告されたが、その内容は実行されなかった。

一九六四	最初の全国紙「ジ・オーストラリアン」、キャンベラで創刊。	
一九六五	メンジーズ首相、ヴェトナムに派兵。	シドニーでアンダーグラウンドの映画製作グループＵＢＵフィルムズが活動を始める。
一九六六	メンジース首相が辞職し、ホルト内閣誕生。一六年に及んだ「メンジース時代」終わる。 通貨をポンドからオーストラリア・ドルの十進法に変更。 シドニー、メルボルンで反戦デモが勢いを増す。 シドニーで小劇場ジェーン・ストリート・シアターが旗揚げ。小劇場運動の先駆けとなる。	豪英合作『彼らは奇妙な人たちだ』。 オーストラリア初の映画学校、ヴィクトリアン芸術大学映画テレビ学部設立。
一九六七	国民投票による憲法修正で、アボリジニに公民権が与えられる。 メルボルン、カールトンで小劇場ラ・ママが旗揚げ。ここから、デヴィッド・ウィリアムソン、グレアム・ブランデル、ブルース・スペンスなどの才能が輩出された。	
一九六八	ジョハネス・ブジェルク＝ピータスン、クィーンズランド州首相になり、一九年に亙る保守政治を開始する。	
一九六九	オーストラリア芸術カウンシルが設立される。	ゴートン首相、映画産業振興策を発表。 ティム・バーストルの『二千週間』。初の長編映画であり、六〇年代後半に商業ベースに乗った唯一のオーストラリア映画でもある。
一九七〇	シドニーのキングズフォード＝スミス国際空港がオープン。 各州の鉄道の軌間が統一される。 シドニーでニムロッド・ストリート・シアターが旗揚げ。	ＡＦＤＣが設立される。 実験映画テレビ基金設立。
一九七一	ゴートン政権発足。 ＯＥＣＤに加盟する。	

一九七二	二三年ぶりに労働党ホイットラム政権発足。 ヴェトナムからの完全撤兵を発表。 日本が最大の小麦・羊毛輸出相手国となる。	ブルース・ベレスフォード『バリー・マッケンジーの冒険』。
一九七三	作家パトリック・ホワイトがノーベル文学賞受賞。 シドニー・オペラハウスがオープンする。	シドニー・マックォーリー大学構内にＡＦＴＳ（後のＡＦＴＲＳ）設立。 ティム・バーストル『アルヴィン・パープル』が大ヒットをおさめる。 サウスオーストラリア映画公社設立。 コモンウェルス・フィルム・ユニット、フィルム・オーストラリアに改組。
一九七四	「アドヴァンス・オーストラリア・フェア」が国歌となる。	映画雑誌「シネマ・ペーパーズ」創刊。 ＡＦＤＣの助成を受け、ピーター・ウィアー『パリを食べた車』完成・公開。
一九七五	ジャーナリストのジュアニータ・ニールセン、シドニー都市開発反対報道に絡み、キングズクロスの自宅から失踪（『ヒートウェーブ』参照）。 シドニー、メルボルンで多言語放送のエスニック・ラジオ開始。 国連信託統治領ニューギニアと、オーストラリア領パプアをパプアニューギニアとして独立させる。 議会の混乱をおさめるため、ジョン・カー総督がエリザベス女王の名の下にウィットラム労働党内閣を総辞職に追い込み、議会も解散。保守・自由党のフレーザー政権が誕生。この異常事態に、政界はさらに混乱する。 オーストラリア芸術カウンシルがオーストリア・カウンシルに改組。	ＡＦＤＣが改組、ＡＦＣとなる。
一九七六		フレッド・スケプシ『悪魔の遊び場』。

一九七七		ヴィクトリア映画公社（後のフィルム・ヴィクトリア）設立。 ＡＦＩ賞において、レイモンド・ロングフォード賞設立。第一回受賞者はケン・Ｇ・ホール。 ウェスタンオーストラリア映画委員会設立。 ニューサウスウェールズ映画公社設立。
一九七八	最初のシドニー・マルディグラ・パレードが行われ、一五〇〇人の見物客が集まったが、警官隊が出動し、五三人が逮捕された。 ノーザンテリトリーに自治政府が成立する。	
一九七九		ジリアン・アームストロング『わが青春の輝き』で、サム・ニール、ジュディ・デーヴィスがデビュー。 ケネディ・ミラー『マッドマックス』で、メル・ギブソンが本格デビュー。
一九八〇	チェンバレン夫妻の生後九週間の赤ん坊が、エアーズロックで失踪。全国民の注目を集める事件に発展する（『クライ・イン・ザ・ダーク』参照）。八五年に赤ん坊殺しの罪で服役していたリンディ・チェンバレンが出所する。 文化多元テレビ局（ＳＢＳ）放送開始。	ブルース・ベレスフォード『英雄モラント』。
一九八一	シドニー・タワー完成。	ピーター・ウィアー『誓い』。
一九八二	作家トマス・キニーリーがオーストラリア人初のブッカー賞を受賞。	作家ピーター・ケアリーの小説『ブリス』が、マイルズ・フランクリン賞を受賞。 ジョージ・ミラー『スノーリバー』。

一九八三	フレーザー内閣辞職。ホーク首相が就任し、労働党政権発足。	連邦政府は税金優遇措置によって、一般投資を活発化させる。いわゆる「10ＢＡ」制度。
一九八四	メルボルン大学教授の歴史学者ジェフリー・ブレイニーの「アジア移民の増大が経済に悪影響を与える」という発言が、人種差別的だとして論争になる。	シドニーにベルボア・ストリート劇場開設。ジェフリー・ラッシュ、ジャクリーン・マッケンジーなどの役者を輩出する。
一九八六		キャンベラにＮＦＳＡが開館。ジェーン・カンピオンの短編『ピール』がカンヌ映画祭最優秀短編映画賞を受ける。『クロコダイル・ダンディー』が世界的な大ヒット。特にアメリカでは「史上最もヒットした外国映画」となった。アカデミー賞最優秀脚本賞を受賞。
一九八八	建国二百年祭が盛大に祝われる。キャンベラの新国会議事堂がエリザベス女王の手によってオープンする。	政府の新たな投資機関、ＦＦＣ設立。同時に10ＢＡの税制優遇を縮小。クィーンズランド映画振興局（後のフィルム・クィーンズランド設立）。ゴールドコーストに、主に外国映画が製作される、ワーナー・ロードショウ・ムービーワールド・スタジオが建設される。
一九八九		ヤフー・シリアス『ヤング・アインシュタイン』。
一九九一	ホーク首相から、同じく労働党のポール・キーティングへ政権移行。	『ブランズウィックに死す』『証拠』などの低予算映画が高い評価を得る。

一九九二	連邦高等裁判所が、エディ・マボらがクィーンズランド州に対して起こした土地所属権訴訟で、先住民に権利を認める判決を下す。	バズ・ラーマン『ダンシング・ヒーロー』。
一九九三	二〇〇〇年のオリンピック開催地にシドニーが決定。 不況の中、過去最高の失業率を記録。	ジェーン・カンピオン『ピアノ・レッスン』がカンヌ映画祭パームドール賞(グランプリ)、アカデミー賞三部門受賞。
一九九四	シドニー・ゲイ&レズビアン・マルディグラ・パレードに六〇万人の見物人が集まる。 先住民土地所属権法が成立。 作家ヘレン・デミデンコがマイルズ・フランクリン賞を受賞するが、受賞作品でも重要な意味を持つウクライナ人であるという彼女の出自が偽りであることが露見、一大文壇スキャンダルに発展する。	ステファン・エリオット『プリシラ』がアカデミー賞最優秀衣装デザイン賞獲得。
一九九五	キーティング首相が、共和制移行についての国民投票を実施するよう議会に要請。	
一九九六	キーティング労働党政権を選挙で破り、ジョン・ハワード連立保守政権発足。 タスマニア・ポートアーサーで銃の乱射事件、三二人が死亡。 無所属のポーリン・ハンソン議員が、連邦議会における演説で反アジア人移民、反アボリジニ政策を論じ、これをきっかけに国内では人種差別論が勢いを得、国外ではアジア諸国の警戒を呼ぶ。 ロックバンド・クラウデッドハウス、シドニーオペラハウス前に一〇万人の観衆を集め、解散ライブ。 連邦高等裁判所が、アボリジニ・ウィク部族の人々が、クィーンズランド州に対して起こした土地所属権訴訟で、ウィク側に権利を認める判決を下す。	クリス・ヌーナン監督、ジョージ・ミラー製作『ベイブ』がアカデミー賞最優秀視覚効果賞受賞。 シャーリー・バレット『ラブ・セレナーデ』がカンヌ映画祭カメラ・ドール賞(新人賞)受賞。
一九九七	ポーリン・ハンソン、クィーンズランドでワンネイション党を旗揚	スコット・ヒックス『シャイン』がア

げ。 「盗まれた世代」問題についてのレポートが連邦議会に提出される。(対アボリジニ)和解会議で、ハワード首相は私的に謝罪するも、公式の謝罪は拒否。
カデミー賞主演男優賞受賞。

あとがき

ここ最近のオーストラリア映画産業の躍進ぶりは、目を見張るばかりである。権威ある国際的な映画賞で、オーストラリア映画はほぼ毎年のように健闘を示すようになってきた。しかも、一年間の製作本数がたかだが二〇本から三〇本ほどであることを考えれば、オーストラリア映画全体がいかに高いクオリティを保っているかが分かる。また世界一の規模を誇るアメリカ映画界においても、オーストラリア映画産業から巣立った役者や映画監督たちが数え切れないほど参入し、ハリウッドで育った映画人には見ることの出来ない独特で新鮮な魅力を振りまいている。

日本でもオーストラリア映画の台頭に無関心ではいられなくなったようで、一〇年前と比べれば相当な数のオーストラリア映画が日本に輸入されるようになってきた。だが、オーストラリア映画の歴史を含めた全体像についての知識がわが国では殆ど蓄積されてこなかったので、残念ながら映画の紹介のされ方もかなりおざなりな場合が殆どである。これは無理もない話で、映画に限らず、オーストラリアの文化や社会に関するあらゆるものが、日本では殆ど知られてこなかったのである。オーストラリアがどのような歴史を紡いできた国なのか、特別な興味を持っている人以外は誰も知らないと言うのが、日本の現状だろう。今日、経済的・人的交流によってきわめて身近になった国について、これほど知識が欠落しているという例も珍しい。こうしたギャップを埋めたいと考えたのが、筆者が本書の執筆に取りかかったきっかけだった。

本書の構成は、第一部で映画史を概観し、第二部で七〇年代以降の重要な作品を選んで作品論を展開している。作品論の対象をあえて七〇年代以降の作品に絞り込んだのは、もちろん理由がある。七〇年を境にオーストラリア映画は、政府の全面的なバックアップによって急速に活況を呈し始めたが、何よりこの時期から、オーストラリアの映画人たちが本当の意味で、オーストラリアとは何か、オーストラリア人とは何者かという問いを、映画製作を通じて投げかけ始めたのである。したがって七〇年代以降のオーストラリア映画は、外国映画の模倣とは明らかに一線を画し、映画という媒体に、自国の社会や文化の現状があらゆる角度からどん欲に盛り込まれている。オーストラリア文化研究に従事し、単なる観光旅行や語学研修の目的地としてではない真のオーストラリアの姿を探りあてたいと考えて来た筆者にとって、現代オーストラリア映画がここ三〇年にわたり蓄積してきた成果は、我々のすぐ身近にある新しく魅力に満ちたこの国を論じるために、最も格好の材料だったのである。

もちろん、本書の第一部で触れたように、古いオーストラリア映画の中にも魅力的で、かつ文化史・社会史的に興味深い作品は山のようにある。しかも殆どは、日本ではその存在さえ全く知られていないのも事実だ。いつか機会を改めて、こうした歴史的な映画作品についても、より詳しい論考をしていきたいという強い希望を持っている。

いくつかお礼を述べておきたい。

筆者がスチール写真の版権交渉のためにシドニーに滞在していた折、思いがけなく映画製作者のアンソニー・バックリー氏からファックスをいただいた。『キャディー』『ブリス』などの製作で知られるバックリー氏は、七〇年代・八〇年代オーストラリア映画ルネッサンスの中軸を担った映画人である。ファックスには、日本の映画市場にはこれまでほんの一握りのオーストラリア映画しか入り込めておらず、日本の人々にオーストラリア映画をもっとよく知って貰うきっかけとして、本書の出版に大いに期待している、という趣旨が書かれていた。日本で初めてオーストラリア映画史の本を作るという、まさに道なき道を行くような苦しい執筆作業の中で、このような励ましがどれほど助けになったか分からない。

ＡＦＣのセラール・バヤリ氏は、一般には手に入りにくい貴重な資料をいくつも提供してくれた。バヤリ氏からの資料を基に、日本はおろかオーストラリアでも初めての試みである、ＡＦＩ賞の完全で最も新しい受賞リストを作り、巻末に掲載することが出来た。ＮＦＳＡのシャーロット・マヌー氏には、オーストラリアでのスチール写真収集のお手伝いをしていただき、大変お世話になった。もちろんそれらの写真のすべては、日本では決して手に入らないものである。巻末の索引は、文系学問領域で屈指のデーターベースの使い手である早稲田大学講師・東晴美氏の協力を得て、オーストラリア映画に関する「小辞典」とでも言えるような、詳細で便利なものになったと自負している。最後に、この研究成果を世に問うことが出来たのは、そもそも日本学術振興会がオーストラリアでの学術調査を二年間にわたって全面的にバックアップしてくれたお陰である。ここに記して、お礼を言いたい。

一九九八年四月吉日

佐和田敬司

増補　九〇年代後半以降のオーストラリア映画

今日、世界中の映画館を席巻しているハリウッド映画も、目を凝らしてみると「オーストラリア」が見えてくる。ラッセル・クロウ、ニコール・キッドマン、ケイト・ブランシェットなど華やかなスターたちは、オーストラリア映画界から巣立っていった役者たちだ。名優ジェフリー・ラッシュや、『マトリックス（The Matrix）』（九九、〇三）シリーズの悪役で存在感を示したヒューゴ・ウィーヴィング、オーストラリア映画『チョッパー・リード　史上最凶の殺人鬼（Chopper）』（〇〇）で衝撃的に頭角を現し、『ハルク（Hulk）』（〇三）の主役に抜擢されたエリック・バナ。多くのハリウッド映画が、優秀な技術スタッフと俳優を抱えるオーストラリアで制作されている。ニコール・キッドマンとオーストラリアの映画監督バズ・ラーマンが組んだ『ムーラン・ルージュ（Moulin Rouge!）』（〇一）など、オーストラリアの才能とハリウッドが結集した作品も生まれる。『月のひつじ（The Dish）』（〇〇）、『ケリー・ザ・ギャング（Ned Kelly）』（〇三）、『ジャパニーズ・ストーリー（Japanese Story）』（〇三）では、ハリウッドで活躍中のサム・ニール、ヒース・レジャー、トニ・コレットが古巣に帰って主役を張っている。日本のオーストラリア映画の認知度も、彼らの国際的な活躍により、確固たるものになった。

本書の初版は、九六年までのオーストラリア映画の歴史と動向をカバーしたもので、最後に扱った作品が『デッド・ハート（Dead Heart）』（九六）だった。これは、ニック・パーソンズの戯曲に、ブライアン・ブラウンが惚れ込んで映画化した作品だ。奥地を舞台に、白人とアボリジニの摩擦、伝統と現実が交錯する中で、翻弄されていく人々の姿が描き出されている。本書で指摘したように、オーストラリア映画のいくつかの特色に、演劇と映画の近しい関係、また、社会を映しだす鏡としての役割を指摘したが、『デッド・ハート』がその二つの特色を兼ね備えていたことは、はからずも象徴的であった。本稿は、九六年以降のオーストラリア映画の動向について概観する。そして、『デッド・ハート』に見られた、二つの特色を今日も維持し続けていることがオーストラリア映画の大きな魅力になっていることを示してみたい。

まず、演劇との関わりは、オーストラリア映画が長い沈黙の期間を経て七〇年代初頭から復活の「のろし」をあげた時にさかのぼる。当時、英米文化の亜流ではない独自のものを創造したいという熱気の中から登場した演劇人たちが、こぞってオーストラリア映画産業の再建に合流した。そこで生まれたのが、荒々しくバイタリティーに満ちた主人公、すなわち典型的オーストラリア人を意味する「オッカー」たちが活躍する一連の作品群である。演劇の映像化は概して失敗が多いが、オーストラリア映画では成功した多くの作品が世に送り出されてきた。九〇年代後半以降では、『ランタナ（Lantana）』（〇一）が記憶に新しい。四組のカップルが、一人の死体が発見されることによって、繊細な運命の網の目に絡みとられ、不倫関係や横恋慕など複雑で背徳的な関係があばかれ、その愛の行方をあらわにしていく。一見幾何学的に見える男女の結びつきの中で、濃厚な人間関係を描き出していく展開は、限定された時間と空間の中で人間を定点観測する演劇の手法が、映像の中で効果的に再現され、作品の確かな人物造形に貢献している。この『ランタナ』の原作となる戯曲『スピーキング・イン・タングズ（Speaking in Tongues）』（九六）を書いたのはメルボルンの実力派劇作家アンドリュー・ボヴェルである。

舞台のインパクトがそのまま映画化され成功した作品も少なくない。シドニー・シアターカンパニーの舞台『タップ・ドッグス』は、ネルシャツにジーンズ、鉄板入りのワーク・ブーツの若者たちが、タップ・ダンスを踊るパフォーマンスである。日本を含めて全世界をツアーして成功を収めた『タップ・ドッグス』のパフォーマンスは、そのいでたちがオーストラリアの労働者階級の象徴であり、二〇〇〇年のシドニー・オリンピックの開会式のセレモニーでもフィーチャーされた。このパフォーマンスを映画化したのが『タップ・ドッグス（Bootmen）』（〇〇）である。映画の構成としては、舞台版『タップ・ドッグス』に、その続編の舞台『スチールシティ』がかけ合わせられている。そもそも『タップ・ドッグス』は純粋に、ごく普通の青年たちがスチールをはめたワーキングブーツで音を奏でるという、従来のクラッシックなタップダンスにはない荒々しさ、若々しさ、自由さが受けたものだった。一方、『スチールシティ』では、舞台をニューカッスルに限定し、そこの主産業である鉄鋼業と、ダンサーのブーツ裏につけられた鋼鉄のモチーフを重ね合わせ、鉄鋼の町で生きる若者たちの日常が、いっさいせりふなしで、タップで表現された。ところが、映画『タップ・ドッグス』は、青春ドラマと、舞台のメイキングと、舞台のドキュメントがごっちゃになっている。最後は『スチールシティ』の舞台に収斂していくのだが、そこまでのいきさつが、ありふれた青春ドラマ（兄弟の恋の駆け引き。不良グループとの抗争とカーチェイス、弟の非業の死）で複雑化し、舞台『タップ・ドッグス』の、ブーツの叩き出す音色のみで全てを語るシンプルさからはかけ離れてしまった。やりようによっては、第二の『ダンシングヒーロー』になりえたかもしれず、オーストラリアの音楽もの／ダンスものという既成の特異ジャンルと相まって、新たな地平を切り開ける可能性もあっただけに残念ではある。

舞台から生まれた映画作品の中で、一風変わったところでは、ギリシャ系のニック・ジアノポロスが九〇年代に一〇年にわたりオーストラリア各地をツアーしてまわった一連のコメディー・ショーの映画化、『ザ・ウォグ・ボーイ（The Wog Boy）』（〇〇）がある。これは、オーストラリア社会の変遷を見事に写し取っていて大変興味深い作品である。ギリシャ系移民の青年や中東系移民、アジア系移民などが、アングロ系オーストラリア人によって支配された社会をハチャメチャな活躍によって転覆させる物語だ。ジアノポロス演じる主人公、ギリシャ系移民の青年スティーヴは、失業手当に頼って暮らしているが、いつも仲間とダンスに明け暮れる毎日である。また、ギリシャ人コミュニティの顔役としても多忙である。労働省の女性大臣は、このような失業者たちを懲らしめて働かせる政策を打ち出した。ひょんなことから、やり玉にあがったスティーヴは、テレビの公開討論番組に失業者側の代表者として出演させられた。当初は、批判される一方だったが、スティーヴも独自の見解を展開し、特に自分がウォグ（Wog＝地中海系の移民の蔑称。転じて、移民全体の蔑称）であるというアイデンティティ論を展開。このテレビ討論を境に、スティーヴは一躍有名人となり、テレビコマーシャルに出演するなど国民的スターにまで上り詰めようとする。しかし、彼の仲間のフランクを含め、彼を応援していたギリシャ人コミュニティは、ビッグになってしまったスティーヴから離れてしまう。このようなスティーヴ人気に着目した労働大臣は、労働を促すプロパガンダに利用しようと画策しはじめる。スティーヴはそのことを偶然にも知り、のぼせていた自分に気づき、かつての仲間達と協力して大臣の野望をくじく・・・。映画は、ギリシャ系移民の多いメルボルンを舞台にしている。ギリシャ系移民は「ウォグ」という蔑称からもわかるように、長い間差別されてきた。けれども映画の中で、主人公は自ら「ウォグ」と名乗ることによって、「ウォグ」であることをそのものを自分のアイデンティティであると認め、それを生きていく力に転化してヒーローになっていく。ここで大事なことは、スティーヴが、今までアングロケルティックが占めていたオーストラリア文化を見事に踏襲する形で国民的ヒーローになったことである。例えば、スティーヴは明らかにクロコダイルダンディを意識して、ギリシャの民俗衣装にクロコダイルダンディの帽子をかぶる。また、有名になり上流階級が集まるパーティに招待され、文化的ギャップを全面に押し出して、上流の人たちを自分のペースに巻き込んでいく姿も、洗練されたニューヨーカーをブッシュカルチャーの魅力で虜にしたクロコダイルダンディの姿に重なる。スノッブなものに対するアンチテーゼを提示するのが、オーストラリア文化の描き方だった。今、その立場がギリシャ人移民にとってかわり、反抗の対象となるのがアングロケルティック全体になっているのである。「ウォグ」であるギリシャ系のスティーヴは、既にギリシャ人というよりは、生粋の「オッカー」である。それだからこそ、本作の中で、スティーヴはヒーローになり得たし、国内で映画自体が支持されたのである。このように、彼のハチャメチャな行動体系が実は、先述した七〇年代初頭のオッカー映画や、『クロコダイルダンディ』の主人公たちを彷彿とさせることが注目される。かつての主役であったオーストラリア人は転覆すべき権威側にまわされている一方で、ウォグたちは移民であることによってその母国の文化を色濃く背負いながらも、反権威の陽気な荒くれ者という伝統的なオーストラリア人像をなぞってゆく。このような変転するオーストラリアのナショナル・アイデンティティが映し出されていくのが興味深い。ちなみに、二〇〇三年に多言語放送局ＳＢＳテレビのシリーズから映画化され話題となった『ファット・ピッツァ（Fat Pizza）』も、『ザ・ウォグ・ボーイ』をさらに過激にした中東系オッカーの大活躍する作品である。

『ザ・ウォグ・ボーイ』にもみられるように、常に社会を映し出し続ける鏡の役割をオーストラリア映画は担ってきた。また、それが映画に期待されていることでもある。例えば『ダンス・ミー・トゥ・マイ・ソング（Dance Me to My Song）』（九八）は、四肢の重度の麻痺を負って、日常生活に介助が不可欠な女性が恋をしセックスを求める姿をダイレクトに取り扱った。老人の愛と性の問題を真摯に問いかけた『もういちど（Innocence）』（〇〇）、隔離の島でのハンセン病患者の苦難と、それを救おうとする神父の苦闘という真実の物語に光を当てた『モロカイ（Molokai: The Story of Father Damien）』（九九）など、ポール・コックス監督の一連の作品も、オーストラリア映画ならではのものだ。このようにタブー視されがちなテーマを正面から取り上げ、弱者やマイノリティーが共生できる社会がどうあるべきかを考えさせる作品が少なからずある。

『ウォーキング・オン・ウォーター（Walking on Water）』（〇二）は、三人のゲイと女性一人の共同生活を描く。一人のゲイが死の病にかかり、八カ月にわたる仲間の介護の末に看取られて死ぬ。葬式を経て皆の生活が少しずつ変わっていき、最後は皆それぞれの道を歩むために共同生活にピリオドを打つ。このモチーフは、オーストラリアの他の芸術作品にも見ることができる。例えば、ウィリアム・ヤンの、自らがとった写真のスライド上演に語りを組み合わせたパフォーマンスがある。中国系オーストラリア人でゲイでもある彼は、多くの友人をエイズで亡くし、その死の床にゲイの家族として看病しながら立ち会い、死んでゆく様を克明にカメラで記憶していく。このように、ゲイ・コミュニティとその背後にある死の存在は、オーストラリアの芸術にインスピレーションを与え続けてきた。父親と母親と子供という通常の家族の形態からはみ出してしまう彼らは、しかし一人では生きられずに疑似家族を作って生きる。そして、子供を産み育てることによって生命を繋いでいく「通常の」家族の役割とは無縁のところにある彼らにとって、死の喪失感ははるかに重く、特別な意味を持っているのだ。

先に述べたように、オーストラリア俳優のハリウッドでの大活躍によって、日本のファンは彼らのオーストラリアでの出世作を渉猟するようになった。また、オーストラリア映画自体、日本でも徐々に認知される存在になってきたことは事実である。だが、封切り作品やビデオとして日本にいくら輸入されても、あいかわらず日本では、オーストラリアの社会や文化への関心の薄さから、映画が描き出す社会像にまで思いを馳せることが多くない。しかしオーストラリア映画が自国の自画像のみならず、例えば自国と日本に関する物語を描いた時に、私たちも、その「日本の表象」を通して現代世界の中での日本像、そして最も身近な隣国との関係について、強く意識せざるをえない。『ジャパニーズ・ストーリー』は、「日本」を題材にした作品だ。オーストラリアに日本から若いビジネスマンが視察に訪れる。会社の商談をまとめるために案内役を任された地質学者のサンディ（トニ・コレット）は、いやいやその任に着く。日本人のヒロも、初めは心を開かないが、奥地の砂漠で車がエンストを起こして一晩二人だけの野宿を余儀なくされ、翌朝力を合わせて窮地を脱したときから二人はうち解け、やがて結ばれる。ヒロも、ごみごみした日本と全く違う奥地の光景に心奪われ、日本のしがらみを象徴する携帯電話も使わなくなる。サイディは、彼に妻子がいることを打ち明けられる。それでも、奥地の風景の中にいる二人の間には、ゆったりした空気が流れている。だが、沼で水遊びをしていたときに事故が起こり、ヒロは死んでしまう。半狂乱になりながらも、なんとか彼の遺体を連れて帰るサンディ。会社は何とか穏便に済まそうと、万全を尽くす。やがて日本から彼の妻がやってくる。サンディはうちひしがれ動揺しながらも、気丈に妻の夫との再会をエスコートする。そして妻が機上の人となるとき、いてもたってもいられなくなって、自分の責任で彼が死んだことを打ち明ける。妻は感謝し、夫が生前にサンディに書いた手紙を手渡す。そこには、オーストラリアの奥地での出会いに感動したことが素朴な言葉でつづられていた。サンディは、いつまでも妻の乗った飛行機を見送る。日本人ヒロの描き方は、伝統的な日本人のステレオタイプもまだ残ってはいるけれども、その他の演技が人間的で自然なために、日本人の目から見てさほど違和感がない。だが時に、ヒロは違う一面も見せる。ヒロの細くてしなやかな肉体に見とれ、また、結ばれるときにもヒロを寝そべらせたままその体をいつくしむサンディ。さらに、死んでしまったヒロを何とか自動車に載せようと、奮闘する場面。まるで彼はエキゾチックな「人形」である。夫を失った妻の、取り乱すことのない慎ましい所作も、まるで能をみているような感じがする。サンディはもともと感情豊かな普通のオージー娘なのだが、ヒロと結ばれるとき、そして妻と別れるときに、何か厳粛な儀式に立ち会っているように見える。この作品は、日本人とオーストラリア人が対等に理解し合うなどという話ではなく、むしろサンディの心の中の「ジャパニーズ・ストーリー」なのであって、彼女はヒロという人形を相手に、またその妻との厳粛で儀式的なやりとりを通じて、何か未知の精神の片鱗に触れようとしているようだ。もうひとつ特徴的なのが、それらのシーンの時に決まって流れるのが、沖縄の民謡であるということだ。「未知の精神」に触れるような気分にさせる音楽として選ばれたのが、沖縄の民謡であるのが興味深い。沖縄の音楽によって日本を表象させるという試みは、この作品が最初ではないだろう。だがこのような趣向を用いて創作された海外の作品を沖縄人以外の日本人が触れたとき、違和感を感じたり、例えばオーストラリア人と同じ立場に立ってエキゾチシズムをくすぐられるのか、それとも自然に受けいれるのか。いずれにせよ日本人の観客にとってはと日本の文化や伝統とは何なのかを改めて考えさせられるだろう。そして重要なことは、オーストラリア映画史において、アウトバックの描き方にまた新たな色が加わったことだ。印象的なのは冒頭、アウトバックで車を疾走させるヒロが、カーステレオでアボリジニ・ロックバンド、ヨス・インディの代表曲「トリーティ」を流していたが、それを止め、坂本龍一の沖縄民謡から採った曲を流し始めること。沖縄民謡をバックに見るアウトバックは、これまでなかった新鮮な印象を与える。赤茶けた砂漠と沖縄の海のイメージ、埃立つ苛酷な大地と、穏やかな時間。これほどのアンバランスが、しかし、アウトバックの一つの現実となりつつある。かつて暴れ馬を乗り回していた奥地の荒くれ男たちは、今は日本の鉱山開発会社の社員であり、ヒロに対して流ちょうな日本語と、名刺交換の作法を披露する。グローバル化が奥地の風景を、塗り替えようとしている。（もちろん地質学者として砂漠でのサバイバルに長けているサンディも、かつての、荒くれ男たちのアウトバックとは違う色を添えている）。制作者グループはかつて、『ニルへの道』という、オーストラリアの田舎町の気の遠くなるような距離感を、車と車の延々と続く行き違いによって表現する映画を作った。この、都市に住む人間にとってあらゆる尺度を狂わされる奥地という一つの視点が、日本の色、沖縄の色を添えられて、さらに魅力的に立ち上がってくるのを感じる。

映画は、現代のオーストラリア社会における最も重要な関心事であるアボリジニを取り巻く問題も積極的に取り上げてきた。白人同化政策による「ストールン・ジェネレーション」を扱った映画である『裸足の一五〇〇マイル（Rabbit Proof Fence）』（〇二）は日本でもヒットし、オーストラリアにおける先住民問題を、日本の人々に幅広く伝え、また日本の先住民問題に一石を投じるという重要な役割を果たした。『裸足の一五〇〇マイル』は、一九一五年から二五年にわたってアボリジニ保護官の職にあり、アボリジニに対する同化政策の中心人物だったA・O・ネヴィルが、ウェスタンオーストラリアのアボリジニの人々の暮らしに大きな影響を及ぼした時代を描く。ちなみに、デヴィッド・ウィンマーの戯曲、ニール・アームフィールドの演出により、二〇〇一年にシドニーのベルボア・ストリート劇場で上演された舞台『アリワ！』も、アボリジニの母娘（先住民劇作家・詩人ジャック・デーヴィスの母と姉たち）とネヴィルとの間の実在する書簡を軸にして作られた作品であり、彼の足跡の重さが分かる。ネヴィルは、『裸足の一五〇〇マイル』の中で、ハーフカースト（アボリジニと白人の混血）の子供をアボリジニの親から引き離し、何世代か経ることで白人に同化させるという「生物学的同化」理論を展開してみせる。主人公であるハーフカーストの三人のアボリジニ姉妹も、警官達によって「合法的に」連れ去られて施設に送られ、ネヴィルによって、白人との同化が出来るか肌の色をチェックされる。長女のモリーの行動力で三姉妹は脱走するが、ネヴィルはアボリジニ保護局のメンツをかけて、三人の連れ戻しを指示する。その役を命じられたのが、トラッカー（奥地を案内して警察を補佐するアボリジニ）であるが、彼も娘を施設に入れられており、人質を取られた形で任務を遂行するという立場にある。三姉妹は、白人の父が作っていたフェンスをたどれば家族に再会出来ると信じ、そのフェンスを辿って砂漠を歩き続ける。もともとこの延々とめぐらされたフェンスは、白人がヨーロッパから持ち込んだウサギが大繁殖し、甚大な環境破壊をもたらしたため、ウサギの大群への防波堤として全大陸規模で作られたものである。アボリジニの土地に対して白人がもたらした、このもうひとつの害悪を象徴するフェンスの設置工事に、三姉妹の白人の父親が携わり、しかも彼女たちがこのフェンスの目の前で連れ去られたときにも、父は傍観していただけだった。にもかかわらず姉妹はそのフェンスを伝って故郷に帰ろうとし、彼女たちのアボリジニの母もフェンスを握りしめて、娘たちの帰りを待ちわびている。このフェンスをめぐって交錯する想いが、三姉妹の境遇を創出したオーストラリアの歴史の暗く複雑な部分を表象している。砂漠をさすらう間に、やがて次女はだまされて捕まり、長女と三女だけが母と祖母との再会を果たす。興味深いのは、この物語の後日談が、ドキュメンタリーとして付け加えられていることだ。長女はブッシュに隠れて暮らし、やがて子供を二人もうけるがまた施設に連れて行かれ、ふたたび子供とともに故郷に帰還する。現在は末妹とともに存命であることが紹介される。そしてこの物語自体、モリーの実娘が書いた小説を原作にしていることが明かされる。この部分が、今日のオーストラリアにおける、先住民に関する表現に共通する重要な点だ。アボリジニのストーリーテリングの伝統が意識されているのはもちろんのこと、本当にあった話を本人が語ることによって、観る者をその現実の重さに直面させるという構造がある。これは、現代アボリジニ演劇を代表作する舞台、ジェーン・ハリソン作、ウェスリー・イノック演出『ストールン（Stolen）』（九八）において、ストールン・ジェネレーションに属するアボリジニの役者たちが、物語から離れ、当事者として自らの物語を語る名場面をも彷彿とさせる。この作品についてもう一つ特筆すべきは、アボリジニ俳優の競演である。母親役は、舞台『ニンガリ』の全国ツアーによって名声を高めたニンガリ・ローフォード。トラッカーを演じたのは、あとに述べるデヴィッド・ガルピリル、そして三姉妹を助けるアボリジニ女性として、一人舞台『嘆きの七段階（The 7 Stages of Grieving）』（九六）で頭角を現し、映画『レイディアンス』（九八）で先住民女性として初めてＡＦＩ主演女優賞を受賞し、人気連続ドラマ『私たちの秘密の生活（The Secret Life of Us）』の出演で「トレンディ俳優」の仲間入りもしたデボラ・メイルマン。彼らの活躍は、現在におけるアボリジニの演技者たちのかつてない層の厚さを表している。

二〇〇二年、テーマを「和解」に据えたアデレード・フェスティバルでは、初めて映画部門を設けた。その映画部門でもアボリジニに関する映画が大部分を占めた。『ザ・トラッカー（The Tracker)』（〇二)、『雲の下を（Beneath Clouds)』（〇二)、『カッバーリ（Kabbarli: A Film About Daisy Bates)』（〇二)、『オーストラリアン・ルールズ(Australian Rules)』（〇二）がそれである。

『ザ・トラッカー』は、一九二二年の奥地を描いた作品だ。白人女性を殺したアボリジニの男を捜索するために、白人の警官隊と彼らの道案内（トラッカー）のアボリジニの男性が奥地に足を踏み入れる。アボリジニを人とも思わず無差別に虐殺してゆく隊長とそれに反発を感じる部下の青年、ただ犬のように鎖につながれて隊に従うトラッカー。このトラッカー役が、前述のデヴィッド・ガルピリルである。彼は表面的な諦観の奥に強い意志を秘め、青年の寝ている間に残忍な隊長を処刑し、白人をレイプしたアボリジニを、青年の見ている前で部族の掟に従って罰する。入植したばかりの青年に、白人とは全く違うアボリジニの文化と秩序を見せ、次の世代に今とは違う白人とアボリジニの関係を築いて欲しいと望みを託すかのようなトラッカーは、神々しく見える。ガルピリルは『裸足の一五〇〇マイル』でもトラッカーを演じている。白人のアボリジニに対する横暴に荷担するかのように見えて、実は冷静に白人社会を見つめ、アボリジニとしての誇りを捨てず、敢然と行動を起こす人物を演じて、ガルピリルの右に出る者はいないだろう。彼のオーストラリア映画史に果たしてきた貢献を称え、同フェスティバルでの『ザ・トラッカー』公開時に、彼の出世作『少年と海（Storm Boy)』（七六）で競演した子役（グレッグ・ロウ）との再会が用意された。

『カッバーリ』は、一九二〇年代から三〇年代の二〇年間にわたり、ナラバー平原でフィールド・ワークを続けたアマチュア人類学者デイジー・ベイツの伝記を映画化したものである。伝記とは言っても、功績を称えるものではなく、人類学者がアボリジニ研究によって引き起こした罪の部分を暴き出している。彼女は、研究対象のアボリジニが白人文化と交わったり、混血が生まれたりして「そのままの状態」を失うことのないように活動する。その活動がエスカレートして彼女は、アボリジニを支配し女王のように振る舞うという矛盾。アイルランド人でありながら、大英帝国の権威を自らに重ねるという矛盾。二重、三重の矛盾を描き出し、植民地主義の醜悪さ、その支配の論理を支え続けたアカデミズムの罪深さを糾弾する。彼女の研究がもてはやされた時代は過去のものとなり、急速に変化する白人社会の中において、彼女の足跡は西洋がアボリジニ対して行った不正義の一つの証拠品と言える。

『雲の下を』は、アボリジニをとりまく現在の環境を扱う。作品は、父を求めて家出した少女レーナと、危篤の母に会うために少年院を脱走した少年ボーンが偶然に出会い、ヒッチハイクをしながら旅を続ける姿を叙情的に描くロード・ムービーである。ありがちなオーストラリアのロード・ムービーでは、観光のＣＭにでも使えそうなフォトジェニックな風景を取り入れるのだが、この作品では巨大な工場、地響きを立てて走り抜けるトラック、田舎の荒涼とした光景が、しかしオーストラリアを感じさせるどこまでも続く空の下に広がっている。差別と偏見のために罪を犯し続け、刑務所を出入りしなければならない、無数のアボリジニ青少年が抱える現実が、ボーンについて回る。その悲しみが彼の表情の中に切々と訴えられている。このようないたたまれない現実を描くアイヴァン・セン監督自身、アボリジニの血を引いている。アボリジニが長編映画を監督し、それが公開されることは実はまだ多くはない。短編映画を別にすれば、九三年のトレーシー・モファット監督『ビーデビル（Bedevil）』が、アボリジニが監督をした最初の劇場用長編映画とされている。

　数少ない成功したアボリジニ監督の一人がレイチェル・パーキンズで、彼女が劇作家ルイス・ナウラの代表的戯曲を映画化した『レイディアンス』は、デボラ・メイルマンというアボリジニ女優の大スターを生み、ヒットした。パーキンズの最新の作品『ワン・ナイト・ザ・ムーン（One Night The Moon）』（〇一）は、劇作家のジョン・ロメリルが脚本を手がける音楽劇であり、オーストラリアの心を骨太に歌い上げることで知られるポール・ケリーが主演と音楽を担当する。本作は、月に魅せられて少女が奥地に神隠しにあうという物語だが、奥地に消えていく子供というモチーフは、オーストラリアのさまざまな芸術のインスピレーションをかき立ててきたものである。また、アボリジニを差別し排除することによって、むざむざと命が失われていく筋も、かつての奥地にいくらあっても不思議ではない物語だ。過酷な自然を前にして、偏狭な心に束縛され、大切なものを失ってしまう白人の愚かさと非力さをも、この物語は伝えている。

『オーストラリアン・ルールズ』は、国民的スポーツであるフットボールのジュニア選手である白人の主人公と親友のアボリジニの少年に起きる悲劇という、実話に基づいた小説の映画化である。この作品がアデレード・フェスティバルで上映された時、会場周辺に抗議者が詰めかけ騒然となった。抗議者は「アボリジニをステレオタイプ的に扱っている」、「人種差別的なセリフや物語が差別を助長する」と主張した。この映画はむしろ人種差別をなくし、和解を促進する立場であったにもかかわらず、抗議にさらされた。実際の出来事に基づいた作品を作る時、いかに当事者の心を傷つけるかを意識し、彼らの納得のいくまで話し合いをしなければならないという姿勢が、それまで映画制作者に徹底されてこなかったことが、この件で浮き彫りになった。この問題は、それがアボリジニに関する場合、重要さを増す。映画史において、アボリジニは常に語られ、描かれる側であった。彼ら自身の声が画面を通して観客に届けられるようになったのは、ついこの間のことであり、長い間アボリジニは沈黙を強いられてきたのである。いくら彼らの身に立っていると言っても、彼らの代わりに彼らのことを語るということが傲慢な収奪行為になりかねない以上、アボリジニの人々と話し合ってその声を最大限に取り上げていくことが厳然と求められている。作品を取り巻く出来事は、映画制作がこの「新しい」問題とどう折り合いをつけるのかという議論を喚起した。

オーストラリア映画は社会を映しだす鏡だ。きれいごとだけではなく、例え痛みを伴ってもオーストラリアの負の歴史や現在をも含めて取り上げていく。そして、社会もそれを期待と厳しい眼差しで注目している。オーストラリア映画を見ることは、オーストラリア社会をスクリーンの向こうに透かし見ることなのだ。

（本稿は、『日豪プレス』二〇〇三年九月号に「アボリジニとオーストラリア映画」と題して掲載され、さらにオーストラリア大使館発行のファクトシート『オーストラリア映画事情ＵＰＤＡＴＥ』（二〇〇三年）として出版されたものに、大幅に加筆した。）

索引

【A】
ＡＢＢＡ　437
ＡＢＣ　64, 76
ＡＦＣ(オーストラリア映画委員会 Australian Film Commission)　72, 74, 75, 76, 93, 102, 153, 160, 176, 341, 393, 402, 420, 421
ＡＦＤＣ(オーストラリア映画振興社 Australian Film Development Corporation)　72, 93, 102, 176
ＡＦＩ(オーストラリア映画協会 Australian Film Institute)　27, 65, 77
ＡＦＴＲＳ(オーストラリア映画テレビラジオ学校 Australian Film,Television and Radio School)　72, 73, 77, 176, 421, 438, 474, 489
ＡＦＴＳ(オーストラリア映画テレビ学校 Australian Film and Television School)　72, 284
ＡＰＧ(オーストラリアン・パフォーミング・グループ Australian Performing Group)　84, 126, 179
ＡＴＹＰ
→オーストラリア青年劇団
『ＡＹＡ』(1991)　283

【B】
ＢＦＩ
→英国映画協会
『ＢＭＸアドベンチャー』(BMX Bandits 1983)　355

【D】
ＤＯＩ(連邦情報省)　51, 58, 59, 62, 63, 64, 68

【F】
ＦＦＣ(オーストラリア映画融資公社 Australian Film Finance Corporation)　75, 76, 393, 443

【L】
『Ｌ．Ａ．コンフィデンシャル』(1997)　402, 429

【M】
Ｍ&Ａプロダクション(M & A Production)　410
『Ｍ★Ａ★Ｓ★Ｈ』(1970)　191
ＭＧＭ　247

【N】
ＮＦＳＡ
→国立映画音声資料館
ＮＩＤＡ(国立演劇学校 National Institute for Dramatic Art)　72, 77, 115, 116, 178, 186, 246, 276, 400, 413, 475, 489

【O】
ＯＺフィルム(Oz Film)　310

【Q】
Ｑシアターカンパニー(Q Theatre Company)　186

【S】
ＳＡＦＣ(サウスオーストラリア映画公社 South Australian Film Corporation)　73, 102, 104, 110, 129, 194

【U】
ＵＢＵフィルムズ(UBU Films)　70

【V】
ＶＣＡ
→ヴィクトリアン芸術大学映画テレビ学部

【W】
ＷＷＦ
→水辺労働者連合映画ユニット

【Y】
YOU AM I　128

【ア】
『アーヴィルの上のハンマー』(Hammers Over The Arvil 1984)　350
アーギュー，デヴィッド(Argue, David)　201, 358, 455
アーゴール，レイ(Argall, Ray)　365, 406
アーバリー，ヘクター(Ubarry, Hechter)　294
アービング，ルイス(Irving, Louis)　304
アーミガー，マーティン(Armiger, Martin)　338
アームストロング，ジリアン(Armstrong, Gillian)　72, 73, 76, 138, 180, 239, 319, 475
アームストロング，スー(Armstrong, Sue)　209
アームフィールド，ニール(Armfield, Neil)　291, 387, 480, 490
アイヴェンズ，ジョーリス(Ivens, Joris)　64
『愛国の叛乱』(Loyal Rebel 1915)　10
アイコン・プロダクション　26, 179
アイスハウス(ICEHOUSE)　342
『アイスマン』(1984)　336

『愛する者たち』(Those Who Love 1926) 36
『愛の奇跡』(Annie's Coming Out 1984) 246, 392, 409
『愛をゆずった女』(Silver City 1984) 114, 122, 179, 264, 265, 278, 375, 394, 414, 490
『暁』(Sunrise 1926) 27
『悪魔の遊び場』(Devil's Playground, The 1928) 122
『悪魔の遊び場』(Devil's Playground, The 1976) 107, 117, 138, 139, 157, 158, 159, 277, 393
『あけぼの』(Dawn 1979) 109
アスキュー, リン(Askew, Lyn) 322, 323
アストラル・フィルムズ(Astral Films) 455
アソシエイテッドR&Rフィルムズ(Associated R & R Films) 201
アダムズ, ギャリー(Adams, Gary) 403
アダムズ, フィリップ(Adams, Phillip) 87, 123, 135, 176, 240, 422
アダムズ・パッカー・フィルム・プロダクションズ(Adams Packer Film Productions) 240
アダムソン, ロッド(Adamson, Rod) 104
「アドヴァンス・オーストラリア・フェア」(Advance Australia Fair) 49
『あの目あの空』(That eye the sky 1995) 378
アブロモビッチ, ハリナ(Abromowicz, Halina) 278
アマグラ, ナンジワラ(Amagula, Nandjiwarra) 141
アマルガメイテッド・ピクチャーズ(Amalgamated Pictures) 13, 14, 16, 17, 19, 20
『あやまちて改むるにはばかることなかれ』(It is Never Too Late to Mend 1911) 16
アラン, カメロン(Allan, Cameron) 221
アランスー, ジョン(Alansu, John) 469
アリーギー, ルーシアーナ(Arrighi, Luciana) 180
アリソン, トニー(Allison, Tony) 129
『アルヴィン・パープル』(Alvin Purple 1973) 85, 107, 114, 127, 177
『ある国の旅』(Journey of a Nation 1947) 63
『アルジーの冒険』(Adventures of Algy, The 1925) 32
アルバート, アントワネット(Albert, Antoinette) 410
アルバート, テッド(Albert, Ted) 413
『ある兵士の死』(Death of a Soldier 1986) 53, 304, 361
『ある老女の物語』(Woman's Tale, A 1991) 266, 388
アレン, ボブ(Allen, Bob) 153
アンガー, デボラ(Unger, Deborah) 358
アングウィン, ニール(Angwin, Neil) 388
『アンザックのマーフィー』(Murphy of Anzac 1916) 206
アンズリー, テリー(Annesley, Terry) 294
アンソニー・バックリー・プロダクションズ(Anthony Buckley Productions) 111
『アンダーカバー』(Undercover 1984) 387, 443
アンダーソン, アングリー(Anderson, Angry) 168
アンダーソン, イザベル(Anderson, Isabelle) 272
アンダーソン, ウィリアム(Anderson, William) 87, 123, 135, 194, 201, 209, 247
アンダーソン, ジェーン(Anderson, Jane) 395
『アンドレ　海から来た天使』(1994) 232
アンフレット, クリスティーナ(Amphlett, Christina) 233
『アンボンで何が裁かれたか』(Blood Oath 1990) 251, 258, 387, 358, 490

【イ】
イーガー, ヴィクトリア(Eagger, Victoria) 260
イーストウッド, ラリー(Eastwood, Larry) 267
イーストウッド, ローレンス(Eastwood, Lawrence) 294
イーディ, ニコラス(Eadie, Nicholas) 345
イーリング・スタジオ(Ealing Studios) 10, 62, 63, 67
『いかに我々は戦艦エムデンを破ったか』(How We Neat the Emden 1915) 21
『イギリス野郎がオーストラリアにやって来る』(Pommy Arrives in Australia 1913) 16, 23
『遺産』(Heritage 1935) 49
『移動する活動写真』(Pictures That Moves, The 1968) 151
『いとしのロクサーヌ』(1987) 336
『田舎の生活』(Country Life 1994) 357
『田舎道』(Backroads 1977) 146, 165
『田舎者たち』(Bushwhackers, The 1925) 27
『命あるかぎり』(For the Term of His Natural Life 1908) 11, 22
『命あるかぎり』(For the Term of His Natural Life 1927) 12, 27, 28
イルミネーション・フィルムズ(Illumination Films) 388
『イルミネーションズ』(Illuminations 1976) 263, 392, 393
『インドネシア・コーリング』(Indonesia Calling 1946) 64
『陰謀の島』(Isle of Intrigue 1931) 40

【ウ】
ヴァーガース, アントニオ(Vargas, Antonio) 410
ヴァス, フィードン(Vass, Phaedon) 449

ヴァンデンバーグ，フラーンス(Vandenburg, Frans) 440
ウィアー，ピーター(Weir, Peter) 51, 72, 76, 95, 138, 141, 178, 197, 201, 237, 247, 263, 303, 488
ウィーヴァー，シガニー(Weaver, Sigourney) 247
ウィーヴァー，ジャッキー(Weaver, Jacki) 81, 95, 111, 449
ウィーヴィング，ヒューゴ(Weaving, Hugo) 379, 413, 424, 462, 467
ヴィクトリアン芸術大学映画テレビ学部（ＶＣＡ Victorian College of the Arts,School of Film and Television) 72
ウィザース，グーギー(Withers, Googie) 476
『ウィザード』(Navigator: A Medieval Odyssey 1988) 421
ウィズモア，ピーター(Withmore, Peter) 338
ウィットカム，エレナ(Witcombe, Eleanor) 135, 139, 180
ウィットバーン，デニス(Whitburn, Denis) 358
ウィットフォード，ピーター(Whitford, Peter) 180, 267, 272, 410
ウィリ，シビナ(Willy, Sibina) 240
ウィリアム・アンダーソン劇団(William Anderson Dramatic Company) 29
ウィリアム・ネイグル＝デヴィッド・ハネイ・プロダクションズ(William Nagle-David Hannay Productions) 304
ウィリアムズ，ヴォーン(Williams, Vaughan) 322
ウィリアムズ，オーエン(Williams, Owen) 111
ウィリアムズ，チャールズ(Williams, Charles) 351
ウィリアムズ，ブライアン・Ａ(Williams, Brian A.) 358
ウィリアムズ，マズリン(Williams, Maslyn) 63
ウィリアムズ，Ｊ・Ｄ(Williams, J.D.) 13, 19, 20
ウィリアムズ・ウィークリー(Williams Weekly) 13
ウィリアムソン，デヴィッド(Williamson, David) 81, 102, 123, 134, 193, 201, 247, 267, 355, 392, 452
ウィルキンズ，ギャリー(Wilkins, Gary) 167, 194, 209, 227, 247, 267, 285, 293, 294, 331, 469
『ウィルズとバーク』(Wills & Burke 1985) 335
ウィルソン，キム(Wilson, Kym) 323
ウィルソン，ピーウィー(Wilson, Peewee) 338
ウィルソン，アーサー(Wilson, Arthur) 26
ウィングローヴ，ジョン(Wingrove, John) 272
ウィンサー，サイモン(Wincer, Simon) 227, 267
ヴィンセント・レポート 71
ウィンドウⅢプロダクションズ(Window Ⅲ Productions) 285
ウィントン，ティム(Winton, Tim) 378
ウェイ，スチュアート(Way, Stuart) 338
ウェイヴィング(Waving) 379
『ウェイティング』(Waiting 1991) 238
ウェイン，チャールズ(Wain, Charles) 141
ヴェガ・フィルム・プロダクションズ(Vega Film Productions) 215
ウェスタンオーストラリア映画公社(Film Corporation of Western Australia) 240
ウェスツ・ジャーナル・オブ・デイリーイベント(West's Journal of Daily Events) 18, 20
ウェスツ・ピクチャーズ(West's Pictures) 14, 15, 16, 19
ウェスト，Ｔ・Ｊ(West, J. T.) 12, 13, 14, 16, 19
ウェストレイク，ナイジェル(Westlake, Nigel) 462
『ヴェトナム』(Vietnam 1987) 328
ウェナム，デヴィッド(Wenham, David) 449
ウェルズ，ヴァーノン(Wells, Vernon) 168
ウェルズ，オーソン 354
ヴェルディ 414
ウェルバーン，ティム(Wellburn, Tim) 111, 168, 310
ウォーカー，キャス(Walker, Kath) 310
ウォーカー，グレアム・グレイス(Walker, Graham "Grace") 168, 293, 351, 440
ウォーカー，ケリー(Walker, Kerry) 285, 417
ウォーカー，ジェフリー(Walker, Jeffrey) 379
ウォーカー，セーラ(Walker, Sarah) 260
ウォーカー，マンディ(Walker, Mandy) 365, 469
『ウォーカバウト』(Walkabout 1958) 54
『ウォーカバウト』(Walkabout 1971) 134, 147
ウォーターズ，ジョン(Waters, John) 135, 194
ウォーターストリート，チャールズ(Waterstreet, Charles) 358
ウォーフ，ゴーラン(Warff, Goran) 141
ウォールトン，ジョン(Walton, John) 403
ヴォーン，マーティン(Vaughan, Martin) 240, 267
ウォルシュ，パーシー(Walshe, Percy) 26
「ウォルシングマチルダ」(Waltzing Matilda) 51, 229, 269
『ウォルシングマチルダ』(Waltzing Matilda 1933) 44
ウォレス，スティーブン(Wallace, Stephen) 358
ウォレス，ジョージ(Wallace, George) 45, 46, 52, 58
『内なる敵』(Enemy Within, The 1917) 16
『ウツ（復讐）』(Utu 1983) 408

ウッズ，マートル(Woods, Myrtle)　388
ウッドフォール(Woodfall)　68
ウッドワード，エドワード(Woodward, Edward)　194
ウッドワード，ロジャー(Woodward, Roger)　481
『海原』(Deep, The 1963)　354
『裏切り者』(Betrayer, The 1921)　32, 421

【エ】
エア・プロダクションズ(Ayer Productions)　141
英国映画協会（ＢＦＩ）　93
『英雄モラント』('Breaker' Morant 1980)　140, 192, 194, 213, 229, 307, 308, 361, 443, 488
『エイリアン』(1979)　251
『エヴィル・エンジェルズ』(Evil Angels 1985)　334
エグビー，デヴィッド(Eggby, David)　167
エジリー，マイケル(Edgley, Michael)　227
エドモンズ，ブライアン(Edmonds, Brian)　482
エフティ・フィルム・プロダクションズ(Efftee Film Productions)　11, 40, 44, 45, 46, 63
エマニュエル，ターキス(Emmanuel, Takis)　111
エリオット，サムナー＝ロック(Elliott, Summner Locke)　275
エリオット，スティーブン(Elliott, Stephan)　424
エリス，ボブ(Ellis, Bob)　35, 160, 253, 260, 329, 413, 422
エリセ，ビクトル　350
エルタム・フィルムズ(Eltham Film Productions)　70
エルフィック，デヴィッド(Elfick, David)　160
エルマログロウ，レベッカ(Elmaloglou, Rebekah)　440
『エンジェル・アット・マイ・テーブル』(Angel at My Table, An 1990)　459
『エンジェル・ストリートの殺人』(Killing of Angel Street, The 1981)　115, 224
『エンジェル・ベイビー』(Angel Baby 1995)　276, 385, 445, 454, 455
『エンジェルズ・イン・アメリカ』(1997)　438
遠征映画社(Expeditionary Films)　48, 49
エンデルマン，スティーブン(Endelman, Stephen)　449
エンペリオ，マイク(Emperio, Mike)　247
エンライト，ニック(Enright, Nick)　452

【オ】
『オヴァランダーズ』(Overlanders 1946)61, 62, 63,67
オー，マドライン(Orr, Madeleine)　81
大島渚　110
オージンズ，イーゴー(Auzins, Igor)　240
オースターラ，カイリー(Ostara, Kylie)　322
オーストラリア・シネマトグラフ社(Australian Cinematograph)　10
オーストラリア映画委員会
→ＡＦＣ
オーストラリア映画協会
→ＡＦＩ
オーストラリア映画振興社
→ＡＦＤＣ
オーストラリア映画テレビ学校
→ＡＦＴＳ
オーストラリア映画テレビラジオ学校
→ＡＦＴＲＳ
オーストラリア映画融資公社(Australian Film Finance Corporation)
→ＦＦＣ
『オーストラリアが叫ぶ』(Australia Calls 1913)　15
オーストラリア青年劇団（ＡＴＹＰ Australian Theatre for Young People)　355
『オーストラリアの危難』(Australia's Peril 1917)　16
『オーストラリアの名うてのブッシュレンジャー、ジョン・ヴェインの人生と冒険』(life and Adventures of John Vane, the Notorious Australian Bushranger, The 1910)　12
『オーストラリアのブッシュの物語（悪名高きブッシュレンジャー、ベン・ホール)』(Tale of the Australian Bush (Ben Hall, the Notorious Bushranger), A 1911)　17
「オーストラリアン・トーキー・ニュース映画」(Australian Talkies Newsreel, The)　39
オーストラリアン・トーキーズ(Australian Talkies)　40
オーストラリアン・フォトプレイ(Australian Photo-Play)　14, 17, 18, 19
オーストラリアン・ライフ・バイオグラフ(Australian Life Biograph)　14, 17, 19
オーストラレイジアン(Australasian Films)　17, 20, 21, 22, 23, 27, 28, 29, 32, 38, 39, 43, 44, 55, 56
「オーストラレイジアン・ガゼット」(Australasian Gazette)　20, 39
オーデル，タール(Ordell, Tal)　26, 34, 35, 45
オクィン，テリー(O'Quinn, Terry)　358
オクスレイド，ボイド(Oxlade, Boyd)　372
『奥地の私たち』(We of the Never Never 1908)　144, 176, 240, 243, 409
オグルヴィー，ジョージ(Ogilvie, George)　168
『オスカーとルシンダ』(Oscar & Lucinda 1997)　288
オズモ，ベン(Osmo, Ben)　351, 410

オッカー　85, 86, 91, 92, 102, 107, 110, 126, 127, 139, 140, 145, 175, 199, 264, 288, 299, 342, 435, 436, 445, 446
『オッド・アングリー・ショット』(Odd Angry Shot, The 1979)　188, 229, 468, 490
オト，バリー(Otto, Barry)　285, 410, 449
オト，ミランダ(Otto, Miranda)　290, 438, 469
オブライアン，フランシス(O'Brien, Francis)　201
オライリー，バーナード(O'Reilly, Bernard)　53
オリヴィエ，ローレンス　52
オルプレス，ブルース(Allpress, Bruce)　417
『俺たちの農場で』(On Our Selection 演劇)　26, 29, 30, 56, 178
『俺たちの農場で』(On Our Selection 1899 原作)　24, 29
『俺たちの農場で』(On Our Selection 1920 レイモンド・ロングフォード監督)　22, 24, 26, 27, 33, 34, 35, 107, 152
『俺たちの農場で』(On Our Selection 1932 ケン・G・ホール監督)　32, 56, 57, 107, 164
『俺たちの農場で』(Dad & Dave On Our Selection 1994 ジョージ・ホウェイリ監督)　179, 480
『終わっていない』(It Isn't Done 1927)　57
『女の受難』(Woman Suffers, The 1918)　23

【カ】
カー，エイドリアン(Carr, Adrian)　227
カー，ジョージア(Carr, Georgia)　267
カー，ビル(Kerr, Bill)　201, 247
カー，デボラ(Kerr, Deborah)　67
ガーウェン，ディーン(Gawen, Dean)　365
カーギル，パトリック(Cargill, Patrick)　148
カーク，ロジャー(Kirk, Roger)　358
カーツ，アルウィン(Kurts, Alwyn)　403
カーティス，クリフ(Curtis, Cliff)　417
ガーディナー，リジー(Gardiner, Lizzy)　424
ガード，ドミニク(Guard, Dominic)　95
ガーナー，アリス(Garner, Alice)　233
ガーナー，ヘレン(Garner, Helen)　233, 235, 475
カーヒル，サリー(Cahill, Sally)　440
カーメル，ピップ(Karmel, Pip)　476
カーメン，ローエン(Carmen, Loene)　322
ガーランド，ニコラス(Garland, Nicholas)　87
カールトン実験映画グループ(Carlton Cinema Group)　70
カーロス，マイケル(Carlos, Michael)　104, 129, 188
「カイエ・ド・シネマ」　422
『開拓者たち』(Pioneers, The 1926)　27
カイテル，ハーヴェイ(Keitel, Harvey)　417
『街道の王、フランク・ガーディナー』(Frank Gardiner, King of the Road 1911)　17
『街道の紳士、キャプテン・スターライト』(Captain Starlight, Gentleman of the Road 1911)　16
カヴァナ，ブライアン(Kavanagh, Brian)　117, 153, 188
ガヴァナー，ジミー(Governor, Jimmy)　156
『カクタス』(Cactus 1986)　392, 393
『革命の子供たち』(Children of the Revolution 1996)　186, 438
『影の外へ』(Out of the Shadows 1931)　40
カス，ゴッドフリ(Cass, Godfrey)　17
カズウェル，ロバート(Caswell, Robert)　331
カスケイド・フィルムズ(Cascade Films)　315
『家庭人』(Family Man, The 1973)　109
「ガドフライ」(Gadfly 1906-9)　29
ガミジ，ビル(Gammage, Bill)　206
カミレリ，ミッキー(Camilleri, Micki)　365
カミンズ，ピーター(Cummins, Peter)　81, 104, 129
カメロン，ケン(Cameron, Ken)　233
ガラハー，フランク(Gallacher, Frank)　379
カラン，リネット(Curran, Lynette)　111, 285, 322
カリーズ，ジャー(Carides, Gia)　285
カリック，ロイド(Carrick, Lloyd)　168, 215, 221, 260, 345, 372, 379, 403
カリディズ，ゾウイ(Carides, Zoe)　372
『ガリポリ物語』(Story of Gallipoli, The 1981)　206
『カルグーリのキーン』(Keane of Kalgoorlie 1911)　17
カルクラフト，シャロン(Calcraft, Sharon)　215
ガルピリル，デヴィッド(Gulpilil, David)　76, 129, 141, 293
『彼らは奇妙な人たちだ』(They're a Weird Mob 1966)　70, 103, 298, 303
『彼らは来ないのか？』(Will They Never Come? 1915)　21
カレン，フレッド・カル(Cullen, Fred Cul)　227
カレン，ヘドリー(Cullen, Hedley)　129
カレン，マックス(Cullen, Max)　104, 180
『カレンベンボン』(Cullenbenbong 1944)　53
ガン，ジーニ(Gunn, Jeannie)　240, 243
『カンガルーから来た男』(Man from Kangaroo, The 1920)　33
カンツ，アイバー(Kants, Ivar)　278
『干ばつの終わり』(Breaking of the Drought, The 1920)　16
カンパニーB(Company B)　452
カンピオン，ジェーン(Campion, Jane)　72, 239,

417, 459, 467, 475

【キ】
キース＝バーン，ヒュー(Keays-Byrne, Hugh)　167
ギールグッド，ジョン(Gielgud, John)　476
キーン，ジョゼフィーン(Keen, Josephine)　395
キーン，フィオン(Keane, Fion)　345
『危険な年』(Year of Living Dangerously, The 1982)　144, 179, 208, 247, 468
『危険に生きる年』(Year of Living Dangerously, The 1978)　250
『北行き』(Travelling North 1987)　276, 392
キッドマン，ニコール(Kidman, Nicole)　76, 323, 351, 408, 465
キニーリー，トマス(Keneally, Thomas)　117, 153, 156, 278
ギブソン，コリン(Gibson, Colin)　338
ギブソン，ロバート(Gibson, Robert)　323
ギブソン，ウィリアム(Gibson, William)　9, 13, 14, 20
ギブソン，メル(Gibson, Mel)　26, 76, 167, 168, 201, 247, 355, 413, 465, 466
『君といた丘』(Year My Voice Broke, The 1987)　219, 322, 446, 453
ギャヴィン，F.ジョン(Gavin, F. John)　14, 17, 18, 24, 38
『虐殺の儀式』(Chant of Jimmie Blacksmith, The 1978)　74, 121, 146, 153, 246, 258, 289, 312, 336
『キャシーの子供』(Cathy's Child 1979)　115
『キャディー』(Caddie 1976)　11, 72, 102, 103, 111, 244, 276, 284
キャノン・エンターテイメント(Cannon Entertainment)　331
キャバー，クリスティン(Cavanaugh, Christine)　462
『キャプテン・スターライト、あるいは街道の紳士』(Captain Starlight, or Gentleman of the Road, 1911)　12
キャペリア，ジャッド(Capelja, Jad)　209
キャロル，ジョン(Carroll, John)　272
キャロル，ピーター(Carroll, Peter)　153
キャロル，マシュー(Carroll, Matthew)　194
キャロル，マット(Carroll, Matt)　129, 104
キャロル，E・J(Carroll, E.J.)　32
キャロル，ダン(Carroll, Dan)　32
キャロル＝ベイカー・オーストラリアン・プロダクションズ(Carroll=Baker Australian productions)　32, 33, 34
キャロル兄弟　26, 33, 34
キューサック，ディンフナ(Cusack, Dymphna)　114
キューブリック，スタンリー　400
『恐怖に目覚める』(Wake in Fright 1971)　145
『極地の氷に心奪われて』(In The Grip of the Polor Ice 1917)　18
『キラー・カーズ　パリを食べた車』
→『パリを食べた車』
ギリーズ，マックス(Gillies, Max)　388
ギル，ヴィンス(Gil, Vince)　167
ギルモー，イアン(Gilmour, Ian)　188
『気をつけて、あの子に聞かれるかも』(Careful, He Might Hear You 1963)　275
『キング・オマリーの伝説』(Legend of King O'Malley, The 1970)　413
キング＝スミス，ディック(King-Smith, Dick)　462
キングズフォード＝スミス，チャールズ・エドワード(Kingsford Smith, Charles Edward)　59
『金髪の束』(Golden Braid 1991)　265, 266, 391, 392, 393, 394

【ク】
クアザー，エディ(Kurzer, Edie)　482
クィーンズランドシアターカンパニー(Queensland Theatre Company)　276
『クィック&デッド』(1995)　402
クート，グレッグ(Coote, Greg)　358
クート，リサ(Coote, Lissa)　160
クーニーン，フィル(Cuneen, Phil)　194
クーパー，ダニー(Cooper, Dany)　455
『クーラボンのジャッカルー』(Jackeroo of Coolabong, The 1920)　34
『クーランガッタ・ゴールド』(Coolangatta Gold 1984)　245
クック，パトリック(Cook, Patrick)　260
クック，ピーター(Cook, Peter)　87
クック，レイ(Cook, Ray)　272
『グッドバイ・パラダイス』(Goodbye Paradise 1983)　253, 276
グディング，ティム(Gooding, Tim)　221
クノス，ンガラ(Kunoth, Ngala)　54
『組合がその死体を葬る』(Union Buries Its Dead, The)　66
クラーク，アル(Clark, Al)　424
クラーク，ジョン(Clarke, John)　358, 372, 421
クラーク，ポール(Clark, Paul)　315
クラーク，マーカス(Clarke, Marcus)　11
『クライ・イン・ザ・ダーク』(Evil Angels 1988)　100, 331, 357, 377, 427

クラザーズ，プレストン(Crothers, Preston) 221
クラタバク，ルシンダ(Clutterbuck, Lucinda) 365
『クラブ』(Club, The 1980) 199
グラブ，ロバート(Grubb, Robert) 168, 180, 201, 267
グラボウスキー，ポール(Grabowsky, Paul) 388
『暗闇からの旅路』(Journey out of Darkness 1967) 490
『クララ・ギビングズ』(Clara Gibbings 1934) 46
グランディソン，ピパ(Grandison, Pippa) 431
グラント，ジョン(Grant, John) 37
グラント，ヒュー(Grant, Hugh) 328
グリードマン，ヴィキ(Griedman, Vicki) 372
グリーン，クリフ(Green, Cliff) 95
グリーン，ピーター(Green, Peter) 81
グリーン，ロン(Green, Ron) 81
『グリーンカード』(1990) 251
『グリーンハイド』(Greenhide 1926) 47
『クリスチャン』(Christian, The 1911) 16
『クリスチャン・ブラザーズ校』(Christian Brothers, The 1975) 121
グリスト，ジェフ(Grist, Geoff) 338
グリッブル，デヴィッド(Gribble, David) 233
「クリティック」(Critic) 29
グリフィス，レイチェル(Griffiths, Rachel) 431, 449
グリフィン，クレア(Griffin, Clare) 167
クリフォード，コリーン(Clifford, Colleen) 272
クリンバーグ，ドーン(Klingberg, Dawn) 388
クルーガー，ソニア(Kruger, Sonia) 410
クルーズ，トム 355
クルックシャンク，スー(Cruickshank, Su) 338
グレアム，ロン(Graham, Ron) 201
グレイ，アーネスト(Gray, Ernest) 388
グレイ，ヴィヴィアン(Gray, Vivean) 95, 141
グレイ，コーリ(Gray, Callie) 345
グレイター・ユニオン(Greater Union) 39, 40, 53, 61, 73
クレイトン，ジョン(Clayton, John) 253
グレーター・J・D・ウィリアムズ・アミューズメント・カンパニー社(Greater J.D.Williams Amusement Co.) 13, 19, 20
グレッグ，ジョン(Gregg, John) 221
グレッドヒル，ニコラス(Gledhill, Nicholas) 272
グレン，ゴードン(Glenn, Gordon) 345
クロウ，ラッセル(Crowe, Russell) 76, 358, 379, 395, 403, 440
クロウアン，エマ=ケイト(Croghan, Emma-Kate) 459
『クローザー』(Closer 1997) 490
『クロコダイル・ダンディー』(Crocodile Dundee 1986) 74, 76, 92, 147, 177, 178, 293, 307, 343, 368
『クロコダイル・ダンディーII』(Crocodile Dundee II 1988) 75, 294
『黒真珠の神秘』(Mystery of the Black Pearl, The 1912) 16
グロス，ガイ(Gross, Guy) 424
クロズビー，ドン(Crosby, Don) 153, 160
クロッカー，バリー(Crocker, Barry) 87
クロムウェル，ジェームズ(Cromwell, James) 462
クロンビー，ドナルド(Crombie, Donald) 11, 72, 111, 224

【ケ】

ゲアー，ニーン(Gare, Nene) 310
ケアリー，ガブリエル(Carey, Gabrielle) 209
ケアリー，ピーター(Carey, Peter) 285
ケイ，ノーマン(Kaye, Norman) 260, 388
ゲイ＆レズビアン・マルディグラパレード 427, 443, 444
『警官オブライアン』(Trooper O'brien 1928) 18
ケイトン，マイケル(Caton, Michael) 233
ケネディ，クリス(Kennedy, Chris) 372, 403, 449, 455
ケネディ，グレアム(Kennedy, Graham) 123, 188
ケネディ，ジェラルド(Kennedy, Gerard) 160
ケネディ，デボラ(Kennedy, Deborah) 372, 440
ケネディ，バイロン(Kennedy, Byron) 167
ケネディ，パトリシア(Kennedy, Patricia) 135, 180
ケネディ・ミラー・プロダクションズ(Kennedy Miller Productions) 167, 168, 322, 323, 351, 462
ケリー，ポール(Kelly, Paul) 342
ケリー，マーガレット(Kelly, Margaret) 209
ケリー，ネッド(Kelly, Ned) 7, 9, 18, 21, 59, 269, 298, 319, 343
『ケリー・ギャング、あるいはオーストラリアの装甲騎士ネッド・ケリーの生涯』(Kelly Gang; or, The Career of Ned Kelly the Ironclad Bushranger of Australia ,The 1899) 9
『ケリー・ギャング物語』(Story of the Kelly Gang, The 1906) 7, 9, 10, 13, 26, 32, 77, 270, 320
ケンブリッジ・フィルムズ(Cambridge Films) 227
『原野の孤児』(Orphan of the Wilderness 1937) 57
『権力と栄光』(Power and the Glory, The 1941) 43

【コ】

『恋人たちと船』(Lovers and Luggers 1937)　57
ゴウ，クリス(Gough, Chris)　455
コウド，デニス(Coard, Dennis)　365
『声なき目撃者』(Silent Witness, A 1912)　16
コーエン，ジョエル(Cohen, Joel)　278
コーテス，ジュリア(Cortez, Julia)　424
ゴートン，ジョン(Gorton, John)　69, 71, 84, 123, 125
コーネル，ジョン(Cornell, John)　293, 294
コーネル兄弟(Cornell, George & Arthur)　10
ゴーモン・ブリティッシュ・スタジオ(Goumont-British Studios)　42, 43
ゴーラン＝グロバス・プロダクション(Golan-Globus Production)　331
コールビー，アーニャ(Coleby, Anja)　322
コールフィールド，マイケル(Caulfield, Michael)　129
コールマン，ジョナサン(Coleman, Jonathan)　338
コーワン，トム(Cowan, Tom)　215
国王任命調査委員会　37, 71
国立映画音声資料館（ＮＦＳＡ National Film and Sound Archive)　77
国立演劇学校
→ＮＩＤＡ
国立歴史映画・録音図書館(Historical Film and Speaking Record Library)　77
『コシ』(Cosi 1992)　452
コズラウスキー，リンダ(Kozlowski, Linda)　293, 294
ゴダード，ポール(Goddard, Paul)　462
ゴック，レズ(Gock, Les)　209
コックス，ピーター(Cox, Peter)　117
コックス，ポール(Cox, Paul)　260, 388
コッシュ，Ｃ・Ｊ(Koch, C. J.)　247
コット，ジャクリーン(Kott, Jacqueline)　272
コナベル，サリー(Conabere, Sally)　148
コネリー，ショーン　336
コノリー，ドン(Connolly, Don)　95, 117, 141, 180, 188, 201
コバーン，ジェームズ(Coburn, James)　304
コピング，デヴィッド(Copping, David)　95, 104, 129, 148, 194, 209
コピング，ロビン(Copping, Robin)　81
コホウト，パヴェル　394
コモンウェルス・フィルム・ユニット(Commonwealth Film Unit, The)　64, 70, 115
『子ヤギの賭けレース』(Kid Stakes, The 1927)　34,35
『こりゃ驚いたね！』(Strike Me Lucky 1934)　58
コリンズ，ダニー(Collins, Danny)　233
コリンズ，フィル　429
コレット，トニ(Collette, Toni)　402, 403, 431, 438, 449
コロンビア・ピクチャーズ(Columbia Pictures)　42, 59, 60, 71
コンドス，アフロダイティ(Kondos, Aphrodite)　388

【サ】

『ザ・荒くれ』(Last of Knucklemen, The 1978)　179
『ザ・グレート・アウトドアーズ』(Great Outdoors, The)　491
『ザ・ラストウェーブ』(Last Wave, The 1977)　76, 101, 141, 207, 251, 488, 491
サールバーグ，シグスモンド(Thalberg, Sigismund)　135
『最前線ココダ』(Kokoda Front Line 1942)　59
サイム・インターナショナル・プロダクションズ(Syme International Productions)　272
サウスオーストラリア映画公社（ＳＡＦＣ）
→ＳＡＦＣ
『詐欺師たち』(Frauds 1993)　429
サザーランド，ジョーン(Sutherland, Joan)　26
サザン・インターナショナル(Southern International)　68
サザンクロス・フィーチャーフィルム(Southern Cross Feature Film Company)　23, 24
サザンクロス・フィルムズ(Southern Cross Films)　135
サザンクロス・モーションピクチャーズ(Southern Cross Motion Pictures)　17
『誘う女』(1995)　465
ザッパ，ウィリアム(Zappa, William)　345
『錆びたラッパ』(Rusty Bugles 1948)　275
サフラン，ヘンリ(Safran, Henri)　129, 355
ザボド，アラン(Zavod, Allan)　304
『サマーフィールド』(Smmerfield 1977)　109
サミュエル，ジョアン(Samuel, Joanne)　167
サムソン・フィルムズ(Samson Films)　188
『サラブレッド』(Thoroughbred 1936)　57
サリヴァン，アーサー(Sullivan, Arthur)　135
サリヴァン，エロル(Sullivan, Errol)　440
サリヴァン，リーオ(Sullivan, Leo)　440
サルディ，ジャン(Sardi, Jan)　476
サロウズ，ケン(Sallows, Ken)　315, 345, 365, 379
『サンダーボルト』(Thunderbolt 1910)　17
『サンデー・トゥー・ファーラウェー』(Sunday Too Far Away 1975)　73, 103, 104, 114, 199, 301,

427, 436, 445, 446
サンプストン, ニール(Thumpston, Neil) 322, 338, 372

【シ】
シーウェル, ステファン(Sewell, Stephen) 387
『シープ・ピッグ』(Sheep-Pig 1983) 467
シーフルバイン, ジョン(Schiefelbein, John) 449
シール, ジョン(Seale, John) 253, 272, 278
ジェイゴー, ジューン(Jago, June) 227
ジェームズ, キャシー(James, Kathy) 233
ジェームズ, ピーター(James, Peter) 111
『ジェダ』(Jedda 1955) 53, 54, 65, 158, 133, 342
ジェネット, ヴェロニカ(Jenet, Veronika) 417
ジェネラルシアターズ(General Theatres Corporation, The) 40, 41
ジェフズ, サイモン(Jeffes, Simon) 315
シェフツォフ, ジョージ(Shevtsov, George) 469
ジェフリー, トム(Jeffrey, Tom) 188
ジェフリーズ, J(Jeffries, A. C.) 15
ジェミソン, アナ(Jemison, Anna) 221, 278
シェル・フィルムユニット(Shell Film Unit) 65, 66
ジェンキンズ, マイケル(Jenkins, Michael) 272, 355
塩屋俊 358
シクス, ガンティス(Sics, Guntis) 424
『地獄の黙示録』(1979) 191
『思春期の憂鬱』(Puberty Blues 1979) 211
『七人の小さなオーストラリア人たち』(Seven Little Australians 1973) 139
実験映画テレビ基金(Experimental Film and Television Fund) 72, 84
シドニー, ジョン(Sidney, Jon) 304
シドニー・シアターカンパニー(Sydney Theatre Company) 413, 490
シドニー・ダンスカンパニー(Sydney Dance Company) 414
シドニー交響楽団(Sydney Symphony Orchestra) 60
シドニー大学(University of Sydney) 340
『シドニーの悪魔』(Satan in Sydney 1918) 31
『シドニーのバーメイド、キャディー』(Caddie, a Sydney Barmaid 1953) 114
シニア, アナ(Senior, Anna) 180, 188, 194, 267
シネサウンド(Cinesound Production) 11, 19, 32, 39, 43, 45, 55, 56, 57, 58, 59, 60, 61, 63, 164
シネサウンド・レビュー(Cinesound Review) 39, 58
シネマトグラフ 4, 5, 6
『死の潮時』(Tide of Death, The 1912) 15
『ジミー・ブラックスミスの唄』(Chant of Jimmie Blacksmith, The 1972) 121, 156
『指名された従者』(Assigned Servant, The 1911) 17
シャーフ, ダニエル(Scharf, Daniel) 395
シャーマン, ジム(Sharman, Jim) 480
シャーマン, マーティン(Sharman, Martin) 345
ジャール, モーリス(Jarre, Maurice) 168, 247
『シャイン』(Shine 1996) 76, 329, 459, 460, 476
ジャガー, ミック 68, 320
『ジャズ・シンガー』(1927) 39
ジャッド, フィリップ(Judd, Philip) 372
シャディー, ケン(Shadie, Ken) 293
『シャドーダンスを見ろ』(Watch the Shadows Dance 1986) 408
ジャファー, メリッサ(Jaffer, Melissa) 111
ジャラット, ジョン(Jarratt, John) 95, 153, 188, 240, 482
ジャレット, ベリンダ(Jarrett, Belinda) 431
ジャン・チャップマン・プロダクション(Jan Chapman Production) 417, 469
『十字架の戦士』(Soldiers of the Cross 1900) 6, 7, 10
シューベルト, フランツ(Schubert, Franz) 135
『十万人の仲間』(100000 Cobbers 1942) 59
シュタイナマン, ジョナサン(Shteinaman, Jonathan) 455
『ジュラシック・パーク』(1993) 357, 377
シュルツ, カール(Schultz, Carl) 253, 272, 392
シュレック, ピーター(Schreck, Peter) 240
『賞』(Prize, The 1960) 70
『証拠』(Proof 1991) 265, 368, 370, 378, 379, 402, 438, 445, 446
『少年と海』(Storm Boy 1976) 73, 76, 129, 147, 446, 491
『少年の瞳』(Sumner Locke Elliott's Careful He Might Hear You 1983) 258, 272
『ジョー』(Joe 1925) 32
『ジョー・ウィルソンの仲間たち』(Joe Wilson's Mates) 66
→『三つで一つ』
ショーヴェル, チャールズ(Chauvel, Charles) 38, 41, 43, 47, 48, 49, 51, 52, 53, 54, 55, 58, 62, 65, 73, 133, 158, 342
ショーヴェル賞 55
『ショーガールの幸運』(Showgirl's Luck 1931) 29, 40
『ジョージにまかせろ』(Let George Do It 1938) 58
ジョーンズ, ジリアン(Jones, Gillian) 221

ジョーンズ, ヘレン(Jones, Helen)　285
ジョーンズ=エヴァンズ, スティーヴン(Jones-Evans, Steven)　395, 469
『ショットガン・ウェディング』(Shotgun Wedding 1994)　453
ジョフィ, マーク(Joffe, Mark)　403, 449
ジョン・セクストン・プロダクション(John Sexton Productions)　267
ジョンソン, トニー(Johnson, Tony)　417
ジョンソン, ベン　387
ジョンソン, ミラード(Johnson, Millard)　9, 13, 14, 20
シリアス, ヤフー(Serious, Yahoo)　258, 298, 320, 338
シリアス・フィルム(Serious Film)　338
シルヴァ, マルコム(Silva, Malcolm)　310
シルヴァニー, エルザ(Sylvaney, Eliza)　47
シンガー, リッチー(Singer, Ritchie)　293
『ジンジャー・ミック』(Ginger Mick 1920)　24
『ジンジャー・メグズ』(Ginger Meggs)　35
『真珠と野蛮人』(Pearls And Savages 1921)　18
『人生は上々だ』(Sum of Us, The 1994)　368, 427 ,440
『慎重であれば懲罰は食わない』(No Name, No Pack Drill 1979)　178
『シンドラーのリスト』(1993)　121, 284
シンプソン, ジェフリー(Simpson, Geoffrey)　345, 476
『診療所』(Clinic, The 1983)　443

【ス】
スィール, コリン(Thiele, Colin)　129, 132
水辺労働者連合映画ユニット (WWF Waterside Workers' Film Unit)　64, 66
スカッキ, グレタ(Scacchi, Greta)　453
スキップウィズ, テ・ワッタヌイ(Skipwith, Te Whatanui)　417
スキナー, キャロル(Skinner, Carole)　180, 221, 253
スキルトン, ジェリー(Skilton, Gerry)　293, 294
スクライヴナー, ジャネット(Scrivener, Janet) 253
スケプシ, フレッド(Schepisi, Fred)　73, 76, 100, 109, 117, 138, 146, 153, 331, 357
スコット, アレックス(Scott, Alex)　395
スコット, ジェーン(Scott, Jane)　253, 294, 476
スコット, ジョン(Scott, John)　87, 160, 221, 304
スコット, セシル(Scott, Cecil)　45
スコフィールド, テス(Schofield, Tess)　403, 449
スコフィールド, ネル(Schofield, Nell)　209
『スターストラック』(Starstruck 1982)　185
スタイルズ, マーク(Stiles, Mark)　221
スタントン, ジョン(Stanton, John)　267
スタンプ, テレンス(Stamp, Terence)　424
スタンリー, ミシェル(Stanley, Michelle)　365
スチュワート, ネリ(Stewart, Nellie)　15
スティーヴン, デヴィッド(Stiven, David)　168, 198, 293, 294
スティーヴンズ, デヴィッド(Stevens, David)　194, 387, 440
スティッグウッド, ロバート(Stigwood, Robert) 201
『ストーク』(Stork 1971)　72, 81, 91, 103, 107, 126, 139, 179, 288, 299, 446, 453
『ストークがやってきた』(Coming of Stork, The 1970) 81
ストーム, エズベン(Storm, Esben)　72
『ストーム・ボーイ』(Storm Boy 1963)　132
ストーン, シャロン　402
ストダット, ジョン(Stoddart, John)　87, 135
ストラシー, アンガス(Strathie, Angus)　410
ストラットフォード, ジェームズ(Stratford, James) 260
ストラットフォード, ジュディス(Stratford, Judith)　315
ストラットン, デヴィッド(Stratton, David)　399
ストリープ, メリル(Streep, Meryl)　331
『スノーウィー・リバーから来た男』(Man from Snowy River, The 1890)　229
『スノーウィー・リバーから来た男』(Man from Snowy River, The 1920)　31, 231
『スノーリバー』(Man from Snowy River, The 1982) 74, 192, 227, 270, 342
スパーゴウ, ルイーズ(Spargo, Louise)　440
ズバンスキー, マグダ(Szubanski, Magda)　462
スピルバーグ, スティーヴン　121, 357
『すべて金のために、あるいは権利の横取り』(All for God, or Jumping the Claim 1911)　15
スペンサー, カズンズ(Spencer, Cozens)　12, 13, 14, 15, 16, 19, 20
「スペンサーズ・ガゼット」(Spencer's Gazette)　18, 20
スペンサーズ・ピクチャーズ(Spencer's Pictures) 12, 14, 15, 16, 19, 20, 23
スペンス, ブルース(Spence, Bruce)　81, 134, 168, 322
『スポッツウッド』(Spotswood 1992)　370, 387, 403, 438, 445 ,453

スマート，レベッカ(Smart, Rebecca)　345
スマート，ラルフ(Smart, Ralph)　63
スマイリー・フィルムズ(Smiley Films)　449
『スマッシュ・パレス』(Smash Palace 1981)　409
スミートン，ブルース(Smeaton, Bruce)　95, 117, 153, 233, 331
『スミシー』(Smithy 1946)　59, 60, 61 , 164
スミス，ピーター(Smith, Peter)　417
スミス，ブライアン・トレンチャード(Trenchard-Smith, Brian)　355
スミス，ポール(Smith, Paul)　129
スミス，アーサー・カリントン(Smith, Arthur Carrington)　56
スミス，ボーモント(Smith, Beaumont)　26, 29, 30, 31, 32, 231, 421
スミス，ロス(Smith, Ross)　18
スリング，フランク(Thring, Frank)　168
スリング，F・W(Thring, F.W.)　40, 41, 44, 45, 46, 74

【セ】
セイオン・フィルムズ(Seon Films)　345, 395
『セイント』(1997)　165
セヴァーン，メアリー・アン(Severne, Mary Anne)　87
『セールスマンの死』　178
ゼーン，ビリー(Zane, Billy)　351
セクストン，ジョン(Sexton, John)　267
セスティア，マリウス(Sestier, Marius)　5
ゼムラ，ディーン(Semler, Dean)　168, 351
『セリア』(Celia 1989)　345, 436
『先史時代のヘイシードー家』(Prehistoric Hayseeds 1923)　30
先住民プログラムユニット　76
『戦場のメリークリスマス』(1983)　110
『センチメンタル野郎』(Sentimental Bloke, The 1919)　22, 23, 24, 26, 27, 29, 33, 34, 35, 45
『センチメンタル野郎』(Sentimental Bloke, The 1922 演劇)　24
『センチメンタル野郎』(Sentimental Bloke, The 1932)　44, 45
『センチメンタル野郎の歌』(Songs of a Sentimental Bloke, The 1915 韻文物語)　23

【ソ】
ソーコール，ユーリ(Sokol, Yuri)　260
ソーンダーズ，ジャスティン(Saunders, Justine)　310
ソーンダーズ，ドン(Saunders, Don)　278
ソーントン，シグリード(Thornton, Sigrid)　227
『その谷は我々のもの』(Valley is Ours, The 1948)　63
ソルタ，ジューン(Salter, June)　111
ソンキラ，ポール(Sonkkila, Paul)　247
『尊敬すべき未開人たち』(Adorable Outcasts, The 1928)　29

【タ】
ターキビッチ，ソフィア(Turkiewicz, Sophia)　278
ダージン，アラン(Dargin, Alan)　424
『ダーダネルズ海峡の英雄』(Hero of the Dardanelles, The 1915)　16, 21, 206
『タートルビーチ』(Turtle Beach 1992)　363
ターナー，アン(Turner, Ann)　345
ターナー，ジェラルディーン(Turner, Geraldine)　272
ターナー，ティナ(Turner, Tina)　168
ターニー＝スミス，G(Turney-Smith, G.)　129
ターノフ，ジョン(Tarnoff, John)　358
ダーリング，ジェフ(Darling, Jeff "Ace")　338
『ダイアナと私』(Diana and I 1997)　438
ダイヴァイニルズ(Divinyls)　238
ダイガン，ヴァージニア(Duigan, Virginia)　215
ダイガン，ジョン(Duigan, John)　116, 215, 322, 323, 355, 357
『代議士ラッド父ちゃん』(M.P. Dad Rudd 1940)　43, 58
タイコウ，トミー(Tycho, Tommy)　338
タイナン，アレグザンドラ(Tynan, Alexandra)　304
『太平洋の冒険』(Pacific Adventure)　60
　→『スミシー』
『太陽の塵』(Dust in the Sun 1958)　68
『大列車強盗』(1903)　7
ダウ，グレアム(Dow, Graham)　129
ダウディング，ジョン(Dowding, Jon)　167
『タウニー一家とヘイシードー家』(Townies and Hayseeds 1923)　30
ダウリング，ケヴィン(Dowling, Kevin)　440
ダウンズ，キャシー(Downes, Cathy)　215, 233
『高い木々』(Tall Timbers 1937)　57
高倉健　336
ダグラス，カーク(Douglas, Kirk)　227
タケイ，ジョージ(Takei, George)　358
タス，ナディア(Tass, Nadia)　179, 315
ダッガン，エドモンド(Duggan, Edmund)　57
ダッガン，ジェリー(Duggan, Gerry)　117
『タッタソールの値札』(Ticket in Tatts, A 1934)　46
『ダッドとデイヴ、町に来る』(Dad and Dave Come to

Town 1938)　58
ダニエル，フレデリック(Frederick, Daniel)　42
『旅の活動屋』(Picture Show Man, The 1977)　114, 148, 164, 284, 299, 303, 407, 446
ダフィー，ケイト(Duffy, Kate)　253
ダフィールド，マイケル(Duffield, Michael)　81
ダブルヘッド・プロダクションズ(Double Head Productions)　123
ダルシー，マーカス(D'Arcy, Marcus)　462
ダン，マックス(Dann, Max)　403
ダンガー，ヘンリー(Dangar, Henry)　215
『ダンシング・ヒーロー』(Strictly Ballroom 1992)　283, 291, 375, 378, 399, 402, 410, 453, 459
ダンピア，アルフレッド(Dampier, Alfred)　11, 16

【チ】
チアルヴォ，ジェニーン(Chialvo, Jeanine)　209
『チーター』(Cheaters, The 1930)　36
チウコク，キム(Chiu Kok, Kim)　240
『チェリス』(Cherith 1988)　474
チェンバレン，リチャード(Chamberlain, Richard)　141
『誓い』(Gallipoli 1981)　51, 102, 178, 192, 197, 201, 229, 237, 250, 251, 299, 307, 308, 361, 368
チャールズ，ジャック(Charles, Jack)　153
チャールズ・ショーヴェル・プロダクション(Charles Chauvel Productions)　54
チャールトン，レイフ(Charlton, Lafe)　482
チャイルド，カースティー(Child, Kirsty)　95
チャイルド，ベス(Child, Beth)　272
チャップマン，ジャン(Chapman, Jan)　239, 417, 469
チャドウィック，セイラ(Chadwick, Sarah)　424
チャブ，ポール(Chubb, Paul)　253, 285, 449
チャペル，ティム(Chappel, Tim)　424
チャンドラー，レイモンド(Chandler, Raymond)　256
チャンネル9　60, 67
チョン，ローズ(Chong, Rose)　345

【ツ】
『辻馬車のミステリー』(Mystery of a Hansom Cab, The 1911)　17
『土』(Clay 1965)　393
『積み荷の薪』(Load of Wood , The 1957)　66, 67
『釣り銭詐欺』(Short Changed 1986)　312
『吊せなかった男』(Man They Could Not Hang, The 1934)　27

【テ】
デイ，マット(Day, Matt)　431
『ディア・ハンター』(1978)　191, 192
ディーコン，キム(Deacon, Kim)　135
ディース，ジョン(Dease, John)　160
ディードリック，ジョン(Diedrich, John)　117
ディーン＝ジョンズ，マーシア(Deane-Johns, Mercia)　215
デイヴィ，ベリンダ(Davey, Belinda)　304
ディキンズ，バリー(Dickins, Barry)　260, 388
ディクソン，ウェンディ(Dickson, Wendy)　153, 331
ディクソン，ジョン(Dixon, John)　227
ディグナム，アーサー(Dignam, Arthur)　117, 240, 277
『ディッガーズ』(Diggaers 1931)　40, 44
『ディッガーズ本国へ帰る』(Diggers in Blighty 1933)　44
ディック，ジュディ(Dick, Judy)　129
ディックス，ジョン(Dicks, John)　323
テイト，ニック(Tate, Nick)　117, 331
テイト兄弟(Tait Brothers, the)　7, 9, 11, 13, 14, 16, 20
『デイドリーム・ビリーバー』(Daydream beliver 1990)　475
デイパリス，ダニエル(Daperis, Daniel)　455
ティペン，フィル(Tipene, Phil)　482
『ティム』(Tim 1979)　208
テイラー，キット(Taylor, Kit)　123
テイラー，ノア(Taylor, Noah)　322, 323, 476
テイラー，ロッド(Taylor, Rod)　148
テイラー，グラント(Taylor, Grant)　52
ティルデン，ジョシュア(Tilden, Joshua)　351
ディロン，マット(Dillon, Matt)　178
『ディンカム野郎』(Dinkum Bloke, The 1923)　27
ティングウェル，チャールズ(Tingwell, Charles)　194, 331
ディングウォル，ケリー(Dingwall, Kelly)　322
ディングウォル，ジョン(Dingwall, John)　104
ディンゴ，アーニー(Dingo, Ernie)　76, 134, 294, 310, 482
『ディンブーラ』(Dimboola 1979)　219
『デヴィッド・ウィリアムソンのエメラルドシティ』(Dvid Williamson's Emerald City 1989)　355
デーヴィス，ジュディ(Davis, Judy)　76, 178, 180, 215, 221, 357, 413
デーヴィス，ブライアン(Davies, Brian)　70
デーヴィス，リチャード(Davis, Richard)　267
デーヴィス，リンディ(Davies, Lindy)　315

テーラー，エリザベス　138
デーリー，ビル(Daly, Bill)　293
『デカダンス』(Decadence 1996)　490
『デッド・ハート』(Dead Heart 1996)　76, 144, 146, 179, 220, 312, 336, 452 ,482
デッド・ハート・プロダクションズ(Dead Heart Productions)　482
『デッドカーム』(Dead Calm 1989)　328, 329, 351, 377, 446
テッパー，グレッグ(Tepper, Greg)　240
デナム，アーノルド(Denham, Arnold)　9
テニー，アン(Tenney, Anne)　482
デニス，C・J(Dennis, C.J.)　23, 24, 29, 44, 45
デネット，ピーター(Dennett, Peter)　417
『殿下』(His Royal Highness 1932)　45
10ＢＡ　74, 75

【ト】

東映　68
『27Ａ』(1974)　72
トゥダワリ，ロバート(Tudawali, Robert)　54
ドゥバーグ，セリア(De Burgh, Celia)　267
『遠い楽園』(Far Paradise, The 1928)　36
ドースマン，ジュディス(Dorsman, Judith)　95, 111, 148
トーチャート，アーサー(Tauchert, Arthur)　24, 45
ドールマン，ガイ(Doleman, Guy)　253
トーレス，ミシェル(Torres, Michelle)　310
ドーン，ケン(Done, Ken)　445
ドーン，ノーマン(Dawn, Norman)　12, 27, 28, 29, 40
『時の弾み』(Spur of the Moment 1931)　40
独立劇場(Independent Theatre)　275
『時計仕掛けのオレンジ』(1971)　400
『都市』(City, The 1957)　66, 67
トッド，ソニア(Todd, Sonia)　476
ドノヴァン，ジェイソン(Donovan, Jason)　358
ドノヴァン，テレンス(Donovan, Terence)　135, 194, 227
ドパルデュー，アラン(Depardieu, Alain)　417
『トブルクの鼠』(Rats of Tobruk, The 1944)　51, 52, 62
ドブロヴォルスカ，ゴーシャ(Dobrowolska, Gosia)　278, 388
トマシン，ジェニー(Tomasin, Jenny)　87
トマス，アルビー(Thomas, Albie)　70
トマス，ジェリー(Thomas, Jerry)　104
ドマラズキ，ジェジ(Domaradzki, Jerzy)　291
トムソン，パット(Thomson, Pat)　410
ドライナン，ジーニ(Drynan, Jeanie)　123, 431
ドライバラ，スチュワート(Dryburgh, Stuart)　417
ドラウニング，ノット(Drowning, Not)　379
ドラゴナス，サーキズ(Dragonas, Sakis)　372
『砦』(Stockade 1971)　10, 72
トルーマン，ジェフ(Truman, Jeff)　285, 323, 403
ドレイク，マーヴィン(Drake, Mervyn)　215
ドレイファス，ジョージ(Dreyfus, George)　310
『ドンのパーティー』(Don's Party 1976)　86, 123, 139, 159, 176, 435
トンプソン，ジャック(Thompson, Jack)　76, 104, 111, 153, 194, 227, 357, 440

【ナ】

ナイト，アンドリュー(Knight, Andrew)　403
ナイドゥ，サンサナ(Naidu, Santhana)　388
ナイヒル，ジュリー(Nihill, Julie)　272
ナイマン，マイケル(Nyman, Michael)　417
ナウラ，ルイ(Nowra, Louis)　449
『渚にて』(On the Beach 1959)　67
『渚のレッスン』(Puberty Blues 1981)　140, 185, 209, 289, 435
ナショナル(National)　41, 42, 43
ナショナル・スタジオ(National Studios)　41, 42
ナショナル・プロダクション(National Production)　41, 42
『南西太平洋』(South-West Pacific 1943)　59
『ナンバー９６』(Number 96 1972-77)　139

【ニ】

ニーハス，ヴィキ(Niehus, Vicki)　476
ニール，クリス(Neal, Chris)　345
ニール，サム(Neill, Sam)　11, 76, 180, 328, 331, 351, 372, 417
ニールセン，ジュアニータ(Nielsen, Juanita)　224
『苦い泉』(Bitter Spring 1950)　63
『憎しみの丘』(Hills of Hate 1926)　27
『ニコール・キッドマンの恋愛天国』(Flirting 1991)　219, 323, 355
ニコルズ，フィオナ(Nicolls, Fiona)　322, 323
ニコルズ，シド(Nicholls, Syd)　35
ニコルソン，ゲルダ(Nicolson, Gerda)　201
『二千週間』(Two Thousand Weeks 1969)　71, 84
日活　68
『二秒の沈黙』(Two Minutes Silence 1933)　36
ニムロッド劇場(Nimrod Street Theatre)　121
ニューサウスウェールズ映画公社(New South Wales Film Corporation)　160, 253, 272, 285

ニューサウスウェールズ映画テレビ省(New South Wales Film & Television Office)　75, 76
ニューサウスウェールズ映画法(New South Wales Cinematograph Films Act)　40, 41, 42, 43, 46, 71
ニューサウスウェールズ大学(University of New South Wales)　72, 413
ニュージーランド・フィルム・コミッション(New Zealand Film Commission)　421
『ニュースフロント』(Newsfront 1978)　60, 160, 224, 246, 276, 429
ニュードーン・フィルムズ(New Dawn Films)　66
ニュートン，サンディ(Newton, Thandie)　323
『ニルヴァーナ・ストリートの殺人』(Nirvana Street Murder 1991)　393
ニルソン，ケル(Nilsson, Kjell)　168
『ニルへの道』(Road to Nhill 1997)　473
『人魚』(Sirens 1994)　328, 357
ヌーナン，クリス(Noonan, Chris)　462

【ネ】
ネイ，イーゴー(Nay, Igor)　278
ネイグル，ウィリアム(Nagle, William)　188, 304
『ネイバーズ』(Neighbours 1985)　429, 436
ネヴィン，ロビン(Nevin, Robyn)　153, 253, 272, 413
ネヴィンソン，ジェニー(Nevinson, Gennie)　431
ネーピア，ジェシカ(Napier, Jessica)　469
ネーピア，マーシャル(Napier, Marshall)　323, 462
ネストー，ポール(Nestor, Paul)　365
『ネッド・ケリー』(Ned Kelly 1970)　68, 320
『ネットワーク』(1976)　52
『ネバーエンディングストーリー２』(1990)　232
ネム，クリスティーナ(Nehm, Kristina)　310
『眠っている犬』(Sleeping Dogs 1977)　186
ネルソン，マーガレット(Nelson, Margaret)　95

【ノ】
ノイス，フィリップ(Noyce, Phillip)　60, 72, 76, 115, 160, 221, 303, 351
ノービス，フェリックス(Nobis, Felix)　323
ノーラン，キリーリ(Nolan, Kirrili)　111
ノーラン，シドニー(Nolan, Sidney)　319
『ノストラダムス・キッド』(Nostradamus Kid 1993)　329

【ハ】
バー，ジョン(Barr, John)　15
ハーヴェイ，フランク(Harvey, Frank)　27, 46
ハーウッド，Ａ・Ｒ(Harwood, A.R.)　40
パーカー，デヴィッド(Parker, David)　315
バーク，グレアム(Burke, Graham)　338, 358
バーク，サイモン(Burke, Simon)　117
バーク，ロバート・オハラ(Burke, Robert O'Hara)　335
『バーク＆ウィルズの足跡を追ってオーストラリア縦断』(Across Australia in the Track of Burke & Wills 1915)　19
『バークとウィルズ』(Burke & Wills 1985)　335
ハーグリーヴズ，ジョン(Hargreaves, John)　123, 188, 272, 315
『ハーケンクロイツ　ネオナチの刻印』(Romper Stomper 1992)　213, 283, 378, 387, 395, 445, 446, 461
ハーコート，ジェシカ(Harcourt, Jessica)　28
バーコフ，スティーヴン　490
バージャー，ランダル(Berger, Randall)　304
ハーシュフェルダー，デヴィッド(Hirschfelder, David)　410, 476
バーストル，ティム(Burstall, Tim)　70, 71, 72, 81, 91, 109, 127, 139, 179
パースロウ，フレッド(Parslow, Fred)　141
パーソンズ，ニック(Parsons, Nick)　452, 482
ハーツ，カール(Herz, Carl)　4, 5
ハーディ，フランク(Hardy, Frank)　66
ハーディー，ジョナサン(Hardy, Jonathan)　117, 194, 198
『ハートブレイク・キッド』(Heartbreak Kid 1993)　283, 375, 415, 445, 452
『ハートブレイク・ハイ』(Heartbreak High 1994)　475
バートラム，ポール(Bertram, Paul)　87
バートル，ジェームズ(Bartle, James)　482
バートルズ，フランシス(Birtles, Francis)　19
バートン，ジェフ(Burton, Geoff)　104, 129, 148, 322, 323, 351, 440
バートン，ゾウイ(Burton, Zoe)　462
バーネット，チェリ(Barnett, Ccerri)　379
バーネット，ウォルター(Barnett, Walter)　5
ハーバート，ジュリー(Herbert, Julie)　440
ハーバート，ボブ(Herbert, Bob)　178
『ハーバル・ベッド』(Herbal Bed, The 1996)　490
ハーベイ，ローレンス　354
パームビーチ・ピクチャーズ(Palm Beach Pictures)　160
『ハーモニー』(Cosi 1995)　103, 342, 370, 385, 402, 409, 438, 449, 459
ハーリー，ジャン(Hurley, Jan)　278

ハーリー，ラッセル(Hurley, Russell) 388
ハーリー，フランク(Hurley, Frank) 18, 38, 57, 58
バーリンソン，トム(Burlinson, Tom) 227, 267
バーンズ，ティム(Burns, Tim) 167, 233
『ハイ・ローリング』(High Rolling 1977) 245
『バイオレンス・イン・ザ・シネマ ＰＡＲＴ１』(Viorence in the Cinema...Part 1 1972) 176
ハイズ，バーナード(hides, Bernard) 358
『ハイスクール・グラフティ 渚のレッスン』→『渚のレッスン』
『ハイタイド』(Hightide 1987) 186
ハイディズ，バーナード(Hides, Bernard) 188
ハイド，トニー(Hide, Tony) 87
ハイフィールド，ロン(Highfield, Ron) 338
パヴィリオン・フィルムズ(Pavilion Films) 233
ハウエル，エドワード(Howell, Edward) 272
パウエル，マイケル(Powell, Michael) 70
ハウス，リンダ(House, Lynda) 379, 431
ハウス＆ムアハウス・フィルムズ(House & Moorhouse Films) 379, 431
バウリング，マックス(Bowring, Max) 310
バウワー，ハンフリー(Bower, Humphrey) 455
『バウンティ号の航跡』(In the Wake of the Bounty 1933) 47, 48, 49
『バウンティ号の反乱』(Mutiny of the Bounty, The 1916) 16, 421
パキン，アンナ(Paquin, Anna) 417
バケイティス，ヘルムート(Bakaitis, Helmut) 81
ハケット，ジェイ(Hackett, Jay) 209
ハゲット，デヴィッド(Huggett, David) 233
『禿げ山の一夜』(Night on Bald Mountain 1996) 291
パスコウ，ドン(Pascoe, Don) 253
バターワース，シド(Butterworth, Syd) 253, 272
パタソン，オーエン(Paterson, Owen) 285, 424
パタソン，ジャネット(Patterson, Janet) 417
パタソン，トニー(Paterson, Tony) 167, 267
パタソン，バンジョー(Paterson, Banjo) 23, 31, 32, 227, 229, 270
『バック・オブ・ビヨンド』(Back of Beyond, The 1952) 65, 66
バックリー，アンソニー(Buckley, Anthony) 111, 285
ハッチンソン，アレグザンダー(Hutchinson, Alexander) 345
『バッド・ボーイ・バビー』(Bad Boy Bubby 1993) 377
ハットフィールド，ウィリアム(Hatfield, William) 46
パテ・オーストラリアン・アニメイテッド・ガゼット(Pathe Animated Gazette) 18, 20
パテ・フレール(Pathe Freres) 17, 20
バデイ，ヘレン(Buday, Helen) 168
『花の男』(Man of Flowers 1983) 260, 392, 394
ハナム，ケン(Hannam, Ken) 104, 114
ハナン，ジョン(Hannan, John) 410
ハナント，ブライアン(Hannant, Brian) 167
ハネイ，デヴィッド(Hannay, David) 304
パパデミトリオー，ニコラス(Papademetriou, Nicholas) 372
『ハムの葬式』(Ham Funeral, The 1961) 453
ハムリン，マイケル(Hamlyn, Michael) 424
ハメット，オリヴィア(Hamnett, Olivia) 141
ハモンド，ケン(Hammond, Ken) 129, 148
ハモンド，ロザリンド(Hammond, Rosalind) 431
パラ，ダミアン(Parer, Damien) 58, 59
『パラダイスロード』(Paradice Road 1997) 199
ハラッジス，デニース(Haratzis, Denise) 469
バランティン，ジェーン(Ballantyne, Jane) 260
バリー，トニー(Barry, Tony) 240
パリー，ヘレン(Parry, Helen) 215
『バリー・マッケンジーの冒険』(Adventures of Barry McKenzie, The 1972) 57, 72, 85, 87, 107, 126, 127, 139, 176, 220, 298, 301, 302, 307
『バリー・マッケンジーはへこたれない』(Barry McKenzie Holds His Own 1974) 93, 139
『パリを食べた車』(Cars that Ate Paris, The 1974) 72, 102, 250, 251, 303
ハル・マケルロイ・サザンスタースター・プロダクション(Hal McElroy Southern Star Production) 440
バレット，シャーリー(Barrett, Shirley) 459, 469
バレット，リチャード(Barrett, Richard) 452
バレット，レイ(Barrett, Ray) 123, 153, 253, 358
バレット，フランク(Barrett, Frank) 14, 15, 16, 38
バロウズ，ジェフ(Burrowes, Geoff) 227
パワー，ジョン(Power, John) 148, 164
ハワード，ジョン(Howard, John) 331, 338
『ハンギングロックの秘密』(Secret of Hanging Rock, The 1980) 100
バンクス，Ｊ・Ｃ(Bancks, J.C.) 35
ハンセン，ギャリー(Hansen, Gary) 240
ハンソン，ポーリン(Hanson, Pauline) 257
ハンター，ビル(Hunter, Bill) 160, 201, 221, 304, 410, 424, 431
ハンター，ホリー(Hunter, Holly) 417
パンチ＝マグレガー，アンジェラ(Punch McGregor,

Angela) 153, 160, 240, 403
ハント，リンダ(Hunt, Linda) 247
ハンナ，パット(Hanna, Pat) 41, 44
ハンフリーズ，バリー(Humphries, Barry) 87, 135

【ヒ】
ピアス，ガイ(Pearce, Guy) 424
ピアス，クレイグ(Pearce, Craig) 410
ピアズ，リサ(Peers, Lisa) 104, 233
『ピアノ・レッスン』(Piano, The 1993) 75, 76, 357, 377, 417, 454, 467, 468, 475
ピーコウ，ジェネヴィヴ(Picot, Genevieve) 379
『ピーター・ヴァーノンの沈黙』(Peter Vernan's Silence 1926) 27
ピータシャム・ピクチャーズ(Petersham Pictures) 253
『ピータスン』(Petersen 1974) 109, 116, 127, 199, 232
ビーティ，レイ(Beattie, Ray) 338
『ビーデビル』(BeDevil 1993) 76 ,312
『ヒートウェーブ』(Heatwave 1982) 115, 165, 186 221, 303, 355
ヒギンズ，アーサー(Higgins, Arthur) 15, 40
ヒギンズ，タズマン(Higgins, Tasman) 48
ピクチャーズ，ソヴリン(Pictures, Sovereign) 358
ピクニック・プロダクションズ(Picnic Productions) 95
『ピクニックａｔハンギングロック』(Picnic at Hanging Rock 1975) 72, 73, 95, 107, 116, 120, 138, 140, 144, 146, 250, 251, 289, 336, 490
ビショップ，パット(Bishop, Pat) 123
ビズリー，スティーヴ(Bisley, Steve) 167, 278, 490
ピッカー，ジョシュ(Picker, Josh) 323
『ビッグ・スチール』(Big Steal, The 1990) 179, 318, 445
ヒックス，スコット(Hicks, Scott) 476
『引っ越し』(Moving Out 1983) 265
『引っ越し屋』(Removalists, The 1975) 126, 128
ヒッチコック，アルフレッド 67
ビニー，クレア(Binney, Clare) 123
ヒューズ，ウェンディ(Hughes, Wendy) 160, 180, 272
ヒューズ，トニー(Hughes, Tony) 209
『ビリーの休日』(Billy's Holiday 1995) 110
ビル，アッシャー(Bilu, Asher) 260
ビル，リリット(Bilu, Lirit) 260
ビルコック，ジル(Bilcock, Jill) 331, 410, 431
ビルコック＆コピング・フィルム・プロダクションズ(Bilcock and Copping Film Productions) 81
ビンズ，レズリー(Binns, Leslie) 81, 227
ピンター，ハーバート(Pinter, Herbert) 201, 247, 310

【フ】
ファー，ジュディ(Farr, Judi) 322, 323
『ファー・イースト』(Far East 1982) 116, 219, 220
『ファー・ラップ』(Phar Lap 1983) 192, 229, 232, 267
『ファー・ラップという馬』(Horse Called Phar Lap, A) 269
→『ファー・ラップ』
ファーネス，デボラ＝リー(Furness, Deborra-lee) 455
ファウル，スザナ(Fowle, Susannah) 135
ファター，リッキー(Fataar, Ricky) 403
『ファッティ・フィン』(Fatty Finn 1980) 35
ファレル，チャールズ(Farrell, Charles) 42
『不安なものと呪われたもの』(Restless and Damned, The 1959) 68
フィールズ，モーリス(Fields, Maurice) 304, 331
フィッシャー，ジョージ(Fisher, George) 28
『フィッシャーの幽霊』(Fisher's Ghost 1924) 27
フィッツジェラルド，ルイス(Fitz-Gerald, Lewis) 194, 240, 331, 482
フィッツパトリック，ケイト(Fitzpatrick, Kate) 253
フィッツパトリック，ニール(Fitzpatrick, Neil) 331
フィップス，マックス(Phipps, Max) 168
フィリップス，ジョン(Phillips, John) 455
フィリップス，バーヴァリー(Phillips, Beverley) 315
フィルム・アコード(Film Accord) 341
フィルム・ヴィクトリア(Film Victoria) 75, 76, 153
フィルム・オーストラリア(Film Australia) 64, 70, 115
フィルム・クィーンズランド(Film Victoria) 76
フィルム・ハウス(Film House, The) 117, 153
フィン，ティム(Finn, Tim) 209
フィンク，マーガレット(Fink, Margaret) 180
フィンチ，ピーター(Finch, Peter) 11, 52, 55, 64, 67
フィンリソン，ブルース(Finlayson, Bruce) 272, 331
フィンレイ，マリーナ(Finlay, Marina) 388
ブース，ハーバート(Booth, Herbert) 6

『不運な結婚式』(Fatal Wedding, The 1911) 13
フェアチャイルド，マックス(Fairchild, Max) 304
フェイ，オースティン(Fay, Austin) 40
フェイー，メアリ＝アン(Fahey, Mary-Anne) 345
フェイマン，ピーター(Faiman, Peter) 293
フェイン，ローリー(Faen, Laurie) 338
フェリアー，ノエル(Ferrier, Noel) 247
フォークナー，デイヴ(Faulkner, Dave) 440
フォーサイス，ドゥルー(Forsythe, Drew) 111
フォーサイス，H・A(Forsythe, H.A.) 17
フォード，ジョウゼフィーン(Ford, Josephine) 240
フォード，ロジャー(Ford, Roger) 322, 323, 462
フォスター＝ブラウン，フランク(Foster-Brown, Frank) 129
フォックス(Fox Film, The) 21, 38, 44, 58
フォレスト，メイベル(Forrest, Mabel) 47
『フォレスト・ガンプ』(1994) 459
ブキャナン，マイルズ(Buchanan, Miles) 285
ブジェルク＝ピータスン，ジョハニズ(Bjelke-Petersen, Johannes) 257
フジタ，ソーキュー 358
『武装強盗団』(Robbery Under Arms 1907 チャールズ・マクマホン) 10, 11, 16
『武装強盗団』(Robbery Under Arms 1920 ケネス・ブラントン監督) 11
『武装強盗団』(Robbery Under Arms 1957 ジャック・リー監督) 11, 67
『武装強盗団』(Robbery Under Arms 1984 ドナルド・クロンビー監督) 11
『ブッシュ・クリスマス』(Bush Christmas 1983) 355
『ブッシュの少女』(Girl of the Bush, A 1921) 16
『ブッシュの王、キャプテン・ミッドナイト』(Captain Midnight, the Bush King 1911) 12, 16
『プディング泥棒』(Pudding Thieves, The 1967) 70
ブライアン，ベティ(Bryant, Betty) 51
『ブライアン・ブラウンの暴力刑務所』(Stir 1980) 146
プライス，デニス(Price, Dennis) 87
ブライソン，ジョン(Bryson, John) 331
『フライング・ドクター』(Flying Doctor, The 1936) 42, 43
ブラウン，バリー(Brown, Barry) 104
ブラウン，リーブ(Brown, Reb) 304
ブラウン，ブライアン(Brown, Bryan) 76, 153, 160, 188, 194, 215, 357, 358, 482
『ブラックフェラ』(Blackfellas 1993) 312
『ブラックロック』(Blackrock 1996) 452
ブラッドショー，デヴィッド(Bradshaw, David) 227
プラティパス・プロダクションズ(Platypus Productions) 68
フラワーズ・インターナショナル・プロダクションズ(Flowers International, A) 260
『フラン』(Fran 1985) 238
フランクリン，マイルズ(Franklin, Miles) 100, 139, 180
フランシス，ピーター(Francis, Peter) 482
『フランシス・バートルズと行くオーストラリア縦断』(Across Australia with Francis Birstles 1912) 19
フランシス＝ブルース，リチャード(Francis-Bruce, Richard) 168, 253, 272, 351
『ブランズウィックに死す』(Death in Brunswick 1991) 283, 290, 357, 372, 415, 445
ブランチャド，ロン(Blanchard, Ron) 111
ブランデル，グレアム(Blundell, Graeme) 81, 123, 188, 322
ブランドー，トム(Brandau, Tom) 294
ブラントン，ケネス(Brampton, Kenneth) 11
ブランプトン，ジョン(Brumpton, John) 395
ブリアリー，ジル(Brealey, Gil) 104, 392
フリード，アミーリア(Frid, Amelia) 345
フリードキン，ジェイ(Friedkin, Jay) 462
フリールズ，コリン(Friels, Colin) 12, 233, 315, 408, 413, 449, 455
『ブリキ缶の湯が煮える間に』(While the Billy Boils 1921) 32
『ブリザードの家』(Home of the Blizzard 1913) 18
『プリシラ』(Adventures of Priscilla, Queen of the Desart, The 1994) 386, 437, 424, 444, 454, 467, 474
『ブリス』(Bliss 1985) 285, 436, 453
フリス，レベッカ(Frith, Rebecca) 469
ブリッジズ，ドン(Bridges, Don) 395
ブリティッシュ・エンパイア・フィルムズ(British Empire Films) 55
ブリトン，アイリーン(Britton, Aileen) 180
フリン，パトリック(Flynn, Patrick) 104, 111
フリン，ミリアム(Flynn, Miriam) 462
フリン，エロル(Flynn, Errol) 48, 55 ,355
ブリンカット，ポール(Brincat, Paul) 338
プリングル，イアン(Pringle, Ian) 395
ブリンコ，マギー(Blinco, Maggie) 293, 294
フリンジ・ドゥウェラーズ・プロダクションズ(Fringe Dewellers Productions) 310
ブリンター，ドナルド(Blitner, Donald) 240
『古いドゥルリーレーンのスィート・ネル』(Sweet Nell of Old Drury 1911) 15
『ブルー・フィン』(Blue Fin 1978) 258

ブルーニング，ロバート(Bruning, Robert)　104
フルービー，ジョイ(Hruby, Joy)　215
『ブルーマウンテンズ・ミステリー』(Blue Mountains Mystery, The 1921)　34
ブルキク，ボリス(Brkic, Boris)　372
ブルックス，ジェフ(Brooks, Geoff)　455
ブルム，マーク(Blum, Mark)　293
ブレア，ロン(Blair, Ron)　121
フレイ，カート(Frey, Kurt)　323
『ブレイカー・モラント』(Breaker Morant 1978)　198
ブレイク，ジュリア(Blake, Julia)　260
ブレイクモア，マイケル(Blakemore, Michael)　357
フレイザー・フィルム・カンパニー(Fraser Film Company)　23
ブレイドン，サマンサ(Bladon, Samantha)　395
ブレイニー，スー(Blainey, Sue)　424
ブレイニー，ブライアン・J(Breheny, Brian J)　424
『ブレイブ・ハート』(1995)　465, 466
プレストン，マイク(Preston, Mike)　168
フレッチャー，アラン(Fletcher, Alan)　365
ブレット，リアンダ(Brett, Leander)　209
「ブレティン」(Bulletin)　15, 24, 29
ブレナン，リチャード(Brennan, Richard)　403, 449
『ブロークン・イヤー』(Broken Year)　206
フロース，ジョン(Flaus, John)　403
『フローティング・ライフ』(Floating Life 1996)　283, 375
『フローティング・ワールド』(Floating World, The 1974)　86, 453
フローランス，シーラ(Florance, Sheila)　388
フローリー，ジョン(Frawley, John)　117
ブロク，エイワ(Brok, Ewa)　278

【へ】
ヘイ，ヴァージニア(Hey, Virginia)　168
ヘイ，コリン(Hay, Colin)　449
ヘイア，ロルフ・デ(Heer, Rolf de)　377
ヘイアー，ジョン(Heyer, John)　63, 65, 66
ヘイウッド，クリス(Haywood, Chris)　160, 194, 221, 227, 260, 315, 388, 431
ベイカー，イアン(Baker, Ian)　117, 153, 331
ベイカー，トゥンギア(Baker, Tungia)　417
ベイカー，スノーウィー(Baker, Snowy)　33, 34
ペイジ，レイオーニ(Page, Leonie)　410
『ヘイシード一家』(Hayseeds, The 1933)　32
『ヘイシード一家、シドニーへ来る』(Hayseeds Come to Sydney, The 1917)　30
『ヘイシード一家の開拓地ショウ』(Hayseeds' Backblocks Show, The 1917)　30
『ヘイシード一家のメルボルンカップ』(Hayseeds' Melbourne Cup, The 1918)　30
ヘイズ，クリフォード(Hayes, Clifford)　167, 240
ヘイズ，テリー(Hayes, Terry)　167, 168, 322, 323, 351
ヘイゼルハースト，ナニー(Hazlehurst, Noni)　233
ヘイソン，ジム(Henson, Jim)　462
ペイト，マイケル(Pate, Michael)　53, 304
『ベイブ』(Babe 1995)　75, 76, 134, 303, 328, 422, 453, 454, 462, 481
ベイリー，バート(Bailey, Bert)　26, 29, 30, 56, 58
ベイリー，ロレイン(Bayly, Lorraine)　227
ヘイレン，レズリー(Haylen, Leslie)　36
ベインズ，ボブ(Baines, Bob)　440
ヘーゲン，ロン(Hagen, Ron)　395
ベスト，アリソン(Best, Alyson)　260
ベスト，ピーター(Best, Peter)　87, 148, 240, 253, 285, 293, 294, 431
ペダーセン，エアロン(Pedersen, Aaron)　482
ペック，グレゴリー　67
ベトナム戦争　190
ザ・ヘラルド(Herald, The)　39
「ヘラルド・ニュース映画」(Herald Newsreel, The)　39
ペリー，N・P(Perry, N.P.)　59, 60
ペリー，W・S(Perry, W.S.)　15
ペリー，オリー(Perry, Orrie)　9
ペリー，ジョセフ(Perry, Joseph)　6, 7, 9
ペリー，レグ(Perry, Reg)　9
ベリング，カイリー(Belling, Kylie)　310
ベル，マーリーン(Bell, Marlene)　310
ヘルフゴット，デヴィッド(Helfgott, David)　329, 478
ヘルプマン，シーラ(Helpmann, Sheila)　135
ベルボア・ストリート劇場(Belvoir Street Theatre)　387, 452, 480, 490
ベレスフォード，ブルース(Beresford, Bruce)　57, 72, 76, 85, 87, 123, 135, 184, 185, 194, 209, 232, 310, 443
ペン，ライル(Penn, Lyle)　148, 151
『ベン・ホールとその一味』(Ben Hall and His Gang 1911)　17
『辺境に住む人々』(Fringe Dwellers, The 1986)　76, 132, 140, 185, 218, 236, 310, 435, 474, 491
ヘンサー，マックス(Hensser, Max)　338
ベンダース，ビム(Wenders, Wim)　147, 357
ベントリー，ディック(Bentley, Dick)　87

『ペンの巡業活動写真』('Penn's Pictures on Tour) 148
ペンフォルド=ラッセル，レベル(Penfold-Russell, Rebel) 424

【ホ】
ホイツ・シアターズ(Hoyts Theatres) 39, 40, 44, 51, 52, 73, 74, 153
ホイットモア，リー(Whitmore, Lee) 215
ホイットラム，ゴフ(Whitlam, Gough) 125
ボイド，ラッセル(Boyd, Russell) 95, 141, 201, 247, 267, 293, 294, 358
ホウェイリ，ジョージ(Whaley, George) 480
ボウデン，スーザン(Bowden, Susan) 338
ボウマン，ニコラス(Beauman, Nicholas) 148, 180, 358, 403, 449
『放浪者』(Sundowners, The 1960) 67
ボウン，デズ(Bone, Des) 111, 123, 135
ボーア戦争 192
ホーガン，ブレット(Hogan, Brett) 294
ホーガン，ポール(Hogan, Paul) 293, 294
ホーガン，P・J(Hogan, P.J.) 72, 76, 378, 386, 431
ボーグ，ソニア(Borg, Sonia) 129
ボーゲージ，アンナ(Borghesi, Anna) 395, 469
ポーター，エリック(Porter, Eric) 61
『ホーム&アウェイ』(Home and Away 1988) 429, 436
ホームズ，カリス(Holmes, Kerith) 365
ホームズ，マーク(Holmes, Mark) 424
ホームズ，セシル(Holmes, Cecil) 66, 67
ホール，ロビン(Hall, Robin) 227
ボール，ヴィンセント(Ball, Vincent) 194, 267
ポール，サンディ(Paul, Sandy) 209
ホール，ケン・G(Hall, G. Ken) 19, 26, 32, 43, 45, 55, 56, 57, 58, 59, 60, 61, 67, 158, 164
『ポール・ホーガン・ショウ』(Paul Hogan Show) 302
ポールセン，ハンス(Poulsen, Hans) 81
ボールソン，マイケル(Balson, Michael) 168
ホールデン，フランキー・J(Holden, Frankie J.) 365, 379
ホールデン，フランク(Holden, Frank) 331
『牧師』(Priest, The 1973) 120, 121, 157
『牧場主の娘』(Squatter's Daughter, The 1933) 57
ポザン，クリスナ(Pozzan, Crisina) 365
ポッツ，マリオン(Potts, Marion) 490
ホップグッド，アラン(Hopgood, Alan) 180
『ボディ・クロス　殺しは危険な香り』(Grievous Bodily Harm 1988) 408
『ホテル・ソレント』(Hotel Sorrento 1995) 258, 368, 452
ボナー，トニー(Bonner, Tony) 227
ホプキンズ，アンソニー(Hopkins, Anthony) 403
ホプキンズ，ハロルド(Hopkins, Harold) 123, 148, 201, 233, 322
ポペスク，ペトル(Popescu, Petru) 141
ポメレインズ，ハンス(Pomeranz, Hans) 10
ポラック，ダニエル(Pollock, Daniel) 395
『ポリスレスキュー』(Police Rescue 1991-93) 475
ポルソン，ジョン(Polson, John) 358, 440
ボルダーウッド，ロルフ(Boldrewood, Rolf) 10
ホルト，ジム(Holt, Jim) 331
ホワイト，グレッグ(White, Greg) 482
ホワイト，ジェフ(White, Geoff) 304
ホワイト，ジョン・クリフォード(White, John Clifford) 395
ホワイト，ティモシー(White, Timothy) 345, 372, 403, 449, 455
ホワイト，パトリック(White, Patrick) 453

【マ】
マー，スティーヴ(Marr, Steve) 338
マーア，レイ(Meagher, Ray) 194
『マーガレット・キャッチポールのロマンティックな物語』(Romantic Story of Margaret Catchpole, The 1911) 15
マーガレット・フィンク・フィルムズ(Margaret Fink Films) 180
マーキューリオ，ガス(Mercurio, Gus) 227, 294
マークス，ウォルター(Marks, Walter) 37
マーゴリーズ，ミリアム(Margoyles, Miriam) 462
マーシャル，ウィリアム(Marshall, William) 388
マーシャル，ブライアン(Marshall, Bryan) 285
マーチン，スティーヴ 336
マーティン，キャサリン・A(Martin, Catherine A.) 410
マードック，キース(Murdoch, Keith) 39
マードック，ルパート(Murdoch, Rupert) 39, 208
マーフィー，ビル(Murphy, Bill) 395
マーフィー，ブロンウィン(Murphy, Bronwyn) 365
マーフィー，ポール(Murphy, Paul) 285
マーフィー，マイケル(Murphy, Michael) 247
マーフィー，モーリス(Murphy, Maurice) 35
『マイ・ベスト・フレンズ・ウェディング』(1996) 438
マイアル，トリストラム(Miall, Tristram) 410
『マイクとステファニ』(Mike and Stefani 1949-1950) 63
マイケル・エジリー・インターナショナル(Michael

Edgley International) 227, 267
マイルズ，ケヴィン(Miles, Kevin) 331
マイルズ，ブルース(Myles, Bruce) 331, 388
マイルズ，ミシェル(Miles, Michele) 310
マヴェイル，ガストン(Mervale, Gaston) 14, 17
『マウス・トゥー・マウス』(Mouth to Mouth 1978) 146, 219
『マオリ娘の愛』(Maori Maid's Love, A 1916) 32, 421
マカルパイン，アンドリュー(McAlpine, Andrew) 417
マカルパイン，ドン(McAlpine, Don) 87, 123, 135, 180, 188, 194, 209, 310
マクィーン＝メイソン，エドワード(McQueen-Mason, Edward) 81
マクィンズ，ヒュー(McInnes, Hugh) 63
マクエイド，クリス(McQuade, Chris) 410
マクカーン，レオ(Mckern, Leo) 26
マクガイガン，ルシンダ(McGuigan, Lucinda) 315
マクグラス，マーティン(McGrath, Martin) 379, 431
マクティアナン，ジョン(McTiernan, John) 304
マクドナ，イゾベル(McDonagh, Isobel) 36, 37
マクドナ，フィリス(McDonagh, Phyllis) 36, 37
マクドナ，ポーレット(McDonagh, Paulette) 36, 37
マクドナ姉妹(McDonagh Sisters, The) 36, 37, 38, 40
マクドナルド，ギャリー(McDonald, Gary) 148
マクヒュー，デヴィッド(McHugh, David) 358
マクマホン，チャールズ(McMahon, Charles) 4, 10, 11, 27, 28
マクユーアン，シーン(McEuan, Sean) 81
マグリー，フランク(Magree, Frank) 395
マクレー，マージ(McCrae, Margie) 215
マクレーン，クリストファー(McLean, Christopher) 395
マケナ，ジェームズ(McKenna, James) 395
マケルロイ，ジム(McElroy, Jim) 102, 141, 247
マケルロイ，ハル(McElroy, Hal) 102, 141, 440
マケルロイ＆マケルロイ・プロダクション(McElroy and McElroy production, A) 95, 247
マコーズランド，ジェームズ(McCausland, James) 167
マコーラム，チャールズ(McCallum, Charles) 117
マコール，ジョニー(McCall, Johnny) 338
マザ，ボブ(Maza, Bob) 310
マシューズ，ミッチ(Mathews, Mitch) 440
『マシューの息子たち』(Sons of Mathew 1949) 53, 73
マゾッコー，ケリー(Mazzocco, Kerri) 455
マック，エリック(Mack, Eric) 129
マックォーリー大学(Macquarie University) 72
マッケンジー，ジャクリーン(McKenzie, Jacqueline) 319, 395, 413, 438, 453, 455
マッケンジー，ティム(McKenzie, Tim) 201, 278
『マッドマックス』(Mad Max 1979) 76, 167, 208, 393, 490
『マッドマックス　サンダードーム』(Mad Max Beyond Thunderdome 1985) 75, 168
『マッドマックス２』(Mad Max 2 1981) 86, 167
マドゥルールー(Mudrooroo) 158
『真夜中の結婚式』(Midnight Wedding 1912) 15
マリオンズ，レックス(Marinos, Lex) 253
マリナー，ロッド(Mullinar, Rod) 194, 351
『マリネッティ』(Marinetti 1969) 70
マルキューリオ，ポール(Mercurio, Paul) 410
『マルコム』(Malcolm 1986) 315
マルティネッティ，ニーノ(Martinetti, Nino) 388
マン，ダニー(Mann, Danny) 462
『マンガニニー』(Manganinnie 1980) 312
マンダー，マイルズ(Mander, Miles) 42
『マンリーで、フェリー「ブライトン号」から降り立つ乗客たち』(Passengers Alighting from Ferry "Brighton" at Manly 1896) 5
マンロー，クラーク(Munro, Clark) 233

【ミ】
『未開』(Uncivilised 1936) 49, 158
ミク，エリック(Mueck, Eric) 395
『ミスター・ベースボール』(1992) 336
『ミスター・リライアブル』(Mr Reliable 1996) 319, 461
『水の中の呼吸』(Breathing Under Water 1992) 102
『道の逆側』(Wrong Side of the Road, The 1981) 312
『ミチバチのささやき』(1972) 348
ミッチェル，エイドリアン(Mitchell, Adrian) 345
ミッチェル，ダグ(Mitchell, Doug) 322, 323, 351, 462
ミッチェル，ヒーサ(Mitchell, Heather) 379
『三つで一つ』(Three in One 1957) 65, 66, 67
『緑の山々』(Green Mountains 1940) 53
ミュージカル・フィルムズ(Musical Films) 365
ミューラー＝スタール，アーミン(Muller-Stahl, Armin) 476
ミューン，イアン(Mune, Ian) 417
『ミュリエルの結婚』(Muriel's Wedding 1994) 76, 140, 236, 312, 378, 386, 409, 429, 431, 453, 454, 474
ミラー，ジョージ(Dr. Miller, George) 167, 168,

322, 323, 351, 462
ミラー，ジョージ(Miller, George) 227, 270
ミラー，デニス(Miller, Dennis) 221, 278, 331
ミラー，ビル(Miller, Bill) 462
ミラー＝ロビンソン，ドン(Miller-Robinson, Don) 233
ミリガン，スパイク(Milligan, Spike) 87
ミリケン，アンジー(Milliken, Angie) 482
ミリケン，スー(Milliken, Sue) 188, 310
ミリンド，スタンリー(Mirindo, Djunawong Stanley) 482
ミルゲイト，ギャビー(Millgate, Gabby) 431
『身を立てるには』(Getting of Wisdom, The 1910) 138, 139
ミンティ，エイミル(Minty, Emil) 168

【ム】
ムアハウス，ジョスリン(Moorhouse, Jocelyn) 72, 265, 378, 379, 431
ムーディ，マイケル(Moody, Michael) 129
ムービートーン(Movietone) 39, 58, 59, 60, 164
ムービートーン・ニュース(Movietone News) 39, 58
『ムーンビの蛾』(Moth of Moonbi, The 1926) 47
『ムーンライト』(Moonlight 1910) 17
『息子の誕生』(Son is Born, A 1946) 61

【メ】
メイ，ブライアン(May, Brian) 167, 168, 201
メイジャー，ロス(Major, Ross) 221
メイソン，スティーヴ(Mason, Steve) 410
メイソン，リチャード(Mason, Richard) 215
メイトランドの洪水 163
『メタル・スキン』(Metal Skin 1994) 370, 402, 453
メツマン，アーヴィング(Metzman, lrving) 293
メリアン，ジョン(Meillon, John) 148, 221, 293, 294
メリディアン・フィルムズ(Meridian Films) 403, 372
『メル・ギブソンの青春グラフィティ』(Summer City 1977) 178, 179
メルバ(Melba, Dame Nellie) 59
メルボルン・シアターカンパニー(Melbourne Theatre Company) 198
『メルボルンカップ』(Melbourne Cup 1896) 5
メルボルン五輪 163
メレディス，ベス(Meredyth, Bess) 33
メングレッド，アレックス(Menglet, Alex) 388
メンジーズ，ブライス(Menzies, Bryce) 315, 345, 372
メンジーズ，ロバート(Menzies, Robert 俳優) 285
メンジーズ，ロバート(Menzies, Robert 政治家) 54, 64, 164
メンタル・アズ・エニシング(MENTAL AS ANYTHING) 342
メンデルソン，ベン(Mendelsohn, Ben) 318, 322, 365, 393, 402, 403, 449

【モ】
モイア，リチャード(Moir, Richard) 188, 221
『盲目の巨人が踊っている』(Blind Giant is Dancing, The 1995) 387
モーガン，リチャード(Morgan, Richard) 267
モース，ヘレン(Morse, Helen) 95, 111
モーソン，ダグラス(Mawson, Sir Douglas) 18
モートン，テックス(Morton, Tex) 240
モーフェット，トニー(Morphett, Tony) 141
モーン，モニカ(Maughan, Monica) 388
モーラ，フィリップ(Mora, Philippe) 160, 304
『モーリス・ゲスト』(Maurice Guest 1908) 138
『目撃者　刑事ジョン・ブック』(1985) 251
モクリ，ピーター(Mochrie, Peter) 215
モジング，ウィリアム(Motzing, William) 160, 278, 338
『モスキートコースト』(1986) 251
『持つことと支えること』(To Have and to Hold 1996) 438
モデルズ(MODELS) 342
モファット，トレイシー(Moffatt, Tracey) 76
モメンタム・フィルムズ(Momentum Films) 476
モリス，ジュディ(Morris, Judy) 267
モリス，タラ(Morice, Tara) 402, 410
モリソー，ノーマ(Moriceau, Norma) 160, 168, 293, 294, 351
モロウニー，ジョス(Moroney, Joss) 440
モロー，ジャンヌ 354
『モンキー・グリップ』(Monkey Grip 1982) 102, 233, 289, 320
モンクマン，ノエル(Monkman, Noel) 43
モントン，ヴィンセント(Monton, Vincent) 160, 221

【ヤ】
ヤング，エイデン(Young, Aden) 402, 449
『ヤング・アインシュタイン』(Young Einstein 1988) 320, 338, 354
ヤンサラワイ，マワヤル(Yanthalawuy, Mawuyul) 240

【ユ】
ユアート，ジョン(Ewart, John)　104, 111, 148, 160
ユーイング，ジョン(Ewing, Jon)　285
ユニヴァーサル・ピクチャーズ(Universal Pictures)　38, 53
ユニオン・シアターズ(Union Theatres)　20, 44, 55, 56
『夢の涯てまでも』(Until the End of the World 1992)　147, 357
『ユリーカ砦』(Eureka Stockade 1949)　10, 62, 270

【ヨ】
『夜明け』(Break of Day 1976)　109
『欲望と復讐』(Lust and Revenge 1996)　265
『四万の騎兵』(Forty Thousand Horsemen 1940)　43, 49, 52, 53, 58, 62

【ラ】
『ラ・ボエーム』(La Boheme 1992)　414
ラ・ママ(La Mama)　84, 179, 208, 266
ラーマン，バズ(Luhrmann, Baz)　76, 215, 378, 410, 459
ライ，レグ(Lye, Reg)　104
ライアン，エラリー(Ryan, Ellery)　372, 403, 449, 455
ライアン，テリー(Ryan, Terry)　221, 247, 431
ライアン，ヒラリー(Ryan, Hilary)　135
ライエル，ロッティ(Lyell, Lottie)　14, 24, 27
『雷光の峰の陰』(Shadow of Lighting Ridge, The 1920)　33
ライシアム・シアター(Lyceum Theatre)　12, 15, 39, 55
ライト，ジェフリー(Wright, Geoffrey)　73, 378, 395
ライブマン，ロン(Leibman, Ron)　267
ライマー，マイケル(Rymer, Michael)　455
ライムファイアー・フィルムズ(Rimfire Films)　293, 294
ライムライト・プロダクションズ(Limelight Productions)　148, 209, 278
ラウズ，グレアム(Rouse, Graham)　188
ラウントゥリー，カミーラ(Rountree, Camilla)　240
『楽園への歩み』(Walk into Paradise 1956)　68
ラソーリス，ニコ(Lathouris, Nico)　372
ラックマン，スティーヴ(Rackman, Steve)　293, 294
ラッシュ，ジェフリー(Rush, Geoffrey)　26, 476
ラッセル，リー(Russell, Leigh)　395
ラッセル，レベル(Russell, Rebel)　424
ラッド，スティール(Steele, Rudd)　24, 29, 56
『ラッドじいちゃん』(Grandad Rudd 1938)　58
『ラッドの新しい農場』(Rudd’s New Selection 1921)　26
ラドリー，ケン(Radley, Ken)　424
『ラブ・アンド・カタストロフィー』(Love and Other Catastrophies 1996)　459
『ラブ・セレナーデ』(Love Serenade 1996)　290, 437, 459, 469
『ラプソディ』(Rhapsody 1954)　138
ラフティ，チップス(Rafferty, Chips)　51, 52, 55, 62, 63, 68
ラペイン，ダニエル(LaPaine, Daniel)　431
ラムスター，P・J(Ramster, P.J.)　36
ラング，ヴェロニカ(Lang, Veronica)　123
ランク・オーガニゼイション(Rank Organisation)　61, 67
『ラングル・リヴァー』(Rangle River 1936)　42, 43
ランダー，ネッド(Lander, Ned)　209
ランディーチョ，ドミンゴ(Landicho, Domingo)　247
ランドン，エイヴィス(Landon, Avice)　87
ランバート，アン(Lambert, Anne)　95
ランバート，ヴェリティ(Lambert, Verity)　331

【リ】
リアドン，パトリック(Reardon, Patrick)　379, 431
リー，ソフィー(Lee, Sophie)　431
リー，デヴィッド(Lee, David)　395, 431
リー，マーク(Lee, Mark)　201
リー，ジャック(Lee, Jack)　11
『リーサル・ウェポン』(1987)　179
リード，デヴィッド(Reid, David)　388
リード，チャールズ(Reade, Charles)　17
リグ，レベッカ(Rigg, Rebecca)　403
リケッツ，マーガレット(Ricketts, Margaret)　345
『リターン・ホーム』(Return Home 1990)　365, 406, 407, 453
リチャードソン，ジェフ(Richardson, Geoff)　304
リチャードソン，ヘンリー・ハンデル(Richardson, Henry Handel)　100, 135, 138
『リッキーとペイト』(Rikky and Pete 1988)　318
リドル，ジョージ(Liddle, George)　253, 331
『リトル・ブラック・プリンセス』(Little Black Princess, The 1905)　243
『リビドー』(Libido 1973)　109, 120
『リリアンの物語』(Lilian’s Story 1996)　291, 438, 459
リンカーン，W・J(Lincoln, W.J.)　14, 16, 17

リンカーン＝カス・フィルム(Lincoln-Cass Films) 14, 17
リング，トレヴァー(Ling, Trevor) 117
リンステッド，ヒラリー(Linstead, Hilary) 221
リンゼイ，ジョーン(Lindsay, Joan) 95, 100
リンゼイ，ノーマン(Lindsay, Norman) 44
リンチ，ジョン(Lynch, John) 455
リントン，ロス(Linton, Ross) 322, 323

【ル】
『ルイーズとケリー』(Two Friends 1986) 239
ルイス，ティム(Lewis, Tim) 260
ルイス，トミー(Lewis, Tommy) 153, 240
ルイス，マーク(Lewis, Mark) 233, 278
ルーアン，ジョン(Ruane, John) 73, 372
ルーカス，ウィルフレッド(Lucus, Wilfred) 33, 34
ルークウッド，ジプシー(Lukewood, Gypsy) 365
ルーソウ，イヴォン(Rousseau, Yvonne) 100
ルエリン＝ジョーンズ，トニー(Llewellyn-Jones, Tony) 260
ルクレジオ，オーディル(Le Clezio, Odile) 338
ルクロス，ウェイン(Le Clos, Wayne) 285
ルックアウト劇場(Lookout Theatre) 394
『ルビー・ローズの物語』(Tale of Ruby Rose, The 1988) 393

【レ】
『レイザーバック』(Razorback 1984) 145
レイソン，ハニー(Rayson, Hannie) 452
レイタントイメージ・スペシフィック・フィルムズ (Latent Image Specific Films) 424
レイノルズ，フレディ(Reynolds, Freddy) 153
レイブ，パメラ(Rabe, Pamela) 449
レイモンド，キャンディ(Raymond, Candy) 123, 135, 233
レイモンド，トニ(Lamond, Toni) 403
レイモンド・ロングフォード賞 27, 60
レインズ，レイチェル(Rains, Rachel) 365
レヴェル，グレアム(Revell, Graeme) 351
レーダーマン，カズ(Lederman, Caz) 215
レーン，ロイ(Rene, Roy) 45, 58
『レクレス・ケリー』(Reckless Kelly 1993) 92, 258, 298, 320, 343
レズニー，アンドリュー(Lesnie, Andrew) 462
レット，キャシー(Lette, Kathy) 209
『レッド・ダンス』(Red Dance, The 1928) 39
レッドグレイヴ，リン(Redgrave, Lynn) 476
『レッドヒープ町』(Readheap 1930) 44
レデックス自動車レース(Redex Trials) 163
『レナードの朝』(1990) 459
『レベル 反逆者』(Rebel 1985) 178
レモン，ジェネヴィヴ(Lemon, Genevieve) 417
レモン，マックス(Lemon, Max) 95, 141
『錬金術師』(1996) 387
レンバー，トイヴォ(Lember, Toivo) 476

【ロ】
ロイド，ティム(Lloyd, Tim) 160
ロウ，グレッグ(Rowe, Greg) 129
ロウ，ジェフ(Rhoe, Geoff) 209
ロヴェル，パット(Lovell, Pat)
→ロヴェル，パトリシア
ロヴェル，パトリシア(Lovell, Patricia) 95, 102, 201, 233
ロウランド，ブルース(Rowland, Bruce) 227, 267
ローエンスタイン，リチャード(Lowenstein, Richard) 73
ローズ，バーソロミュー(Rose, Bartholomew) 323
ローゼンバーグ，マーク(Rosenberg, Marc) 221
ローソン，ピータ(Lawson, Peta) 345
ローソン，ヘンリー(Lawson, Henry) 23, 32, 66, 67, 229
ローチ，デヴィッド(Roach, David) 338
ロードショウ(Roadshow) 93, 160, 341
『ローラの歌』(Getting of Wisdom, The 1977) 100, 107, 102, 135, 176, 184, 190, 236, 289, 312, 435, 436
ローリー，イヴォン(Lawley, Yvonne) 372, 421
ローリング・ストーンズ 68, 320
ローリングズ，ライアン(Rawlings, Ryan) 365
ローレンス，デニー(Lawrence, Denny) 253
ローレンス，デブラ(Lawrance, Debra) 278
ローレンス，ブルーノ(Lawrence, Bruno) 403, 421
ローレンス，レイ(Lawrence, Ray) 285
ロコ，ベンボル(Roco, Bembol) 247
『ロシア・ハウス』(1990) 336
ロシット，アンジェロ(Rossitto, Angelo) 168
ロス，ウォリック(Ross, Warwick) 338
ロス，ケネス(Ross, Kenneth) 194, 198
『ロス・スミス・フライト』(Ross Smith Flight, The 1920) 18
ロバーツ，ジュリア 438
ロバーツ，レイチェル(Roberts, Rachel) 95
ロバートソン，ティム(Robertson, Tim) 153, 285, 322
ロバートソン，マルコム(Robertson, Malcolm) 322, 323
ロビンソン，ローリー(Robinson, Laurie) 240

ロビンソン，リー(Robinson, Lee) 63, 68
ロブ，ジル(Robb, Jill) 272
ロブソン，アマンダ(Robson, Amanda) 338
ロブソン，カレン(Robson, Karen) 95
『ロミオとジュリエット』(映画) 414
『ロミオとジュリエット』(演劇) 178
ロメリル，ジョン(Romeril, John) 86, 453
ロルフ，アルフレッド(Rolfe, Alfred) 10, 12, 14, 16
ロレイン，マリー(Lorraine, Marie) 36
→マクドナ，イゾベル
『ロレンツォのオイル』(Lorenzo's Oil 1992) 328
ロング，ジョーン(Long, Joan) 111, 148, 209, 278
ロング，マイケル(Long, Michael) 272
ロングフォード，レイモンド(Longford, Raymond) 11, 13, 14, 15, 16, 20, 22, 23, 24, 26, 27, 32, 33, 34, 35, 37, 41, 45, 55, 56, 152, 421
ロングフォード・プロダクションズ(Longford Productions) 87
ロングフォード=ライエル・オーストラリアン・プロダクション(Longford-Lyell Australian Productions) 27
ロングリー，ヴィクトリア(Longley, Victoria) 345
ロンドン，レン(London, Len) 272
『ロンドンの真ん中』(Streets of London, The 1934) 46
ロンバード，マイケル(Lombard, Michael) 293
『ロンリー・ハーツ』(Lonely Hearts 1982) 263, 265, 266, 394

【ワ】
ワード，ヴィンセント(Ward, Vincent) 421
ワード，ロジャー(Ward, Roger) 167
ワーナーブラザーズ 341, 39, 67
ワイタイレ，グナマヤラへ(Waitaire, Gnamayarrahe) 482
ワイリー，ダニエル(Wylie, Daniel) 395, 403, 431
ワインスタイン，ハーヴェイ(Weinstein, Harvey) 449
ワインスタイン，ボブ(Weinstein, Bob) 449
『我がゲートの中に』(Within Our Gate 1915) 206
『わが青春の輝き』(My Brilliant Career 1901 小説) 139, 183, 184
『わが青春の輝き』(My Brilliant Career 1979) 100, 102, 107, 138, 139, 140, 180, 218, 219, 236, 276, 289, 312, 319, 355, 377, 435
『我が家の最後の日々』(Last Days of Chez Nous, The 1992) 185, 239, 475
ワクス，ネイサン(Waks, Nathan) 180
ワグスターフ，キース(Wagstaff, Keith) 227
『私たちの夢の冬』(Winter of Our Dreams 1981) 186, 215, 328, 385
『私たちの和』(Sum of Us, The) 443
『私の最初の妻』(My First Wife 1984) 263, 264, 265, 276
ワタナベ，テツ 358
ワッツ，ナオミ(Watts, Naomi) 323
ワッツ，ヘレン(Watts, Helen) 310, 482
ワッツ，レックス(Watts, Rex) 365
ワット，ハリー(Watt, Harry) 10, 61, 62
『我らが友人ヘイシード一家』(Our Friends the Hayseeds 1917) 29
『我らの社会的な勝利』(Our Social Triumphs 1898) 6
『ワン・ナイト・スタンド』(One Night Stand 1984) 219

作品名逆引き一覧

100000 Cobbers (『十万人の仲間』)
Across Australia in the Track of Burke & Wills (『バーク&ウィルズの足跡を追ってオーストラリア縦断』)
Across Australia with Francis Birstles (『フランシス・バートルズと行くオーストラリア縦断』)
Adorable Outcasts, The (『尊敬すべき未開人たち』)
Advance Australia Fair (「アドヴァンス・オーストラリア・フェア」)
Adventures of Algy, The (『アルジーの冒険』)
Adventures of Barry McKenzie, The (『バリー・マッケンジーの冒険』)
Adventures of Priscilla, Queen of the Desart, The (『プリシラ』)
All for God, or Jumping the Claim (『すべて金のために、あるいは権利の横取り』)
Alvin Purple (『アルヴィン・パープル』)
Angel at My Table, An (『エンジェル・アット・マイ・テーブル』)
Angel Baby (『エンジェル・ベイビー』)
Annie's Coming Out (『愛の奇跡』)
Assigned Servant, The (『指名された従者』)
Australasian Gazette (「オーストラレイジアン・ガゼット」)
Australia Calls (『オーストラリアが叫ぶ』)
Australia's Peril (『オーストラリアの危難』)
Australian Talkies Newsreel, The (「オーストラリアン・トーキー・ニュース映画」)
Babe (『ベイブ』)
Back of Beyond, The (『バック・オブ・ビヨンド』)
Backroads (『田舎道』)
Bad Boy Bubby (『バッド・ボーイ・バビー』)
Barry McKenzie Holds His Own (『バリー・マッケンジーはへこたれない』)
BeDevil (『ビーデビル』)
Ben Hall and His Gang (『ベン・ホールとその一味』)
Betrayer, The (『裏切り者』)
Big Steal, The (『ビッグ・スチール』)
Billy's Holiday (『ビリーの休日』)
Bitter Spring (『苦い泉』)
Blackfellas (『ブラックフェラ』)
Blackrock (『ブラックロック』)
Blind Giant is Dancing, The (『盲目の巨人が踊っている』)
Bliss (『ブリス』)
Blood Oath (『アンボンで何が裁かれたか』)
Blue Fin (『ブルー・フィン』)
Blue Mountains Mystery, The (『ブルーマウンテンズ・ミステリー』)
BMX bandits (『BMXアドベンチャー』)
Break of Day (『夜明け』)
Breaker Morant (『ブレイカー・モラント』1978、『英雄モラント』1980)
Breaking of the Drought, The (『干ばつの終わり』)
Breathing Under Water (『水の中の呼吸』)
Broken Year (『ブロークン・イヤー』)
Bulletin (「ブレティン」)
Burke & Wills (『バークとウィルズ』)
Bush Christmas (『ブッシュ・クリスマス』)
Bushwhackers, The (『田舎者たち』)
Cactus (『カクタス』)
Caddie (『キャディー』)
Caddie, a Sydney Barmaid (『シドニーのバーメイド、キャディー』)
Captain Midnight, the Bush King (『ブッシュの王、キャプテン・ミッドナイト』)
Captain Starlight, Gentleman of the Road (『街道の紳士、キャプテン・スターライト』)
Captain Starlight, or Gentleman of the Road (『キャプテン・スターライト、あるいは街道の紳士』)
Careful, He Might Hear You (『気をつけて、あの子に聞かれるかも』)
Cars that Ate Paris, The (『パリを食べた車』)
Cathy's Child (『キャシーの子供』)
Celia (『セリア』)
Chant of Jimmie Blacksmith, The (『ジミー・ブラックスミスの唄』1972、『虐殺の儀式』1978)
Cheaters, The (『チーター』)
Cherith (『チェリス』)
Children of the Revolution (『革命の子供たち』)
Christian Brothers, The (『クリスチャン・ブラザーズ校』)
Christian, The (『クリスチャン』)
City, The (『都市』)
Clara Gibbings (『クララ・ギビングズ』)
Clay (『土』)
Clinic, The (『診療所』)
Closer (『クローザー』)
Club, The (『クラブ』)
Coming of Stork, The (『ストークがやってきた』)
Coolangatta Gold (『クーランガッタ・ゴールド』)

Cosi (『コシ』 1992、『ハーモニー』 1995)
Country Life (『田舎の生活』)
Critic (「クリティック」)
Crocodile Dundee (『クロコダイル・ダンディー』)
Crocodile Dundee II (『クロコダイル・ダンディーII』)
Cullenbenbong (『カレンベンボン』)
Dad & Dave On Our Selection (『俺たちの農場で』)
Dad and Dave Come to Town (『ダッドとデイヴ、町に来る』)
Dawn (『あけぼの』)
Daydream beliver (『デイドリーム・ビリーバー』)
Dead Calm (『デッドカーム』)
Dead Heart (『デッド・ハート』)
Death in Brunswick (『ブランズウィックに死す』)
Death of a Soldier (『ある兵士の死』)
Decadence (『デカダンス』)
Deep, The (『海原』)
Devil's Playground, The (『悪魔の遊び場』 1928、1976)
Diana and I (『ダイアナと私』)
Diggaers (『ディッガーズ』)
Diggers in Blighty (『ディッガーズ本国へ帰る』)
Dimboola (『ディンブーラ』)
Dinkum Bloke, The (『ディンカム野郎』)
Don's Party (『ドンのパーティー』)
Dust in the Sun (『太陽の塵』)
Dvid Williamson's Emerald City (『デヴィッド・ウィリアムソンのエメラルドシティ』)
Enemy Within, The (『内なる敵』)
Eureka Stockade (『ユリーカ砦』)
Evil Angels (『エヴィル・エンジェルズ』 1985、『クライ・イン・ザ・ダーク』 1988)
Family Man, The (『家庭人』)
Far East (『ファー・イースト』)
Far Paradise, The (『遠い楽園』)
Fatal Wedding, The (『不運な結婚式』)
Fatty Finn (『ファッティ・フィン』)
Fisher's Ghost (『フィッシャーの幽霊』)
Flirting (『ニコール・キッドマンの恋愛天国』)
Floating Life (『フローティング・ライフ』)
Floating World, The (『フローティング・ワールド』)
Flying Doctor, The (『フライング・ドクター』)
For the Term of His Natural Life (『命あるかぎり』 1908、1927)
Forty Thousand Horsemen (『四万の騎兵』)
Fran (『フラン』)
Frank Gardiner, King of the Road (『街道の王、フランク・ガーディナー』)
Frauds (『詐欺師たち』)
Fringe Dwellers, The (『辺境に住む人々』)
Gadfly (「ガドフライ」)
Gallipoli (『誓い』)
Getting of Wisdom, The (『身を立てるには』 1910、『ローラの歌』 1977)
Ginger Meggs (『ジンジャー・メグズ』)
Ginger Mick (『ジンジャー・ミック』)
Girl of the Bush, A (『ブッシュの少女』)
Golden Braid (『金髪の束』)
Goodbye Paradise (『グッドバイ・パラダイス』)
Grandad Rudd (『ラッドじいちゃん』)
Great Outdoors, The (『ザ・グレート・アウトドアーズ』)
Green Mountains (『緑の山々』)
Greenhide (『グリーンハイド』)
Grievous Bodily Harm (『ボディ・クロス 殺しは危険な香り』)
Ham Funeral, The (『ハムの葬式』)
Hammers Over The Arvil (『アーヴィルの上のハンマー』)
Hayseeds Come to Sydney, The (『ヘイシード一家、シドニーへ来る』)
Hayseeds, The (『ヘイシード一家』)
Hayseeds' Back-blocks Show, The (『ヘイシード一家の開拓地ショウ』)
Hayseeds' Melbourne Cup, The (『ヘイシード一家のメルボルンカップ』)
Heartbreak High (『ハートブレイク・ハイ』)
Heartbreak Kid (『ハートブレイク・キッド』)
Heatwave (『ヒートウェーブ』)
Herald Newsreel, The (「ヘラルド・ニュース映画」)
Herbal Bed, The (『ハーバル・ベッド』)
Heritage (『遺産』)
Hero of the Dardanelles, The (『ダーダネルズ海峡の英雄』)
High Rolling (『ハイ・ローリング』)
Hightide (『ハイタイド』)
Hills of Hate (『憎しみの丘』)
His Royal Highness (『殿下』)
Home and Away (『ホーム&アウェイ』)
Home of the Blizzard (『ブリザードの家』)
Horse Called Phar Lap, A (『ファー・ラップという馬』)
Hotel Sorrento (『ホテル・ソレント』)
How We Neat the Emden (『いかに我々は戦艦エムデンを破ったか』)
Illuminations (『イルミネーションズ』)
In The Grip of the Polor Ice (『極地の氷に心奪われ

て』)

In the Wake of the Bounty (『バウンティ号の航跡』)

Indonesia Calling (『インドネシア・コーリング』)

Isle of Intrigue (『陰謀の島』)

It is Never Too Late to Mend (『あやまちて改むるにはばかることなかれ』)

It Isn't Done (『終わっていない』)

Jackeroo of Coolabong, The (『クーラボンのジャッカルー』)

Jedda (『ジェダ』)

Joe (『ジョー』)

Joe Wilson's Mates (『ジョー・ウィルソンの仲間たち』)

Journey of a Nation (『ある国の旅』)

Journey out of Darkness (『暗闇からの旅路』)

Keane of Kalgoorlie (『カルグーリのキーン』)

Kelly Gang; or, The Career of Ned Kelly the Ironclad Bushranger of Australia ,The (『ケリー・ギャング、あるいはオーストラリアの装甲騎士ネッド・ケリーの生涯』)

Kid Stakes, The (『子ヤギの賭けレース』)

Killing of Angel Street, The (『エンジェル・ストリートの殺人』)

Kokoda Front Line (『最前線ココダ』)

La Boheme (『ラ・ボエーム』)

Last Days of Chez Nous, The (『我が家の最後の日々』)

Last of Knucklemen, The (『ザ・荒くれ』)

Last Wave, The (『ザ・ラストウェーブ』)

Legend of King O'Malley, The (『キング・オマリーの伝説』)

Let George Do It (『ジョージにまかせろ』)

Libido (『リビドー』)

life and Adventures of John Vane, the Notorious Australian Bushranger, The (『オーストラリアの名うてのブッシュレンジャー、ジョン・ヴェインの人生と冒険』)

Lilian's Story (『リリアンの物語』)

Little Black Princess, The (『リトル・ブラック・プリンセス』)

Load of Wood , The (『積み荷の薪』)

Lonely Hearts (『ロンリー・ハーツ』)

Lorenzo's Oil (『ロレンツォのオイル』)

Love and Other Catastrophies (『ラブ・アンド・カタストロフィー』)

Love Serenade (『ラブ・セレナーデ』)

Lovers and Luggers (『恋人たちと船』)

Loyal Rebel (『愛国の叛乱』)

Lust and Revenge (『欲望と復讐』)

M.P.Dad Rudd (『代議士ラッド父ちゃん』)

Mad Max (『マッドマックス』)

Mad Max 2 (『マッドマックス２』)

Mad Max Beyond Thunderdome (『マッドマックス　サンダードーム』)

Malcolm (『マルコム』)

Man from Kangaroo, The (『カンガルーから来た男』)

Man from Snowy River, The (『スノーウィー・リバーから来た男』 1890、1920、『スノーリバー』 1892)

Man of Flowers (『花の男』)

Man They Could Not Hang, The (『吊せなかった男』)

Manganinnie (『マンガニニー』)

Maori Maid's Love, A (『マオリ娘の愛』)

Marinetti (『マリネッティ』)

Maurice Guest (『モーリス・ゲスト』)

Melbourne Cup (『メルボルンカップ』)

Metal Skin (『メタル・スキン』)

Midnight Wedding (『真夜中の結婚式』)

Mike and Stefani (『マイクとステファニ』)

Monkey Grip (『モンキー・グリップ』)

Moonlight (『ムーンライト』)

Moth of Moonbi, The (『ムーンビの蛾』)

Mouth to Mouth (『マウス・トゥー・マウス』)

Moving Out (『引っ越し』)

Mr Reliable (『ミスター・リライアブル』)

Muriel's Wedding (『ミュリエルの結婚』)

Murphy of Anzac (『アンザックのマーフィー』)

Mutiny of the Bounty, The (『バウンティ号の反乱』)

My Brilliant Career (『わが青春の輝き』 1901、1979)

My First Wife (『私の最初の妻』)

Mystery of a Hansom Cab, The (『辻馬車のミステリー』)

Mystery of the Black Pearl, The (『黒真珠の神秘』)

Navigator: A Medieval Odyssey (『ウィザード』)

Ned Kelly (『ネッド・ケリー』)

Neighbours (『ネイバーズ』)

Newsfront (『ニュースフロント』)

Night on Bald Mountain (『禿げ山の一夜』)

Nirvana Street Murder (『ニルヴァーナ・ストリートの殺人』)

No Name, No Pack Drill (『慎重であれば懲罰は食わない』)

Nostradamus Kid (『ノストラダムス・キッド』)

Number 96 (『ナンバー９６』)

Odd Angry Shot, The (『オッド・アングリー・ショット』)

On Our Selection (『俺たちの農場で』、1899、1920、1932)

On the Beach (『渚にて』)

One Night Stand (『ワン・ナイト・スタンド』)
Orphan of the Wilderness (『原野の孤児』)
Oscar & Lucinda (『オスカーとルシンダ』)
Our Friends the Hayseeds (『我らが友人ヘイシードー家』)
Our Social Triumphs (『我らの社会的な勝利』)
Out of the Shadows (『影の外へ』)
Overlanders (『オヴァランダーズ』)
Pacific Adventure (『太平洋の冒険』)
Paradice Road (『パラダイスロード』)
Passengers Alighting from Ferry "Brighton" at Manly (『マンリーで、フェリー「ブライトン号」から降り立つ乗客たち』)
Paul Hogan Show (『ポール・ホーガン・ショウ』)
Pearls And Savages (『真珠と野蛮人』)
Penn's Pictures on Tour (『ペンの巡業活動写真』)
Peter Vernan's Silence (『ピーター・ヴァーノンの沈黙』)
Petersen (『ピータスン』)
Phar Lap (『ファー・ラップ』)
Piano, The (『ピアノ・レッスン』)
Picnic at Hanging Rock (『ピクニックａｔハンギングロック』)
Picture Show Man, The (『旅の活動屋』)
Pictures That Moves, The (『移動する活動写真』)
Pioneers, The (『開拓者たち』)
Police Rescue (『ポリスレスキュー』)
Pommy Arrives in Australia (『イギリス野郎がオーストラリアにやって来る』)
Power and the Glory, The (『権力と栄光』)
Prehistoric Hayseeds (『先史時代のヘイシードー家』)
Priest, The (『牧師』)
Prize, The (『賞』)
Proof (『証拠』)
Puberty Blues (『思春期の憂鬱』1979、『渚のレッスン』1981)
Pudding Thieves, The (『プディング泥棒』)
Rangle River (『ラングル・リヴァー』)
Rats of Tobruk, The (『トブルクの鼠』)
Razorback (『レイザーバック』)
Readheap (『レッドヒープ町』)
Rebel (『レベル　反逆者』)
Reckless Kelly (『レクレス・ケリー』)
Red Dance, The (『レッド・ダンス』)
Removalists, The (『引っ越し屋』)
Restless and Damned, The (『不安なものと呪われたもの』)
Return Home (『リターン・ホーム』)
Rhapsody (『ラプソディ』)
Rikky and Pete (『リッキーとペイト』)
Road to Nhill (『ニルへの道』)
Robbery Under Arms (『武装強盗団』1907、1920、1957、1984)
Romantic Story of Margaret Catchpole, The (『マーガレット・キャッチポールのロマンティックな物語』)
Romper Stomper (『ハーケンクロイツ　ネオナチの刻印』)
Ross Smith Flight, The (『ロス・スミス・フライト』)
Rudd's New Selection (『ラッドの新しい農場』)
Rusty Bugles (『錆びたラッパ』)
Satan in Sydney (『シドニーの悪魔』)
Secret of Hanging Rock, The (『ハンギングロックの秘密』)
Sentimental Bloke, The (『センチメンタル野郎』1919、1922、1932)
Seven Little Australians (『七人の小さなオーストラリア人たち』)
Shadow of Lighting Ridge, The (『雷光の峰の陰』)
Sheep-Pig (『シープ・ピッグ』)
Shine (『シャイン』)
Short Changed (『釣り銭詐欺』)
Shotgun Wedding (『ショットガン・ウェディング』)
Showgirl's Luck (『ショーガールの幸運』)
Silent Witness, A (『声なき目撃者』)
Silver City (『愛をゆずった女』)
Sirens (『人魚』)
Sleeping Dogs (『眠っている犬』)
Smash Palace (『スマッシュ・パレス』)
Smithy (『スミシー』)
Smmerfield (『サマーフィールド』)
Soldiers of the Cross (『十字架の戦士』)
Son is Born, A (『息子の誕生』)
Songs of a Sentimental Bloke, The (『センチメンタル野郎の歌』)
Sons of Mathew (『マシューの息子たち』)
South-West Pacific (『南西太平洋』)
Spencer's Gazette (「スペンサーズ・ガゼット」)
Spotswood (『スポッツウッド』)
Spur of the Moment (『時の弾み』)
Squatter's Daughter, The (『牧場主の娘』)
Starstruck (『スターストラック』)
Stir (『ブライアン・ブラウンの暴力刑務所』)
Stockade (『砦』)
Stork (『ストーク』)
Storm Boy (『ストーム・ボーイ』1963、『少年と海』1976)

Story of Gallipoli, The (『ガリポリ物語』)
Story of the Kelly Gang, The (『ケリー・ギャング物語』)
Streets of London, The (『ロンドンの真ん中』)
Strictly Ballroom (『ダンシング・ヒーロー』)
Strike Me Lucky (『こりゃ驚いたね！』)
Sum of Us, The (『私たちの和』、『人生は上々だ』1994)
Summer City (『メル・ギブソンの青春グラフィティ』)
Sumner Locke Elliott's Careful He Might Hear You (『少年の瞳』)
Sunday Too Far Away (『サンデー・トゥー・ファーラウェー』)
Sundowners, The (『放浪者』)
Sunrise (『暁』)
Sweet Nell of Old Drury (『古いドゥルリーレーンのスィート・ネル』)
Tale of Ruby Rose, The (『ルビー・ローズの物語』)
Tale of the Australian Bush (Ben Hall, the Notorious Bushranger), A (『オーストラリアのブッシュの物語 (悪名高きブッシュレンジャー、ベン・ホール)』)
Tall Timbers (『高い木々』)
That Eye the Sky (『あの目あの空』)
They're a Weird Mob (『彼らは奇妙な人たちだ』)
Thoroughbred (『サラブレッド』)
Those Who Love (『愛する者たち』)
Three in One (『三つで一つ』)
Thunderbolt (『サンダーボルト』)
Ticket in Tatts, A (『タッタソールの値札』)
Tide of Death, The (『死の潮時』)
Tim (『ティム』)
To Have and to Hold (『持つことと支えること』)
Townies and Hayseeds (『タウニー一家とヘイシード一家』)
Travelling North (『北行き』)
Trooper O'brien (『警官オブライアン』)
Turtle Beach (『タートルビーチ』)
Two Friends (『ルイーズとケリー』)
Two Minutes Silence (『二秒の沈黙』)
Two Thousand Weeks (『二千週間』)
Uncivilised (『未開』)
Undercover (『アンダーカバー』)
Union Buries Its Dead, The (『組合がその死体を葬る』)
Until the End of the World (『夢の涯てまでも』)
Utu (『ウツ (復讐)』)
Valley is Ours, The (『その谷は我々のもの』)
Vietnam (『ヴェトナム』)
Viorence in the Cinema...Part 1 (『バイオレンス・イン・ザ・シネマ ＰＡＲＴ１』)
Waiting (『ウェイティング』)
Wake in Fright (『恐怖に目覚める』)
Walk into Paradise (『楽園への歩み』)
Walkabout (『ウォーカバウト』1958、『ウォーカバウト』1971)
Waltzing Matilda (「ウォルシングマチルダ」、『ウォルシングマチルダ』1933)
Watch the Shadows Dance (『シャドーダンスを見ろ』)
We of the Never Never (『奥地の私たち』)
While the Billy Boils (『ブリキ缶の湯が煮える間に』)
Will They Never Come? (『彼らは来ないのか？』)
Wills & Burke (『ウィルズとバーク』)
Winter of Our Dreams (『私たちの夢の冬』)
Within Our Gate (『我がゲートの中に』)
Woman Suffers, The (『女の受難』)
Woman's Tale, A (『ある老女の物語』)
Wrong Side of the Road, The (『道の逆側』)
Year My Voice Broke, The (『君といた丘』)
Year of Living Dangerously, The (『危険に生きる年』1978、『危険な年』1982)
Young Einstein (『ヤング・アインシュタイン』)

主要参考文献

Allen, John (ed) *Entertainment arts in Australia.* Hamlyn, Sydney, 1968.
Atkinson, A., Knight, L. & McPhee, M. *The dictionary of performing arts in Australia,* vol.1 & 2. Allen & Unwin, Sydney, 1996.
Australian features: 1970-1990: a checklist of feature film production. AFC, Sydney, 1997.
Back of beyond: discovering Australian film and television. AFC, Sydney, 1988.
Barrett, Ray. *Ray Barrett: an autobiography.* Random House, Sydney, 1995.
Barrett, Shirley. *Love Serenade.* Currency, Sydney, 1997.
Bertrand, Ina (ed) Cinema in Australia: a documentary history. NSW Uni., Kensington, 1989.
Bertrand, Ina. & Collins, Diane. *Government and film in Australia.* Currency / AFI, Sydney, 1981.
Blonski, A., Creed, B. & Freiberg, F. (ed) *Don't shoot darling: women's independent filmmaking in Australia.* Greenhouse, Richmond, 1987.
Brand, Simon. *The Australian film book: 1930-today.* Dreamweaver, Sydney, 1985.
Brisbane, Katharine (ed) *Entertaining Australia: an illustrated history.* Currency, Sydney, 1991.
Burstall, Tim & Ryan, Patrick. *Two Thousand Weeks.* Sun, Melbourne, 1968.
Carbery, Graham. *A history of the Sydney Gay and Lesbian Mardi Gras.* Australian Lesbian and Gay Archives, Parkville, 1995.
Carey, Peter & Lawrence, Ray. *Bliss: the screenplay.* UQP, St Lucia, 1985.
Clark, Al. *Making Priscilla: the hilarious true story behind the hit movie.* Penguin, Ringwood, 1994.
Clarkson, Wensley. *Mel: the inside story.* Penguin, Ringwood, 1993.
Coleman, Peter. *Bruce Beresford: instincts of the heart.* Angus & Robertson, Sydney, 1992.
Collins, Diane. *Hollywood down under.* Angus & Robertson, Sydney, 1987
Cunningham, Stuart. *Featuring Australia: the cinema of Charles Chauvel.* Allen & Unwin, Sydney, 1991.
Dann, Max & Knight, Andrew. *Spotswood.* Currency, Sydney, 1992.
Dawson, Jonathan & Molloy, Bruce. *Queensland images: in film and television.* UQP, St Lucia, 1990.
Dermody, Susan & Jacka, Elizabeth (ed) *The imaginary industry: Australian film in the '80s.* AFTRS, Sydney, 1988.
Dermody, Susan & Jacka, Elizabeth. *The Screening of Australia, vol 1: anatomy of a film industry.* Currency, Sydney, 1987.
Dermody, Susan & Jacka, Elizabeth. *The Screening of Australia, vol 2: anatomy of a national cinema.* Currency, Sydney, 1988.
Dingo, Sally. *Dingo: the story of our mob.* Random House, Sydney, 1997.
Dingwall, John. *Sunday Too Far Away.* Heinemann, Richmond, 1978.

Elliott, Stephan. *The Adventures of Priscilla Queen of the Desert.* Currency, Sydney, 1994.

Filmstruck: Australia at the movies. ABC, Sydney, 1986.

Gammage, Bill & Williamson, David. *The story of Gallipoli.* Penguin, Ringwood, 1981.

Get the picture: essential data on Australian film, television, video and new media: 4th edition. AFC, Sydney, 1996.

Green, Cliff. *Picnic at Hanging Rock.* Cheshire, Melbourne, 1975.

Hall, Ken G. *Australian film: the inside story.* Summit, Sydney, 1984.

Hall, Sandra. *Critical business: the new Australian cinema in review.* Rigby, Adelaide, 1985.

Halliwell, William K. *The filmgoer's guide to Australian films.* Angus & Robertson, Sydney, 1985

Hamilton, Peter & Mathews, Sue. *American dreams: Australian movies.* Currency, Sydney, 1986.

Harrison, Tony (ed) *The Australian film and television companion.* Simon & Schuster, Sydney, 1994.

Hogan, P. J. *Muriel's Wedding.* Currency, Sydney, 1995.

Humphries, Barry & Beresford, Bruce. *Barry McKenzie Holds his Own.* Sun, Melbourne, 1974.

Humphries, Barry. *Barry Humphries: an autobiography.* Penguin, Ringwood, 1992.

Kiernan, Brian. *David Williamson: a writer's career.* Currency, Sydney, 1996.

Long, Joan. & Long, Martin. *The pictures that moved: a picture history of the Australian cinema 1896-1929.* Hutchinson Australia, Richmond, 1982.

Lovell, Patricia. *No picnic: an autobiography.* Macmillan, Sydney, 1995.

Luck, Peter. *Australian icons: things that make us what we are.* William Heinemann, Melbourne, 1992.

Martin, Helen & Edwards, Sam. *New Zealand film 1912-1996.* Oxford Uni., Auckland, 1997.

Mathews, Sue. *35mm dreams: conversations with five directors about the Australian film revival.* Penguin, Ringwood, 1984.

McFarlane, Brian & Mayer, Geoff. *New Australian cinema: sources and parallels in American and British Film.* Cambridge Uni., Cambridge, 1992.

McFarlane, Brian. *Australian Cinema 1970-1985.* Secker & Warburg, London, 1987.

McMahon, Barrie & Quin, Robyn. *Australian images.* Science, Sydney, 1990.

Molloy, Bruce. *Before the interval: Australian mythology and feature films, 1930-1960.* UQP, St Lucia, 1990.

Moran, Albert & O'Regan, Tom (ed) *An Australian film reader.* Currency Press, Sydney, 1985.

Moran, Albert & O'Regan, Tom (ed) *The Australian screen.* Penguin, Ringwood, 1989.

Mudie, Peter. *Ubu films: Sydney underground movies 1965-1970.* NSW Uni., Sydney, 1997.

Murray, Scott (ed) *Australian film 1978 - 1992: a survey of theatrical features.* Oxford Uni., Melbourne, 1993.

Murray, Scott (ed) *The new Australian cinema.* Nelson West, Melbourne, 1980.

Murray, Scott. *Australia on the small screen 1970-1995.* Oxford Uni., Melbourne, 1996.

Myers, David. *Bleeding battlers from ironbark: Australian myths in fiction and film 1890s-1980s.* Capricornia, Rockhampton, 1987.

O'Regan, Tom. *Australian national cinema.* Routledge, London, 1996.

Oram, James. *Hogan: the story of a son of Oz.* Hutchinson, Hawthorn, 1987.
Paterson, Barbara. *Renegades: Australian first film school: from Swinburne to VCA.* Helicon, Ivanhoe East, 1996.
Peeters, Theo. *Peter Weir and his films.* AFI, Melbourne, 1983.
Pendreigh, Brian. *Mel Gibson and his movies.* Bloomsbury, London, 1997.
Penn, Lyle. *The picture show man.* Nelson, West Melbourne, 1977.
Perry, Roland. *Mel Gibson: actor, director, producer.* Mcmillan, Sydney, 1996.
Pike, Andrew & Cooper, Ross. *Australian film 1900-1977.* Oxford Uni., Melbourne, 1980.
A quick reference guide: Australian directors. AFC, Sydney, 1997.
Rattigan, Neil. *Images of Australia: 100 films of the new Australian cinema.* Southern Methodist Uni., Dallas, 1991.
Reade, Eric. *Australian silent films: a pictorial history 1896-1929.* Lansdowne, Melbourne, 1970.
Reade, Eric. *The Australian screen: a pictorial history of Australian filmmaking.* Lansdowne, Melbourne, 1975.
Reade, Eric. *The talkies era: a pictorial history of Australian sound filmmaking 1930-1960.* Lansdowne, Melbourne, 1972.
Reid, Mary-Anne. *Long shots to favourites: Australian cinema successes in the '90s.* AFC, Sydney, 1993.
Reis, Brian. *Australian film: a bibliography.* Mansell, London, 1997.
Ross, Kenneth. *Breaker Morant.* Arnold, Melbourne, 1979.
Rymer, Michael. *Angel Baby.* Currency, Sydney, 1996.
Sabine, James (ed) *A century of Australian cinema.* William Heinemann, Melbourne, 1995.
Sardi, Jan. *Shine.* Bloomsbury, London, 1997.
Shirley, Graham & Adams, Brian. *Australian cinema: the first eighty years.* Angus & Robertson / Currency, Sydney, 1983.
Stevens, David. *The Sum of Us.* Currency, Sydney, 1995.
Stewart, John. *An encyclopaedia of Australian film.* Reed, Sydney, 1984.
Stratton, David. *The avocado plantation: boom and bust in the Australian film industry.* Pan Macmillan, Sydney, 1990.
Stratton, David. *The last new wave: the Australian film revival.* Angus & Robertson, Sydney, 1980.
Tulloch, John. *Australian cinema: industry, narrative and meaning.* Allen & Unwin, Sydney, 1982.
Tulloch, John. *Legends on the screen: the narrative film in Australia 1919-1929.* Currency, Sydney, 1981.
White, David. *Australian movies to the world.* Fontana, Sydney, 1984.
Witcombe, Eleanor. *The Getting of Wisdom.* Heinemann, Richmond, 1978.
Wright, Andree. *Brilliant careers.* Pan, Sydney, 1986.

CD-ROM
Australian feature films. RMIT & The Australian Catalogue of New Films and Videos, Melbourne, 1995.
Celluloid heroes: the history of Australian cinema 1895-1996. Webster, Sydney, 1996.

日本語文献

粉川哲夫『シネマ・ポリティカ』作品社 1993 年
長坂寿久『映画、見てますか——スクリーンから読む 90 年代のアメリカ』文芸春秋 1990 年（文庫本『映画で読むアメリカ』朝日文庫 1995 年）
佐和田敬司「ベイブと 90 年代オーストラリア映画」『キネマ旬報』(1195 号) 1996 年
佐和田敬司「オーストラリアにおける映画と演劇の関わり」『演劇学』(39 号) 1998 年
ジョン・ロメリル著　佐和田敬司訳『フローティング・ワールド』(オセアニア出版社　1993 年)
アレックス・ブーゾ他著　佐和田敬司訳『ノームとアーメッド』(オセアニア出版社　1993 年)

ＡＦＩ賞受賞一覧
(Australian Film Institute Awards)

1958
最優秀作品　『先駆者』The Forerunner

1959
最優秀作品　『グラムピアンズ・ワンダーランド』Grampians Wonderland

1960
最優秀作品　『アンザック』Anzac

1961
最優秀作品　受賞作なし

1962
最優秀作品　『パプア・ニューギニア領土における政情についてのレポート』
A Report on the Political Development in the Territory of Papua New Guinea

1963
最優秀作品　『地面の穴』A Hole in the Ground

1964
最優秀作品　『変容』Transfiguration

1965
最優秀作品　『注目の顔』Faces in the Sun

1966
最優秀作品　『提督のカップ』The Admiral's Cup

1967
最優秀作品　『相互作用：動くことと書くこと』
Interaction: Moving and Painting
編集　不明
(『オーストラリアのカーディン』Cardin in Australia)

1968
最優秀作品　『家畜商人の妻』The Drover's Wife
編集　ステファン・サージェント Stefan Sargent
(『チェンジ・アット・グローテ』The Change at Groote)

1969
最優秀作品　『ジャックとジル：ポストスクリプト』
Jack and Jill: A Postscript
編集　ピーター・タマー Peter Tammer
(『そしてガラスがあった』And Then There Was Glass)

1970
最優秀作品　『スリー・トゥー・ゴー』の中の「マイケル」 Three To Go: Michael
編集　ロッド・アダムソン Rod Adamson
(『ビッグ・アイランド』Big Island)

1971

最優秀作品　『ホームズデール』Homesdale
監督　ピーター・ウィアー Peter Weir
(『ホームズデール』Homesdale)
主演女優　モニカ・モーン Monica Maughan
(『ある街の子供』A City's Child)

1972

最優秀作品　『ストーク』Stork
監督　ティム・バーストル Tim Burstall
(『ストーク』Stork)
主演男優　ブルース・スペンス Bruce Spence
(『ストーク』Stork)
主演女優　ジャッキー・ウィーヴァー Jacki Weaver
(『ストーク』Stork)

1973

最優秀作品　『リビドー』の中の「子供」Libido: The Child
『27A』
監督　エリック・ポーター Eric Porter
(『マルコ・ポーロＶＳレッド・ドラゴン』Marco Polo Junior Versus the Red Dragon)
主演男優　ロバート・マクダラ Robert McDarra
(『27A』)
主演女優　ジュディ・モリス Judy Morris
(『リビドー』の中の「子供」Libido: The Child)
編集　デヴィッド・スティーヴン David Stiven
(『一日に百』One Hundred a Day)

1974/75

最優秀作品　『サンデー・トゥー・ファーラウェー』Sunday Too Far Away
監督　ジョン・パワー John Power
(『ビリーとパーシー』Billy and Percy)
主演男優　ジャック・トンプソン / マーティン・ヴォーン Jack Thompson/Martin Vaughan
(『ピータスン』『サンデー・トゥー・ファーラウェー』/『ビリーとパーシー』Petersen, Sunday Too Far Away/Billy and Percy)
主演女優　ジュリー・ドーソン Julie Dawson
(『誰がジェニー・ラングビーを殺した？』Who Killed Jenny Langby ?)
助演男優　バリー・ハンフリーズ / レグ・ライ Barry Humphries/Reg Lye
(『グレート・マカーシ』,『サンデー・トゥー・ファーラウェー』The Great Macarthy /Sunday Too Far Away)
脚本　デヴィッド・ウィリアムソン David Williamson
(『ピータスン』Petersen)
作曲音楽　ブルース・スミートン Bruce Smeaton
(『パリを食べた車』/『グレート・マカーシ』The Cars That Ate Paris/ The Great Macarthy)

1976

最優秀作品　『悪魔の遊び場』The Devil's Playground
監督　フレッド・スケプシ Fred Schepisi
(『悪魔の遊び場』The Devil's Playground)
主演男優　サイモン・バーク，ニック・テイト Simon Burke & Nick Tate
(『悪魔の遊び場』The Devil's Playground)
主演女優　ヘレン・モース Helen Morse
(『キャディー』Caddie)
助演男優　ドゥルー・フォーサイス Drew Forsythe
(『キャディー』Caddie)
助演女優　メリッサ・ジャファー，ジャッキー・ウィーヴァー Melissa Jaffer & Jackie Weaver
(『キャディー』Caddie)
脚本　フレッド・スケプシ Fred Schepisi
(『悪魔の遊び場』The Devil's Playground)
撮影　イアン・ベイカー Ian Baker
(『悪魔の遊び場』The Devil's Playground)
編集　エドワード・マクィーン＝メイソン Edward McQueen-Mason
(『エンドプレー』End Play)

1977

最優秀作品　『少年と海』Storm Boy
監督　ブルース・ベレスフォード Bruce Beresford
(『ドンのパーティー』Don's Party)
主演男優　ジョン・メリアン John Meillon
(『四つめの願い』The Fourth Wish)
主演女優　パット・ビショップ Pat Bishop
(『ドンのパーティー』Don's Party)
助演男優　ジョン・ユアート John Ewart
(『旅の活動屋』The Picture Show Man)
助演女優　ヴェロニカ・ラング Veronica Lang
(『ドンのパーティー』Don's Party)
脚本　デヴィッド・ウィリアムソン David Williamson
(『ドンのパーティー』Don's Party)
撮影　ラッセル・ボイド Russell Boyd
(『夜明け』Break of Day)
編集　ウィリアム・アンダーソン William Anderson
(『ドンのパーティー』Don's Party)
美術　デヴィッド・コピング David Copping
(『旅の活動屋』The Picture Show Man)
衣装　ジュディス・ドースマン Judith Dorsman
(『旅の活動屋』The Picture Show Man)
作曲音楽　ピーター・ベスト Peter Best
(『旅の活動屋』The Picture Show Man)

音響　ウィリアム・アンダーソン William Anderson
(『ドンのパーティー』 Don's Party)

1978

最優秀作品　『ニュースフロント』 Newsfront
監督　フィリップ・ノイス Phil Noyce
(『ニュースフロント』 Newsfront)
主演男優　ビル・ハンター Bill Hunter
(『ニュースフロント』 Newsfront)
主演女優　アンジェラ・パンチ＝マグレガー Angela Punch McGregor
(『虐殺の儀式』 The Chant of Jimmie Blacksmith)
助演男優　レイ・バレット Ray Barrett
(『虐殺の儀式』 The Chant of Jimmie Blacksmith)
助演女優　アンジェラ・パンチ＝マグレガー Angela Punch McGregor
(『ニュースフロント』 Newsfront)
脚本　アン・ブルックスバンク，ボブ・エリス，フィリップ・ノイス Anne Brooksbank, Bob Ellis &Phil Noyce
(『ニュースフロント』 Newsfront)
脚色　エレナ・ウィットカム Eleanor Witcombe
(『ローラの歌』 The Getting of Wisdom)
撮影　ラッセル・ボイド Russell Boyd
(『ザ・ラストウェーブ』 The Last Wave)
編集　ジョン・スコット John Scott
(『ニュースフロント』 Newsfront)
美術　リサ・クート Lissa Coote
(『ニュースフロント』 Newsfront)
衣装　ノーマ・モリソー Norma Moriceau
(『ニュースフロント』 Newsfront)
作曲音楽　ブルース・スミートン Bruce Smeaton
(『虐殺の儀式』 The Chant of Jimmie Blacksmith)
音響　ドン・コノリー，グレッグ・ベル，フィリップ・ジャッド Don Connolly, Greg Bell & Philip Judd
(『ザ・ラストウェーブ』 The Last Wave)

1979

最優秀作品　『わが青春の輝き』 My Brilliant Career
監督　ジリアン・アームストロング Gillian Armstrong
(『わが青春の輝き』 My Brilliant Career)
主演男優　メル・ギブソン Mel Gibson
(『ティム』 Tim)
主演女優　マイケル・フォードン Michele Fawdon
(『キャシーの子供』 Cathy's Child)
助演男優　アルウィン・カーツ Alwyn Kurts
(『ティム』 Tim)
助演女優　パトリシア・エヴィソン Patricia Evison
(『ティム』 Tim)

脚本 エズベン・ストーム Esben Storm
(『アンナをさがして』 In Search of Anna)
脚色 エレナ・ウィットカム Eleanor Witcombe
(『わが青春の輝き』 My Brilliant Career)
撮影 ドン・マカルパイン Don McAlpine
(『わが青春の輝き』 My Brilliant Career)
編集 トニー・パタソン, クリフ・ヘイズ Tony Paterson & Clifford Hayes
(『マッドマックス』 Mad Max)
美術 ルーシアーナ・アリーギー Luciana Arrighi
(『わが青春の輝き』 My Brilliant Career)
衣装 アナ・シニア Anna Senior
(『わが青春の輝き』 My Brilliant Career)
作曲音楽 ブライアン・メイ Brian May
(『マッドマックス』 Mad Max)
音響 ギャリー・ウィルキンズ, バイロン・ケネディ, ロジャー・サヴィッジ, ネッド・ドーソン Gary Wilkins, Byron Kennedy, Roger Savage & Ned Dawson
(『マッドマックス』 Mad Max)

1980

最優秀作品 『英雄モラント』 'Breaker' Morant
監督 マット・キャロル Matt Carroll
(『英雄モラント』 'Breaker' Morant)
主演男優 ジャック・トンプソン Jack Thompson
(『英雄モラント』 'Breaker' Morant)
主演女優 トレイシー・マン Tracy Mann
(『ハード・ノックス』 Hard Knocks)
助演男優 ブライアン・ブラウン Bryan Brown
(『英雄モラント』 'Breaker' Morant)
助演女優 ジル・ペリーマン Jill Perryman
(『たぶん今度は』 Maybe This Time)
脚本 ジョナサン・ハーディー, デヴィッド・スティーヴンズ, ブルース・ベレスフォード Jonathon Hardy, David Stevens & Bruce Beresford
(『英雄モラント』 'Breaker' Morant)
撮影 ドン・マカルパイン Don McAlpine
(『英雄モラント』 'Breaker' Morant)
編集 ウィリアム・アンダーソン William Anderson
(『英雄モラント』 'Breaker' Morant)
美術 デヴィッド・コピング David Copping
(『英雄モラント』 'Breaker' Morant)
衣装 アナ・シニア Anna Senior
(『英雄モラント』 'Breaker' Morant)
作曲音楽 ピーター・スカルソープ Peter Sculthorpe
(『マンガニニー』 Manganinnie)

音響　ギャリー・ウィルキンズ，ウィリアム・アンダーソン，ジェニーン・チアルヴォ，フィリップ・ジャッド Gary Wilkins, William Anderson, Jeanine Chialvo & Phil Judd
(『英雄モラント』'Breaker' Morant)

1981

最優秀作品　『誓い』Gallipoli
監督　ピーター・ウィアー Peter Weir
(『誓い』Gallipoli)
主演男優　メル・ギブソン Mel Gibson
(『誓い』Gallipoli)
主演女優　ジュディ・デーヴィス Judy Davis
(『私たちの夢の冬』Winter of Our Dreams)
助演男優　ビル・ハンター Bill Hunter
(『誓い』Gallipoli)
助演女優　ジュディ・デーヴィス Judy Davis
(『目隠し』Hoodwink)
脚本　デヴィッド・ウィリアムソン David Williamson
(『誓い』Gallipoli)
撮影　ラッセル・ボイド Russell Boyd
(『誓い』Gallipoli)
編集　ウィリアム・アンダーソン William Anderson
(『誓い』Gallipoli)
美術　ハーバート・ピンター，ウェンディ・ウィアー Herbert Pinter & Wendy Weir
(『誓い』Gallipoli)
衣装　ノーマ・モリソー Norma Moriceau
(『ファッティ・フィン』Fatty Finn)
作曲音楽　ロリー・オドノヒュー，グレアム・ボンド Rory O'Donoghue & Grahame Bond
(『ファッティ・フィン』Fatty Finn)
音響　ドン・コノリー，グレッグ・ベル，ピーター・フェントン Don Connolly, Greg Bell & Peter Fenton
(『誓い』Gallipoli)

1982

最優秀作品　『ロンリー・ハーツ』Lonely Hearts
監督　ジョージ・ミラー George Miller
(『マッドマックス２』Mad Max 2)
主演男優　レイ・バレット Ray Barrett
(『グッドバイ・パラダイス』Goodbye Paradise)
主演女優　ナニー・ヘイゼルハースト Noni Hazelhurst
(『モンキー・グリップ』Monkey Grip)
助演男優　ウォレン・ミッチェル Warren Mitchell
(『ノーマンはローズを愛している』Norman Loves Rose)

助演女優　クリス・マクエイド Kris McQuade
（『ファイティング・バック』 Fighting Back）

脚本　ボブ・エリス，デニー・ローレンス Bob Ellis & Denny Lawrence
（『グッドバイ・パラダイス』 Goodbye Paradise）

撮影　ギャリー・ハンセン Gary Hansen
（『奥地の私たち』 We of the Never Never）

編集　デヴィッド・スティーヴン，ティム・ウェルバーン，マイケル・ボールソン，クリス・プラウライトDavid Stiven, Tim Wellburn, Michael Balson & Chris Plowright
（『マッドマックス２』 Mad Max 2）

美術　グレアム・ウォーカー Graham Walker
（『マッドマックス２』 Mad Max 2）

衣装　ノーマ・モリソー Norma Moriceau
（『マッドマックス２』 Mad Max 2）

作曲音楽　ブルース・ロウランド Bruce Rowland
（『スノーリバー』 The Man from Snowy River）

音響　Ｐ・ロビンソン，Ｍ・フォン・バレン，Ｂ・ラムシェッド，Ｒ・サヴィジ，L・カリック P. Robinson, M. Van Buuren, B. Lamshed, R. Savage, B. Kennedy, A. Stewart & L. Carrick
（『マッドマックス２』 Mad Max 2）

1983

最優秀作品　『少年の瞳』 Sumner Locke Elliott's Careful He Might Hear You

監督　カール・シュルツ Carl Schultz
（『少年の瞳』 Sumner Locke Elliott's Careful He Might Hear You）

主演男優　ノーマン・ケイ Norman Kaye
（『花の男』 Man of Flowers）

主演女優　ウェンディ・ヒューズ Wendy Hughes
（『少年の瞳』 Sumner Locke Elliott's Careful He Might Hear You）

助演男優　ジョン・ハーグリーヴズ John Hargreaves
（『少年の瞳』 Sumner Locke Elliott's Careful He Might Hear You）

助演女優　リンダ・ハント Linda Hunt
（『危険な年』 The Year of Living Dangerously）

脚本　ジョン・ディングウォール John Dingwall
（『バディズ』 Buddies）

脚色　マイケル・ジェンキンズ Michael Jenkins
（『少年の瞳』 Sumner Locke Elliott's Careful He Might Hear You）

撮影　ジョン・シール John Seale
（『少年の瞳』 Sumner Locke Elliott's Careful He Might Hear You）

編集　トニー・パタソン Tony Paterson
（『ファー・ラップ』 Phar Lap）

美術　ジョン・ストダット John Stoddart
（『少年の瞳』 Sumner Locke Elliott's Careful He Might Hear You）

衣装　ブルース・フィンリソン Bruce Finlayson
（『少年の瞳』 Sumner Locke Elliott's Careful He Might Hear You）

作曲音楽　ブルース・ロウランド Bruce Rowland
(『ファー・ラップ』 Phar Lap)
音響　ピーター・バージェス，ピーター・フェントン，フィル・ヘイウッド，ロン・パーヴィス，テリー・ロッドマン，ギャリー・ウィルキンズ Peter Burgess, Peter Fenton, Phil Heywood, Ron Purvis, Terry Rodman & Gary Wilkins
(『ファー・ラップ』 Phar Lap)

1984

最優秀作品　『愛の奇跡』 Annie's Coming Out
監督　ポール・コックス Paul Cox
(『私の最初の妻』 My First Wife)
主演男優　ジョン・ハーグリーヴズ John Hargreaves
(『私の最初の妻』 My First Wife)
主演女優　アンジェラ・パンチ＝マグレガー Angela Punch McGregor
(『愛の奇跡』 Annie's Coming Out)
助演男優　スティーヴ・ビズリー Steve Bisley
(『愛をゆずった女』 Silver City)
助演女優　アナ・ジェミソン Anna Jemison
(『愛をゆずった女』 Silver City)
脚本　ポール・コックス，ボブ・エリス Paul Cox & Bob Ellis
(『私の最初の妻』 My First Wife)
脚色　ジョン・パタソン，クリス・ボースウィック John Patterson & Chris Borthwick
(『愛の奇跡』 Annie's Coming Out)
撮影　ディーン・ゼムラ Dean Semler
(『レイザーバック』 Razorback)
編集　ウィリアム・アンダーソン William Anderson
(『レイザーバック』 Razorback)
美術　トレイシー・ワット，ニール・アングウィン，ハリー・ゼッテル，マグレガー・ノックス Tracy Watt, Neil Angwin, Harry Zettel & McGregor Knox
(『ストライクバウンド』 Strikebound)
衣装　ジャン・ハーリー Jan Hurley
(『愛をゆずった女』 Silver City)
作曲音楽　ガース・ポーター，ブルース・スミートン，その他 Garth Porter, Bruce Smeaton & others
(『ストリート・ヒーロー』 Street Hero)
音響　ギャリー・ウィルキンズ，マーク・ワシウタク，ロジャー・サヴィジ，ブルース・ローシェッド，テリー・ロッドマン Gary Wilkins, Mark Wasiutak, Roger Savage, Bruce Lamshed & Terry Rodman
(『ストリート・ヒーロー』 Street Hero)

1985

最優秀作品　『ブリス』 Bliss
監督　レイ・ローレンス Ray Lawrence
(『ブリス』 Bliss)

主演男優　クリス・ヘイウッド Chris Haywood
（『死ぬための通り』 A Street To Die）
主演女優　ナニー・ヘイゼルハースト Noni Hazelhurst
（『フラン』 Fran）
助演男優　ニク・ニードルズ Nique Needles
（『すべてを持っていた少年』 The Boy Who Had Everything）
助演女優　アニー・バイロン Annie Byron
（『フラン』 Fran）
脚本　グレンダ・ハンブリ Glenda Hambly
（『フラン』 Fran）
脚色　ピーター・ケアリー，レイ・ローレンス Peter Carey & Ray Lawrence
（『ブリス』 Bliss）
撮影　ピーター・ジェームズ Peter James
（『レベル　反逆者』 Rebel）
編集　ブライアン・カヴァナ Brian Kavanagh
（『フロッグ・ドリーミング』 Frog Dreaming）
美術　ブライアン・トンプソン Brian Thomson
（『レベル　反逆者』 Rebel）
衣装　ロジャー・カーク Roger Kirk
（『レベル　反逆者』 Rebel）
作曲音楽　レイ・クック，クリス・ニール，ピーター・ベスト，ビリー・バイアズ ブルース・ロウランド Ray Cook, Chris Neal, Peter Best, Billy Byers & Bruce Rowland
（『レベル　反逆者』 Rebel）
音響　マーク・ルイス，ペン・ロビンソン，ジュリアン・エリングワース，ジム・テイグ Mark Lewis, Penn Robinson, Julian Ellingworth & Jim Taig
（『レベル　反逆者』 Rebel）

1986

最優秀作品　『マルコム』 Malcolm
監督　ナディア・タス Nadia Tass
（『マルコム』 Malcolm）
主演男優　コリン・フリールズ Colin Friels
（『マルコム』 Malcolm）
主演女優　ジュディ・デーヴィス Judy Davis
（『カンガルー』 Kangaroo）
助演男優　ジョン・ハーグリーヴズ John Hargreaves
（『マルコム』 Malcolm）
助演女優　リンディ・デーヴィス Lindy Davies
（『マルコム』 Malcolm）
脚本　デヴィッド・パーカー David Parker
（『マルコム』 Malcolm）
脚色　ブルース・ベレスフォード，ロイジン・ベレスフォード Bruce Beresford & Roisin Beresford
（『辺境に住む人々』 The Fringe Dwellers）

撮影　ピーター・ジェームズ Peter James
（『ライト・ハンド・マン』 The Right Hand Man）
編集　ケン・サロウズ Ken Sallows
（『マルコム』 Malcolm）
美術　ジョージ・リドル George Liddle
（『プレイング・ビーティ・バウ』 Playing Beatie Bow）
衣装　テリー・ライアン Terry Ryan
（『カンガルー』 Kangaroo）
作曲音楽　ウィリアム・モジング，マーティン・アーミガー William Motzing & Martin Armiger
（『ヤング・アインシュタイン』 Young Einstein）
音響　ロジャー・サヴィジ，ディーン・ガーウェン，ポール・クラーク Roger Savage, Dean Gawen, Craig Carter & Paul Clark
（『マルコム』 Malcolm）

1987

最優秀作品　『君といた丘』 The Year My Voice Broke
監督　ジョン・ダイガン John Duigan
（『君といた丘』 The Year My Voice Broke）
主演男優　レオ・マクカーン Leo McKern
（『北行き』 Travelling North）
主演女優　ジュディ・デーヴィス Judy Davis
（『ハイタイド』 Hightide）
助演男優　ベン・メンデルソン Ben Mendelsohn
（『君といた丘』 The Year My Voice Broke）
助演女優　ジャン・アデル Jan Adele
（『ハイタイド』 Hightide）
脚本　ジョン・ダイガン John Duigan
（『君といた丘』 The Year My Voice Broke）
脚色　デヴィッド・ウィリアムソン David Williamson
（『北行き』 Travelling North）
撮影　スティーヴ・ドブソン Steve Dobson
（『グランド・ゼロ』 Ground Zero）
編集　デヴィッド・パルブルック David Pulbrook
（『グランド・ゼロ』 Ground Zero）
美術　ブライアン・トンプソン Brian Thomson
（『グランド・ゼロ』 Ground Zero）
衣装　ジェニー・テイト Jennie Tate
（『傘の女』 The Umbrella Woman）
作曲音楽　ポール・シュッツ Paul Schutze
（『ルビー・ローズの物語』 The Tale of Ruby Rose）
音響　デヴィッド・ファンショー，アラスデア・マクファーレン，ギャリー・オグレイディ David Fanshawe, Alasdair MacFarlane & Gary O'Grady
（『ミュージカル・マリナー（パート１）』 The Musical Mariner (Part One)）

1988

最優秀作品　『ウィザード』The Navigator
監督　ヴィンセント・ワード Vincent Ward
（『ウィザード』The Navigator）
主演男優　ジョン・ウォーターズ John Waters
（『破れた夢の並木通り』Boulevard of Broken Dreams）
主演女優　ネイディン・ガーナー Nadine Garner
（『マラウェイ』Mullaway）
助演男優　キム・ジンジェル Kim Gyngell
（『破れた夢の並木通り』Boulevard of Broken Dreams）
助演女優　ティナ・バーシル Tina Bursill
（『失恋』Jilted）
撮影　ジェフリー・シンプソン Geoffrey Simpson
（『ウィザード』The Navigator）
編集　ジョン・スコット John Scott
（『ウィザード』The Navigator）
美術　グレニズ・ジャクソン Glenys Jackson
（『ウィザード』The Navigator）
衣装　グレニズ・ジャクソン Glenys Jackson
（『ウィザード』The Navigator）
作曲音楽　マリオ・ミロ Mario Millo
（『砂漠の勇者』The Lighthorsemen）
音響　ロイド・カリック，クレイグ・カーター，ピーター・バージェス，ジェームズ・カーリー，フィル・ヘイウッド，ピーター・D・スミス，リヴィ・ルジック Lloyd Carrick, Craig Carter, Peter Burgess, James Currie, Phil Heywood, Peter D. Smith & Livia Ruzic
（『砂漠の勇者』The Lighthorsemen）

1989

最優秀作品　『クライ・イン・ザ・ダーク』Evil Angels
監督　フレッド・スケプシ Fred Schepisi
（『クライ・イン・ザ・ダーク』Evil Angels）
主演男優　サム・ニール Sam Neill
（『クライ・イン・ザ・ダーク』Evil Angels）
主演女優　メリル・ストリープ Meryl Streep
（『クライ・イン・ザ・ダーク』Evil Angels）
助演男優　クリス・ヘイウッド Chris Haywood
（『デヴィッド・ウィリアムソンのエメラルド・シティ』David Williamson's Emerald City）
助演女優　ヴィクトリア・ロングリー Victoria Longley
（『セリア』Celia）
脚本　ジェラルド・リー，ジェーン・カンピオン Gerard Lee & Jane Campion
（『スウィーティー』Sweetie）
脚色　ロバート・カズウェル，フレッド・スケプシ Robert Caswell & Fred Schepisi
（『クライ・イン・ザ・ダーク』Evil Angels）

撮影　ディーン・ゼムラ Dean Semler
（『デッドカーム』 Dead Calm）
編集　リチャード・フランシス＝ブルース Richard Francis Bruce
（『デッドカーム』 Dead Calm）
美術　クリス・ケネディ Chris Kennedy
（『亡霊の檻』 Ghosts of the Civil Dead）
衣装　ローズ・チョン Rose Chong
（『リトル・シンドバッド』 What the Moon Saw）
作曲音楽　グレアム・レヴェル Graeme Revell
（『デッドカーム』 Dead Calm）
音響　ベン・オズモ，リー・スミス，ロジャー・サヴィジ Ben Osmo, Lee Smith & Roger Savage
（『デッドカーム』 Dead Calm）

1990

最優秀作品　『ニコール・キッドマンの恋愛天国』 Flirting
監督　レイ・アーゴール Ray Argall
（『リターン・ホーム』 Return Home）
主演男優　マックス・フォン・シドー Max von Sydow
（『父』 Father）
主演女優　キャサリン・マクレメンツ Catherine McClements
（『ケイトとの週末』 Weekend with Kate）
助演男優　スティーヴ・ビズリー Steve Bisley
（『ビッグ・スチール』 The Big Steal）
助演女優　ジュリア・ブレイク Julia Blake
（『父』 Father）
脚本　デヴィッド・パーカー David Parker
（『ビッグ・スチール』 The Big Steal）
撮影　ジェフ・ダーリング Jeff Darling
（『ザ・クロッシング』 The Crossing）
編集　ロバート・ギブソン Robert Gibson
（『ニコール・キッドマンの恋愛天国』 Flirting）
美術　ローレンス・イーストウッド Lawrence Eastwood
（『ニコール・キッドマンの恋愛天国』 Flirting）
衣装　ロジャー・カーク Roger Kirk
（『アンボンで何が裁かれたか』 Blood Oath）
作曲音楽　フィリップ・ジャッド Phil Judd
（『ビッグ・スチール』 The Big Steal）
音響　アントニー・グレイ，ロス・リントン，フィリップ・ジャッド Antony Gray, Ross Linton, Phil Judd
（『アンボンで何が裁かれたか』 Blood Oath）

1991

最優秀作品　『証拠』 Proof
監督　ジョスリン・ムアハウス Jocelyn Moorhouse
（『証拠』 Proof）

主演男優　ヒューゴ・ウィーヴィング Hugo Weaving
（『証拠』Proof）

主演女優　シーラ・フローランス Sheila Florance
（『ある老女の物語』A Woman's Tale）

助演男優　ラッセル・クロウ Russell Crowe
（『証拠』Proof）

助演女優　フィオナ・プレス Fiona Press
（『ウェイティング』Waiting）

脚本　ジョスリン・ムアハウス Jocelyn Moorhouse
（『証拠』Proof）

撮影　エラリー・ライアン Ellery Ryan
（『スポッツウッド』Spotswood）

編集　ケン・サロウズ Ken Sallows
（『証拠』Proof）

美術　クリス・ケネディ Chris Kennedy
（『スポッツウッド』Spotswood）

衣装　テス・スコフィールド Tess Schofield
（『スポッツウッド』Spotswood）

作曲音楽　マイケル・レグランド，マイルズ・デーヴィス Michel Legrand and Miles Davis
（『ディンゴ』Dingo）

音響　ヘンリ・モレル，アシュリ・グレンヴィル，ジェームズ・カーリー　Henri Morelle, Ashley Grenville and James Currie
（『ディンゴ』Dingo）

1992

最優秀作品　『ダンシング・ヒーロー』Strictly Ballroom

監督　バズ・ラーマン Baz Luhrmann
（『ダンシング・ヒーロー』Strictly Ballroom）

主演男優　ラッセル・クロウ Russell Crowe
（『ハーケンクロイツ　ネオナチの刻印』Romper Stomper）

主演女優　リサ・ハロー Lisa Harrow
（『我が家の最後の日々』The Last Days of Chez Nous）

助演男優　バリー・オト Barry Otto
（『ダンシング・ヒーロー』Strictly Ballroom）

助演女優　パット・トムソン Pat Thomson
（『ダンシング・ヒーロー』Strictly Ballroom）

脚本　バズ・ラーマン，クレイグ・ピアス Baz Luhrmann, Craig Pearce
（『ダンシング・ヒーロー』Strictly Ballroom）

撮影　ピーター・ジェームズ Peter James
（『ブラック・ローブ』Black Robe）

編集　ジル・ビルコック Jill Bilcock
（『ダンシング・ヒーロー』Strictly Ballroom）

美術　キャサリン・マーティン，ビル・マロン Catherine Martin, Bill Marron
（『ダンシング・ヒーロー』Strictly Ballroom）

衣装　　アンガス・ストラシー Angus Strathie
（『ダンシング・ヒーロー』 Strictly Ballroom）
作曲音楽　ジョン・クリフォード・ホワイト John Clifford White
（『ハーケンクロイツ　ネオナチの刻印』 Romper Stomper）
音響　　スティーヴ・バージェス，デヴィッド・リー，フランク・リプソン Steve Burgess, David Lee, Frank Lipson
（『ハーケンクロイツ　ネオナチの刻印』 Romper Stomper）

1993

最優秀作品　『ピアノ・レッスン』 The Piano
監督　　ジェーン・カンピオン Jane Campion
（『ピアノ・レッスン』 The Piano）
主演男優　ハーヴェイ・カイテル Harvey Keitel
（『ピアノ・レッスン』 The Piano）
主演女優　ホリー・ハンター Holly Hunter
（『ピアノ・レッスン』 The Piano）
助演男優　デヴィッド・ングーンブジャラ David Ngoombujarra
（『ブラックフェラ』 Blackfellas）
助演女優　ジュディ・デーヴィス Judy Davis
（『自分一人で』 On My Own）
脚本　　ジェーン・カンピオン Jane Campion
（『ピアノ・レッスン』 The Piano）
脚色　　ジェームズ・リキットソン James Ricketson
（『ブラックフェラ』 Blackfellas）
撮影　　スチュウワート・ドライバラ Stuart Dryburgh
（『ピアノ・レッスン』 The Piano）
編集　　ヴェロニカ・ジェネット Veronika Jenet
（『ピアノ・レッスン』 The Piano）
美術　　アンドリュー・マカルパイン Andrew McAlpine
（『ピアノ・レッスン』 The Piano）
衣装　　ジャネット・パタソン Janet Patterson
（『ピアノ・レッスン』 The Piano）
作曲音楽　マイケル・ナイマン Michael Nyman
（『ピアノ・レッスン』 The Piano）
音響　　リー・スミス，トニー・ジョンソン，ゲスィン・クレイ，ピーター・タウンセンド，アナベル・シーアン Lee Smith, Tony Johnson, Gethin Creagh, Peter Townsend, Annabelle Sheehan
（『ピアノ・レッスン』 The Piano）

1994

最優秀作品　『ミュリエルの結婚』 Muriel's Wedding
監督　　ロルフ・デ・ヘイア Rolf de Heer
（『バッド・ボーイ・バビー』 Bad Boy Bubby）
主演男優　ニコラス・ホープ Nicholas Hope
（『バッド・ボーイ・バビー』 Bad Boy Bubby）

主演女優　トニ・コレット Toni Collette
（『ミュリエルの結婚』Muriel's Wedding）
助演男優　マックス・カレン Max Cullen
（『スパイダーとローズ』Spider and Rose）
助演女優　レイチェル・グリフィス Rachel Griffiths
（『ミュリエルの結婚』Muriel's Wedding）
脚本　ロルフ・デ・ヘイア Rolf de Heer
（『バッド・ボーイ・バビー』Bad Boy Bubby）
脚色　デヴィッド・スティーヴンズ David Stevens
（『人生は上々だ』The Sum of Us）
撮影　ニーノ・マルティネッティ Nino Martinetti
（『流刑者』Exile）
編集　スレッシュ・アイヤ Suresh Ayyar
（『バッド・ボーイ・バビー』Bad Boy Bubby）
美術　オーエン・パタソン Owen Patterson
（『プリシラ』The Adventures of Priscilla, Queen of the Desert）
衣装　リジー・ガーディナー，ティム・チャペル Lizzy Gardiner, Tim Chappel
（『プリシラ』The Adventures of Priscilla, Queen of the Desert）
作曲音楽　ダグラス・ステファン・レイ Douglas Stephen Rae
（『罠』Traps）
音響　デヴィッド・リー，グレン・ニューナン，リヴィア・ルジック，ロジャー・サヴィッジ David Lee, Glenn Newnham, Livia Ruzic, Roger Savage
（『ミュリエルの結婚』Muriel's Wedding）

1995

最優秀作品　『エンジェル・ベイビー』Angel Baby
監督　マイケル・ライマー Michael Rymer
（『エンジェル・ベイビー』Angel Baby）
主演男優　ジョン・リンチ John Lynch
（『エンジェル・ベイビー』Angel Baby）
主演女優　ジャクリーン・マッケンジー Jacqueline McKenzie
（『エンジェル・ベイビー』Angel Baby）
助演男優　レイ・バレット Ray Barrett
（『ホテル・ソレント』Hotel Sorrento）
助演女優　アマンダ・ドウジ Amanda Douge
（『あの目あの空』That Eye the Sky）
脚本　マイケル・ライマー Michael Rymer
（『エンジェル・ベイビー』Angel Baby）
脚色　リチャード・フランクリン，ピーター・フィッツパトリック Richard Franklin, Peter Fitzpatrick
（『ホテル・ソレント』Hotel Sorrento）
撮影　エラリー・ライアン Ellery Ryan
（『エンジェル・ベイビー』Angel Baby）
編集　ダニー・クーパー Dany Cooper
（『エンジェル・ベイビー』Angel Baby）

美術　スティーヴン・ジョーンズ=エヴァンズ Steven Jones-Evans
(『メタル・スキン』 Metal Skin)
衣装　テリー・ライアン Terry Ryan
(『ビリーの休日』 Billy's Holiday)
作曲音楽　ピーター・ベスト Peter Best
(『俺たちの農場で』 Dad and Dave on Our Selection)
編曲音楽　ピーター・コビン，ラリー・マホベラク Peter Cobbin, Larry Muhoberac
(『ビリーの休日』 Billy's Holiday)
音響　フランク・リプソン，デヴィッド・リー，スティーヴ・バージェス，ペット・バージェス，グレン・ニューナン Frank Lipsom, David Lee, Steve Burgess, Peter Burgess, Glenn Newnham
(『メタル・スキン』 Metal Skin)

1996

最優秀作品　『シャイン』 Shine
監督　スコット・ヒックス Scott Hicks
(『シャイン』 Shine)
主演男優　ジェフリー・ラッシュ Geoffrey Rush
(『シャイン』 Shine)
主演女優　ジュディ・デーヴィス Judy Davis
(『革命の子供たち』 Children of the Revolution)
助演男優　アーミン・ミュラー=スタール Armin Mueller-Stahl
(『シャイン』 Shine)
助演女優　トニ・コレット Toni Collette
(『リリアンの物語』 Lilian's Story)
脚本　ジャン・サルディ Jan Sardi
(『シャイン』 Shine)
脚色　ルイ・ナウラ Louis Nowra
(『ハーモニー』 Cosi)
撮影　ジェフリー・シンプソン Geoffrey Simpson
(『シャイン』 Shine)
編集　ピップ・カーメル Pip Karmel
(『シャイン』 Shine)
美術　ロジャー・フォード Roger Ford
(『革命の子供たち』 Children of the Revolution)
衣装　テリー・ライアン Terry Ryan
(『革命の子供たち』 Children of the Revolution)
作曲音楽　デヴィッド・ハーシュフェルダー David Hirschfelder
(『シャイン』 Shine)
音響　トイヴォ・レンバー，ロジャー・サヴィジ，リヴィア・ルジック，ガレス・ヴァンダーホープ ToivoLember, Roger Savage, Livia Ruzic, Gareth Vanderhope
(『シャイン』 Shine)

1　*ＡＦＩ賞受賞一覧*

1997

最優秀作品　『キス・オア・キル』 Kiss or Kill

監督　ビル・ベネット Bill Bennett
(『キス・オア・キル』 Kiss or Kill)

主演男優　リチャード・ロクスバーグ Richard Roxburgh
(『パッツィ・クラインのためのムショ入り』Doing Time for Patsy Cline)

主演女優　パメラ・レイブ Pamela Rabe
(『ザ・ウェル』 The Well)

助演男優　アンドリュー・Ｓ・ギルバート Andrew S. Gilbert
(『キス・オア・キル』 Kiss or Kill)

助演女優　ケイト・ブランチェット Cate Blanchett
(『やれやれ、彼はリジーに巡り会った』 Thank God He Met Lizzie)

脚本　サント・シローロ，トム・グライズナー，ジェーン・ケネディ，ロブ・シッチ Santo Cilauro, Tom Gleisner, Jane Kennedy, Rob Sitch
(『ザ・キャッスル』 The Castle)

脚色　ローラ・ジョーンズ Laura Jones
(『ザ・ウェル』 The Well)

撮影　アンドリュー・レズニー Andrew Lesnie
(『パツィ・クラインのためのムショ入り』 Doing Time For Patsy Cline)

編集　ヘンリー・ダンガー Henry Dangar
(『キス・オア・キル』 Kiss or Kill)

美術　マイケル・フィリップス Michael Philips
(『ザ・ウェル』 The Well)

衣装　ルイーズ・ウェイクフィールド Louise Wakefield
(『パッツィ・クラインのためのムショ入り』Doing Time for Patsy Cline)

作曲音楽　ピーター・ベスト Peter Best
(『パッツィ・クラインのためのムショ入り』Doing Time for Patsy Cline)

音響　ウェイン・パシュリー，トイヴォ・レンバー，ゲスィン・クレイ Wayne Pashley, Toivo Lember, Gethin Creagh
(『キス・オア・キル』 Kiss or Kill)

1998

最優秀作品　『ザ・インタビュー』The Interview
監督　ローワン・ウッズRowan Woods （『ザ・ボーイズ』The Boys)
主演男優　ヒューゴ・ウィーヴィングHugo Weaving
（『ザ・インタビュー』The Interview)
主演女優　デボラ・メイルマンDeborah Mailman （『レイディアンス』Radiance)
助演男優　ジョン・ポルソンJohn Polson （『ザ・ボーイズ』The Boys)
助演女優　トニ・コレットToni Collette （『ザ・ボーイズ』The Boys)
脚本　クレイグ・モナハン， ゴードン・デイヴィ
Craig Monahan, Gordon Davie （『ザ・インタビュー』The Interview)
脚色　スティーヴン・スウェルStephen Sewell （『ザ・ボーイズ』The Boys)
撮影　ジェフリー・シンプソンGeoffrey Simpson
（『オスカーとルシンダ』Oscar and Lucinda)
編集　ジル・ビルコックJill Bilcock （『ヘッド・オン』Head On)
美術　ルチアーナ・アリジLuciana Arrighi
（『オスカーとルシンダ』Oscar and Lucinda)
衣装　ジャネット・パタソンJanet Patterson
（『オスカーとルシンダ』Oscar and Lucinda)
作曲音楽　トマス・ニューマンThomas Newman
（『オスカーとルシンダ』Oscar and Lucinda)
音響　アンドリュー・プレイン， ベン・オズモ， ゲシン・クレイ
Andrew Plain, Ben Osmo, Gethin Creagh
（『オスカーとルシンダ』Oscar and Lucinda)

1999

最優秀作品　『トゥー・ハンズ』Two Hands
監督　グレガー・ジョーダンGregor Jordan （『トゥー・ハンズ』Two Hands)
主演男優　ラッセル・ダイクストラRussell Dykstra
（『ソフト・フルーツ』Soft Fruit)
主演女優　サッチャ・ホーラーSacha Horler （『プレイズ』Praise)
助演男優　ブライアン・ブラウンBryan Brown （『トゥー・ハンズ』Two Hands)
助演女優　サッチャ・ホーラーSacha Horler （『ソフト・フルーツ』Soft Fruit)
脚本　グレガー・ジョーダンGregor Jordan （『トゥー・ハンズ』Two Hands)
脚色　アンドリュー・マクガーハンAndrew McGahan （『プレイズ』Praise)
撮影　マーティン・マクグラスMartin McGrath （『プレイズ』Passion)
編集　リー・スミスLee Smith （『トゥー・ハンズ』Two Hands)
美術　マリー・ピクネットMurray Picknett （『パッション』Passion)
衣装　テリー・ライアンTerry Ryan （『パッション』Passion)
作曲音楽　デヴィッド・ブライディDavid Bridie
（『野蛮な土地で』In a Savage Land)

音響　トイボ・レンバー，ゲシン・クレイ，ピーター・スミス，ウェイン・パシュリーToivo Lember, Gethin Creagh, Peter Smith, Wayne Pashley (『野蛮な土地で』In a Savage Land)

2000

最優秀作品　『アリブランディを探して』Looking for Alibrandi

監督　アンドリュー・ドミニクAndrew Dominik
(『チョッパー・リード　史上最凶の殺人鬼』Chopper)

主演男優　エリック・バナEric Bana
(『チョッパー・リード　史上最凶の殺人鬼』Chopper)

主演女優　ピア・ミランダPia Miranda
(『アリブランディを探して』Looking for Alibrandi)

助演男優　サイモン・リンドンSimon Lyndon
(『チョッパー・リード　史上最凶の殺人鬼』Chopper)

助演女優　グレッタ・スカッキGreta Scacchi
(『アリブランディを探して』Looking for Alibrandi)

脚本　スタヴロス・カザンツィディス，アラーナ・ズィツァーマンStavros Kazantzidis, Allanah Zitserman
(『ロシア人形』Russian Doll)

脚色　メリーナ・マーチェッタMelina Marchetta
(『アリブランディを探して』Looking for Alibrandi)

撮影　スティーヴ・メイソンSteve Mason (『タップ・ドッグス』Bootmen)

編集　マーティン・コナーMartin Connor
(『アリブランディを探して』Looking for Alibrandi)

美術　マリー・ピクネットMurray Picknett (『タップ・ドッグス』Bootmen)

衣装　テス・スコフィールドTess Schofield (『タップ・ドッグス』Bootmen)

作曲音楽　チェザリー・スカビスゼウスキーCezary Skubiszewski
(『タップ・ドッグス』Bootmen)

音響　デヴィッド・リー，ロレンス・マディ，アンドリュー・プレイン，イアン・マクラフリンDavid Lee, Laurence Maddy, Andrew Plain and Ian McLaughlin (『タップ・ドッグス』Bootmen)

2001

最優秀作品　『ランタナ』Lantana

監督　レイ・ロレンスRay Lawrence (『ランタナ』Lantana)

主演男優　アンソニー・ラパグリアAnthony LaPaglia (『ランタナ』Lantana)

主演女優　ケリー・アームストロングKerry Armstrong (『ランタナ』Lantana)

助演男優　ヴィンス・コロシモVince Colosimo (『ランタナ』Lantana)

助演女優　レイチェル・ブレイクRachael Blake (『ランタナ』Lantana)

脚本　ロバート・コノリーRobert Connolly (『ザ・バンク』The Bank)

脚色　アンドリュー・ボヴェルAndrew Bovell (『ランタナ』Lantana)
撮影　ドナルド・M・マカルパインDonald M McAlpine
(『ムーラン・ルージュ』Moulin Rouge)
編集　ジル・ビルコックJill Bilcock (『ムーラン・ルージュ』Moulin Rouge)
美術　キャサリン・マーティンCatherine Martin
(『ムーラン・ルージュ』Moulin Rouge)
衣装　キャサリン・マーティン&アンガス・ストラティー
Catherine Martin & Angus Strathie
(『ムーラン・ルージュ』Moulin Rouge)
作曲音楽　チェザリー・スカビスゼウスキーCezary Skubiszewski
(『ラ・スパニョーラ』La Spagnola)
音響　アンディ・ネルソン, ロジャー・サヴェイジ, ガンティス・シックスAndy Nelson, Roger Savage & Guntis Sics
(『ムーラン・ルージュ』Moulin Rouge)

2002

最優秀作品　『裸足の1500マイル』Rabbit Proof Fence
監督　アイヴァン・センIvan Sen (『雲の下を』Beneath Clouds)
主演男優　デヴィッド・ガルピリルDavid Gulpilil (ザ・トラッカーThe Tracker)
主演女優　マライア・テオドラキスMaria Theodorakis
(『ウォーキング・オン・ウォーター』Walking On Water)
助演男優　ナサニエル・ディーンNathaniel Dean
(『ウォーキング・オン・ウォーター』Walking On Water)
助演女優　ジュディ・ファーJudi Farr
(『ウォーキング・オン・ウォーター』Walking On Water)
脚本　ロジャー・モンクRoger Monk
(『ウォーキング・オン・ウォーター』Walking On Water)
脚色　フィリップ・グウィン, ポール・ゴールドマン
Phillip Gwynne, Paul Goldman
(『オーストラリアン・ルールズ』 Australian Rules)
撮影　アラン・コリンズAllan Collins (『雲の下を』Beneath Clouds)
編集　リーヴァ・チャイルズReva Childs
(『ウォーキング・オン・ウォーター』Walking On Water)
美術　クリス・ケネディChris Kennedy (『ダーティ・ディーズ』Dirty Deeds)
衣装　テス・スコフィールドTess Schofield
(『ダーティ・ディーズ』Dirty Deeds)
作曲音楽　ピーター・ガブリエルPeter Gabriel
(『裸足の1500マイル』Rabbit Proof Fence)
音響　ブロンウィン・マーフィ, クレイグ・カーター, リッキー・エドワーズ, ジョン・ペンダーズ,Bronwyn Murphy, Craig Carter, Ricky Edwards, John Penders (『裸足の1500マイル』Rabbit Proof Fence)

2003

最優秀作品　『ジャパニーズ・ストーリー』Japanese Story
監督　スー・ブルックスSue Brooks
(『ジャパニーズ・ストーリー』Japanese Story)
主演男優　デヴィッド・ウェナムDavid Wenham
(『ゲッティン・スクエア』Gettin' Square)
主演女優　トニ・コレットToni Collette
(『ジャパニーズ・ストーリー』Japanese Story)
助演男優　デヴィッド・ヌーンブジャラDavid Ngoombujarra
(『ブラック・アンド・ホワイト』Black and White)
助演女優　サッチャ・ホーラーSacha Horler
(『トラベリング・ライト』Travelling Light)
脚本　アリソン・ティルソンAlison Tilson
(『ジャパニーズ・ストーリー』Japanese Story)
脚色　トニー・マクナマラTony McNamara
(『プラシッド湖の熱狂』 The Rage in Placid Lake)
撮影　イアン・ベイカーIan Baker
(『ジャパニーズ・ストーリー』Japanese Story)
編集　ジル・ビルコックJill Bilcock
(『ジャパニーズ・ストーリー』Japanese Story)
美術　スティーヴン・ジョーンズ＝エヴァンズSteven Jones-Evans
(『ケリー・ザ・ギャング』Ned Kelly)
衣装　アンナ・ボーガッジAnna Borghazi (『ケリー・ザ・ギャング』Ned Kelly)
作曲音楽　エリザベス・ドレイクElizabeth Drake
(『ジャパニーズ・ストーリー』Japanese Story)
音響　リヴィア・ラジック，　ピーター・グレイス，　ピーター・スミス Livia Ruzic, Peter Grace, Peter Smith
(『ジャパニーズ・ストーリー』Japanese Story)

著者略歴

佐和田敬司（さわだ・けいじ）

1968年生まれ。豪マッコーリー大学メディア文化研究博士号取得。
早稲田大学演劇博物館助手、日本学術振興会海外特別研究員、シドニー大学講師などを経て、現在、早稲田大学教授。第10回湯浅芳子賞受賞。

著書：『ワールド・シネマ！』（共著、フィルムアート社）、『現代演劇と文化の混淆』（単著、早稲田大学出版部）、『オーストラリア先住民とパフォーマンス』（単著、東京大学出版会）ほか多数。

新装版　オーストラリア映画史　映し出された社会・文化・文学

1998年8月31日　初版発行
2004年9月15日　増補改訂版発行
2018年3月15日　新装版発行

著者　佐和田敬司

発行者　岡見阿衣
発行所　**オセアニア出版社**
郵便番号233-0013 横浜市港南区丸山台2-41-36
TEL: 045-845-6466　FAX: 0120-388-533
E-MAIL: oceania@ro.bekkoame.ne.jp

版組・装丁　オフィスKOZARU
印刷　オフィス日新

ISBN4-87203-116-4 C3074

佐和田敬司完訳　**オーストラリア演劇叢書**

1.フローティング・ワールド
ジョン・ロメリル作　定価1942円＋税
1995年、東京、メルボルン両国際芸術祭で舞台化。

2.ノームとアーメッド
アレックス・ブーゾ他作　定価1942円＋税

3.真珠を拾うもの
キャサリン・トムソン作　定価2000円＋税

第10回湯浅芳子賞受賞
4.オナー
ジョアンナ・マレースミス作　定価2000円＋税
2002年、演劇集団円、文学座により舞台化。

第10回湯浅芳子賞受賞
5.アボリジニ戯曲選 ストールン／嘆きの七段階
ジェーン・ハリソン他作　定価2000円＋税
2002年、東京国際芸術祭で楽天団により舞台化。

6.サイレント・パートナー／フューリアス
ダニエル・キーン／マイケル・ガウ作　定価2000円＋税
2003年、楽天団により舞台化。

7.アボリジニ戯曲選Ⅱ アップ・ザ・ラダー／レイディアンス
ロジャー・ベネット／ルイス・ナウラ作　定価2000円＋税
2003年、Ancient Futureオーストラリア芸術祭で舞台化。

『オナー』（文学座　2002）
ガス：小林勝也　オナー：吉野佳子
撮影　飯田研紀

『ストールン』（楽天団　2002）